U0739192

创新教育与高效课堂的实践研究

王迅、宋石山、陈艳芳 编著

湖南教育出版社
HUNAN EDUCATION PUBLISHING HOUSE

图书在版编目（CIP）数据

创新教育与高效课堂的实践研究 / 王迅编著；宋石山，陈艳芳编. —长沙:湖南教育出版社，2013.8
ISBN 978-7-5539-0832-8

Ⅰ.①创… Ⅱ.①王… ②宋… ③陈… Ⅲ.①创造教育－研究②课堂教学－教学研究 Ⅳ.①G40-05②G424.21

中国版本图书馆CIP数据核字(2013)第199791号

CHUANGXIN JIAOYU YU GAOXIAO KETANG DE SHIJIAN YANJIU
创新教育与高效课堂的实践研究

王　迅　编著
宋石山　陈艳芳　编

责任编辑　杨新援
责任校对　刘　源　张　征
装帧设计　舒琳媛
出版发行　湖南教育出版社（长沙市韶山北路443号）
客　　服　电话0731-85118546
经　　销　全国各新华书店
印　　刷　长沙金鹰印务有限公司
开　　本　710×1000　1/16
印　　张　24
字　　数　401000
版　　次　2013年8月第1版 2018年3月第2次印刷
书　　号　ISBN 978-7-5539-0832-8
定　　价　86.00元

湖南教育出版社图书若有印装错误可向客服联系调换
提供盗版线索者给予重奖

编者的话

一、本书的目的与意义

在当今以人为本的现代社会中，人的素质直接影响生活的品质和幸福指数。教育已成为人们提升生活品质和成功发展的基本途径，学习已成为现代生活不可缺少的组成部分。愈来愈多的人更加期待共享和拥有区域的品质教育，从而寄望教育管理者不断努力创新教育发展内涵、创新教育方法路径、创新体制机制，促进教育改善品质，提升教育育人质量。那么我们如何理解品质教育、创新教育、高效课堂？如何在实践中实施创新教育，培养创新型人才素养？如何打造高效课堂实现学生自主合作探究学习，并以此改善学生发展品质，提升教育质量，实现共享优质教育，这是目前中小学管理者和教师普遍关注的问题，也是破解教育发展瓶颈的突破口。

本书主编一直对教育现状进行思考、关注，坚持参与实践，研究教育内涵品质发展，为学生的生命成长、为教师的成功发展、为学校的特色建设、为区域教育的均衡发展进行了积极而有效的探索。

中小学新课程改革实施以来，许多教育工作者关注着区域素质教育如何有效深入，思考着课堂改革如何有效推进，探索着学校特色发展如何整体推进等教育热点、重点、难点问题的破解，希望《创新教育与高效课堂的实践研究》一书的出版，会给您提供有意义的参考。

二、本书的内容及特点

这是教育发展关注内涵与品质的时代，也是关注学生生命与教师职业幸福感的时代。我们如何主动参与？我们如何让教育走向理想、走向优质？本书编者在参与基础教育区域发展的实践研究中深深感受到中小学课堂教学改革、学校内涵品质提升、教师校本培训指导的现实性与迫切性。从教育品质的内涵，教育机制的创新，生命教育与理想，聚焦课堂实现课堂转型，学习与教学方式变革，特色学校建设，教师专业发展等多方面、多视角地进行了教育观察和审视，并且收集了不少实践性研究案例，希望对中小学课改推进、特色创建、创新教育机制等方面有一定的参考价值。

三、本书的使用与指导

本书的主旨就是推进区域基础教育的整体发展和优质发展，试图通过教育教学及管理实践体会，推崇教育品质发展、建设的方法与途径，从教育区域性的宏观管理到课堂教学的微观管理，给教师们和校长们以思考和启迪。若以本书作为各县市区中小学教师参加继续教育和开展校本培训的实用教材，想必对区域教育的整体内涵、特色发展等方面具有方法、路径及策略上的引导与借鉴作用。

编著本书立足两个成功现实，一是展示和推广基础教育改革发展的实践成果和区域内涵品质提升经验；二是通过参与实践研究，对中小学课堂教学改革、学校内涵建设、区域均衡发展、教师校本培训、教育创新发展等方面如何进行有效指导和引领，这是纵深推进区域基础教育整体发展、优质发展的现实性与迫切性问题。

本书重点应用"湖南省基础教育综合改革——教育教学改革试点项目"实践研究成果，中小学教师现代教育创新与校本培训教材，高效课堂教学实用指导手册。

2013年6月

前 言

中国梦：志在教育，立在少年

——当下教育应从觉醒走向凝聚智慧创生力量

教育学者林格认为，教育是道，而不是术。因为只要父母和教师给予孩子成长的"道"的提示与点拨，就能创造出精彩的教育技术，以及适合自己孩子生动的教育策略。那么面对教育之道、教学之道、学习之道、学校发展之道，我们是否秉持了教育成人之道呢？可现实是，无论那一次课程改革，我们的教育都是过多地专注研究和运用技术操作，承担着教育本不应承担的社会压力——升学、就业、致富、当官、成名成家，这些压力通过考试、升学的途径全部转嫁到了中小学生和家长、教师、校长的身上。

教育发展应"以人为本"，就是让教育为学生成长提供合适的教育，为其生命立品，为其成长奠基。一所学校有没有生命力，有没有发展潜力，能不能培养出优秀学生，取决于教育者的教育理念，取决于学校课堂教学的教学方式，取决于学生的学习品质的养成。

然而，面对新课程改革实施的进程与素质教育要求的效果，面对知识经济和国际人才战略的需求，我们的基础教育还在被功利教育所销蚀，目睹发生的系列教育相关事件无不让人警醒：教育怎样为中国梦创生力量？教育的责任与理想怎样回归？我想有必要让我们一起来深度观察社会及周边所熟悉的近期发生的教育事件，以觉醒教育的良知和使命，促使我们去探寻理想的教育、理想的课堂和理想的人才成长路径。

一、教育事件的深度观察

教育事件一：2012年12月《人民教育》年终综述——教育不是多多益善的，过度的教育往往是对孩子身心的一场掠夺

《人民教育》记者程路：2012，患上深度焦虑症的小学教育。94分，班上倒数第四名——陈耳的孩子小学一年级考了94分，学校没有公开排名，家长开始还挺开心的，不料老师却说："你的孩子要加加油哦，班级倒数第四！"家长高呼："94分还是倒数，难道现在的孩子是天才？"

真相：一年级班上三分之一至半数的孩子能考出100分，不是因为今天的孩子都是天才，而是因为从小学一年级甚至学前班起就在外面上各种辅导班了。

上不完的辅导班，剪不断的利益链，谁是幕后推手？《光明日报》刊登一位奋战在升学洪流中的家长写的信：今天的孩子还有童趣吗？

现在"流行"校内减负校外补，不上学的日子，孩子们大多在上辅导班。"为什么孩子要上那么多辅导班？因为大家都在上。"究竟是什么力量让家长和他们的孩子陷入这个怪圈？谁"绑架"了孩子们的童年？

有一只看不见的手，搅得人们"心神不宁"，被迫"随波逐流"，家长为的是莫让孩子输在起跑线上，生怕被别人比下去，而成为被甩下的"末游"。

今天家长与教师的焦虑已经转化成孩子的压力，盲目跟风，造成了一种极端功利的教育现象：为了分数，不惜工本，占有孩子所有时间和精力，最终形成了一股不断给学生学习加码的洪流。

这一切都以孩子的未来为命名，却充满了功利和利益。其实这样走下去，孩子就开始输在了这可怕的起跑线上了……，民族、国家也会的……

代价一：剥夺健康。

代价二：剥夺快乐，剥夺生活，剥夺人生情趣。

代价三：剥夺兴趣，剥夺好奇心，剥夺终身学习的动力。

教育事件二：中学生悄悄换掉升旗仪式讲话稿，在3000师生注目下"讨伐"教育现状

"我们不是机器，即使是机器，学校也不该把我们当成追求升学率的工具！"这样内容犀利的言辞，不是出现在辩论赛上，而是一名中学生在3000多名师生众目睽睽之下的激情演讲。

2012年4月9日，江苏启东市汇龙中学经历了一场不小的"风波"。当天上午，学校举行升国旗仪式，一名高二学生在国旗下发表讲话时，将之前老师"把关"过的演讲稿，悄悄换成另外一篇抨击教育制度的文章。

5分钟的演说中，这名学生慷慨陈词，表达自己对现行升学和教育制度的不满，抨击父母强加给自己的所谓理想，引起一片哗然。

教育事件三：17岁名校学生摆脱学习压力弑母，事后称"不后悔"

《中国教育报》记者邓红阳：在河南省会城市郑州市区西部，有一所高中阶段的名校。这所名校以每年数百名学生考入重点大学而受到家长和学生的青睐，不少初中毕业生以考上该校为荣。

在2012年2月7日，刚刚过完正月十五元宵节的第二天，这所名校一名高二的学生成才（化名），在家中亲手杀死了自己的母亲，因为他以为每天除了上课，还被迫要上辅导班，双休日也如此，没有快乐都是母亲造成的。

教育事件四：湘潭学生烧书事件

中央电视台《新闻1+1》栏目专题报道：湖南湘潭某中学假日补课，学生不堪压力烧书事件，震懵了教育。

其实，高考结束后众多学校学生集体撕书的可怕情景，难道不是对当下教育的拷问？

教育事件五：史上最牛"吊瓶班"

2012年5月4日晚，湖北孝感一中高三班学生集体在教室挂吊瓶，一张边打氨基酸补充能量边复习的照片，被传上微博后引起网友及媒体的强烈关注，一度被调侃为"史上最牛'吊瓶班'"。

"我们还反思了'吊瓶班'事件。"湖北孝感某中学副校长张胜华苦笑着，"我们在会上用了一句当红的网络语言来评价此事，那就是'躺着也中枪'。"

据媒体调查，孝感一中今年有近1300名学生参加高考，其中达到一本线者222人，达到二本线及以上者659人。遗憾的是，"吊瓶班"全班50多名学生中，无一人达到一本线。

教育事件六：高考重压下的老师与校长

——2012年4月27日河北馆陶一中高三班主任赵鹏在办公室服毒自杀。

遗书：活着实在太累了，天天这样无休止的上班让人窒息，所领的工资只能月光。我决定以这样的方式离开这里……

馆陶一中是馆陶县唯一的一所高中，实行封闭式管理。冬天，早上6点10分上操。赵鹏有时脸不洗就往学校走，6点之前，赶到办公室签到，再到操场与学生一起跑操。包括早晚自习，每天13堂课，上到晚上10点左右，班主任要到宿舍确认所有学生都在，等学生上床熄灯后，再回家休息。

据一位老师介绍，高中阶段各种模拟考试、会考、月考、周考、小测验要有100多场。到了高三，所有的科目都有周练，月考更是雷打不动。每个月，学生放假休息一天，而这一天，老师们要把月考的试卷判完。暑假寒假按规定不允许补课，但补课已成为惯例。补课时，班主任要比平时上课更累。

——高考后一位校长的真实生活。

6月25日，高考成绩揭晓，分数线、达标人数、状元郎、落榜生，各类消息如潮水般涌来。捧着连夜从招生办取回的高考分数册，一夜间我愁白了头。数了一遍又一遍，二本33人，达线率只有14%，怎样向师生、社会交代？我把自己关在校长室，一连几个小时，沉浸在茫然的麻木中。

这个校长招来的全是省示范高中没有上线的学生，虽然使每一个学生都考上了高等专科、三本、二本不同层次的高校，但他还在心痛、委屈、羞愧，最终凝聚成涩涩的两行苦泪……

教育事件七：教育怎样让每一个生命都享有自由和尊严

教育功利后的公民出现良知泯灭、诚信缺失、道德滑坡。

——2011年，广东佛山市发生的"小悦悦被车碾压事件"，引起社会上的广泛关注。2011年10月20日，广东省委书记汪洋呼吁：要认真反思出现悲剧的根源，要用"良知的尖刀"来解剖我们身上的丑陋，要忍着揭开疮疤刮骨疗伤的疼痛，唤起全社会的警醒和行动，在公众参与下创造一种扬善惩恶的制度条件和社会环境。

——近年来相继发生"毒奶粉"、"瘦肉精"、"地沟油"、"彩色馒头"等事件，这些恶性的食品安全事件足以表明，诚信的缺失、道德的滑坡已经到了何等严重的地步。一个国家，如果没有国民素质的提高和道德的力量，绝不可能成为一个真正强大的国家、一个受人尊敬的国家。（2011年温家宝同国务院参事和中央文史研究馆馆员座谈时的讲话）

——《纽约时报》2011年10月22日头条引自微博的一则文章：中国，请停下你飞奔的脚步，等一等你的人民，等一等你的灵魂，等一等你的道德，等一等你的良知！不要让列车脱轨，不要让桥梁坍塌，不要让道路成为陷阱，不要让房屋成为废墟，不要让房价成为脱缰的野马。慢点走，让每一个生命都享有自由和尊严。

教育，你怎样培养国家的公民？能否少一些功利？教育的结果本应是人性的光辉和良知的培植，让每一个生命都享有自由和尊严。

没有上过高中教育的莫言，获诺贝尔文学奖，如今可道是寻常。这辈子最能影响他的一件事是什么？莫言表示，他年少时曾多收了一名买菜老太太一毛钱，因而受母亲严厉批评，"至今想起来我心里还是非常惭愧"。诚信教育是立人、达人之本。

教育事件八：求解"钱学森之问"

钱学森之问：为什么我们的学校总是培养不出杰出人才？

基础教育反思：在我国目前的教育系统中，教育的导向主要是记、背标准答案，学生提问的欲望和兴趣在中小学阶段已经被大大地削弱了。学生疏于独立思考、缺乏主动学习的精神，是我们在培养杰出人才时遇到的困境。究其根本，是因为我们的教育并未将学生作为主体，充分发掘他们的潜力。

教育事件九：当我们为高考状元骄傲时，美国正在致力打造"高中生科学家"

据美国《纽约时报》网站2013年3月11日报道：丹·麦奎德是奥西宁中学的一名17岁的普通高中生。他作为全美范围内举行的"英特尔科学英才选拔赛"的40名决赛选手之一，正在与自己的两位科学课老师坐在图书馆里谈论着丹所做的癌症研究。这些决赛选手是从300名半决赛参赛者中脱颖而出的。他们自选拔以来就一直待在首都华盛顿，向评审小组和公众展示自己的研究项目和成果。

根据历史，他们中的一些人将会获得更大名望：自从1942年该项选拔赛以"西屋科学英才选拔赛"之名开始以来，其选手中有7位获得诺贝尔奖，11位获得麦克阿瑟天才奖。上述40名决赛选手是从1700名申请者中选拔出来的，此次比赛由科学与大众协会举办，并由英特尔公司通过英特尔基金会提供资金支持。决赛选手们在华盛顿能得到来自全国各所大学的科学家们的评判。在这些科学家各自涉及学科之外的领域，上述选手中许多人所掌握的知识有时甚至超过了他们。然而，这些裁判们所关注的不只限于选手们研究的项目本身。评审小组主席、伊利诺伊大学数学、统计学和计算机科学教授戴维·马克说："我们的目标是找出科学界的未来领袖。"在面对三位裁判参加的4次长达15分钟的面试中，决赛选手不仅要回答有关其研究项目的问题，还会接受有关基本科学知识的测试。

看看选手和他们的研究项目：许多英特尔科学英才选拔赛的决赛选手都在各大学或研究中心配有尖端仪器的实验室中度过了很长时间，或者他们能轻松得获得使用高精尖科研设备的权限。在许多方面，马尤里·斯里达尔和其他17岁的年轻人无异。不过，她的包里装着一个SecurID设备，能让她的笔记本电脑连接上田纳西大学的超级计算机"海怪"。马尤里在纽约大学斯托尼布鲁克分校的实验室工作，接受化学教授卡洛斯·西默林博士的指导，研究肿瘤抑制过程中发挥重要作用的一种蛋白质。

面对国外已经成熟的科学素质培养体系，我们不仅思考我国中学教学模式中仍然是"以考为纲"、"以考为学"、"以考为教"成为主流，还有许多学校和教育部门在以高考成绩来"论功行赏"时，却不知国外的科学家培养早已诞生到中学教育中来了。

教育事件十：复旦、南京等大学里的悲剧

2013年4月18日《北京晨报》：复旦遭投毒学生黄洋16日去世后，尸检已于17日进行，尸检结果将成为重要的案件证据。

嫌疑人究竟是个怎样的人？27岁的实习医生林某成为这起投毒案的嫌疑人，目前已被警方刑事拘留。优等生忽然之间成为给同学下毒的犯罪嫌疑人，这让林某的同学、朋友和同事都难以理解。大学同学说他成绩优秀、阳光热情，中学室友说他乐于助人、有些腼腆；他在微博上自我介绍"一直在认识自己，需要学习向日葵的单纯"。高考时，林某以780多分的高分（满分900分）考入中山大学。林某家境殷实，不过其本人并非从一开始就热爱医学，学医是父亲的希望，林某听从家长的意见而学医。

综合新华社"中国网事"、"新华视点"、《东方早报》报道：2013年4月17日下午，南京市公安局江宁分局官方微博"江宁公安在线"通报了南京航空航天大学金城学院两名学生因琐事发生口角，一名学生被刺伤，送医院抢救无效死亡。伤人者已被警方刑事拘留。

一场悲剧，断送了两个年轻人的未来，也击毁了两个家庭，尤其是对于双双下岗、家有外债的黄洋父母而言。如今，黄洋的同学好友已打算为他的父母募捐。黄洋曾在墨脱支教，"圆梦墨脱"支教社团创始人翁士洪表示：志愿者都是黄洋爸妈的孩子。

二、教育事件中的深度思考

思考之一：前面的教育事件都是在义务教育新课程改革实施十年之后、普通高中新课程改革实施五年之后、2010年《国家教育中长期发展规划与纲要（2010—2020年）》颁布之后发生的！我们的教育观念、教育思想、教育现状、教育生态环境的改变何其艰难！素质教育纵深推进何其艰辛！按以人为本、科学发展、教育规律办教育的理想何时真正回到觉醒的现实？

面对教育的现状、面对师生的生存环境，专家、教师、国家权威发出了对教育的警醒、沉思：中国社会正处在一个前所未有的高速发展时期，同时也是一个凤凰涅槃的"变轨"和"转型"时代，基础教育正走在转型的岔路口上。

思考之二：中国人民大学公共管理学院与人力资源研究所和新浪教育频道曾联合启动一项8000人的调查。该项调查显示：我国教师目前心理状况堪忧。竟有82.2%的教师反映心理负荷过重，目前患有不同程度职业病的教师所占比例达到45.5%。36%的教师每天工作12小时以上，有62.42%的教师对自己的工作不满意，后悔选择教师职业的占63.33%。教育职业的幸福感来自哪里？

思考之三：学校课堂教学的变革是否真正落实了新课程标准？这是依法办学的核心问题，也是国家教育发展的质量保障的核心问题。

没有课堂教学变革的实质变化，新课程实施也只能是虚有其表。基础教育必须从改善教学品质开始。

为了实现教育有品质的发展，实现素质教育目标，必须从课堂育人做起，从课堂教学效益发力，这是落实课程改革，切实提高教育质量的突破口和切入点。

有效教学必须从以学定教、课堂转型开始。教育的核心是"人"，教育的主阵地是课堂，教育改革围绕着"人"和"课堂"从未停止过。

教学过程已成为脑潜能开发的重要过程。

思考之四：教育怎样回归本源？

小学6年，初中3年，高中3年，我们多少孩子和多少家庭，还有朝夕相处的老师们都是在赶考，都是在择校中度过，难道教育除了分数、除了升学就没有更美好的追求和快乐吗？

高考分数的高低，学校文凭的差异就是人生成功永恒的标志吗？教育总是负重而艰难地前行，现实却让我们沉思，教育能否成为青少年成长并向往的乐园？

思考之五：社会究竟需要怎样的人格教育？

继复旦大学研究生投毒案后，南京与南昌两地高校校园再发惨剧，又有两个年轻生命逝去。同室操戈，人伦惨剧，这绝不只是个体生命的陨落，而是整个社会的伤痛。究竟是怎样的仇恨激发暴行或许已不重要，重要的是反思：社会究竟需要怎样的人格教育？

作为整个教育链条中最基础的一环——基础教育，我们不禁要问教育使人终生最受益的什么？是考试分数？是名校？是各类奖状证书？创新教育、教育创新、创新人才的本质内涵是什么？其中最重要一点就是创新人格的培养，它应是教育的灵魂。

三、当下教育在觉醒中——国家教育发展战略在行动

我们要在教育改革中成为自觉执行者、勇于实践者，那要心中守好教育之道，手中用好剑，那就是国家教育发展战略。这是教育的责任和使命所在。这就是中国教育理想发展的宏图与路径。

国家战略行动一：《基础教育课程改革纲要（试行）》（2001）

改革开放以来，我国基础教育取得了辉煌成就，基础教育课程建设也取得了显著成绩。但是，我国基础教育总体水平还不高，原有的基础教育课程已不能完全适应时代发展的需要。为贯彻《中共中央国务院关于深化教育改革全面推进素质教育的决定》和《国务院关于基础教育改革与发展的决定》，教育部决定，大力推进基础教育课程改革，调整和改革基础教育的课程体系、结构、内容，构建符合素质教育要求的新的基础教育课程体系。

新的课程体系涵盖幼儿教育、义务教育和普通高中教育。

1. 基础教育课程改革目标

要以邓小平同志关于"教育要面向现代化，面向世界，面向未来"和江泽民同

志"三个代表"重要思想、胡锦涛的科学发展观为指导，全面贯彻党的教育方针，全面推进素质教育。

新课程的培养目标应体现时代要求。要使学生具有爱国主义、集体主义精神，热爱社会主义，继承和发扬中华民族的优秀传统和革命传统；具有社会主义民主法制意识，遵守国家法律和社会公德；逐步形成正确的世界观、人生观、价值观；具有社会责任感，努力为人民服务；具有初步的创新精神、实践能力、科学和人文素养以及环境意识；具有适应终身学习的基础知识、基本技能和方法；具有健壮的体魄和良好的心理素质，养成健康的审美情趣和生活方式，成为有理想、有道德、有文化、有纪律的一代新人。

2. 基础教育课程改革的具体目标

改变课程过于注重知识传授的倾向，强调形成积极主动的学习态度，使获得基础知识与基本技能的过程同时成为学会学习和形成正确价值观的过程。

改变课程结构过于强调学科本位、科目过多和缺乏整合的现状，整体设置九年一贯的课程门类和课时比例，并设置综合课程，以适应不同地区和学生发展的需求，体现课程结构的均衡性、综合性和选择性。

改变课程内容"难、繁、偏、旧"和过于注重书本知识的现状，加强课程内容与学生生活以及现代社会和科技发展的联系，关注学生的学习兴趣和经验，精选终身学习必备的基础知识和技能。

改变课程实施过于强调接受学习、死记硬背、机械训练的现状，倡导学生主动参与、乐于探究、勤于动手，培养学生搜集和处理信息的能力、获取新知识的能力、分析和解决问题的能力以及交流与合作的能力。

改变课程评价过分强调甄别与选拔的功能，发挥评价促进学生发展、教师提高和改进教学实践的功能。

改变课程管理过于集中的状况，实行国家、地方、学校三级课程管理，增强课程对地方、学校及学生的适应性。

国家战略行动二：《国家中长期教育改革和发展规划纲要（2010—2020年）》

1. 正视现实问题

面对前所未有的机遇和挑战，必须清醒地认识到，我国教育还不完全适应国家经济社会发展和人民群众接受良好教育的要求。

教育观念相对落后，内容方法比较陈旧，中小学生课业负担过重，素质教育推进困难；学生适应社会和就业创业能力不强，创新型、实用型、复合型人才紧缺；教育体制机制不完善，学校办学活力不足。

2. 更新人才培养观念

深化教育体制改革，关键是更新教育观念，核心是改革人才培养体制，目的是提高人才培养水平。

树立全面发展观念，努力造就德智体美全面发展的高素质人才；树立人人成才观念，面向全体学生，促进学生成长成才；树立多样化人才观念，尊重个人选择，鼓励个性发展，不拘一格培养人才；树立终身学习观念，为持续发展奠定基础；树立系统培养观念，推进小学、中学、大学有机衔接，教学、科研、实践紧密结合，学校、家庭、社会密切配合，加强学校之间、校企之间、学校与科研机构之间合作以及中外合作等多种联合培养方式，形成体系开放、机制灵活、渠道互通、选择多样的人才培养体制。

3. 创新人才培养模式

适应国家和社会发展需要，遵循教育规律和人才成长规律，深化教育教学改革，创新教育教学方法，探索多种培养方式，形成各类人才辈出、拔尖创新人才不断涌现的局面。

注重学思结合。倡导启发式、探究式、讨论式、参与式教学，帮助学生学会学习。激发学生的好奇心，培养学生的兴趣爱好，营造独立思考、自由探索、勇于创新的良好环境。适应经济社会发展和科技进步的要求，推进课程改革，加强教材建设，建立健全教材质量监管制度。深入研究、确定不同教育阶段学生必须掌握的核心内容，形成教学内容更新机制。充分发挥现代信息技术作用，促进优质教学资源共享。

注重知行统一。坚持教育教学与生产劳动、社会实践相结合。开发实践课程和活动课程，增强学生科学实验、生产实习和技能实训的成效。充分利用社会教育资源，开展各种课外及校外活动。加强中小学校外活动场所建设。加强学生社团组织指导，鼓励学生积极参与志愿服务和公益事业。

注重因材施教。关注学生不同特点和个性差异，发展每一个学生的优势潜能。推进分层教学、走班制、学分制、导师制等教学管理制度改革。建立学习困难学生的帮助机制。改进优异学生培养方式，在跳级、转学、转换专业以及选修更高学段课程等方面给予支持和指导。健全公开、平等、竞争、择优的选拔方式，改进中学生升学推荐办法，创新研究生培养方法。探索高中阶段、高等学校拔尖学生培养模式。

4. 人格教育是教育的灵魂

在对青少年进行教育的一切活动中，培养他们成为品德良好的一代新人，当放置于首要地位。这一点已成为共识，但什么是良好品德的标准，则各有不同的认识。品德良好的首要前提是圆满的人格，而人格教育则是道德教育的重要和基础组成部分。

从我国教育史来看，人格教育古已有之。作为启蒙教育的《三字经》中就有"玉不琢，不成器，人不学，不知义"。《训蒙文》更为弟子们明确制定了一整套人格标准，它所倡导的"见人善，即思齐"，"见人恶，即内省"，"勿富，勿骄贫"，"凡取与，贵分晓，与宜多，取宜少"，至今有现实的教育意义。

这样的教育造就了我国历史上一代又一代"先天下之忧而忧，后天下之乐而乐"的人格高尚的中流砥柱，成为千古流芳的俊杰。

人格到底该怎样表达呢？人格应是思想、品德、情感的统一表现。丰子恺先生把人格比作一只鼎，而支撑这只鼎的三足就是思想——真，品德——美，情感——善。这三者和谐的统一，就是圆满健全的人格，而对真、善、美的追求，缺一不可。否则，这只人格之鼎就站立不稳，显示的人格就缺损，就低下。这就是说，所谓人格是人们在社会生活中以自己的言、行、情、态体现的对真、善、美追求和达到的程度，并且被别人感知，受到社会准则的定位。

作为人格教育主渠道的学校，有责任开展多方面的教育活动来培养学生的圆满人格，决不只限于笼统的提出思想教育，而应该在提高学生人格素质的基础上，去谈思想进步、政治信仰、爱国主义等等。而人格素质的基本构成是这样的一个特征：适应社会、有强烈的责任感、忠诚履行社会责任，自觉遵守社会规范，维护社会风尚，也就是人们常说的让学生学会"做人"，学会做一个社会的人。而这一类人物在我国历史文化沉淀中大有人在，都靠教育者为学生树立榜样，但最有说服力的教育方式，是在我们的生活中去发现发掘每一个学生人格上的闪光点，去鼓励实践者去继续实践，去鞭策未实践者紧紧跟上，大力表扬，广为倡导，激励大家竞相学习。这样在校园里就创建了一种追求真善美的环境氛围。

在对人格有正确的认识之后，还必须培养学生对人格的评价能力，用优秀范例和低劣人格表现进行比较，使学生产生强烈的对比感、反差感，在心理上产生震撼，从而形成评价能力、判断能力。这样才能在日常生活中鼓励青少年实践自己对人格的认识，并自我评价，使他们把自己对人格的理论认识和行为行动统一起来，逐渐完善自己的人格，而老师、家长自身的人格行为也无时不对被教育者产生强烈的影响。社会风尚是社会成员总体人格的展示，不仅表现在国家危亡之际，更表现在日常生活的责任和义务。人与人关系中，与其坐叹世风日下，不如从检查自己的人格行为开始认真、负责地教育，培养自己的子女、学生，使他们都成为追求真善美、具有圆满人格的人，那么我们的祖国一定会更文明。

近年来，中小学的知识竞赛、高校的自主招生都是注重知识的掌握和知识的运用技巧，同时成为升学、选拔的主要方式，这种状况固然反映了国人对知识的偏爱，但是如果只重视知识的掌握而忽视了人格的养成，也是一种不正常的倾向。

人格的养成是相当复杂的，它不仅需要丰富的知识，还需要健康的体魄、良好的教养、广泛的兴趣、高尚的情操和真正的智慧。因此健全的人格应该是自由思想、独立精神、诚实作风、仁爱品德的综合体现。如果只有知识的灌输而没有人格的养育，所谓知识就很可能成为争名夺利的武器，危害社会的工具。

蔡元培认为，既然革命已经成功，所谓爱国精神就"不在提倡革命，而在养成完全之人格"。担任北京大学校长以后，他又反复强调："大学并不是贩卖毕业的机关，也不是灌输固定知识的机关，而是研究学理的机关。……研究学理的结果，必要影响于人生"。因此他常常对自己的学生说：你们应"当有研究学问之兴趣，尤当养成学问家之人格。"

人格教育是奠基人生高度的基石。

在当今，择校之风盛行！唯分数补课盛行！学生厌学、逃学、弃学现象盛行！师生之间、家长与子弟之间，伤害、伤亡事件时有发生！我们不禁要问：人为什么要成长？为什么要受教育？什么是最好的教育？

大道至简：关注人格成长、回归生命成长规律的教育，定会使人终生受益！忽视人格成长、一味追求功利的教育，定会尝到生命被摧残的苦果，成为社会与时代的悲哀！

四、觉醒的教育应为时代凝聚智慧、创生力量

最近社会生活中，"中国梦"成了关注度很高的热词。国人广泛热议中国梦、畅谈中国梦，这股正能量激发着人们努力为实现中华民族伟大复兴这一梦想，为实现国家富强、民族振兴、人民幸福这一追求而发愤图强；也激励着人们为实现"中国梦"坚定走中国道路，弘扬中国精神，凝聚中国力量！

正如梁启超言：少年智则国智，少年富则国富，少年强则国强，少年独立则国独立……

少年承载着中华民族的希望，他们成长的品质关乎民族与国运昌盛。实现中华民族的伟大复兴之梦，应从少年开始，作为教育人，我们每个人身上都承担着这份重如泰山的责任。

教育是为实现"中国梦"培养国之栋梁，凝聚智慧，创生力量，职责所在。因为中国的未来在于今天的青少年，他们成长的品质关乎民族与国运昌盛，关乎"中国梦"实现的理想是否坚守、目标是否坚定、力量是否坚强。这一切的基础都要从

青少年开始，从基础教育开始奠基。

基础教育不是追求个人小我的功利教育，是立足国家、社会、民族未来，追求高质量发展的道义教育，是肩负新时期教育人时代担当的责任教育。我们的教育人胸怀家国天下，但不妄言，追求以高质量的教育为基础；我们倡导人生大志，但不虚言，追求以实实在在的成长脚步；我们激励建功立业，但不轻言，追求以完善自我、提升素质为前提。只有扎根现实、怀揣梦想的教育才是真正的教育，学校里师生要专心读书、教书，更要放眼天下。要把个人命运和家国命运紧密联系，努力培养学生的责任感和使命感，要牢记"中国梦"，从实现每个人的个人梦开始，立足现实，坚定信念，认同自我，养浩然之气，树立正确价值观，充分认识个体的奋斗努力对促进整个民族前进发展的时代价值和现实意义。

当下许多中小学结合实际积极探索青少年成长途径，引领师生们谈梦想，话现实，关注国运，描绘未来，校园内生机勃勃，师生风貌昂扬向上，呈现出境界高远的大气象。许多学校在教书育人的过程中始终坚持全面育人、全程育人；始终坚持以人为本，德育为首，回归教育本源。

智为人才之基础，体为人才之条件，美为人才之重要内容，德乃人才之灵魂。崇德尚礼，让道德的光辉涤荡人性的软弱；见贤思齐，以榜样的力量扬起奋进的风帆。古今中外，德育与教育无不备受重视。子曰："不学礼，无以立。"礼义廉耻乃安身立命之根本。

好的教育是健全人格的关键，学校是指挥学子们破浪前进的灯塔。在这个社会转型期，未成年人思想道德建设面临着新的挑战——思潮的涌动、现实的洗礼、危机的潜伏……教育要从灵魂入手，让每一个孩子从心灵上对尚德远志存在认同。这就是教育勇立潮头，时代责任所在，让德行传播，让礼仪流行，让纯真依旧，让灵魂安宁。

我深信教育以人为本，推进现代教育创新将引领学校特色发展，着力培养全面发展、个性优长的高素质人才，就是为学生未来发展奠基，就是为未来理想实现积蓄力量与智慧，就是为实现社会发展的和谐之梦、强国之梦做出的不懈努力。

五、聚焦教育创新，决胜课堂高效

本人在长期的基础教育一线进行教学实践和管理实践，特别是承担"湖南省基础教育综合改革——教育教学改革试点项目"实践中，积累了一些理论与实践的经验与感悟，汇编成这个课堂教学实践模式与操作指导的册子，虔诚地希望这本书达成五个目的：一是以教育理念转变推动教育实践的创新；二是以教育实践的创新深化素质教育推进；三是以课堂教学方式和学习方式的转变实现教育高品质发展；四是以教学模式研究探索高效课堂路径；五是探索教育家型校长成长，提升学校管理水平。

我们坚信，为学生未来发展奠基，就是为未来理想实现积蓄力量与智慧，就会实现社会发展的和谐之梦。抓教师素质，从建设高效课堂开始；抓学生素质，从学习习惯养成入手，立德树人。培养出更多更优秀的高素质人才，才会实现梦寐以求的强国之梦。每一个家庭、每一个孩子都是民族之树的根须枝叶，教育均衡优质的发展，全民族素质的整体提升，才会实现中华民族的伟大复兴之梦。

王　迅

2013年5月

前言

目 录

第四章　创新教育的实践研究 / 115

第五章　聚焦课改　决胜课堂 / 147

第六章　高效课堂的学习方式 / 186

第七章　高效课堂的教学方式 / 216

第一章
现代教育新视野——创新教育

现代教育主要是指适应现代社会生产体系、经济体系、文化体系、科技、社会生活方式的教育观念、形态和特征，表现为现代需要提倡和应用的教育思想、制度、管理体系、内容、方式、方法等。

1.1 现代教育的内涵

1.1.1 现代教育的理想

现代教育的理想就是实现教育的现代化。现代化的教育与传统社会教育有本质不同，在培养人才类型、教育人的模式、教育内容、教育方法等方面都与过去有本质不同。作为现代化教育，就是要建设现代化的学校，现代化的学校核心是有现代化的教师及现代化的教育理念。

1.1.2 教育现代化的含义

教育现代化是一个国家适应现代化社会发展要求所达到的一种新的教育形态，是传统教育向现代化教育的现实转变。教育现代化包括教育思想现代化、教育制度现代化、教育内容现代化、教育方法现代化、教育管理现代化、教育设施设备现代化、教师队伍现代化等。

教育现代化的核心是人的素质的现代化，这是现代教育的理想追求和理想教育的现实走向。理想的现代教育在实现现代化的过程中包括以下几个方面：

1. 教育思想的现代化。教育思想主要解决教育基本认识问题，涉及教育的理想与理想的教育问题、培养什么样的人与怎么培养人的问题等。教育思想的现代化是指能把握教育发展的内在规律与时代特征，树立正确的教育观与人才观，如全面发展的观念、终身教育的观念、民主平等的观念、多元化教育的观念、素质教育的观念等。教育思想的现代化是教育现代化的前提。

2．教育内容的现代化。教育内容的现代化包括课程体系、教材内容以及与其相适应的教育方法的现代化。课程的水平决定着学生的素质水平，课程结构决定着学生的素质结构，教育内容的现代化决定着现代化学生的素质。教育内容的现代化是教育现代化的核心。

3．教育设施的现代化。教育设施的现代化又称办学条件的现代化，它是指校舍设施、装备条件具有比较先进的水准，能够用现代化的信息技术、体能训练器械、艺术教育手段以及先进的科学实验与生产实习设备、充足的图书资料来装备学校。教育设施的现代化是教育现代化的基础。

4．教师队伍的现代化。教师队伍的现代化是指教师的学历层次与文化知识具有较高的水准，具有追求卓越、为人师表的师德修养，具备良好的教学基本功和技能技巧。教师队伍的现代化是教育现代化的根本。教师队伍现代化的标志是从教书匠向学者型教师、教育家转变。

5．教育管理的现代化。教育管理的现代化是指管理队伍、管理制度和管理手段三方面的现代化，即具有一支用现代化教育思想武装、具备现代化管理知识的高素质管理队伍，具备一整套现代教育管理制度，具备现代化的管理手段，从而使教育管理科学化和高效率。教育管理的现代化是教育现代化的保证。

6．社区教育的现代化。社区教育的现代化是指建立学校与社区的互动机制，形成"学校为主，社区协调，政府统筹，社会参与，其育人才"的全方位教育格局，达到"学生关心社区，社区关心学生；学校对社会开放，社会设施对学校开放"的境界。

哈佛大学前校长科南特曾经说过：学校的荣誉不在于它的校舍和人数，而在于它一代一代教师的质量。因此，教师队伍的现代化应成为推进教育现代化时首先考虑的战略重点。作为教育现代化的突破口，则可以根据具体情况加以选择，既可以在教育设施上下工夫，也可以在教育管理上做文章，还可以在教育内容与社区教育上动脑筋。但是，无论选择什么作为突破口，都应注重整体推进、系统优化的原则，保证教育现代化的整体发展。

教育现代化也可界定为教育生产力、教育制度体系、教育思想观念等这些因素的变化与逐步现代化的过程。教育生产力是指教育的物质基础与发展水平。教育制度体系是指教育组织方式、组织结构、法律规章、结构系统及运行机制。

教育为立人之本，人的现代化、现代人的培养离不开现代化的教育。教育是决定一个人现代性的重要因素，受教育的程度直接决定了个人现代化的水平和现代性品质的转变。因此，教育现代化是实现人的现代化的必由之路，教育现代化的核心是实现人的现代化。

1.1.3 教育现代化的特征

顾明远教授结合当代中国的教育现实认为，教育现代化具有九个特征。

1. 教育的民主性和平等性。或者说教育的广泛性和平等性。具体到现在来讲，就是要普及九年义务教育，同时要走均衡发展的道路。教育要有广泛性，满足广大人民群众受教育的要求。

2. 教育的个性。教育的个性首先表现在培养学生的个性，个性最重要的内核就是创造性，要培养学生有创造的精神。现在教育界有一种误区，把个性理解为"特长"，认为全面发展加特长，就是教育的个性化。特长实际上是一种技能，如果没有创造性，那么他的特长就很难发挥出高水平。创造表现在能够独立思考，能够提出不同的见解。知识并不等于智慧，知识变成智慧，智慧里边就有创造性。创造性是人的本性，不是少数人的专利，所有人都有创造的潜力。

3. 教育的终身性。终身教育有几个层次：一是个人的层次，每个人都要终身学习；二是各种组织的层次，每个组织都要成为终身学习的组织，每个社区应该成为终身学习的社区。教育现代化，要求教育不只局限于学校，它也包括学校以外的教育，包括一个人一生的教育，我们要建立一个终身教育体系。在学校要给学生打好终身学习的基础，离开学校教育以后，始终要继续学习。20世纪60年代提出终身教育，仅仅是为了解决失业、再就业问题，21世纪终身教育已经不是为了谋求任何目的，而是已经成为人的生活的一部分。

4. 教育的多样性。既然要实行全民教育、终身教育，教育就必须是多样的，多样是指既有正规教育又有非正规教育。教育的结构要多样化，普通教育、职业教育要并举。高等教育的层次多样化，高等教育的大众化，不仅仅是一个数量概念，更重要的是达到一定阶段的质量的概念，是多层次多结构的，包括课程和专业设置的多样化。

5．教育的开放性。当今社会是开放的社会，教育要社会化，社会要教育化。要建立一个没有围墙的学校，在大教育的观念里进行。

6．教育的国际性。教育国际性已经越来越受到大家的重视，国际交往越来越频繁，国际信息交流越来越迅速，各国都在吸收别国的留学生，国际合作办学也在不断加强。

7．教育的创新性。包括教育思想上的创新，教育制度、内容上的创新，教学手段和技术上的创新。

8．教育的信息化。信息、网络改变了人类生活，网络化改变了社会的生活、人们的生活和思维方式。运用信息技术来优化教育教学过程，教育信息化，不是简单地把课堂搬个家，而是通过信息技术手段，对教育资源（教师、学生、教材、方法）配置更优化，使得我们的教育教学过程更高效。

9．教育的科学性。教育的决策，教育的行为，都要有科学的依据。教育行为越来越依据科学研究的成果，而不是单纯的凭经验。现代教育实践是科学的行为，是理性的行为。

1.2 现代教育的进程

1.2.1 影响教育现代化进程的因素

影响教育现代化的因素很多，我们必须消除这些因素。国家教育发展研究中心研究员谈松华指出：教育现代化是与社会现代化相互作用的过程，同时，又是教育内部因素相互作用的过程。主要有如下因素影响教育现代化的进程：

1．世界性与本土性的关系。现代化是全球发展的一个过程，中国作为一个后发的外生型的现代化国家，中国的教育现代化一开始是受到外国或世界发达国家的教育制度和经验影响的，或者说开始是移植。因此，在中国现代化进程中如何把握既要面向世界，吸收世界发达国家或其他国家有利于中国现代化的教育思想、教育制度和教育经验，同时又深深的植根于本国的国情，能够融化这些发达国家的教育思想、教育制度、教育经验，这是一个一定要处理好的问题。

2．依附性和主体性的关系。教育现代化必须受到政治、经济时代化的影响，或者说受到它的制约，从这点来说，教育的现代化是有依附性的。但这并不等于说教育现代化没有自身的规律。所以，我们既要处理好教育现代化与政治、经济发展之间的关系，又要处理好在这样政治、经济背景下教育现代化自身的规律。

3．传统性与现代性的关系。教育现代化的过程，从它的主要内容来讲，是对传统教育的变更与否定，或者说，教育现代化的过程是教育的传统性与现代性此消彼长的过程。传统性与现代性不是绝对隔绝的，在任何一个社会中间，都保留有相当的传统性。我们今天推进教育现代化，不是全盘否定传统，而是要加深对我们中国传统教育的研究，这样才能研究出有中国特色的现代化教育。

4．科学技术与人文精神的关系。科学技术在教育领域里的运用，是现代教育发展的一个非常重要的特征，大力加强科学技术教育无疑是推进教育现代化的一个战略思想。但值得我们注意的问题是，20世纪随着科学技术加快发展，出现唯科学主义的思潮，认为科学技术发展是万应灵丹，能解决人类面临的各种问题。因此，忽视了人文精神的培养，忽视了人文教育。我们今天所讲的教育现代化，决不仅仅是科学技术现代化，它应包括人文精神的弘扬。

5．公平与效率的关系。现代化是讲效率的，它加快了经济和社会的发展，但是现代化的成果不能公平地为社会成员所享有的话，那么这种现代化带来的并不是社会的全面进步。所以，公平与效率的关系也是我们在促进教育现代化过程中需要重视的一个现实的政策问题。教育现代化的推进，如果以牺牲教育公平为代价，那么这种现代化是值得怀疑的，我们提出这个问题是很有现实意义的。

6．工业化与信息化的关系。这个问题在中国有它的特殊性。我们今天讲教育现代化，既要考虑从农业社会向工业社会转化的教育现代化问题，同时要考虑工业社会向信息化社会转变中间的教育现代化问题。今天我们讨论的素质教育，许多问题已经跃出了工业化社会的一些教育观念。

1.2.2 教育现代化的发展走向

1．加强学前教育并重视其与小学教育的衔接。幼儿教育是进入学校教育前的教育，称作学前教育。它是为学校教育的生活和学习打基础的。学前教育对儿童未来的发展有着积极的意义。

为了使学前教育顺利地过渡到小学教育，越来越多的国家注意到要加强学前儿童入学的准备，使他们在进入一种新的学习活动前具备一定的发展条件。

2．强化普及义务教育，延长义务教育年限。义务教育是国家用法律形式规定，对一定年龄的儿童免费实施的某种程度的学校教育。义务教育也称强迫教育，是适龄儿童和少年必须接受的，国家、社会、学校、家庭必须予以保证的国民教育，它具有强制性、普遍性和基础性的特点。

3．普通教育与职业教育朝着相互渗透的方向发展。普通教育主要是以升学为目标，以基础科学知识为主要教学内容的学校教育；职业教育是以就业为目标，以从事某种职业或生产劳动的知识和技能为主要教学内容的学校教育。普通教育学校的学生社会适应能力相对较差，而职业教育学校的学生在科学文化素质上又有所欠缺。因而，普通教育和职业教育开始朝着相互渗透的方向发展，综合中学的比例逐渐增加，出现了普通教育职业化、职业教育普通化的趋势。

4．高等教育的类型日益多样化。随着社会生活的丰富多样化和高等教育的大众化，传统的以学术性为标准的单一大学逐渐发生变化。在形式上，不同学制、不同办学形式的学校纷纷出现；在内容上，基础性的、应用性的、工艺性的学校各显特色；在入学目的、教科文评价的方法上也多种多样。高等教育在保持学术性的同时，逐渐大众化，以适应现代社会生活的多变性。

5．学历教育与非学历教育的界限逐渐淡化。随着一次性教育向终身教育的转变，以获得文凭为受教育目的的程度逐渐降低，通过教育补充知识、丰富人生的目的越来越强，社会教育的程度越来越高，学历教育与非学历教育的界限逐渐淡化。

6．教育制度要有利于国际交流。现代交通、通信技术的发展，使得世界日益缩小，国际文化的交流越来越重要，也越来越现实，这就要求各国的教育制度要有利于国际间的交流，增强学制、学位、学分等互通性。

1.2.3 教育现代化的管理理念

1．以人为本的理念。21世纪的今天，社会已经由重视科学技术为主发展到以人为本的时代，教育作为培养和造就社会所需要的合格人才以促进社会发展和完善的崇高事业，自然应当全面体现以人为本的时代精神。因此，现代教育强调以人为本，把重视人，理解人，尊重人，爱护人，提升和发展人的精神贯注于教育教学的全过程、全方位，它更贯注人的现实需要和未来发展，更注重开发和挖掘人自身的禀赋和潜能，更重视人自身的价值及其实现，并致力于培养人的自尊、自信、自爱、自立、自强意识，不断提升人们的精神文化品位和生活质量，从而不断提高人的生存和发展能力，促进人自身的发展与完善。鉴于此，现代教育已成为增强民族凝聚力的重要手段，成为综合国力的基础并日益融入时代的潮流之中，备受人们的青睐与关注。

2．全面发展的理念。现代教育以促进人的自由全面发展为宗旨，因此它更关注人的发展的完整性、全面性。表现在宏观上，它是面向全体公民的国民性教育，注重民族整体的全面发展，以大力提高和发展全民族的思想道德素质和科学文化素质，提高民族的知识创新和技术创新能力，增强包括民族凝聚力在内的综合国力为根本目标；表现在微观上，它以促进每一个学生在德、智、体、美、劳等方面的全面发展与完善，造就全面发展的人才为己任。这就要求人们在教育观念上实现由精英教育向大众教育、由专业性教育向通识性教育的转变，在教育方法上采取德、智、体、美、劳等几育并举、整体育人的教育方略。

3．素质教育的理念。现代教育扬弃了传统教育重视知识的传授与吸纳的教育思想与方法，更注重教育过程中知识向能力的转化工作及其内化为人们的良好素质，强调知识、能力与素质在人才整体结构中的相互作用、辩证统一与和谐发展。针对传统教育重知识传递、轻实践能力，重考试分数、轻综合素质等弊端，现代教育更加强调学生实践能力的锻造，全面素质的培养和训练，主张能力与素质是比知识更重要、更稳定、更持久的要素，把学生综合素质的培养与提高作为教育教学的中心工作来抓，以帮助学生学会学习和强化素质为基本教育目标，旨在全面开发学生的诸种素质潜能，使知识、能力、素质和谐发展，提高人的整体发展水准。

4．创造性理念。传统教育向现代教育的重要转型之一，就是实现由知识性教育向创造力教育转变。因为知识经济更加彰显了人的创造性作用，人的创造力潜能成为最具有价值的不竭资源。现代教育强调教育教学过程是一个高度创造性的过程，以点拨、启发、引导、开发和训练学生的创造力才能为基本目标。它主张以创造性的教育教学手段和优美的教育教学艺术来营造教育教学环境，以充分挖掘和培养人的创造性，培养创造性人才。现代教育主张，完整的创造力教育是由创新教育

（旨在培养学生的创新精神、创新能力与创新人格）与创业教育（旨在培养学生的创业精神、创业能力与创业人格）二者结成而形成的生态链构成。因此，加强创新教育与创业教育并促进二者的结合与融合，培养创新、创业型复合型人才成为现代教育的基本目标。

5. 主体性理念。现代教育是一种主体性教育，它充分肯定并尊重人的主体价值，高扬人的主体性，充分调动并发挥教育主体的能动性，使外在的、客体实施的教育转换成受教育者主体自身的能动活动。主体性理念的核心是充分尊重每一位受教育者的主体地位，"教"始终围绕"学"来开展，以最大限度地开启学生的内在潜力与学习动力，使学生由被动的接受性客体变成积极的、主动的主体和中心，使教育过程真正成为学生自主自觉的活动和自我建构过程。为此，它要求教育过程要从传统的以教师为中心、以教材为中心、以课堂为中心转变为以学生为中心、以活动为中心、以实践为中心，倡导自主教育、快乐教育、成功教育和研究性学习等新颖活泼的主体性教育模式，以点燃学生的学习热情，培养学生的学习兴趣和习惯，提高学生的学习能力，使学生积极主动、生动活泼地学习和发展。

6. 个性化理念。丰富的个性发展是创造精神与创新能力的源泉，知识经济时代是一个创新的时代，它需要大批具有丰富而鲜明个性的个性化人才来支撑，因此它催生出个性化教育理念。现代教育强调尊重个性，正视个性差异，张扬个性，鼓励个性发展，它允许学生发展的不同，主张针对不同的个性特点采用不同的教育方法和评估标准为每一个学生个性的充分发展创造条件。它把培养完善个性的理念渗透到教育教学的各个要素与环节之中，从而对学生的身心素质特别是人格素质产生深刻而持久的影响力。个性化理念在教育实践中首先要求创设和营造个性化的教育环境和氛围，搭筑个性化教育大平台；其次，在教育观念上它提倡平等观点、宽容精神与师生互动，承认并尊重学生的个性差异，为每一个学生个性的展示与发展提供平等机会和条件，鼓励学习者各显神通；再次，在教育方法上，注意采取不同的教育措施施行个性化教育，注重因材施教，实现从共性化教育模式向个性化教育模式转变，给个性的健康发展提供宽松的生长空间。

7. 开放性理念。当今时代是一个空前开放的时代，科学技术的日新月异，信息的网络化、经济的全球化使世界日益成为一个更加紧密联系的有机整体。传统的封闭式教育格局被打破，取而代之的是一种全方位开放式的新型教育。它包括教育观念、教育方式、教育过程的开放性，教育目标的开放性，教育资源的开放性，教育内容的开放性，教育评价的开放性等等。教育观念的开放性指民族教育要广泛吸取世界一切优秀的教育思想、理论与方法为我所用；教育方式的开放性即教育要走国际化、产业化、社会化的道路；教育过程的开放性即教育要从学历教育向终身教育拓宽，从课堂教育向实践教育、信息网络化教育延伸，从学校教育到社区教育、社会教育拓展；教育目标的开放性即指教育旨在不断开启人的心灵世界和创造潜能，不断提升人的自我发展能力，不断拓展人的生存和发展空间；教育资源的开放性指充分开发和利用一切传统的、现代的、民族的、世界的、物质的、精神的、现实的、虚拟的等各种资源用于教育活动，以激活教育实践；教育内容的开放性指教育要面向世界、面向未来、面向现代化设置教育教学环节和课程内容，使教材内容由封闭、僵化变得开放、生动和更具现实包容性与新颖性；教育评价的开放性指打破传统的单一文本考试的教育评价模式，建立起多元化的更富有弹性的教育评价体系与机制。

8．多样化理念。现代社会是一个日益多样化的时代，随着社会结构的高度分化，社会生活的日益复杂和多变，以及人们价值取向的多元化，教育也呈现出多样化发展的态势。这首先表现在教育需求多样化，为适应经济社会发展的要求，人才的规格、标准必然要求多样化；其次表现在办学主体多样化、教育目标多样化、管理体制多样化；再次还表现在灵活多样的教育形式、教育手段，衡量教育及人才质量的标准多样化等等。这些都为教育教学过程的设计与管理提出了更高的要求与挑战，它要求根据不同层次、不同类型、不同管理体制的教育机构与部门进行柔性设计与管理，它更推崇符合教育教学实践的弹性教学与弹性管理模式，主张为教育事业的发展提供更加宽松的社会政策法规体系与舆论氛围，以促进教育事业的繁荣与发展。

9．生态和谐理念。自然物的生长需要良好的自然生态环境，人才的健康成长同样也需要宽松和谐的社会生态环境的滋润。现代教育主张把教育活动看作是一个有机的生态整体，这一整体既包括教育活动内部的教师、学生、课堂、实践、教育内容与方法诸要素的亲和、融洽与和谐统一，也包括教育活动与整个育人环境设施和文化氛围的协同互动、和谐统一，把融洽、和谐的精神贯注于教育的每一个有机的要素和环节之中，最终形成统一的教育生态链整体，使人才健康成长所需的土壤、阳光、营养、水分、空气等各种因素产生和谐共振，达到生态和谐地育人。所以，现代教育倡导"和谐教育"，追求整体有机的"生态性"教育环境建构，力求在整体上做到教学育人、管理育人、服务育人、环境育人，营造出人才成长的最佳生态区，促进人才的健康和谐发展。

10. 系统性理念。随着知识经济的来临，学习化社会的到来，终身教育成为现实。教育成为伴随人的一生的最重要的活动之一。因而，教育不再仅仅是学校单方面的事情，也不仅是个人成长的事情，而且是社会进步与发展的大事，是整个国民素质普遍提高的事情，是关乎精神文明建设及两个文明协调发展的全局性、战略性大业，它是一项由诸多要素组成的复杂的社会系统工程，涉及许多行业和部门，所以需要全社会普遍参与、共同努力才能搞好。所以，与传统教育不同，转型时期我国正在形成的是一种社会大教育体系，它需要在系统工程的理念指导下进行统一规划、设计和一体化运作，以培养人们的学习能力，提升人们的生存和发展能力为目标，以实现社会系统内部各环节、各部门的协调运作、整体联动为基础，把健全教育社会化网络作为构成教育环境的中心工作来抓，促进大教育系统工程的良性运行与有序发展，以满足学习化社会对教育发展的迫切要求。

1.3 课改中对教育现状的反思

三个有关课改的调研报告，其一是21世纪教育研究院《2011年教师评价新课改的网络调查报告》；其二是《中国教师报》发起"课改中国行"大型公益活动，覆盖17个省（自治区，直辖市）50多个县区，一个多月的时间里，他们用眼睛去发现，用脚步去丈量，用心灵去思考，为中国课改提供独家全记录，形成的《中国课改报告》；其三是在湖南省教育厅的指导和支持下，2009年湖南省教育学会组织4个调研组，分赴长沙、株洲、衡阳和湘西自治州开展了普通高中新课程实验调研，历时半个月形成的《湖南普通高中新课程实验的调研报告》。

回顾并结合这些年来实施课改的现实情况和实践过程，我们心灵上很震撼，为这些坚守教育使命、坚守生命情怀、坚守教育理想的人而敬佩，也为我们课改艰难前行而思考。回眸中小学课改十年之旅，如何探索课改规律？怎样夯实课改基础？如何有效实现教育现代化的理想？课改推进到攻坚克难取得成功之要就是教育理想、教育文化的重建，这是一个核心问题、瓶颈问题，这是实现中华民族复兴的首要问题。

1. 3. 1 教育被功利扭曲的现状

基础教育在功利化主导的背景下，从幼儿园到小学、从小学到初中、从初中到高中、从高中到大学，学生、家长、学校就是在择校、升学中度过，在分数竞争中度过。尽管大学升学由独木桥变成了今天的大众化，但以升学为动力的教育机制却束缚着学校的手脚。看看我们培养的祖国未来建设者拥有怎样的激情：很多学生从这种加工厂、加工链式的学校出来后，几乎就是一个分数产品，有的到了大学成了泄气的皮球，学习不求上进，学会了享受；有的身为省市高考高分、状元踏进名校就是为出国准备，为追求自我高雅富有生活而准备；有的学生即使大学毕业却难以适应社会，心理不健全，害怕竞争。不少青年学生心中没有父母、没有祖国、没有责任、没有激情、心中没有抱负。振兴中华匹夫有责、为中华崛起而读书曾经激励过多少仁人志士，但在今天不少青年学生身上已经暗淡无光，三十年高考心路历程，众多状元今何在？中国的名校只不过成为哈佛、牛津预备留学基地，绿卡的跳板，教育已经远离内在本质，教育已被功利绑架。

1. 3. 2 新课程实施艰难前行

在实施新课程改革已经多年的过程中，还有很多学校在教育理念上仍然注重实用化、功利化、工具化，以传授知识技能为要。在方法上注重"规训"，通过单向度强制性灌输式，迫使学生按统一标准接受"型塑"。其特点是"服从高于自主，听话高于思想，接受高于创造，一致高于独立"，所遮蔽的恰恰是教育中作为主体的人。

当下一些学校的教育就是远离教育的本质，把学校变成了用知识和技能"灌装"人的车间，家庭、社会、学校更关注的是考分与技能，学生人格和德行修养的教育内涵却远离我们的教育，教育仍然被异化和功利化。2011年10月24日，第八次基础教育新课程改革，在全国中小学推行了近10年之际，21世纪教育研究院对新课改的实施现状以及教师们对新课改的评价进行了网络调查，并发布了《2011年教师评价新课改的网络调查报告》。

不到十分之一教师认为"减负"有成效。"2011年教师评价新课改的网络调查"，受调查教师覆盖了全国29个省市区的城乡各级教师。教师们对新课改的实际成效评价不高，对课改的总体评价表示"很满意"的教师占比3.3%，"满意"的教师占比21.3%，即仅有四分之一受调查中小学教师对新课改的实际成效表示满意。新课改的思路简单来说就是"减少课程深度，拓宽课程广度"，在世界范围内都是正确的趋势。然而47%的教师认为新课改后学生的课业负担反而加重了，31%的教师认为新课改在促进素质教育方面效果"不明显"，仅有8.5%的教师认为新课改对学生负担有所减轻。

"评价和考试没有变"成改革最大阻碍。涉及新课改的主要问题，在调查中，23%的教师认为"评价和考试没有变"居首位。另有18%认为"教育资源不足"，17%认为"师资培训跟不上"，教师能力不足、领导工作不力、推进速度过快等也在影响新课改的实效，造成了教师们"认同高、评价低"的现状。

1.3.3 示范高中背离示范

2009年在湖南省教育厅的指导和支持下，湖南省教育学会组织4个调研组，分赴长沙、株洲、衡阳和湘西自治州开展了普通高中新课程实验调研。根据湖南的经济和社会发展的区域性差异，调研涉及的市州为三种类型，即相对发达地区长沙市，较发达地区株洲市和衡阳市，欠发达地区湘西自治州。调研涉及的学校为四种类型，即省示范性高中、市示范性高中、城区一般高中和农村一般高中，共15所。调研组采取座谈会（分为市、县、学校三个层次）、察看学校基本设施设备、查阅相关资料、现场听课和问卷调查等形式，从思想观念、基本条件、制度措施、师生反馈等方面，深入了解基层实施高中课改的主要做法和对高中课改的意见和建议。

我们透过三年前湖南省教育学会的《湖南普通高中新课程实验的调研报告》，感同身受的是湖南当下的高中课改虽然有了基本的蓝图，并探索了一些实践经验，但是，我们离高中新课程的实施高素质教育要求还有很大差距，突出体现在：课堂教学很多还是教师独霸讲台，课堂效益低下，沉迷于补课增时，课程开发只围绕高考科目，评价学校及教师主要是高考成绩，很多省示范高中在课改中犹豫不决难以示范，所谓"名校"固守旧的教学方式揽优拔苗，坚守高考名校领地，课改春风不度玉门关，如此等等，至今高中课改依然在艰难中前行，素质教育要求的培养学生综合素养和能力却游离于课堂之外。

一些省级示范高中，本该成为教育的榜样力量，课改的坚定引领者，可惜的是，自视甚高甚至自以为是的教育者们，依然高傲地扬起自己的头颅，不愿意牺牲自己的一点休息时间，学习更好的课改思想和教学智慧。

如果办学者不能靠文化引领，那么最起码应该建立起比较完备的制度和人性的考核机制；如果无法做好制度管理，那么，校长就需要具有较好的人格魅力或者强有力的领导力；如果人治都实现不了，那么学校管理只会一盘散沙，学校办学更不可能有所建树，即便有"建树"，也只可能是片面追求应试成绩的政绩观和成就感产生的短期成果——这样的"清华北大"是残疾的，是没有发展潜力的应试机器。当然，这样的教育追求背后，便是一张变态的文化网、一种畸形的政绩观。

1.3.4 追逐高分成教育之殇

《三湘都市报》综合有关数据，调查了1977年至1999年湖南24名状元的职业状况，竟发现无一人成为所在职业领域的领军人物，甚至大多已湮没无闻，有的成了全职太太。云南教育厅长罗崇敏一共研究了1977年到2009年33年来全国的124名高考状元，他公开发表调研结果："他们一个都没有成为所从事职业领域的领军人物。"在2007年，中国校友会网课题组负责人、中南大学教授蔡言厚公布了中国首份《高考状元职业状况调查报告》，调查的全国近400名高考状元，鲜有领军人物。中国校友会网总编、"高考状元研究"课题组专家赵德国接受记者采访时介绍，课题组调查了自1952至2011年全国范围内的1400名高考状元，现有的职场状元名单中出现了高考状元的身影（两院院士），但交集非常少，且都是20世纪50年代的高考状元。1977年恢复高考后的高考状元无一人成为职场状元。

这让专家非常困惑。"在中国，'性格决定命运'这句话同样适用于职场。"丁道群解释。"一项研究结果表明，在公司做得最好的20%的员工和最差的20%的员工，他们的智力水平是一致的。唯一的区别在于是否具有良好的性格、人际关系、情绪调控力和坚强的意志。"湖南大学教科院副院长姚利民亦表示，个人在职场成功的关键因素不在智力，而在于个性、情绪智力和持之以恒的毅力等非智力因素，状元也一样。"在中国的中学教育和家庭教育中，人们更多关注的是分数，忽视了性格和人际交往能力的培养。"丁道群指出。

据中国校友会网高考状元课题研究组专家调查的1400名高考状元，发现大多数内向、高傲、情商低。"封闭的环境，加上老师、同学对于学习好的同学比较包容，容易将他们打造成'温室的花朵'、'象牙塔内的状元'。如果未在大学调试好，进入社会后短期内将很难适应，对社会的理解、接受度也不高。"直到现在，我们还时常看到"评价学校是否优秀，还是只紧紧盯着考入清华北大的人数"的情况，这是当今教育的极大悲哀！

1.4 课改中重建教育理想

1.4.1 教师要坚守前行机制，要改革适应

我们在深入有效推进课改过程中，必须充分认识和解决三个问题：一是进一步改善与改革课改外部环境及配套机制；二是新课改的推进方式要实行以学校改革为主的自下而上、上下结合的新课改推进之路，政府以提供教师培训、资金支持等保障条件为主；三是建立相应的配套机制、有效的反馈和评价机制，建立与课程改革相适应的评价与考试制度。当前需要注重对评价与考试制度的研究，探索能够结合实践、适宜社会发展与学生发展特点的评价方式，否则课改的一切理念与目标最终将难以实现。

教育制度与管理机制要在改革创新中发展，才能适应课程改革的要求。教育制度最本质的要素是解放和发展人自身内在的成长力量，它是激发、引领、保障教育对人的发展与完善的机制。没有思想的解放就不会有个性的解放，就不会有个人的创造力。个人的创造力是教育改革的首要生产力，它是社会发展和进步的强劲内驱力。因此，要把教师从教育功利中解放出来，唤醒教师回归教育的本质，让学校教育实现教育思想。思想的自由和制度的公平是教育发展最需要的，也是更多杰出创新人才成长出来的教育环境。

1.4.2 课改需要重建教育信仰

课改是一个通往理想教育的旅程，它是国家教育意志，为培养适应21世纪的公民素养和人才而实施的基础教育改革。历经十年课改，为什么依然有人观望、质疑，甚至游离于课改之外？

课改绝不单单是一场教学方式的转变，它考量的是每一位教师对教师角色的认

知，对教育的理解和对生命的诠释。"我是谁？我在做什么？我想要什么？我该如何做……"当角色和观念转变过来之后，技术的问题才会有答案。

课改不缺少理念，也不再缺少方法，缺的是责任感和担当的勇气。正如《中国课改报告》中记载一位教育局长所讲："一些教育人很麻木，从他们过于冷漠的目光中我读出了失望，原因是他们缺少敢于担当的责任意识。"

课改中教师不是简单的被动执行者，而应该是课改的创造者。课改难在教师身份变，只要身份一变，关系就变，随之教学关系、师生关系就变了。因此，关注学生、尊重学生的主体地位，让师生在课堂教学中充分、高效地互动，是从根本上克服传统课堂弊端的出路；"学生主体"和"学生自主"才是其核心价值，学生从"自主学习"到"自主生活"，再到"生命的觉醒"，才是其终极追求目标。

教师的课堂职责，首要的是"点燃"、"激励"学生，让学生动起来——身动、心动、神动。教师不能以成人的思维代替学生的思维，以自己的见解代替学生的见解，以自己的结论代替学生的结论。如果我们仍然一味地把蜡烛、春蚕、铺路石单纯解读为包办和替代，把教师解读成管理和施教，把教学解读成灌输和训练，把教育解读成调教和训斥，把学校解读成塑造和雕琢，把学习解读成接受和背诵，那原本承载着厚望、鲜活的"人"之教育就会沉沦为应试、工具、功利，老气横秋、千人一面、丧失创造的"异化"教育，它与我们的理想背道而驰。

2010年，在课改10年总结之时，"钱学森之问"的提出，再次让基础教育置于风口浪尖，承受拷问。为什么几十年时间过去了，基础教育总是摆脱不了"应试教育"的魔咒？

原国家教委副主任柳斌在《求解"钱学森之问"》一文里给出了自己的答案："我们现在的教育模式最大的弊病就在于不是'学思'，而是'学答'——学答问题。我们聘请了很多的老师去设计题库，给出答案，然后把它拿给学生，让他们死记硬背。做学问就是要学会'问'，问，思考就在其中。你如果不是学'问'，只是学'答'，把人家做好的答案再答一遍，有什么意义？"

由此可见，必须把学生从考试的束缚下解放出来，把教师、校长从考试的束缚下解放出来，使人才成长具有个性发展的必要空间，使杰出人才的涌现具有必要的基础环境。这才是教育正确的方向。

1.5 课改中重建教育文化

教育文化是指教育观念、课程文化、教育制度及学校环境中的主体元素在教育生活中所形成的具有独特凝聚力的学校风貌、制度规范和办学精神等，其核心是教育制度及学校在长期办学中所形成的共同的价值观念。在课程改革过程中，学校文化重建具有根本性的战略意义，是保障课改有效推进的关键因素。

课程改革作为教育变革的一种重要形式，其本身也具有整体性、复杂性。教育文化重建是教育整体改革的命脉。课程本身即是一种特定的文化形式，它是人们基于一定的社会观、知识观、学生观等而做出的价值选择，并集中体现为特定的课程取向。因此，新课程的有效运作必须谋求学校本土文化的认同。

在20世纪60年代美国的课程改革失败之后，布鲁纳对课程改革与学校关系进行了深刻反思指出："就紧要之处来说，起中介作用的工具势将不是课程而是学校，甚至连学校也不是而是社会。"因此，课程改革的复杂性要求我们必须具有整体论的视野，必须谋求改革过程中学校、组织、个体三个层面以及认知、情感、行为三个维度的有机整合。而整合的有效机制是学校文化，在学校发展中，学校文化起着价值引导、观念整合、情感激励、规范调节等重要的整合作用，抓住学校文化建设可以牵一发而动全身，因此，只有站在学校文化重建的高度才能驾驭学校改革的复杂性。

英国学者霍尔姆斯、麦克莱恩在深入分析了世界各国课程改革举步维艰的深层原因时指出，由于人们对"什么知识最有价值""什么人应该受教育"等具有不同的主张，因而课程改革往往受到学校保守性思想的阻碍，"只有当新理论被大部分教师内化之后，才有可能保证课程理论有效地实施"。因此，文化差异是影响课程改革的深层因素，学校只有积极建设新文化才能为新课程实施保驾护航。

如何充分挖掘学校以及社区的课程资源，形成学校特色，提升学校文化品位，这将是学校必须面对的重大问题。因此教育文化重建是课程改革的重要目标和保障。

1.5.1 观念文化的重建

观念文化是学校文化的内核，其中最具决定作用的是价值观念。关于课程改革中观念的转变，人们已经从教师观、学生观、教学观等方面有了一定的认识，这是学校基本的观念文化。

从教育整体出发，站在教育发展的高度，我们应认识到新课程的生命本质。教育的内在价值就是促进人的心灵成长与生命提升的价值，课程改革由传统的"效率""控制"转向理解、对话以及生命意义的生成。我国新一轮课程改革实施需要重新认识学校的生命本质。过去，我们在观念上将学校视为静态的教育机构，加之传统的教育观念、教育体制的影响以及社会政治、经济因素的冲击，学校普遍缺乏个性，特色难以彰显，活力难以焕发，学校的生命力受到了极大的压抑，学校作为培养人的特殊性组织，更应该关注自身的生命性。学校生命活力的焕发既是课程改革的先决条件，也是课程改革的重要目标。

教育的生命源泉在于学校与儿童、社会和生活的有机联系，充满了人的价值与意义、情感与体验、交往与实践，体现着人的生命的律动。学校最根本的生命意义在于学校全体成员的发展、精神生活的充实以及生命境界的提升。

1.5.2 制度文化的重建

学校制度文化是指渗透于学校的各种组织机构与规章制度中的价值观念与行为方式。

我国学校的制度体系既带有明显的西方制度化教育的痕迹，同时也受到中国文化传统的影响，其特征及缺陷主要表现在三个方面。一是追求效率，工业化的理念渗透到学校制度中，学校蜕变为"工厂"，学生简化为可以任意塑造的原材料，"过程"的意义与价值被"结果"所掩盖。伴随教育过程的表面化，教育的精髓——培育生命——被放逐于学校制度之外。二是强调服从，制度化教育以组织的科层制为核心，科层制对每个人的权利义务都有细致而明确的规定，不允许科层个人随意扩大行动的阈值并表现出所谓的"能动性"，行为过程被简化为一系列的命令——服从过程，个人在科层体制中已经被彻底地物化与原子化了。在制度化教育中，个体生命的能动性、丰富性、潜在性被禁锢在命令——服从的枷锁之中。而建立于血缘关系与宗法制度之上的中国传统文化，又以明显的权威取向与家族取向强化了这一特点。三是注重统一，在制度化教育中，制度而非人成为学校关注的焦点。学校中盛行着的是烦琐、刻板、划一的规章制度，从一般的学校常规到课堂中的提问、寝室中的就寝等等，事无巨细，均在制度的严密监控之下。人陷入了由制度之网构筑的"铁笼"之中（马克思·韦伯语），人由制度的创造者沦落为制度的奴仆，生命的意义与价值被边缘化。

构建与新课程相适应的学校制度文化，关键是要使学校由"藩篱"变成"家园"。家是生命的寓所，只有在家的环境中，生命才得以放飞。"回家"的路可以是多种多样的，但关键在于，我们必须在制度建设中重塑人的尊严与生命的可贵，必须以生命生成的观点重建学校的制度文化。具体而言重建制度文化的三种取向。一是以"人"为本，新课程则对人持乐观的态度，并积极倡导以学生发展为本，因而学校制度重建的基点应该尊重人的权利，满足人的需要，促进人的发展。二是重视研究，学校要改变过去只重教不重研的倾向，通过构建学习型组织、建立和完善教研制度等，使学校现有的维持型、控制型制度体系转变为学习型、研究型制度体系，真正实现教师由"教书匠"向"研究者"的转变。三是以"校"为本，新课程的实施要求学校的制度建设增强"校本"意识，即变过去的外控式管理为自主式管理，学校是一个自组织系统，制度建设应该以学校的发展规划为核心、通过重组学校的各种教育资源，形成学校的办学特色。

1.5.3 环境文化的重建

学校环境文化是学校在校园建筑、学校标识、校容校貌、校园绿化等方面所体现出来的价值观念与教育理念。

学校环境是一种潜在课程，任何环境的设计都会暗含一定的教育思想和教育观念，从而成为某种教育思想在显性层面的延续。因此，学校环境的创设必须上升到教育思想转变的高度加以审视。

美国学者亚佛布莱特在对美国小学的教室布局进行研究后指出，不管教师的主观愿望如何，学生的行为都要受建筑布局及风格的影响。苏霍姆林斯基曾指出，"孩子在他周围——在学校走廊的墙壁上、在教室里、在活动室里——经常看到的一切，对于精神面貌的形成具有重大的意义。这里的任何东西都不应当是随便安排的。""我们要努力做到使学校的墙壁也说话。"因此，适应新课程的学校环境文化必须赋予学校环境生命性，必须以新课程的基本理念为指导，自觉地、系统地设计学校环境的方方面面，从而增强环境的育人性。

1.5.4 课程技术文化的重建

在以"高效"、"生态"为主要特征的课堂变革中，现代信息技术特别是"班班通"提升工程，有效提升了课堂的广度、深度和参与度，为课堂的深度变革提供了可能。基础教育课改十年来的创新发展，不仅探索出了课程改革背景下的一种高品质课堂形态，同时信息化也让教育走进了"黑板与白板"融合共生的新时代：现代信息技术对学生学习方式变革产生了巨大作用和深刻影响，新技术促进重建区域课程文化。

十年来教育信息化的发展，助推了新课程改革的进程，新课程改革的不断深化则促使了教育信息化的升级换代，以科技促进教育发展方式转变的格局在全国各地已初步形成。信息化时代，人们的生存方式、生活方式以及学习方式都在发生着巨大变化。学校的教育教学同样不可能置身事外。要让广大师生都能享受到信息技术发展的成果，并自觉融入到教育教学的实践以及生活当中，促进尽可能多的信息资源和智慧共享，培育每一位师生数字化生活的能力和素养，这是信息化时代区域教育变革的努力所在。

整体推进教育信息化建设实现"班班通"的核心是运用现代化的网络备课、授课和评课教学系统，搭建校园信息化平台，构建课改网络课堂，共享优质教学资源，促进教育均衡发展。"班班通"提升工程及其应用，使教育教学越来越多地体现出"教师主动收集教学信息，自觉教学研究和学生自主学习"的信息化时代特征，扩大了课堂空间，加深了师生互动深度，促进了优质教育资源共享，推进了教育均衡发展。

重建现代课程技术在课程改革过程及课堂教学实际应用中，凸显出强大功能优势：备课系统更加优化，授课系统更加完善，评价机制更加科学，管理系统更加严谨，培训形式更加多样，优质资源更加丰富，学习环境更加多彩，教学方式更加灵活，互动交流更加自主，课堂教学更加高效。

重建现代课程技术文化促进教育人对教育信息化的认识，经历了从"工具性"发展到"资源性"，从单一的引进资源到重视自主开发校本资源、创生本土资源，从封闭走向开放，从独有走向共享，从单一发展到与新课程改革的逐步融合。这是教育信息化从技术本身转向教育本身的回归过程，也是新课程背景下，对学校教育信息化能够实现其核心价值的挑战和考量，而对它的检验标准则是，师生是否拥有数字化生活的能力和素养。

重建现代课程技术文化能有力促进区域教育均衡发展。一是促进课堂教学的公平和课堂教学质量的均衡提升；二是促进学生学习方式和教师教学方式的转变；三是促进学生成长方式的转变。

1.5.5 教研文化的重建

课改实施以来教研工作面临着新的挑战，面对新的课程，反思教研工作：已有的教研方式能否适合于课程改革、有利于课程改革？新课程的课堂是开放的，资源极大丰富，教研工作站在理论与实践的结合点上，是理论者和教师间的桥梁。教研员观察思考问题既有理论层面的，又有实践层面。教研员站在课程改革的前沿，不断地将教育理念与教学实践结合，才能使新一轮课程改革的思想得以贯彻。教研员要发展，而且应当优先、超前地发展。只有教研员发展了，才能推动区域的课程改革，才能将理想的课程变为现实的课程。教研员如何和教师们互动发展？教研方式如何促进新课程的实施？"重建教研文化"的命题，历史地摆在各级教研室、各位教研员的面前。

教研也就不仅是教学研究工作，里面应包含深刻的人文内涵。我们需要研究课程，更需要理解、研究教师。课程本身就是科学和人文精神的载体。教研工作应该能够有效地促进课程的改革和建设：在与教师的交流、研讨中，发现问题、解决问题，促进课程目标的实现；唤醒教师的课程资源意识，开发并建立丰富、生动、具有特色的课程资源；鼓励教师专业发展，倾听、理解、协商、研讨，鼓励、认同教师在课程实施中的富有个性的做法和创造；建立教研员与教师的平等协作互动的关系；在教研员的自我反思中，获得自我的专业发展。我们的教研工作从没有像现在更关注人——教师、学生了。

重建教研文化，就是教研的内容要有效地解决课程改革实施中的问题、为课程的建设提供实据；教研的工作模式、运行机制要有利于课程改革的实验和推进，有利于教师的专业发展，从而促进学生的发展，也使教研员自身获得专业发展，形成自己的教育理念、教育理想。

教研员要为课程改革、为学生的发展、为教师的发展、为学校的发展提供思想、信息、技术、资源等方面的支持和帮助。提供好服务，教研员要做学习的先行者、理念的传播者、积极的探索者、不倦的思考者、资源的开发者。用科研提升教研，用科学的态度、科学的方法研究课程改革，使教师成长为研究型、专家型教师。建立教学、研究、科研一体的工作模式。

1．6 课改中回归教育本源

1．6．1 回归教育本质

教育的根本就是培养人的品质。在我们国家发展的过程中，教育发展的品质改善，面临着问题的复杂性、艰巨性，但我们不直面教育培养何种品质人的问题的严重性和紧迫性，不从根本上系统地科学思考和解决历史与时代提出的重大教育课题，远不是经济发展的快慢问题，而是一个民族的精神力量的盛衰问题，一个国家的理想信念问题，一个国家创新人才培养问题，一个国家高素质公民成长问题。

因此，教育首先应该培养完整的人。完整的人不能没有理性和德性。我们应当基于人的基本生存发展特性，注重培养每个人的独立思想、自由精神、健康人格、公民观念、规则意识、质疑勇气等等，使人们养成对智慧以及真、善、美的追求，实现精神成长，进而追寻一种良善的美好价值的生活，我们的教育补上这厚重的一课，才会绽放人性的光辉，也才会奠定生命健康、积极、向上成长与发展的基石。

其次，教育还要培养有用的人。也就是有一定知识、文化、技能，成为对国家和社会有用之人，并以此实现自我生存发展、自我价值意义。现时代的教育多在这方面下工夫，却也未能尽如人意。其原因仍在于，机械化的教育模式，教给学生的不少是静态的、过时的甚至是死的知识技能，难以做到与瞬息万变的市场需求对接，使培养出来的人不为社会所需。在这方面，唯有通过知识文化技能的传授，教会学生一些学习的本领、创新的精神、应变的技巧、思考的习惯、实践的能力等，才能使其以变应变，始终成为有用之人。

教育的终极目的，应该是培养自由发展的人。完整的人和有用的人，是人的自由发展的双翼。在此基础上，人生的理想与信念、意义与价值、创造与创新、奋斗与进取，都变得明晰而可循。进而通过自由发展的塑造，使个人与国家、民族、人民、社会的利益目标实现统一，在为国家民族目标奋斗的过程中促进人的全面自由发展，在促进人的全面自由发展过程中实现国家民族的目标。教育唯有在这个层次上，也才能培养出大批一流的、杰出的人才。

1.6.2 观念是教育品质发展的关键

改革我们的教育，应当围绕培养什么样的人进行顶层设计，建树现代教育理念，改进教育体制、模式、方法、内容等等。若只做表面的、肤浅的、零碎的理解与革新，则往往劳民伤财。这就是素质教育变成才艺教育、就近入学变成择校风、奥数班依然泛滥、一些地方重兴"读书无用论"等诸多尴尬现象的原因所在。教育大环境未有根本改变，个体对具体革新举措的顺从，不但鲜有增益，更会付出巨大代价。

因此，转变教育观念是教育有品质发展的关键所在，应是各级教育行政部门的当下要务。一是国家及省教育行政管理部门要真实地落实和检查新课程的实施要求与评价制度是否到位，要强力推进新课程，要建设好教育品质发展的生态环境。这方面山东省的经验是值得借鉴与推广的，省市教育部门办好教育的勇气是令人鼓舞的。二是省市县各级政府取消以名校升学人数和高考升学率高低来衡量当地教育发展与进步，取消以高考升学挂钩的政府表彰奖励，政府有了导向学校管理才会有实质转变，这是地市县级政府管理目前最需解决的观念问题，其次是加大对新课程改革，推进素质育人的社会宣传，积极引导社会对教育、对学校的评价，只有这样才能解放学校、解放教师，才能真正有学生的自由成长空间，从而实现创新人才培养和合格公民成长的品质教育。

1.6.3 课改是教育品质发展的路径

教育应该怎样培养人？这是基于教育自身规律的问题，在培养人的过程中必须设置符合人成长的课程，有先进教育理念和综合素养的教师，有坚定的办学思想的校长队伍与育人环境，有有效的教育方法与学习方式，有科学的评价制度与政策导向。这是培养好人的基础和保障。

课程是教育的载体，课程是国家教育意志的具体体现，教育应该怎样培养人成为课程标准、课程计划、课程实施、课程评价等诸多方面的本质要求。如何真正落实国家教育规划的课程要求，培养出合格公民和适应社会发展的人才，成为教育工作者的使命。因此，作为基础教育怎样培养好人的问题，必须解决下面几个基本问题。

1. 提升课程改革执行意识。课程改革是全球性的趋势。一个国家的学校教育功能主要是通过课程来实现的。因此，对任何国家来说，课程改革都不是简单的、局部的、操作层面的问题，而是从教育思想、教育内容、教育方法、教育技术到教育评价的一系列的变革，其核心是贯穿于这一系列变革之中的教育理念的变革。一个国家课程改革的理念体现了这个国家所处的时代特征，体现了国家经济和社会发展以及人的发展的价值取向，体现了国家对原有教育传统的批判与继承，也体现了这个国家对本国教育方针的新的理解与诠释。

我们国家正在进行的基础教育课程改革，是全面推进素质教育的核心工程。这场漫卷全国基础教育的课程改革已经涌动十年，为新世纪中国教育的改革与发展带来了生机，为中华民族新的崛起注入了活力。课程改革试图通过课程体系，教材，课堂教学结构、模式和方法的变革，实现基础性、多样性和选择性的统一，促进全体学生的和谐发展。

但是课程改革又是一项艰巨复杂的任务，它面临着极为严峻的挑战。由于课程改革从某种意义上讲是对传统课程体系的根本性变革，所以不可避免地会产生一系列的矛盾。课程改革实验成果的检验周期要长和课程改革推进的速度要快之间的矛盾，教材编写要求高质量、多样性和编写出的教材实际存在的多本化和重复性之间的矛盾，教学工作要求对教材体系和内容的完整理解以及信息技术的充分运用和教材编写与信息资源开发的实际滞后之间的矛盾，对教师学识、品格、教学艺术以及全面素质的高要求和教师水平实际存在的与要求严重失衡之间的矛盾，教师角色与教学方法的根本转变和教师传统角色与教学方法的习惯性之间的矛盾，课程改革评价体系的引导作用和招生考试方式的实际指挥作用之间的矛盾等等。而在诸多矛盾中，最根本的矛盾则是传统教育理念与现代教育理念之间的激烈碰撞，是课程改革要求的理念的一贯性与稳定性和传统教育观念实际存在的顽固性与反复性之间的冲突。

课程改革从国家行政层面、专家理论层面走到教师实践层面，作为一线教师要对教育本质做出正确的理解，努力改进不恰当的、有违新课程理念的教育教学行为。需要改变传统教学中诸如"大量低水平的重复训练，知识结论与解题模式的灌输，强调记忆而不是强调理解"等，为追求"知识、技能扎实"、"学习高效"而形成的教学习惯和对学生成长与评价的片面性、单一性。一线教师在课程改革过程中对传统教育观、教育教学经验进行思辨、梳理明晰、再认识基础上进行继承发展，要更加坚守基础教育中知识与技能、过程与方法、情感态度与价值观的育人目标，让教育的自身规律和本质要求在人的生长过程中得到充分显现。继承与发展是课程改革得以健康推进的有效途径，课改的生命力是在对教育教学规律的继承和挖掘，是在现代社会中赋予人生命发展的秉性和能力素养中前行的。

课程改革对掌握着操作实践权力的一线教师要不断提升课改理念，不断吸收新的教育教学经验。课改的过程就是挖掘自己身上优秀的教育教学经验，适时将课改理念与自身的教育教学实践经验结合起来，改革教育教学模式，创新教育教学方法的实践过程。

2．改善课堂的教学品质。新课改的关键在于教师对学生的引导，要形成从"教师教"到"学生学"的转变，需要具备职业热情和专业水平的教师队伍。新课改后形成了以地方为主、国家为辅的教师培训模式。可以建立专家引领、立足实践、区域发展过程及时交流和总结等培训机制，发挥老教师传帮带的作用，针对教师实际需求进行针对性的培训。

怎样改变课堂？首先要认识课堂对学生成长的深远影响作用，其次是研究课堂教学有效需要用何种方式教学。

新的课程方案对教学有明确的实施要求，但还是有些教师和一些学校的管理不顾教学的规律与学生发展的实际，教学中脱离新课程要求，总是凭过去的课堂经验和形式应对课堂，却忽视课堂教学效果，忽视对学生的影响，也忽视自己从事教育的内心感受。传统教学忽视了教学活动的复杂性。课堂教学虽然是以认知活动（形成学生对于某种内容的认识和形成技能）为中心而展开的，但与此同时，也在构筑着教师与学生以及学生与学生之间的关系，乃至重建着教师和学生自身的生存状态和生活方式。

课堂教学这种活动是三种侧面复合交错而成的活动：认知性、技术性实践；人际性、社会性实践；道德性、伦理性实践。显然，传统教学理论仅限于教学的认知过程，而忽略了教学的社会过程和内省过程。

因此，推进课堂有效改革，学校管理必然经历四个境界：从理念到观念为第一阶段境界，从观念到方法为第二个阶段境界，从方法到文化为第三阶段境界，从文化到思想信仰为第四阶段境界。这是推进课程改革成功必然的渐进过程，这是把理念变为现实的孕育生成过程，只有沉浸其中才会感受教育的快乐，只有参与其中才会领路生命与智慧的激情。这是一个从无形到有形操作的生成，形成整体推进之势生长，再由有形到无形的个性风格追求。

推进课堂有效改革，教学管理必须要实现六个转变：从行政管理，到服务管理；从设计教案，到研究学案；从挖掘教材，到开发课程；从分析教材，到研究学生；从评价教师，到诊断课堂；从评价学生，到反思教学。聚焦课堂教学，学校要有生命教育办学的理念，学校把教育交给教师，让教师充满理想；学校把创造还给教师，让教师充满智慧。教师把课堂还给学生，让学生充满活力；教师把激情传给学生，让学生充满激情；教师用智慧启迪学生，让学生充满智慧。

3. 全面落实课程设置要求。基础教育的出口是高中阶段的教育，高中基础是学生成长的重要时期，因此全面落实普通高中课程设置要求显得更加重要。

每所高中学校必须面向全体学生，为学生的未来发展负责，为终身发展奠基，站在比升学率更高的层面上落实好全面育人、全程育人的责任，做到对每一个高中毕业生必须完成"1+9+11"全程教育，"1"是学成做人的品德，确立以德为先，育人为本，形成具有合格公民的素养和情感态度价值观的路径，这是学生有品质成长的底线；"9"是学好九科文化课程，是掌握知识与技能的基本要求，顺利通过学业水平考试，这是学生承担立业报国的文化知识基础；"11"是学会十一门学业水平考查科目课程要求的基本方法和过程体验，这是培养实践能力和综合素养的基本要求。因此要求学校开齐、开足、开好各门课程，真正做到素质育人。

教育一直以来，我感慨并受用着林格教授的一句话——教育就是率性修道。作为教育者，应打开心门，用真心、真爱感化孩子，在心与心的交流、融合中达成生长这一目标，正如伟大的启蒙主义学者卢梭所说的：教育就是生长。

虽然我国的素质教育提倡、实施了好多年，但整体面没有深入地扎根下去，在目前应试环境还没有彻底改变的情况下，如何拯救孩子心灵的理想，我们必须心怀教育理想，必须要努力持之以恒地去实践，一定能做到！理想一定会成为现实。正如小学校长贺慧琴对教育誓言"我努力着，我校的老师、家长努力着！虽说荆棘密布，可我们义无反顾，坚信愚公移山终会一片坦途！因为，孩子们、老师们其实都渴望心灵交融。应试机制一时不会消失，这是不争的事实，可是注重生命、关爱生命、提升生命质量和心灵交融并不是背道而驰的。"这些过程中，生命的教育始终抵触着它，抗争着它，直至消逝应试教育的势头，这是心的感召，是生命的需求，是人类发展的必然。因为教育就是生长，生长是教育唯一的目标，回归到教育纯真是教育唯一的出路。

1.7 课改让教育走向优质

1.7.1 课改让教师更有智慧

随着新课改的推进，越来越多的一线教师认识到，课程改革不仅仅是教材的更换，学习内容和教研方式的转变，更重要的是教学理念、教学观念的根本转变。

通过课堂改革，学生的生命状态发生了变化，教师的专业成长意识开始觉醒，一些教师对教育对教学有着自己独立的思考和认识。尤其是一些农村学校，一线老师通过课堂教学改革开始专业觉醒，并致力于寻求通过校本研究、专业发展共同体，来促进自身和学生的共同成长。

福建省大田县建设中心小学副校长郭秀丽说："课堂要高效，最重要的是小组合作的构建，学生学习要自主，教师就要放权，给小组合作充分的时间与空间！"实验小学校长吴建玲说："我们的课堂就是要变'带着知识走向学生'为'带着学生走向知识'的师生共同发展的课堂。"

浙江省宁波市实验小学的黄铁成是一位课改先锋教师。10年来，他已从一名普通语文老师成长为学校主管教学的副校长，并且出版了个人专著。通过课改实践，他的语文课堂逐渐从关注文本、师本走向关注生本，开始尝试从学生的视角解读文本，从学生的学情起点选择教学内容，循学而导，以学定教，形成以"培养学生语感和语言学习为中心"的语文教学理念，开始从关注教材走向关注课程，从关注言语内容走向关注言语形式，从专注研究阅读教学走向培养学生综合语文素养，获得学生的欢迎、家长的信任和各级教研专家的认可。他说，课改不仅成就了他的学生，更重要的是改变了专业行走方式，找到了职业的幸福感。

安徽省宿州市宿城第一中学的英语教师侯姝琛在课改中建构起了自己独特的教育观、教学观和教师观，逐步形成了以"分板块，建模型，重过程，融策略"12字英语教学模式下的"生命课堂"、"我的学习我做主"及"学习即生活"的一系列新课程实践，完成了教学方式、学习方式及评价方式的彻底转变。在谈到课改的感受，她用"蜕变"来形容自己成长的过程：置身于课改中的教师，好比正在蜕变的蝴蝶，只有破茧而出，才会有蜕变后的绚丽。在实践中，她首先冲破观念、角色这张"茧"；其次挣脱教材、教法这张"茧"，最后突破策略、学法这张"茧"，最终用自己的行动打造优质高效的新课堂，实现"生命的狂欢"，让每个学生都成为最好的自己。

1.7.2 课改让学校更有勇气

一个值得关注的现象是，大多数课改成功的案例来自中小城市和乡镇的普通中小学校。课改正呈现"农村超越城市"的态势。农村地区的教师对课改普遍表现出了较高的热情，来自于农村学校的课改经验很多，尤其是课堂教学改革方面的经验更具颠覆性和彻底性。

穷则思变是经济落后和教育落后地区改革的心理基础，农村学校普遍面临着更大的生存压力。多年来，很多优秀教师流向县城、地方中心城市或沿海发达城市，与此相对应的现象是，大批学生也呈现这样的流动趋势，在一些地方甚至出现留守学校了。改革成了农村学校和落后学校拓展生存空间的唯一选择，农村学校只有通过课改发展自身，才能赢得尊严，才能有生存和发展的空间。

相对于农村学校而言，城市名校的改革动力则明显不足，因为城市学校有高标准的硬件设施，有优秀的教师和优秀的生源，即使不课改，学校的质量也不会很差，当面临可改可不改的选择时，选择不改是理所当然的，因为改革是有风险的，改革是要付出代价的，何况一些城市的学校管理者、教师已经沉睡在安逸的岗位上，哪还有重新学习新课程理念、实践新课程改革的勇气呢？但是为了学生更好的成长，为了真正提高育人质量，把素质教育落实在课堂里，无论城市还是农村的教育都需要有课改的勇气，因为育人质量不只是用分数来衡量的。

1.7.3 课改让教育更有底气

课改会面临很多现实问题，从观念、方法、管理、评价、文化都要变革，但有问题不可怕，可怕的是一些教育者对课改的"傲慢与偏见"，可怕的是缺乏做教育的底气。因为现实中不乏校长对课改表示不屑、校长对课改抱怨大于行动的。正如《中国课改报告》指出：

课改已经不是一个选择题，而是一个是非题，不课改或假课改早晚要付出更沉重的代价。对于课改而言，我们无须求证我们不能做什么，无须为不课改寻找种种理由，而应该求证我们能做什么，能怎么做。

我们在评价一所好的学校或者一种好的教育时，通常有三个标准：一是有没有分数或质量，二是分数或质量是怎么来的，三是在分数和质量之外还给了学生什么。这三个标准告诉我们，没有分数过不了今天，只有分数过不了明天。追求分数本身并没有错，问题在于用什么样的方式来赢得分数，是通过挖生源的墙脚，通过拼时间、拼体力换取的"黑色分数"，还是通过改变学生的学习方式，解放学生的学习力来赢取的"绿色分数"。

反观今天一些地方，分数成了教育的GDP，因为过于追求分数，我们把教育做成了教学，把教学做成了应试，把应试做成了分数，进而把分数上升为一种恶性竞争。更为可悲的是，为什么我们都知道教育有问题，但却鲜有人敢于改革？为什么我们都知道好的教育是什么样的，却少有人去行动、去实践？这不是一种负责任的态度。

一流的教师创造变化，二流的教师追随变化，三流的教师被动变化，四流的教师顽固不化。我们要做什么样的教师？课改不能等、靠、要，我们不能等到所有的环境都改变了，再投身改革。我们不能一味抨击体制，抱怨环境，因为体制不是宏大的，而是具体的，其实我们每个人都代表体制，我们每一个人都在以不同的方式适应并加固着这个体制；因为抱怨环境，天昏地暗，但如果改变自我，则天高地阔。

课堂改革要从我做起，只有每个人行动起来了，教育才有希望。只有每个人从改变自我开始，教育的理想之火才能呈星火燎原之势。如果你是局长，请行动起来，通过课改带动一方教育；如果你是校长，请行动起来，从改变一所学校开始，打造理想学校；如果你是教师，请行动起来，从你的课堂开始，改变你的教学世界。

1.7.4 课改提升区域均衡品质

区域课改的推进正在让教育均衡发展从硬件均衡走向软件均衡，从条件性均衡向内涵式均衡转型。课改在渐进性的推进过程中，正在催生着一种新的教育生态的形成，教育竞争秩序与学校格局正在被重塑。我们看到，区域教育呈现出快速崛起的态势，涌现出了丰富的实践成果，正在不约而同地构建一种新的教育生态。这些区域课改典型中，有致力于校本教研制度创新的，有寻求课堂教学模式突破的，也有进行县域教育生态系统改造的。当课改以区域推进的方式逐步深入，为步入"深水区"的课改注入了新的活力。

福建大田是在课堂教学改革层面不断寻求突破的一个区域，福建省首届"先学后教•高效课堂"教学观摩与研讨会就在大田县举行。大田的课堂教学改革不是一个"点"，而是区域内的整体推进，囊括全县城关及辖区18个乡镇的中小学校，而它们共同要做的一件事，就是开展"高效课堂"教学实践，将课堂还给学生，让学生成为课堂的主角，确定学生在课堂教学中的主体地位，将学生的生命活力从追求分数的"牢笼"中解放出来，使课堂成为提高学生自主学习能力、综合概括能力、动手操作能力、社会生活能力、质疑能力的"操练场"。教育部课程改革专家组核心成员、教育部新课程教学专业支持项目组负责人余文森教授指出："大田的课堂教学改革已形成了一个完整系统的常规化教学模式，率先在全国县域范围内推行课堂教学改革的做法，具有深远的意义，其改革路径与成就堪比当年的安徽凤阳小岗村。"

湖南株洲市整体推进课改工作，2011年全市教育主题就是"课堂效益建设年"，在各县市区开展45个课改基地校建设，全省高中课改现场会在株洲召开，全年分别召开小学、初中、高中课改经验交流会，推选出2所省级课改样板校，评选出10所市级课改样板校，20个优秀课改基地校，各县市区将课堂教学改革纳入政府政绩考核内容，株洲课改走在全省前列。正如市教育局钟燕局长指出：株洲通过课改促进教育提升品质发展，通过课改提高教育质量促进每一个学生健康成长，通过县区整体推进课改促进教育加快均衡发展进程，加快实现建设教育强省进程。

在安徽省宿州市，无论是城区学校还是农村学校，无论是优质学校还是薄弱学校，课改呈现出百花齐放的整体性繁荣。萧县白土镇中心校通过乡村教研活动的开展，使教育教学质量迅速提升，反思、研究已成为一线教师的成长方式、生活方式。

这些课改成功区域都有一个共同特点，就是重视区域课改推进策略的行动研究，重视课堂教学模式的选择和研发。有人质疑，区域课改强调模式是否违背教育规律，是否对教师教学自主权是一种践踏。在课改初期要通过一定的模式来规范教师的教和学生的学，它可以缩短因教师专业素养参差不齐而导致的课堂教学效果的差距。

从湖南株洲的课改成功推进体会到，模式是新课程理念的载体，模式就是实施课改的操作路径，模式就是提高课堂效率的生产力，教师在课改中从无形到有形的规范操作，实现从有形到无形的个性飞跃。课改，从一校的改革走向区域性的整体改革，为学校个体的改革营造了宽松的环境，区域课改让想课改的校长和教师知道，课改不是一个人在战斗。

在区域课改推进过程中，课堂改革让区域教育均衡发展困境破题成为可能，改革的突破口是课堂，成为主流共识，从课堂改革出发，寻求区域教育均衡发展的新路径，成为主流选择。河南省新乡市教育局副局长王玉宇说，课改，学校是第一线，农村是难点，教师是关键，课堂是主阵地。课改改到深处是课堂，课堂是课程的载体，课改10年，需要重新回到课堂上来，应聚焦于改课。如果揪住课堂，找准课改这个支点，借助整体性课改推进策略，实现课堂效益的全面提升，则可以最大幅度减少城乡之间、校际之间发展的不均衡问题。

1.7.5 课改需要有教育理想的导航者

每一个区域教育成功探索的背后都有一个智慧的操盘手、一个有号召力的领军人物。关注领军人物绝不是在有意夸大个人的作用，而是因为他们在不断创造着让人激动不已的奇迹，他们在默默践行着人们期待已久的教育理想。我们所关注的区域教育典型经验的背后，不仅仅是理念与方法，还有改革者的责任与态度、理想与热情，他们是区域教育变革的决策者、引领者和直接推动者。

甘肃省西和县教育局局长王忠上任伊始，就倡导全县学习以杜郎口中学为代表的先进课堂教学模式经验。他坚信，学习本不应该是苦的，学习本身就应该是一件能让人感到愉悦的事情。孩子是否能考上大学没关系，因为"三百六十行，行行出状元"，最重要的是，教育得给他们提供成为"状元"的最大可能。

江苏省如皋市教育局局长金海清，是一位力行课改的领军人物，他领衔主持的"活动单导学"教学改革取得了可喜的成果。在推进课改的日子里，听课成了他工作的重要部分，也是他推进课改的重要手段。在他的工作笔记里记满了在听课和调研中发现的大大小小的课改问题，比如不会设计活动单怎么办？村小推进课改滞后怎么办？教学常规怎么抓？这些问题就是通往课改成功彼岸的路标。他常说："当一名好老师，受益的是一个班级的学生；当一个好校长，受益的是一所学校的学生；而当一名好局长，受益的则是一个区域的学生。"

兰州市教育局局长何泳忠是一位有思想、有智慧，同时肩负使命、心怀教育理想的教育主政者，从他的专著《教育的理想与行动》中，我们读出的不仅仅是智慧、思想，还有责任与良知。在他的领导下，以爱心教育为核心价值追求的兰州教育，取得了长足的发展，区域亮点频出。

株洲市教育局局长钟燕对教育充满教育理想，对教师发展、对学生成长充满生命情怀，她在全市教育工作会上提出"厚德崇学、思源立新"管理理念，实施"促均衡、强质量、创特色"和"文化引领、项目管理、团队攻坚"的发展策略，让每一个孩子享受适合自己成长的教育，确立"课堂效益建设年"活动，全力推进全市课改工作，使全市教育品质得到整体提升。

1.8 创新教育的目标与方式的定位

"创新教育"，是指通过对中小学生施以教育和影响，使他们作为一个独立的个体，能够善于发现和认识有意义的新知识、新思想、新事物、新方法，掌握其中蕴含的基本规律，并具备相应的能力，为将来成为创新型人才奠定全面的素质基础。

1.8.1 创新教育的目标定位

基础教育是为个体升入上一级学校、自身素质持续发展以及今后走向社会做准备的教育，基础教育阶段的创新教育也要为学生未来的持续性创新打基础。为持续的创新打基础主要包括两大方面：一是打好创新精神基础，二是打好创新能力基础。

创新教育的定位可以是多维度的，其中认识定位就是一个十分重要的方面。在创新教育的认识上，教育实践界存在许多误区，澄清这些模糊认识对学校创新教育实践有极为重要的意义。

创新教育应具有全体性，应面向每一个学生；创新教育应具有全域性，面向每一门学科；创新教育具有全面性，是教育系统的整体性改造；创新教育还具有综合性，是个体生命质量的全面提升；创新教育具有双重性，现代教育必须致力于相互整合，兴利去弊。

1.8.2 创新教育的方式定位

1.作为一种思想和观念的创新教育。

"创新",它既有革新、创新之意,也指新观念、新方法、新发明。创造指创造前所未有的事物,强调的是首创性;而创新既含有在现实的条件下或物质基础上通过内部的革新创造出新的事物,也可以指精神上的创意,如新方法、新手段等。从时代特征和实践意义上分析,创造较多的指实践中的发明创造,它的产品既可能满足现实的需求,也可能不合时宜。但创新的立足点在于"新",它是一种通过改造现实、满足时代需求的创造,具有时代的特征。因此,"创新并不等同于创造,创新的概念包含着创造。人们通常所说的创造,属于最高层次的创新"。

创造教育的核心是培养学生的创造力,而创新教育不仅在于培养学生的创造力,还要有意识的培养学生的创新精神、创新观念、创新意识和创新态度。因此,我们认为创新教育是以培养人的创造能力为核心,以培养人的创新精神和创新能力为基本价值取向,着重培养学生创新意识、创新观念和创新态度的一种教育。

2.作为一个教育原则的创新教育。

教育原则是教育教学过程中必须遵循的基本要求和准则,它贯穿于教育教学工作的各个方面。"教有法,但无定法",这里前一个法就是指教育中的规律和原则,教育教学活动必须坚持和遵循教育规律和原则。教育原则是教育思想的浓缩和凝结,是对教育思想的归纳和概括。

作为一种教育原则的创新教育在不同的教育层次上有不同的要求。高等教育机构既是人才培养的基地,也是知识的产生与技术创新的场所,创新教育更多地表现为培养学生的知识转化能力和创造新知能力。但在基础教育阶段,创新教育的目的不在于使学生发明创造出多少新的事物,而在于通过有效的教育教学途径培养学生的创新意识、创新观念和创新态度,塑造他们的创造才能。因此,作为一种原则,创新教育是指学校的教育教学工作必须以培养学生的创造能力为核心,通过积极的管理和有效的教学,更新学生的创新观念和态度,培养学生的创新精神和创新能力,归结为一点就是"为创新而教"。

贯彻创新教育的原则就是要实施教育创新。具体应包括如下几个方面:

(1)更新教育思想和教育观念,赋予学生真正的平等的地位。只有在平等的地位上,学生才敢质疑教师的权威,提出富有创新意义的观点,锻炼自己的创新能力。

（2）改革学校的管理系统。传统的管理方法的特色在于"管"，目的在于培养学生服从的个性，创新教育则要求解放学生的个性，实行开放式的管理，形成宽松和谐的氛围以利于创新人才的脱颖而出。陶行知在《创造的儿童教育》中提出了实行儿童创造力"六大解放"的主张。一是解放儿童的头脑，即应该更新学生的观念；二是解放儿童的双手，即应该培养学生的动手能力和提供学生实际锻炼的机会；三是解放儿童的嘴，即应该允许学生提问和质疑，提问是学生创意思维的源泉；四是解放儿童的空间，即不要将儿童局限在课堂中，而要充分利用学校、社会和其他教育机构的教育设施提供学生丰富多彩的生活，让儿童在自由的空间里掌握知识；五是解放儿童的时间，儿童大多数时间用在应付教师的作业和学校的考试，学生缺乏思考的时间，减轻学生的负担就是将学生从无效时间中解脱出来，有充裕的时间思考问题、发挥他的创造力；六是解放儿童的眼睛，即培养学生的观察力，教师要充分运用现代化教育技术，结合直观教学原则，一步步培养学生良好的观察能力。陶先生的创造教育的观点是对传统教学的呐喊，也是对今天创新教育的要求。

（3）改革传统的课程设计，为迎接世界知识综合化的趋势，培养本国创新型人才。国外中小学课程的设计注重培养学生独立活动能力和创造能力，实行了必修课与选修课结合、知识性课程与综合课程结合，注重课程的生活化气息，课程的开设尤其注重学生的个别差异并向微型化方向发展。我国中小学基础课程的开设是以知识为定向的，注重学科知识的逻辑性，但综合化程度不高。改革这种课程设计不仅要在内容上强调课程的综合性，而且在结构上要增加与生活相关的课程和一些创造学方面的课程。

（4）改进教师的教育观念、教学方法和手段。首先，要改变教师知识定位的思想，从教学生学会知识转变到教学生学会判断、学会选择和学会生存；其次，运用现代教育技术，创造适宜的教学环境，调动学生积极参与，自主学习，自主体验，帮助学生形成主体精神和意识，形成创新能力。

（5）改革现有的评价系统，形成评价标准和评价手段的多元化，以利于具有各种素质的人才的成长与发展。

3. 作为一种活动的创新教育。

作为一种活动的创新教育，指学校和其他社会机构为培养学生的创新能力在管理和教学方面的具体安排和策略。创新教育活动不仅渗透在课堂教学活动中，还包括培养学生创新能力的专门活动以及社会教育机构为培养学生的创新意识和创新素养而开展的一系列活动。人们往往把学校作为培养学生创新能力的最重要的机构，但学校绝不是也不可能成为唯一的机构。培养学生的创新能力是一项系统工程，他需要社会各系统密切配合。

从创新教育的思想和原则出发，目前基础教育中校长、教师的创造灵感没有得到充分的发挥，学生的创新潜能受到过多的束缚，因此，创新教育的前提就是解放。从这个角度来理解创新教育，则创新教育的活动有以下几个方面：

（1）主体性活动。要保持学生的主体地位、唤醒学生的主体意识，发展学生的主体性以帮助学生认识自己、发挥能动作用，尊重学生独立的人格以达到创新意识的培养。

（2）民主性活动。师生之间首先要有民主，才能有真正的师生平等，有了师生的平等，才有师生之间的沟通和交流。有了这种和谐的氛围，学生才敢于质疑权威，表述自己的创意思维，培养学生的创新精神。

（3）互动性活动。首先，学生的创新意识、情感、态度和创新能力通过阅读教材里陈述性知识不会得到很大的改变。认知心理学认为学习是"以已有的经验为基础通过与外界的相互作用来建构新的理解"。当学习者以自己的经验为背景建构对事物的理解时，不同的人看到的是事物的不同方面，不存在对事物的唯一的标准理解，因此，"教学要使学生超越自己的认识，看到那些与自己不同的理解，看到事物的另外的侧面"。基于这样的认识，教师与学生、学生与学生之间的社会性互动就成为必要。互动性活动就是在具体教学实践中通过学生之间的相互交流，丰富他们的认知，以利于学习的广泛的迁移。让学生在具体的活动中，在同社会、周围环境的互动中学会选择、判断，学会获取知识的方法，培养自己的创造能力。其次，学生的每一种创意都应该在实践活动中得到检验，获得反馈信息，这样学生才能得到创造的体验。通过一定的活动形式鼓励学生自己探索，让学生在冲突中寻求解决问题的方法，在应付困难和危机中增强面对困难的信心和勇气，这正是创新活动的实质所在。

（4）独立自学的活动。知识经济社会的一个特征是知识老化周期变短、产品换代加速，满足人们工作需求的90%的知识要在以后的工作中不断学习才能取得。

早在1972年5月，联合国教科文组织国际教育委员会就出版了《学会生存——教育世界的今天和明天》，提出了终身学习的思想，因此，今后一个人如何通过有效的途径获得他所需要知识的能力成为衡量他创新能力高低的一个标志。培养学生独立自学的能力是开展创新教育活动的一个主要内容。

在目前的中小学教育实践中，人们往往重视的是小发明、小创造以及如课外活动形式一类的活动，对中小学生而言，最重要的是培养学生的创新思想。小发明、小创造等活动本身不应构成目的，而是要在这些活动中体现创新教育思想，并依据创新教育原则来开展，以期达到培养学生的创新意识、创新观念和创新态度的目的。

1.9 创新教育与创造教育

1.9.1 创新教育的本质内涵

创新教育是以培养学生的创新意识、创新思维、创新能力以及创新人格为主要目标的教育理论及方法；在使学生掌握学科知识，形成基本技能的同时，开发他们的创新潜能，发展他们的创新能力。

培养学生的创新意识是创新教育的起点。具有创新意识的人的心理特点：不满足于现实，具有积极的批判精神；不满足于过去，具有深刻的反思能力；不满足于成绩，具有开拓进取的精神；不满足于现状，具有追求卓越的意志；不怕困难，敢于挑战，渴望发现新问题、创造新事物，保持强烈的好奇心、求知欲、想象力和广泛的兴趣。在教育教学过程中，要注重培养学生创新观念和意识，引发学生创新动机，激励学生的创新热情，开发学生的创新潜力。这些品质都是基础教育应重点予以关注的。

创新思维是个体在观念层面新颖、独特、灵活的问题解决方式，创新思维是创新实践的前提与基础，如果想不到是不可能做得到的。具有创新思维的人常常感受敏锐，思维灵活，能发现常人视而不见的问题并能多角度地考虑解决办法；理解深刻，认识新颖，能洞察事物本质并能进行开创性地思考；思维辩证，实事求是，能合理运用发散与辐合、逻辑与直觉、正向与逆向等思维方式，不走极端，能把握事物的中间状态等。这些品质是基础教育阶段思维训练的重点。

创新精神是创新人格特征，是主体创新的内部态度与心向，它包括创新意识、创新情感和创新意志三大方面。

创新情感是个体追求新知的内部心理体验，这种体验的不断强化，就会转化为个体的动机与理想。经验性研究也表明，有创新情感的人常常是情感细腻丰富，外界微小的变化都能引起强烈的内心体验；人生态度乐观、豁达、宽容，能比较长时间地保持平和、松弛的心态；学习和工作态度认真、严肃，一丝不苟，有强烈的成就感，工作的条理性强；对世间的所有生命都有同情心和责任感，愿意为改善他们的生存状态而尽心尽力等，这些也是基础教育应予以优先关注的。

创新意志是个体追求新知的自觉能动状态，这种状态的持久保持，就会成为个体的习惯与性格。经验性的研究表明，有创新意志的人常常是能排除外界的各种干扰，长时间地专注于自己的活动；工作勤奋，行为果断，对自我要求较高，对工作要求较严；善于沟通与协调，组织能力强，有较强的灵活性，为达到目的愿意变换工作的途径和方法；有较强的独立性和自制力，在没有充分的证据和理由之前，不轻易放弃自己的主张，能容忍别人的观点甚至错误等，这些品质在基础教育阶段也应形成。

创新能力是创新的智慧特征，是主体创新的活动水平与技巧，它包括创新思维和创新活动两大方面。

创新活动是个体在实践层面新颖、独特、灵活的问题解决方式，创新活动是创新思维的发展与归宿，经不起实践检验的思维是无价值的。经验性的研究也表明，具有创新活动能力的人常常实践活动经历丰富或人生经历坎坷，经受过大量实践问题的考验；乐于动手设计与制作，有把想法或理论变成现实的强烈愿望；不受现成的框框束缚，不断尝试错误、不断反思、不断纠正；愿意参加形式多样的活动，乐于求新、求奇，乐于创造新鲜事物等。这些也是基础教育应给予考虑的创新素质目标。

1.9.2 创新教育与创造教育的关系

创新教育是为了迎接即将到来的知识经济时代而提出来的。创新教育不仅是方法的改革或教育内容的增减，而且是教育功能的重新定位；是带有全局性、结构性的教育革新和教育发展的价值追求，是新的时代背景下教育发展的方向，尽管我们研究的定位是培养中小学生的创新精神和创新能力，但实际上将来带来的是教育全方位的创新。创造教育在实施过程中侧重于鼓励学生搞小发明、小创造，间或开展一些思维训练，教育活动的范围相对较小。而创新教育则是在新的教育理念指导下，通过创新的教育和教学活动来培养学生的创新意识和创新精神，并进而发展其创新能力的全方位的教育活动。创造教育注重操作层面的教育实践与研究，而创新教育则是在教育方向与教育功能上的重新定位，着重全面性、结构性的教育价值的追求，创新教育是创造教育在新的历史条件下的发展和升华。

1.9.3 创新教育与素质教育的关系

在《中共中央国务院关于深化教育改革全面推进素质教育的决定》中指出素质教育要以培养学生的创新精神和实践能力为重点。创新教育把素质教育推向了一个新的台阶，创新教育是素质教育的灵魂、核心，创新教育为实施素质教育、深化素质教育找到了一个"抓手"。创新教育抓住了素质教育的一个核心内容就是创新精神和创新能力，在实践中可以操作，带动素质教育的方方面面，创新是实施素质教育的关键。实施素质教育必须在一系列问题上创新，包括教育观念、教育思想、教育制度、教育内容、教育方法都要创新。如果不创新，还是沿袭旧的那一套，素质教育就很难实施。所以，不管是从时代的发展，现代化的需要，教育改革的需要，还是从素质教育追求的目标来看，创新教育是为了使素质教育能够真正得到贯彻实施，而且使之得到深化。

1.10 创新教育与教育创新

1.10.1 创新教育主要内容

创新教育主要是三个方面：

一是创新精神，主要包括有好奇心、探究兴趣、求知欲，对新异事物的敏感，对真知的执著追求，对发现、发明、革新、开拓、进取的百折不挠的精神，这是一个人创新的灵魂与动力。

二是创新能力，主要包括创造思维能力，创造想象能力，创造性的计划、组织与实施某种活动的能力，这是创新的本质力量之所在。

三是创新人格，主要包括创新责任感、使命感、事业心、执著的爱、顽强的意志、毅力，能经受挫折、失败的良好心态，以及坚忍顽强的性格，这是坚持创新、做出成果的根本保障。

1.10.2 教育创新的主要内容

教育创新主要内容体现在以下三个方面：

1. 教育观念的创新。拥有相对成熟而又开放的教育观念，是教师走向成熟的基本标志。教师一方面立足自身教育生活经验的积累，不断反思总结、提升；另一方面，积极接纳外在的优秀教育理念，保持个人教育思想空间的源头活水，在个人教育经验与外在教育知识的不断交流碰撞之中，获得个人鲜活的教育理念的生长、生成。

2. 个人知识的创新。作为教师，知识更新的问题不再只是一种外在规定，而成了一种内在需要，敢于面对知识更新的时代需要，开放自己的知识结构，有选择地吸纳能提高个人综合素养、更好地引导学生的知识，以一种"活到老，学到老"的生存姿态，去实践"教学相长"这古老的教学格言。

3. 教育行为的创新。教师的教育创新最终要落实到教师的教育行为之中。落实到教师的教育方式方法之中。教师的教育行为创新，不是为创新而创新，而是在观念和知识引导之下的创新，是有内涵的创新。新本身不是一种价值，只有当教师行为的创新真正体现时代教育发展的需要和个人对教育的真知，这种创新才是我们所追求的有价值的创新。

创新教育需要教育创新，不能开展有效的教育创新，也就无法开展有效的创新教育。应试教育的方式严重制约创新教育的实施，为推行创新教育，实现人才培养目标，就必须进行教育创新。

教育创新的内容包括教育思想的创新、教育体制的创新、教育内容的创新、教育模式的创新、教学手段与方法的创新、教育评价机制的创新。对于基础教育管理而言，最重要的是教育观念的创新、教育模式的创新、教学过程的创新及教师自身知识结构的创新。

1.11 创新教育的核心理念

1.11.1 坚信每个学生都是可以造就的

我国近代著名教育家陶行知曾经指出,创造是儿童的天性,而我们的教育在某些情况下非但没有使这种自然本性得到发展,反而压制了儿童创造的冲动。创新教育的提出,要求我们以欣赏的眼光来看待学生,使每个儿童的潜能都能得到发挥。教育者应坚信每个学生都是可以造就的,尤其是不可低估"后进生"的创造潜能。可以肯定地讲,每一个学生都是一片有待开发或进一步开垦的土地。教育者应视之为教育的资源和财富,加以挖掘和利用,通过创新教育,把学生存在着的多种潜能变成现实。一谈到"创新",人们很快就会与天才联系起来,似乎创新对一般学生来说是望尘莫及的事。事实上,人与人在智商差异上没有不可逾越的鸿沟,绝大多数人先天的条件是相似的。在实践中,教育者应坚信,所有学生的创造潜能同样深厚,在"创新"面前,没有后进生与尖子生的差别。关键在于你怎样去挖掘,教师在实践中应善待每一个学生,努力开发每一个学生的创造潜能。

1.11.2 解放孩子是创新教育的希望

在当今时代,人的主体性空前弘扬,任何对人的主体性和自由意志的扼杀是不道义的,因为人生而具有追求自由的天性。"人崇尚民主,向往自由,自由的本质或实质是自我选择、自我决定、自我追求、自我实现"。而现代教育却习惯于代替儿童选择,代替儿童思考,强迫学生接受,禁锢学生自由,压抑学生个性,违背了人的自然本性、社会本性和追求自由的本质,目的是为了按社会的预设标准把儿童塑造为某一种特定的人。因此学生的抗教育、反教育现象不断出现,出现新的教育无力,教育成了异化人的一种手段,它不是引导发挥人的潜能,而成了一种强制的、令人生畏的外在力量。

1.11.3 创新教育的任务就是培养学生的创新素质

创新是一种综合素质,它主要由三方面要素构成:一是创新人格,二是创新思维,三是创新技能。以上三要素最关键、最主要的是创新人格,其次是创新思维,最后才是创新技能。由此可见,创新教育的任务就是培养学生的创新人格、创新思维和创新技能,而不仅仅是创新思维。

1.12 创新教育的实施策略

创新教育就是使整个教育过程被赋予人类创新活动的特征,并以此为教育基础,达到培养创新人才和实现人的全面发展为目的的教育。

创新人才培养包括创新精神和创新能力两个相关层面。创新精神主要由创新意识、创新品质构成。创新能力则包括人的创新感知能力、创新思维能力、创新想象能力。从两者的关系看,创新精神是影响创新能力生成和发展的重要内在因素和主观条件,而创新能力提高则是丰富创新精神的最有利的理性支持。

实施创新教育就是要从培养创新精神入手,以提高创新能力为核心,带动学生整体素质的自主构建和协调发展。而创新精神和能力不是天生的,它虽然受遗传因素的影响,但主要在于后天的培养和教育。创新教育的过程,不是受教育者消极被动的被塑造的过程,而是充分发挥其主体性、主动性,使教学过程成为受教育者不断认识、追求探索和完善自身的过程,亦即培养受教育者独立学习、大胆探索、勇于创新能力的过程。因此,在教学过程中要致力于培养学生的创新意识、创新能力及实践能力。

1.12.1 转变教育观点,培养创新意识

教师观念的转变是实施创新教育的关键和前提,教师观念不改变就不可能培养出具有创新意识的学生。首先,要认识课堂教学中教师与学生的地位和作用,教与学的关系,发挥教师的主导作用和学生的主体作用,充分调动学生的学习主动性和积极性,使学生以饱满的热情参与课堂教学活动。建构主义理论认为:知识不是通过传授得到,而是学习者在一定的情境即社会文化背景下,借助他人(包括教师和学习伙伴)的帮助,利用必要的学习资料,通过意义构建而获得。因此,教师在学生的学习过程中应是组织者、指导者、帮助者、评价者,而不是知识的灌输者,不要把教师的意识强加于学生;而学生是教学活动的参与者、探索者、合作者,学生的学习动机、情感、意志对学习效果起着决定性作用。其次,在教学方法上也要改变传统的注入式为启发式、讨论式、探究式,学生通过独立思考,处理所获得的信息,使新旧知识融会贯通,建构新的知识体系,只有这样才能使学生养成良好的学

习习惯，从中获得成功的喜悦，满足心理上的需求，体现自我价值，从而进一步激发他们内在的学习动机，增加创新意识。

1. 12. 2　营造教学氛围，提供创新舞台

课堂教学氛围是师生即时心理活动的外在表现，是由师生的情绪、情感、教与学的态度、教师的威信、学生的注意力等因素共同作用下所产生的一种心理状态。良好的教学氛围是由师生共同调节控制形成的，实质就是处理好师生关系、教与学的关系，真正使学生感受到他们是学习的主人，是教学成败的关键，是教学效果的最终体现者。因此，教师要善于调控课堂教学活动，为学生营造民主、平等、和谐、融合、合作、相互尊重的学习氛围，让学生在轻松、愉快的心情下学习，鼓励他们大胆质疑，探讨解决问题的不同方法。亲其师，信其道，师生关系融洽，课堂气氛才能活跃，只有营造良好的教学气氛，才能为学生提供一个锻炼创新能力的舞台。

1. 12. 3　训练创新思维，培养创新能力

创新思维源于常规的思维过程，又高于常规的思维，它是指对某种事物、问题、观点产生新的发现、新的解决方法、新的见解。它的特征是超越或突破人们固有的认识，使人们的认识"更上一层楼"。因此，创造思维是创造能力的催化剂。提问是启迪创造思维的有效手段。因此，教师在课堂教学中要善于提出问题，引导学生独立思考，使学生在课堂上始终保持活跃的思维状态。通过特定的问题使学生掌握重点，突破难点。爱因斯坦曾说："想象比知识更重要，因为知识是有限的，而想象力概括着世界的一切，推动进步并且是知识进化的源泉"。想象是指在知觉材料的基础上，经过新的配合而创造出新形象的心理过程。通过想象可以使人们看问题能由表及里，由现象到本质，由已知推及未知，使思维活动起质的飞跃，丰富的想象力能"撞击"出新的"火花"。因此，在教学过程中要诱发学生的想象思维。

1. 12. 4　掌握研究方法，提高实践能力

科学的研究方法是实现创新能力的最有效手段，任何新的发现、新的科学成果都必须用科学的方法去研究，并在实践中检验和论证。因此，教师要使学生掌握科学的探究方法，其基本程序是：提出问题—做出假设—制订计划—实施计划—

得出结论。课堂教学中主要通过实验来训练学生的实践能力，尽量改变传统的演示性实验、验证性实验为探索性实验；另外，还可以向学生提供一定的背景材料、实验用品，让学生根据特定的背景材料提出问题，自己设计实验方案，通过实验进行观察、分析、思考、讨论，最后得出结论，这样才有利于培养学生的协作精神和创作能力。有时实验不一定获得预期的效果，此时教师要引导学生分析失败的原因，找出影响实验效果的因素，从中吸取教训，重新进行实验，直到取得满意的效果为止。这样不仅提高学生的实践能力，而且还培养学生的耐挫能力。

1.12.5 教师应具备的能力和知识结构

现代社会，知识量的增长及更新换代加速、新学科的涌现，促进了教学内容的更新和课程改革，呼唤着教育终身化。不断学习成为现代人的必然要求。教师成为知识的传授者，更要适应现代教育的发展需求，不断学习新知识、不断更新自己的知识结构。继承是学习，创新也是学习。教师要提高自学能力必须要做到：①能有目的学习；②能有选择的学习；③能够独立的学习；④能在学习上进行自我调控。最终走上自主创新性学习之路，以学导学，以学导教。同时，教师知识结构必须合理，现代社会的教师不能仅用昨天的知识，教今天的学生去适应明天的社会，作为教师除了掌握有广博的科学文化知识，要有心理学、教育学知识，要掌握现代信息技术，才能适应现代发展的需要，才能更好地去当好先生从而教好学生。

1.12.6 利用新的信息，触发创新灵感

现代社会，教师要培养学生收集和处理最新信息的能力。科学技术的迅猛发展，新技术、新成果的不断涌现，瞬息万变的信息纷至沓来，令人目不暇接。只有不断地获取并储备新信息，掌握科学发展的最新动态，才能对事物具有敏锐的洞察力，产生创新的灵感。否则，创新将成为无水之源、无土之木。因此，要引导学生通过各种渠道获取新信息，如：通过图书馆、电视、报纸、互联网、社会调查等获取信息，为创新奠定坚实的知识基础，这样才能在科学上高屋建瓴，运筹帷幄，驾驭科学发展的潮流，才能使创新能力结出丰硕的成果。

创新教育是各级各类教育的共同要求。对于基础教育来说，应着眼于人的创新精神和创新能力培育，为人的创新素质的持续发展打下初步的基础。

1.13 创新人才的培养

1.13.1 创新型人才的表现

所谓创新型人才，就是具有创新精神和创新能力的人才，通常表现出灵活、开放、好奇的个性，具有精力充沛、坚持不懈、注意力集中、想象力丰富以及富于冒险精神等特征。具体而言指富于开拓性，具有创造能力，能开创新局面，对社会发展做出创造性贡献的人才。具体有以下几个特征：①有很强的好奇心和求知欲望；②有很强的自我学习与探索的能力；③在某一领域或某一方面拥有广博而扎实的知识，有较高的专业水平；④具有良好的道德修养，能够与他人合作或共处；⑤有健康的体魄和良好的心理素质，能承担艰苦的工作。需要具备人格、智能和身心三方面基本要素。

1.13.2 创新型人才的特征

一是有可贵的创新品质。创新型人才必须是有理想、有抱负的人，具备良好的献身精神和进取意识、强烈的事业心和历史责任感等可贵的创新品质。具备了这样一种品质，才能够有为求真知、求新知而敢闯、敢试、敢冒风险的大无畏勇气，才能构成创新型人才的强大精神动力。

二是有坚韧的创新意志。创新是一个探索未知领域和对已知领域进行破旧立新的过程，充满各种阻力和风险，可能遇到重重的困难、挫折甚至失败。创新型人才每前进一步都需要非凡的胆识和坚韧不拔的毅力，为了既定的目标必须始终不懈地奋斗，锲而不舍，遭到阻挠和诽谤不气馁，遇到挫折和挫败不退却，牺牲个人利益也在所不惜，不达目的誓不罢休，不自暴自弃，不轻言放弃。只有具备了这样的创新意志，才能不断战胜创新活动中的种种困难，最终实现理想的创新效果。

三是有敏锐的创新观察。创新就是发现，而且是突破，要实现突破，就要求创新型人才必须具有敏锐的观察能力、深刻的洞察能力、见微知著的直觉能力和一触即发的灵感和顿悟，不断地将观察到的事物与已掌握的知识联系起来，发现事物之间的必然联系，及时地发现别人没有发现的东西。创新型人才的观察力同时还应当是准确的，能够入木三分，发现事物的真谛，具有善于在平常中求不寻常的创新观察能力。

四是有超前的创新思维。创新思维是创新的基本前提，创新型人才具备思维方式的前瞻性、独创性、灵活性等良好思维品质，才能保证在对事物进行分析、综合和判断时做到独辟蹊径。

五是有丰富的创新知识。创新型人才须具有广博而精深的文化内涵，既要有深厚而扎实的基础知识，了解相邻学科及必要的横向学科知识，又要精通自己专业并能掌握所从事学科专业的最新科学成就和发展趋势，这是从事创新研究的必要条件。创新型人才拥有的信息量越大，文化素养越高，思路便越开阔。

六是有科学的创新实践。创新型人才必须具有严谨而求实的工作作风，严格遵循事物的客观规律，从实际出发，以科学的态度进行创新实践。

1.13.3 创新型人才的培养方式

创新型人才，是指具有创新性思维、能够创造性地解决问题的人才。创新人格是科学的世界观、正确的方法论和坚韧不拔的毅力等众多非智力因素的有机结合，是创新型人才表现出的整体精神面貌。没有创新人格，人的创新潜能很难充分发挥。因此，培养创新型人才，不能只注重知识、能力，同时还要注重创新人格的养成。培养学生的创新人格，应从以下几个方面入手：

一是培养学生高度的社会责任感，激发学生追求科学、追求真理的激情。崇尚科学、热爱真理、追求进步的品质是创新的根本动力，是创新人格的核心要素，是创新型人才成长的动力、目标与价值导向。只有这样，才能最大限度地挖掘学生的创新潜能，最大限度地激发学生追求真理、献身科学的持久热情。

二是培养学生关注现实、关注前沿的学术品格。学习与研究要站在科学的前沿，体验实践的呼唤，感知时代的脉搏，在丰富多彩的社会实践中发现问题，寻找有价值、有意义的课题与项目。这就需要我们努力培养有问题意识和综合素质的学生。有问题意识就是善于发现问题和提出问题；有综合素质是指既有科学精神，又有人文素养，能够从科学与人文两个角度观察问题、解决问题。

三是培养学生强烈的求知欲和坚韧不拔的毅力。广泛的兴趣和强烈的求知欲、坚韧不拔的毅力和信心对于创新型人才的成长具有重要意义。一些人的成功往往不是因为他们有高于常人的天分，而是他们具有坚强的意志品质，具有明确的目的性、果断性、自制力、独立性。创新是一种探索，面临失败的可能性很大，这就要求我们培养的学生具备不怕挫折、不惧失败的心理承受能力，即使在最困难的时候也能够坚持探索。

四是培养学生"敢为天下先"的勇气和科学怀疑、理性批判的精神。缺乏独立思考，只知道人云亦云，就不可能见他人之所未见；缺乏"敢为天下先"的勇气，不敢超越常规，不敢坚持自己的独特见解，就不可能发他人之所未发。要创新，就必须不唯上，不唯书，不唯权威，不唯潮流，要注重培养学生独立思考的能力，鼓励学生对现有知识进行科学的怀疑和理性的批判，并勇于提出自己的见解。

五是培养学生开放的心态以及团结协作的精神。随着时代的进步和科技的发展，知识量在成倍地增加，个人不可能知晓一切。只有正确处理继承与创新的关系，善于学习不同学派、流派的知识成果，在实践中善于同他人团结协作，才能避免因个人知识和能力的不足所造成的局限性。兼收并蓄，集思广益，才能有所突破，有所创新。

第二章
现代学校新境界——创新培养

现代学校制度是适应中国国情和时代要求，以依法办学、自主管理、民主监督、社会参与为特点的学校制度。建设现代学校制度的关键是促进政校分开，实现学校自主管理；同时要积极探索适应不同类型教育和人才成长的管理体制和办学模式，把促进学生的全面发展作为学校各项工作的落脚点。

2.1 现代学校制度

2.1.1 现代学校制度

2010年7月国务院印发了《国家中长期教育改革和发展规划纲要（2010—2020年）》，从四个部分阐述了未来十年教育改革和发展规划的基本内涵，其中着重提到了建立现代学校制度。

现代学校制度是适应中国国情和时代要求，以依法办学、自主管理、民主监督、社会参与为特点的学校制度。建设现代学校制度的关键是促进政校分开，实现学校自主管理；同时要积极探索适应不同类型教育和人才成长的管理体制和办学模式，把促进学生的全面发展作为学校各项工作的落脚点。

现代学校制度要"政校分开，管办分离"的同时，还强调了要"探索适应不同类型教育和人才成长的学校管理体制与办学模式，避免千校一面"。实行政校分开，是教育部所提倡并正在推行的改革。"政校分开"包含以下几点要义："政府不再直接管理学校，剥离学校与政府之间的直接隶属关系，使政府能够在公开、公正的前提下向所有教育者和学习者提供良好、公平、有效率的服务；政府成为教育活动秩序的供给者，使政府由过去公共教育产品的唯一提供者转变为公共教育供给多样化的倡导者，成为公共教育各主体关系的协调者以及良好公共教育产品直接或间接供给的服务者；通过建立学校法人制度，实现政校分开，真正赋予各级各类学校和其他教育机构面向社会和市场依法办学的自主权。

2.1.2 现代学校功能

现代学校的核心功能是保证和不断改进对学生及其相关消费者的服务。学校根据学生及其相关消费者的需求、学生发展和未来社会对人才素质的需求、国家教育方针与法令法规的要求，确定学校的办学理念。它包括办学宗旨、办学方针、育人目标、办学特色、发展目标、管理机制等部分。这些办学理念如何转化为可操作的管理行为，远期发展规划如何转化为各阶段的具体目标，关键要建立科学的目标计划体系。全面目标计划体系将学校近期、中期、长期发展规划，分解转化为学校各学年的目标任务。

2.1.3 理想的现代学校管理特点

理想的现代学校不仅要适应现代社会和现代教育发展的需要，更要体现人文精神的意蕴和学校组织的特性，为育人功能的实现服务。理想的现代学校管理具有以下几个特点：目的观是"使人成为人"，将促进学生的发展作为最终目标；人性观是"将人当作人"，尊重人的特性，遵循人的发展规律，满足人的发展需要；价值观是"公正"，保障受教育者平等的受教育权；"品格"是"包容"，表现为参与性、开放性和吸收性；"个性"是"自主"，拥有充分的自主权，实现管理与决策的独立性和专业性；"气质"是"柔性"，实施柔性的管理，以组织文化的构建等柔性策略引领学校的发展。

2.2 健全现代学校管理机制

2.2.1 健全管理机制是学校品质发展的保障

通过现代学校制度与机制的建立，推进学校教育的全面、和谐和优质发展，根本的一点是必须重新审视教育行政部门在学校管理中的角色和职能定位。目前，教育行政部门在学校管理中的职能不是一个简单强化或弱化的问题，而是一个适时转变和不断优化的问题，即在科学发展观和构建和谐社会的大背景下，寻求学校管理与教育主管部门调控的最佳结合点，建立现代学校制度和管理机制，以此来促进教育全面、高效、快速和均衡发展。

1. 以学校发展为本构建现代学校管理运行机制。

现代学校的发展以其高度的自主性、创新性为主要特征，努力构建促进学校自主、创新发展的现代学校管理机制，不断促进学校的全面、和谐、特色、优质发展，是现代教育管理者必须思考并做出抉择的一个重要课题。

（1）思想支配行动，观念引领实践。实现教育行政部门职能的转变，构建现代学校管理运行机制，首先要彻底转变对学校实施管理的思想观念。传统的学校管理，更多地在于以"管理方便"为本，存在对学校管理统得过多、管得过细过死的现象。这在很大程度上，既影响了教育行政管理的效能，又束缚了学校办学的自主性、主动性和创造性。而现代的学校管理，则更多地在于"以校为本"，强调通过宏观上的把握、引领和协调，实现学校最大限度的自主发展。以学校发展为本，是现代学校管理的内在要求。学校是进行教育活动的地方，是教育改革的基点，教育的中心和灵魂在学校。发展教育必须通过发展学校来实现，改革教育也必须通过改革学校来实现。因此，将教育管理的重心下移到学校。建立与现代学校制度相适应的以校为本的学校管理运行机制，是实现学校科学发展的现实要求和紧迫任务，也是深化教育管理改革的方向和重点。

（2）"以学校发展为本"的实质是"为了学校"。任何学校管理制度的制定和实施，都必须具有这样的自觉认识，即促进学校的发展，最大限度地促进学校个性化、人本化和特色化建设。现代学校管理强调以学校发展为本，从本质意义上说，就是要以学生的综合素质发展为本。体现在教育行政和学校管理上，就是要以学校的发展为本。学校发展的主体力量是校长和教师，他们对学校的发展负有最直接的责任。实践证明，只有充分调动校长和教师的主动性与创造性的学校管理，才能最大限度地促进学校的发展。换言之，现代学校管理就是要充分尊重校长与教师的自然、社会和精神需求，提升校长和教师的品质，挖掘校长和教师的潜能，发展校长和教师的个性，促进校长和教师的全面自主发展，最终实现学校管理和整个学校教育的高质量、高水平发展。

（3）"以学校发展为本"的基本内涵，是学校自主办学的回归。现代学校制度理论认为，办学自主权回归学校，让学校自主办学，是实现现代学校管理的一个基本途径。同时，教育改革与发展的深入实践也深刻表明，没有教育行政管理的重心下移，没有学校办学的自主性、主动性，就无法有效保障我们的学校教育更符合实际的内在需要，学校管理的科学性就会打上折扣。但我们也必须清醒地认识到，学校自主办学，绝非自由办学，自主办学必须在法律、制度和政策的基础上实施依法办学、规范办学和有创造性地办学。因此，对学校管理进行宏观调控就成为一种必然。教育行政部门对学校实施宏观调控管理的基础在于规范，关键在于引领和指导。

只有牢固树立以学校发展为本的管理理念和深刻领悟以学校发展为本的学校管理内涵，我们才有可能对教育行政部门职能有一个科学的定位，即教育行政部门的主要职能，应该是对学校进行制度上的规范、政策上的引导、条件上的保障、方向上的把握、过程上的协调服务，为学校发展搭建起一个服务型管理平台。简言之，教育行政部门的主要职责就是：一要执行政策法规，规范学校管理，保障教育健康发展；二要确立区域发展目标，学校发展目标，实现学校教育均衡、内涵发展；三要搞好宏观调控，实现学校教育和人的最佳发展。

2. 现代学校管理的运行机制。

基于以学校发展为本的学校管理理念和对教育行政职能的定位，必须打破传统学校管理中，对学校要求限制过多，学校处于从属被动地位的积弊，经过不断实践和探索，逐步建立和实施"教育行政宏观调控—学校自主办学—督导评估促进"的学校管理运行机制。在学校管理机制运行过程中，制度规范是基础，目标引领、重点推进是核心，干部队伍建设是关键，督导评估是保障，强化服务是目的，改革创新是动力。

（1）健全规范制度。在制度规范方面，围绕依法办学、发展自主、决策民主、管理规范、监督有效五个重要方面，逐步建立起系统的学校管理制度，基本实现学校管理的法制化、自主化、民主化、制度化。教育行政部门的主要职责与任务应该是制订区域教育发展规划、为学校确立发展目标和科学评估标准，以此引领、指导和有力推进学校教育实现内涵、优质发展。

（2）实行目标管理。管理学校，就是管理校长。历史的启迪和现实的经验告诉我们，区域教育发展水平如何，学校管理的水平如何，教育规划和发展目标能否高质量完成，校长无一不起着关键作用。因此，在学校管理机制运行过程中，我们要始终把校长队伍的建设和管理作为重点工作来抓。校长如何管理？不能够只靠行政权力，根本还在于制度规范和督导评估。除了基本的制度规范和学校发展总目标引领之外，要针对学校和校长实施具有激励与奖惩任免功能的校长三年任期目标责任制和校长职级制。

校长三年任期目标责任制，旨在考查校长对学校发展总目标的完成情况。这就要求校长在三年任期内，必须紧紧围绕学校发展的目标，多途径、多渠道、多层次、自主开展学校各项工作，努力完成三年任期目标，最终实现学校发展目标。校长职级制则旨在考查校长个人的综合素质和办学能力。这就要求校长必须不断学习，提高自身综合素质，增强科学办学的能力，以适应现代学校管理发展的需要。

实践表明：通过校长三年任期目标责任制和校长职级制的重点实施，不但明确校长任职期间的工作职责、岗位要求和工作目标，也完善了校长评价的指标体系，从而为校长队伍建设的科学化和规范化、为校长队伍动态管理新机制的建立奠定了坚实的基础，有效地发挥和调动了校长工作的积极性与创造性，有力地推动了学校发展目标的完成。

（3）加强督导评估。校长实现学校发展目标和任期责任目标，一方面需要校长和学校自身的自觉努力，而另一方面科学的督导评估也不可缺少。反思传统的学校管理，一个重要的弊端就在于督导评估环节的弱化和松弛。因此，在构建学校管理运行机制过程中，要加强"督导评估"环节，构建以主体联动为先导，以主题牵动（以学校发展目标完成情况和校长三年任期目标达成情况督导为重点兼常规督导）为载体，以立体互动为手段，以多元评价为驱动，以总结、诊断、反馈、激励为目的的学校综合督导评估机制，融多种督导内容和形式于一体，既保障学校发展目标的有效完成，又有力地促进了学校管理机制的科学运行。

2.2.2 现代学校管理规划与挑战的着力点

1. 学生发展要在学校发展规划中立意。

目前很多学校都在制订学校发展规划，但大多数规划有明确的学校发展目标和教师发展目标，却缺失明确的学生发展目标。究其原因有两个方面，一方面与传统的管理思想有关，即认为学生是由教师教育和管理的，而教师则是由校长管理的；另一方面就是与人们对学校发展规划的片面理解有关。

学校发展规划中缺乏学生发展目标是学校教育缺失或者说教育价值缺失的一种外在表现。缺乏学生发展目标研究的系统思考或者战略思考是缺乏灵魂的思考；缺乏学生发展目标的系统管理带来的主要是学校外在的繁荣，受益的不一定是教育的主体对象学生。

办学效益首先取决于学校教育行为和管理行为价值追求的合理性，没有学生发展目标的行动就不是实质合理的行动。学校发展规划首先应该谋求的是价值合理，其次才是具体目标和手段的合理。有意义的、合理的学生发展目标是取得办学效益的基本条件。可是，人们往往容易忽略对目的尤其是长远目的和终极目的的思考，而常常关注的是具体的目标，如学校硬件建设、学生分数等，根本原因在于社会的以及社会中人的教育功利性的固守。学校发展规划应该是学校育人体系的一个整体设计，而不应该仅仅是提高管理效能和追求学校特色的策略。

办学效益还取决于学校教育行为和管理行为与教育价值的一致性。如果我们将学校发展作为一种总体的教育行动，将学校中各个方面的工作称为单位行动的话，只有以学生发展这个终极目的统率所有的单位行动，总体教育行动才可能是有机的，并最终是有效的。由此反思我们的学校发展规划，教育行动中各类行动者的具体目的并没有真正朝向学生发展这个终极目的。

一些学校的发展规划就存在类似的现象：学校发展目标是根据地方教育的要求和校际之间的关系确定的，教师发展目标则是根据教师队伍在年龄结构上和教学以及研究水平上的具体状况确定的，学生发展目标常常是笼统的。也就是说，各方面目标是分散的、从不同角度确立的，缺乏相互之间的内在关联和聚焦。建立一个具有内在一致性的目的体系是保证行动效益的又一基本条件，而这一点却往往被忽略了，这意味着一种失控。因此，建立目的体系要从终极目的出发，学生发展目标的确定是首要的事情。

学生发展目标既是学校确定教师发展目标和学校发展目标的依据，也是进行校本课程设计和学校管理机构设计的基本根据，还是教师每天进行学生研究、诊断和指导的依据。因此，学生发展目标不仅要有，而且要具体到全校教师都能够认同、理解和实施的程度。有无明确的、真正校本的学生发展目标，在本质上规定着学校发展规划行为的性质。如果有，就是一种领导行为，如果没有，则是一种管理行为，是一种表面有序而内在教育价值失控的管理行为。因此校长在制订学校发展规划时一定要做学生研究，并逐步确定学校的学生发展目标。

2. 校本管理中应对的挑战。

中国教育学会常务副会长郭永福指出，当前校本管理面临着多方面的挑战。

一是新课程改革的挑战。新课程改革的力度、广度、深度和难度都是前所未有的。课程改革的成败关键在教师，如何提高教师队伍的整体素质，实现教师专业化发展是对学校管理提出的最大挑战。新课程改革实行国家、地方、学校三级课程管理体制，学校拥有比过去更大的课程管理自主权。管理权力下放是以学校能力提高为前提的，如何加强学校的能力建设，提高对校本课程的管理能力是对校本管理的挑战。

二是现代学校制度对校本管理的挑战。建立现代学校制度就是确立学校独立的法人地位，赋予学校相应的自主权，使学校能自我约束、自我经营、自我发展，增强学校的核心竞争力，提高学校的办学质量。重塑现代学校精神，就是要以人为本，关注学生生命成长和教师的专业发展，这都对校本管理提出了更高的要求。

三是信息技术对学校组织结构、管理方式的挑战。

四是知识经济的挑战。

校本管理要迎接这些挑战，学校必须从本校实际出发，根据教育规律和青少年成长规律，自主确定学校发展方向和办学特色，确定学校的组织行为和管理行为，优化学校的资源配置，从而提高学校的办学质量和效益，真正实现育人为本的根本目标。理想的学校应该是有丰富、平等、自由的对话与展示空间，有一批学识丰富、情感细腻、敬业奉献、富有人文情怀和课堂创造力的教师。理想的学校是一个充满温暖、智慧、文化的精神家园。

2.3 关注当下学校生存状态

教育作为一项社会公共事业，在任何历史时期教育的价值取向是多元的，它包含着国家、家庭和个人生存和发展的需要。教育的科学发展必须通过科学的评价制度来导向、引领，兼顾各方利益，推动社会和个人健康发展。

对于学校教育来讲存在两个现实，一个是国家和民族的大现实，是我们国家的发展现状与世界先进水平之间的差距，要求教育能培养大批高素质的劳动者和大批尖端创新人才；另一个是广大家长与学生需要迫切升学，要求学校提高高考成绩。

但是现实却把升学率视为学校办学质量的唯一标准。正是在这种功利驱使下把中国的基础教育压得变了形，教育失去了教育的本真，甚至对人的生命敬畏都已漠视，仿佛教育就是把学生用知识罐装，素质教育进行二十多年，并未改变教育应试目标的功利性，在新的课程改革实施十年后的今天，我们不得不审视、关注教育的生存状态，深刻认识时代要求教育的发展走向，真正实现教育改革的初衷和课程改革如何成功，唤醒学校对生命化教育的思考。

关注学校教育的生存状态，这是基于理想的现代学校建设目标下对生命化教育的深刻思考与认识。

2.3.1 功利教育主导下学校及教师生命发展状况

以人为本的素质教育在中国实施二十多年，课程一次次改革，但以升学为功利的应试教育至今仍占主导地位，把教师和学生拼命挤上独木桥。很多教师辛苦了大半辈子只读了三本书——教材、教参、考试大纲；使用最多的词就是考试、分数；关注最多的是上大学的少数希望生，大部分学生没有受到足够的关注和重视；让教师的心累伤了、身体累僵了，但高考升学率高的教师就会成为名师，高考升学率高的学校就会成为名校。一些省示范性学校不是办学思想、办学理念的示范，不是办学行为规范的示范，而是一心追求高升学率、追求少数精英教育的示范。由于这些示范性学校用高升学率受到政府政绩满足的需要，从而受到推崇、奖赏，以此激励学校加班加点补课，游离规则之外办班、办校，愈来愈受到家长吸引之后，示范性学校就俨然以为自己就是优质学校，就是社会的名校甚至是品牌学校，很多这样的学校就抬高身价，成为择校的典范，向社会、家长收费成为合法的潜规则。本来省示范性学校是按标准请素质教育专家进行评审确认，但很多学校想尽一切办法去创建省示范性学校，目的就是拿到这个"金字匾牌"，从而就有了招生办学的底气，就有了办教育的成就感，更可怕的是一些所谓评审专家就是应试教育的能手。因此，示范性学校不能起示范作用也就不足为奇了。教育的功利导致学校的功利，于是乎高中示范校带动着初中示范校效仿，初中示范校带动小学重点校效仿，不规范的教育链几乎布满教育肌体。长此以往，教育不成之为教育，素质教育如此功利化，示范性学校如此示范，课程改革何时能有成功的希望？素质教育何时成为社会的主导？教师何时真正成为育人为本的主体？

教育的功利扭曲着教育的灵魂，症结是教育的体制没改，教育的观念没有回归到教育的本原。如果要与国际接轨，发达国家没有以升学率来评价学校和教师的。一些应试主导的精英却扮演着素质教育的倡导者，甚至还以中国的奥赛金牌来标榜基础教育的成就。丘成桐教授所言："这是多年来可怕的自我麻醉，我不认为中国的学生的基础知识学得有多好！"

2.3.2 升学率主导下的学生成长状况

经历多次课程改革的基础教育，一次次喊着减负的口号，却挥舞着升学率标榜的旗帜。正如南京师大附中原校长胡百良所说，"现在的中国学生，特别是那些想考大学的学生，从小学就掉进了无边的苦海"，学生青少年没了学习时期应有的天真和梦想，道德、良知、正义、责任、法规、奉献、合作等品格意识培养游离在教育的边沿。如果我们对大学学习毕业后的就业成才情况做跟踪调查，有几所学校能够说升学率与成为社会所需人才是正相关的。一方面，不少学生高中阶段只学会了考试，学生似乎成了一个罐装的容器，没有学会怎样做人，没有学会尊重人。在大学里他们学会了逃课，学会了享受，学会了虚伪，不讲礼貌文明，不讲诚信，不讲公共道德，发生在中国政法大学课堂里教授与学生的冲突只不过是一个高考应试教育的缩影。有识之士评价道：现在不少大学生至多不过是高四、高五年级学生。另一方面，近三年的大学毕业生就业率只有升学率的一半，不是中国的人才太多，而是真正适应的、需要的人才太少，更谈不上专业素养、职业精神、科学态度、服务意识、合作能力、社会责任。如此等等不能不让人思考，这是否能警醒功利教育的短视了。胡百良校长不得不感叹："现在中国学生从小就为考分学习，是世界上学习负担最重的，而厌学情绪也是最重的，基础教育阶段就把学习的积极性磨灭了，这是教育的最大失败。这种教育制度如何能兴国？"

2.3.3 政府主导下的课程改革状况

课程改革开始大多数学校不是主动参与而是被迫参与。主要原因不是学校不愿意参与，而是真正参与之后，政府主导部门对教育的评价没有按课程改革的要求及时转换，也没有有效引导社会、家庭转变对教育功能的评价。

纵观国内外，成功学校教育的改革发展都是从内部的凝聚力产生自我发展需求，形成对教育内在的推力走向成功的。江苏洋思中学、山东杜郎口中学就是成功的范例。然而我们看到真正由学校自发的，呈现出自己魅力的教育实践相当匮乏，我们更多的是在一种大一统模式底下，更多的是落在操作层面上的一些所谓改革经验，这也使得现有的评价机制之下学校的经验，确实都比较关注来自于管理部门，特别是上级有关领导的评价，把课程改革设计的评价方式和要求都置于背离课程规范的管理部门之下受到践踏。为什么每次开始课程改革就想着高考怎么考？一只无形的手和网在左右着学校和教师。教育学者张文质认为，这种教育体制是极其有害的，极易扭曲教育的初衷。钱理群教授认为，我们的教育改革是一个从上到下的政府行为，这本无可厚非，但由此产生的却是一个如何使这样的政府主导的改革变成校长与老师自下而上的自觉努力，形成上下的良性互动的问题。但我们现在的改革现实却是更多地仰赖于自上而下的行政命令，正是行政命令又基本不考虑具体的学校的教学实际的多样性、复杂性、层面性，形成了一个刚性的"大一统模式"。行政命令推行的改革，基本手段就是名目繁多的检查、评比的行政操作，学校办学的质量标准自然也是以是否符合上级领导的要求作为评价标准。很多次的教育改革都是在一定程度上就成了一个外在的、强制性的纯粹的政府行为。说重点改革成了与校长、教师以及学生自身生命发展无关的事情，甚至成了不堪承受的负担。多年教育减负，越减越重，教师工作任务总在忙碌的季节中消逝；"两基"验收达标，初中课改实验，到现在的新一轮高中课改，不少地方政府是搞形式上的改革，这种改革基本上是学校教育自身的内在动力与内在尺度的匮缺。正是这些根本性问题，形成了"极易扭曲教育的初衷"，即使有了统一的"课程标准"，学校仍然没有从实际出发选择课程教材的自主性。学生、家长忙于择校，从幼儿教育到小学，从小学到初中，从初中到高中，学习的过程就是考试的成绩展示过程，学习的历程就是择校成长历程。教育公平和均衡发展走在遥远的大众教育期望的边沿。现代的精神文明与现代的物质文明相比，将会随着教育的功利追逐走向退化和衰落！

2.3.4 国际关注的教育危机现状

美国教育家菲力普库姆斯写了两本"世界教育危机"的书，震撼国际教育界，当时他指出：现在教育面临着有史以来的第一次"世界性危机"，其核心内容概括为"变迁、适用、不平衡"。20世纪80年代中后期，我国开始关注这一问题，提出素质教育理念。国内社会学者认为，教育危机是教育系统与社会其他子系统甚至于整个社会长期而又严重的失调。

西南师范大学教授王海莹、华东师范大学教授王人磊研究指出，中国基础教育存在的危机表现在七个方面：一是与社会其他领域的改革比较，基础教育改革未取得显著成就；二是基础教育大规模、高速度发展中伴随着低质量、低效益的教育事实；三是中小学生精神消极，缺乏社会责任感；四是中小学生厌学现象严重，求知欲和自信心受挫；五是工作、生活条件的艰苦影响了中小学教师职业素养的提高；六是基础教育投入不足；七是基础教育发展不平衡。

这些现象已经引起国家决策部门的关注和重视，形成了一系列促进义务教育均衡发展的举措，正在城乡发生深刻的变化，但是课改推进和政府对教育评价依然是艰难过程。

2.4 理想的现代学校追求

2.4.1 理想的现代学校是教育信念的坚守者

道之先哲老子曰："少则得，多则惑"。教育回归本源，就不要给教育太多的压力与制约。教育需要耐心，教育需要鼓励，教育需要快乐，只有这样才会使人智慧和精神愉悦，从而拥有教育人生的幸福与生命的情怀。教育的力量是人一生的享受，是人一生的发展原动力。学校的校风好、环境美、质量高、声誉佳、师生和谐是产生强大教育力量的基础。有了对教育的信念和力量，就会形成学校的共同愿景和校园文化，就会内化为学校发展的内驱力，从而推动教育事业发展。教育需要坚守，让坚守成为习惯，让细节成为经典，这应成为对教育人生永恒追求的理念，应成为探寻用理想的教育实现教育理想的生命情怀。

1. 理想的学校是教育思想的实践者。学校办学不但需要有对教育执著追求的勇气，还要用教育思想和教育智慧来引领，并内化为教育内容，让学生成长为健全人格的人和对社会有责任心的人，而不是偏离教育本质去追求异化和功利的东西。那些只顾迎合时尚评判的学校，将一些耀眼的匾牌、标签、表扬视为办学的成绩，甚至成为学校成名的动力，却忽视很多师生的成长和他们内心的感受，这些学校不仅没有特色思想和潜质，而且是教育者思考的软弱。

学校要有对自身教育观念和行为的内省勇气，让示范性成为自律，让示范性回归良知和道德。也许把学生发展引偏教育本原，以致影响学生未来发展，这对民族和人类无异于是无法原谅的过失或是一种罪孽；教育就是教育，教育一旦被政绩和功利所绑架就会失去本真，学校和教师就会失去教育思想的自由；教育一旦对思考缺乏穿透历史和现实的力度，学校就会千人一面，彼此雷同，即使有些特色也会失去其深刻性和独特性。

2．理想的学校是彰显生命活力的场所。学校在教育管理中要站在比升学率更高的层面上实施生命化教育，这是学校办学育人的责任和方向。教育应以丰富人的生命经历，成全人的生命发展为最终目的，它不只是文化的传承，更是对生命的自觉唤醒，正如中国人民大学黄克剑教授和教育学者张文质先生所述，教育有三个价值向度，即授受知识、开启智慧、润泽生命。

理想的学校要实现工作学习化，学习工作化的管理要求。学校更加关注以内涵求发展，更加深入结合新课程实施要求和围绕一切为学生未来发展奠基的办学宗旨，探索实施生命化教育。

一是确立培养学生目标：具有较高综合素养的毕业生，适应社会发展的模范公民。对于高中阶段的学生，综合素养体现出具有高中学生层级的知识与技能的学业水平，形成认识事理的情感与态度的正确价值取向，学会处理问题的过程与方法的基本应用。对于适应社会的模范公民，体现出遵守道德和法律的规范，具有生活理想和生命情怀。

二是确立学校生命化教育目标：学校一切为学生的未来发展奠基，对每一个学生生命成长负责，让学生拥有为祖国振兴、民族复兴、社会进步服务的综合素养，为学生未来幸福打好基础。

学校不让任何一个学生受到忽视和歧视，不让任何一个学生失去信心，不让任何一个学生得不到尊重，不让任何一个学生毫无专长，不让任何一个学生失去梦想。学校有丰富、平等、自由的对话与展示空间；学校有一批学识丰富、情感细腻、敬业奉献、富有人文情怀和课堂创造力的教师；学校是一个充满温暖、智慧、文化的精神家园。

3．校长是理想学校使命的担当者。在学校的管理中，校长最大的成功莫过于唤醒并引领教师、学生自主发展，用满腔的热情和使命感的执著把校园创造成生命成长的精神家园。做一个有文化自觉的诚信教育者是校长的良知与使命，是教师得以心灵自由、生命流动的幸福生活基因。教师的思想自由与个性的激发，必将生发出充满激情与活力的学校生活，学生因此就能参与民主生活，在学校生活中学会表达思想和权利的要求，知道自己是一个独立的个体，就会在丰富的校园活动中获得实践能力和创新能力。

理想的学校应该落实生命化教育管理的五个维度：抓好自主管理，增强生命的强度；着重活动育人，拓宽生命的宽度；培养爱与感恩，感悟生命的温度；建立书香校园，奠定生命的高度；发展特长兴趣，增强生命的亮度。

理想的学校应该落实以德为先、以德为本的"五自"育人效果：学习上自主，行为上自律，生活上自理，心理上自强，人格上自尊。让生命教育进课程，让传统文化修身。

理想的学校是以课堂教学方式改革为突破口，实施"三步七环节教学法"自主学习模式，结合学生实际培养自主学习能力。有效的教学方式和学习方式是提高课堂效率的生产力。

理想的学校改变评价方式，实行多元评价，让学生多元成才，让教师多元成功，让生命焕发活力。

理想的学校是改革行政管理机制，实施精致化管理：把严格与规范修炼成习惯，将认真与负责内化为品格。设立六个管理中心，突出服务功能。落实"五精"要求，即学校管理要精细，教师队伍要精良，育人活动设计要精心，课程与教学实施要精当，校园环境要精美。

2.4.2 理想的现代学校是基于生命成长办学

1．必须唤醒教师的生命意识。

生命化教育是"寻找教育改革与教育自身的内在动力与内在尺度"的自觉努力，是学校和教师自我追求和实现教育的使命和本真。张文质认为生命化教育就是"唤醒教师的生命意识，重新思考教育的真谛"。生命化教育的一个基本概念叫做"生命在场"。钱理群认为，所谓"生命在场"首先是一个教师的生命是否"在场"的问题，也就是教育、教育改革与教师的生命存在与发展、生命意义与价值的实现，有没有关系的问题。这是一个经常被忽略的问题，如果把教育工作看作与自己的生命无关，仅仅是一个物质的需求谋生手段，那教育的技术化、工匠化以及自身的工具化就是不可避免的；如果把教育改革看作是外在于己的领导的指令，那教改的依附性、形式化也同样不可避免。而这两个方面都背离了教育与教改的本质，使之蜕变成失魂的教育与改革，这正是我们体会到教育改革的困境的实质所在。

2. 要确定教师第一的主体地位。

有人说教育就是唤醒，也有人说教育就是培养习惯，其实它们都是关注生命的成长。黄克剑教授指出，教育就是受教者在施教者的指导下，自主地对自我生命和个性的"成全"，因而在教育中为师者不应漠视受教育者的个性，也不应该丢弃自己的生命个性，这是生命个性之间的相连。他认为教育的三个维度"授受知识，开启智慧，润泽生命"是实施生命化教育的基石，其达成的教育境界与孔子的"教学相长"是相一致的，其深层目标是教育者与受教育者在教育的过程中"生命"的共同润泽与成全。黄克剑教授还认为，"由知识化教育向生命化教育转进的底蕴在于人的真实生命的复归"，"这种教育把每一个人都视为一个知识和灵感的凝结中心"，使其生命的潜能得到最大限度的发挥，成为"能够以自己的灵思感动启悟学生的灵思的个性丰盈的个人"。学校发展教师为本，实施生命化教育的理念，要求学校必须确立"教师第一"的理念；尊重、信任、关爱每一位教师，努力为所有教师的发展提供制度保障。高中新课程实施和推进不能缺乏对教师的民主权利、生命自由与健全发展的"制度保障"，这是我们寻求教育与教育改革的内在动力的重要前提。

3. 要让教师享受职业幸福。

"教师是人类灵魂的工程师"、"教师是人梯"、"教师是烛，燃烧自己……"教师所从事的职业不只是传统意义上的"蜡炬成灰泪始干"，只把教育仅仅看作是"付出"、"给予"，是教师生命的消耗，而忽略了它同时更有"收获"与"回报"。张文质认为"生命化教育要追求教师生命的幸福"；钱理群认为，"真正的教育必然是以教师与学生生命的共同发展与成全为旨归的"。中小学教师在生命化教育的理念里它不仅是一种职业，更是一种生命存在方式，它的特殊性在于教师的生命与儿童、少年、青年生命的共生与互动，而后者正是人的生命路程中最为纯真，最接近人的生命本原，最具有活力，也最具有多种可能性的阶段。而对处于这样的生命形态的教育对象，会出现很多教育难题，学生成长中的烦恼，带来的是教师教育中的困惑，压力也会变成动力，会不断激发教师自身的生命激情、创造力，驱使教师不断反思与完善自我，更重要的是教师与学生处于人生不同阶段的两种生命的相互撞击，都会给对方以生命的滋润。学生在教师的引导下逐渐成长，教师则在学生的影响下永葆青春。张文质先生说得好，"好教师一定是在课堂上要比平时显得更美的人，哪怕是相貌平凡，一到课堂上就有一种容光焕发精神气。好教师肯定是比他的实际年龄显得年轻，显得天真，显得还要质朴的这样一种人"，这自然是受到了学生生命的滋润的结果。正如陶行知所说，老师触动孩子，孩子触动老师，形成极好的人性的相互激荡。这两个方面都会使教师带来自我生命与价值的满足感，这正是教师的生存方式所特有的幸福，它是直抵教育的本质而获得的。黄克剑教授认为，教师的职业幸福感是"把精神的重心守在教育成其为教育的东西上"，"直接从那里汲取到教师的一种尊严，吸取到教师成其为教师的那种生命的滋养"。只"承认教育的独立价值，直接对教育负责"，而对教育之外的领导的看法、他人的评价、世俗的偏见等看得很淡，心中坚守的是教育的本分，对教育的承诺，对教育的热爱、激情，以及对自己的一份期许，这种被教育所召唤的心灵的东西，是什么力量也不能摧毁的。这就是生命化教育的力量所在，它唤起的是教师职业的"天职感"。现在我们从事的生命化教育探索、实验，虽不是上级行政的指令，却是我们自我的追求；它不能对校长、老师承诺什么，却是我们对教育本身的执著和追求；虽然辛苦，但我们恪守着教育的宁静，可以享受到教育这份职业的真正幸福。

4．要为学生未来发展奠基。

生命化教育理念中有两个观点，一是强调"教育行为始终指向具体的每一个人"，"生命化教育就是个性化、个人化的教育，始终指向一个个永无重复、永难穷尽的生命个体，始终以成全每一个健全和富有个性的人为自己最为根本目的"。这就是大教育观，"大爱"的生命观。正如张文质先生所述，"关注所有生命的价值，肯定所有生命的意义"，"关注生命的差异，努力去成全所有生命各不相同的发展目标"。因此，生命化教育从关注每一个学生开始，从尊重每一个学生开始，从满足每一个学生需求开始，从善待每一个学生开始，从开启每一个学生的智慧开始，从相信每一个生命的意义开始，从成全每一个学生生命开始，从而形成了前面所述的生命化教育目标。

这种生命观透视出教育平等的深刻含义，所体现的教育评价标准与尺度，正是新程改革的期许的目标，也是多年来功利主义教育盛行的单一升学模式的中国教育所缺乏，甚至是教育严重扭曲后的归宿。以升学率为评价教育学校与教师工作的唯一刚性标准与尺度还在蔓延。一方面挥舞着素质教育的大旗呐喊，一方面又在暗下升学率的撒手铜，套住新课程实施的脚步，这种唯一刚性的评价已成为似乎无以疗治的中国中小学教育的痼疾，并且还在对我们的教育造成致命的伤害或威胁。可怕的或令人担忧的是教育成为学生生存竞争的"绞肉机"，失败者的生命发展完全被忽视与牺牲，而胜利者的生命在残酷的角逐中被严重扭曲，这两个方面都造成了对青少年生命的摧残，从根本上背离了教育的本质。因此，生命化教育将"成全每一个健全和富有个性的人"作为教育目标和评价尺度。尽管会受到传统体制的制约，但我们应该自信，坚定新课程观念的推行必然为生命化教育带来生机。

另一方面，生命化教育"着眼于学生生命的长远发展"，这与我们学校的办学宗旨"一切为学生的未来发展奠基"的教育理念是非常一致的，也是我们对基础教育特点的一种理解与把握。每一个生命个性都内在地蕴涵了健全发展的可能性，教育就其本质而言就是对可能健全的生命的成全，而不同的生命个体，其发展的可能性是不一样的，这就要求我们的教育必须承认学生差异，对不同的生命个体开启不同的发展方向。基础教育的基本任务就是为终身学习与精神发展打基础，基础越厚实越宽广越能给学生今后发展提供更多的可能性。正在实施的高中新课程的目标就是与生命化教育的目标一致的，为我们评价基础教育提供了基本尺度，关键是功利主义教育观还在占领主导地位和传统家庭教育观的转变太慢。

钱理群教授认为，实施生命化教育，推进教育改革要有姿态和心态，他认为要"从容"、"宽容"、"期待"、"悠闲"、"优雅"地来参与教育过程，现在教育改革的形式主义又用无数的口号、标语，层出不穷的检查、评比，总结材料把我们死死缠住，我们的教师已经没有时间和余力读书、思考，关注学生，做教育应该做的事情。而教育的急功近利、粗糙、急迫背后，仍然就是教育本质的失落；很多人不愿承认，教育是一个"慢活"、"细活"，是生命的潜移默化的过程，需要生命的沉潜。有人说"心灵因细腻而伟大"，"教育无小事"，可见教育发展的宏伟、长远目标，是要通过一些具体的细节化的小事来一步步实现的。对教育的很多问题和现象，有时候我们会感到很痛苦，但不要偏执，有所期待但不要狂热，人很多时候就是在夹缝中生存，可能就只能是戴着镣铐跳舞。

生命化教育实施的最大威胁来自我们自己，我们生活在长期传统的体制中，体制的问题会内化为我们自己的问题，正在实施的新课程就像一个鲜活的婴儿，需要我们呵护，它是实施素质教育成功推进的关键所在，为什么素质教育搞了近三十年，还是艰难地前行，问题根源在于教育体制问题。生命化教育就是素质教育目标要求的具体化，同样在实施过程中需要我们勇气、耐心和内心的坚定，这就是我们坚守的教育信念、教育理想。

2.5 现代学校新境界：创新培养

2.5.1 教育实施创新培养的时代背景

《国家中长期教育发展规划纲要（2010—2020年）》为此指出："坚持以人为本、全面实施素质教育是教育改革发展的战略主题，是贯彻党的教育方针的时代要求，其核心是解决好培养什么人、怎样培养人的重大问题，重点是面向全体学生、促进学生全面发展，着力提高学生服务国家服务人民的社会责任感、勇于探索的创新精神和善于解决问题的实践能力"。基础教育如何培养具有创新素质的学生，使其成长为创新人才，是我们值得深思和实践的课题。今年教育行政部门把这个课题作为项目来实施是很有意义的，也是我省教育教学改革项目的重要内容之一。

实施创新教育必须以树立科学、民主的新观念为前提。教育观念的创新包括学生观、知识观、人才观、师生观的创新。学生观的创新要树立人本观念，相信每个学生都可出彩，都有创造潜能。同时还要树立以学生整体素质和创新能力的发展为基础的当代教育观，要改变教师为教而教、学生为考而学的应试教育观。教育不仅传授知识，更重要的是对学生创新能力的培养。

2.5.2 创造性思维的培养

创造性思维是将来人类的主要活动方式和内容。历史上曾经发生过的工业革命没有完全把人从体力劳动中解放出来，而目前世界范围内的新技术革命，带来了生产的变革，全面的自动化，把人从机械劳动和机器中解放出来，从事着控制信息、编制程序的脑力劳动，而人工智能技术的推广和应用，使人所从事的一些简单的、具有一定逻辑规则的思维活动，可以交给"人工智能"去完成，从而又部分地把人从简单脑力劳动中解放出来。这样，人将有充分的精力把自己的知识、智力用于创造性的思维活动，把人类的文明推向一个新的高度。

创造性思维是人类的高级心理活动。创造性思维是政治家、教育家、科学家、艺术家等各种出类拔萃的人才所必须具备的基本素质。心理学认为：创造性思维是指思维不仅能提示客观事物的本质及内在联系，而且能在此基础上产生新颖的、具有社会价值的前所未有的思维成果。

1. 创造性思维的培养方式。

创造性思维是在一般思维的基础上发展起来的，它是后天培养与训练的结果。卓别林为此说过一句耐人寻味的话："和拉提琴或弹钢琴相似，思考也是需要每天练习的。"因此，我们可以运用心理上的"自我调解"，有意识地从几个方面培养自己的创造性思维。

（1）展开"幻想"的翅膀。

心理学家认为，人脑有四个功能部位：一是从外部世界接受感觉的感受区；二是将这些感觉收集整理起来的贮存区；三是评价收到的新信息的判断区；四是按新的方式将旧信息结合起来的想象区。只善于运用贮存区和判断区的功能，而不善于运用想象区功能的人就不善于创新。据心理学家研究，一般人只用了想象区的15%，其余的还处于"冬眠"状态。开垦这块处女地就要从培养幻想入手。

想象力是人类运用储存在大脑中的信息进行综合分析、推断和设想的思维能力。在思维过程中，如果没有想象的参与，思考就发生困难。特别是创造想象，它是由思维调节的。

爱因斯坦说过："想象力比知识更重要，因为知识是有限的，而想象力概括着世界的一切，推动着进步，并且是知识进化的源泉。"爱因斯坦的狭义相对论就是从他幼时幻想人跟着光线跑，并能努力赶上它开始的。世界上第一架飞机，就是从人们幻想造出飞鸟的翅膀而开始的。幻想不仅能引导我们发现新的事物，而且还能激发我们做出新的努力、探索，去进行创造性劳动。

青年人爱幻想，要珍惜自己的这一宝贵财富。幻想是构成创造性想象的准备阶段，今天还在你幻想中的东西，明天就可能出现在你创造性的构思中。

（2）培养发散思维。

所谓发散思维，是指倘若一个问题可能有多种答案，那就以这个问题为中心，思考的方向往外散发，找出适当的答案越多越好，而不是只找一个正确的答案。人在这种思维中，可左冲右突，在所适合的各种答案中充分表现出思维的创造性成分。1979年诺贝尔物理学奖获得者、美国科学家格拉肖说："涉猎多方面的学问可以开阔思路……对世界或人类社会的事物形象掌握得越多，越有助于抽象思维。"比如我们思考"砖头有多少种用途"，我们至少有以下各式各样的答案：造房子、砌院墙、铺路、刹住停在斜坡的车辆、作锤子、压纸头、代尺画线、垫东西、搏斗的武器……

（3）发展直觉思维。

所谓直觉思维，是指不经过一步一步分析而突如其来的领悟或理解。很多心理学家认为它是创造性思维活跃的一种表现，它既是发明创造的先导，也是百思不解之后突然获得的硕果，在创造发明的过程中具有重要的地位。物理学上的阿基米德定律是阿基米德在跳入澡缸的一瞬间，发现澡缸边缘溢出的水的体积跟他自己身体入水部分的体积一样大，从而悟出了著名的比重定律。又如，达尔文在观察到植物幼苗的顶端向太阳照射的方向弯曲现象时，就想到了它是幼苗的顶端因含有某种物质，在光照下跑向背光一侧的缘故。但在他有生之年未能证明这是一种什么物质。后来经过许多科学的反复研究，终于在1933年找到了这种物质——植物生长素。

直觉思维在学习过程中，有时表现为提出怪问题，有时表现为大胆的猜想，有时表现为一种应急性的回答，有时表现为解决一个问题，设想出多种新奇的方法、方案等等。为了培养我们的创造性思维，当这些想象纷至沓来的时候，可千万别怠慢了它们。青年人感觉敏锐，记忆力好，想象极其活跃，在学习和工作中，在发现和解决问题时，可能会出现突如其来的新想法、新观念，要及时捕捉这种创造性思维的产物，要善于发展自己的直觉思维。

（4）培养思维的流畅性、灵活性和独创性。

流畅性、灵活性、独创性是创造力的三个因素。流畅性是针对刺激能很流畅地做出反应的能力。灵活性是指随机应变的能力。独创性是指对刺激做出不寻常的反应，具有新奇的成分。这三性是建筑在广泛的知识的基础之上的。20世纪60年代美国心理学家曾采用所谓急骤的联想或暴风雨式的联想的方法来训练大学生们思维的流畅性。训练时，要求学生像夏天的暴风雨一样，迅速地抛出一些观念，不容迟疑，也不要考虑质量的好坏或数量的多少，评价在结束后进行。速度愈快表示愈流畅，讲得越多表示流畅性越高。这种自由联想与迅速反应的训练，对于思维，无论是质量，还是流畅性，都有很大的帮助，可促进创造思维的发展。

（5）培养强烈的求知欲。

古希腊哲学家柏拉图和亚里士多德都说过，哲学的起源乃是人类对自然界和人类自己所有存在的惊奇。他们认为：积极的创造性思维，往往是在人们感到"惊奇'时，在情感上燃烧起对这个问题追根究底的强烈的探索兴趣时开始的。因此要激发自己创造性学习的欲望，首先就必须使自己具有强烈的求知欲。而人的欲求感总是在需要的基础上产生的。没有精神上的需要，就没有求知欲。要有意识地为自己出难题，或者去"啃"前人遗留下的不解之谜，激发自己的求知欲。青年人的求知欲最强，然而，若不加以有意识地转移地发展智力，追求到科学上去，就会自然萎缩。求知欲会促使人去探索科学，去进行创造性思维，而只有在探索过程中，才会不断地激起好奇心和求知欲，使之不枯不竭，永为活水。一个人，只有当他对学习的心理状态，总处于"跃跃欲试"阶段的时候，他才能使自己的学习过程变成一个积极主动的"上下求索"的过程。这样的学习，就不仅能获得现有的知识和技能，而且还能进一步探索未知的新境界，发现未掌握的新知识，甚至创造前所未有的新见解、新事物。

2．创造性思维的形成过程。

创造性思维在解决问题的活动中，需要一定的过程。心理学家对这个过程也做过大量的研究。比较有代表性的是英国心理学家华莱士（G. Wallas）所提出的四阶段论和美国心理学家艾曼贝尔（T. Amabile）所提出的五阶段论。华莱士认为任何创造过程都包括准备阶段、酝酿阶段、明朗阶段和验证阶段四个阶段；而艾曼贝尔从信息论的角度出发，认为创造活动过程由提出问题或任务、准备、产生反应、验证反应、结果五个阶段组成，并且可以循环运转。这里，以华莱士的四阶段论来看创造性思维的活动过程。

准备阶段：准备阶段是创造性思维活动过程的第一个阶段。这个阶段是搜集信息，整理资料，做前期准备的阶段。由于对要解决的问题，存在许多未知数，所以要搜集前人的知识经验，来对问题形成新的认识，从而为创造活动的下一个阶段做准备。如：爱迪生为了发明电灯，据说，光收集资料整理成的笔记就二百多本，总计达四万多页。可见，任何发明创造都不是凭空杜撰，都是在日积月累，大量观察研究的基础上进行的。

酝酿阶段：酝酿阶段主要对前一阶段所搜集的信息、资料进行消化和吸收，在此基础上，找出问题的关键点，以便考虑解决这个问题的各种策略。在这个过程中，有些问题由于一时难以找到有效的答案，通常会把它们暂时搁置。但思维活动并没有因此而停止，这些问题会时时刻刻萦绕在头脑中，甚至转化为一种潜意识。在这个过程中，容易让人产生狂热的状态，如"牛顿把手表当成鸡蛋煮"就是典型的例子。所以，在这个阶段，要注意有机结合思维的紧张与松弛，使其向更有利于问题解决的方向发展。

豁朗阶段：豁朗阶段，也即顿悟阶段。经过前两个阶段的准备和酝酿，思维已达到一个相当成熟的阶段，在解决问题的过程中，常常会进入一种豁然开朗的状态，这就是前面所讲的灵感。如：耐克公司的创始人比尔•鲍尔曼，一天正在吃妻子做的威化饼，感觉特别舒服。于是，他被触动了，如果把跑鞋制成威化饼的样式，会有怎样的效果呢？于是，他就拿着妻子做威化饼的特制铁锅到办公室研究起来，之后，制成了第一双鞋样。这就是有名的耐克鞋的发明。

验证阶段：验证阶段又叫实施阶段，主要是通过前面三个阶段形成的方法、策略进行检验，以求得到更合理的方案。这是一个否定—肯定—否定的循环过程。通过不断的实践检验，从而得出最恰当的创造性思维过程。

2．5．3 理想的现代学校是创新型人才成长的园地

1．现代教育的重要任务是为培养创新型人才服务。

我国要在2020年建成创新型国家，首先要发展创新教育，教育要为培养创新型人才服务，这是现代学校的历史责任。

现代学校要充分认识和把握培养创新型人才，是建设创新型国家重要战略举措。世界范围的综合国力竞争，归根到底是人才特别是创新型人才的竞争。谁能够培养、吸引、凝聚、用好人才特别是创新型人才，谁就抓住了在激烈的国际竞争中掌握战略主动权、实现发展目标的第一资源。因此，现代学校要勇于担当和实践现

代教育的重要任务，全方位地为培养创新型人才服务。

2. 现代学校要确立创新教育的理念，树立创新型人才教育目标。

实现教育为培养创新型人才服务。一个国家有没有足够的科学储备，有没有持久的创新能力，关键在教育，特别是基础教育。教育是创新型人才成长的摇篮，任何领域的任何一种创新都是同教育分不开的。实施创新教育，培养好创新人才，国家的知识创新、科技创新才有了生力军。正是鉴于教育在知识、科技创新中的作用，所以，教育也被纳入国家创新体系的重要部分。现在的青少年学生，将责无旁贷地成为我国国家创新体系中的主力军。因此，在现代学校教育中开展创新教育，把青年学生培养为创新型人才，将直接关系到国家创新体系的建设。

3. 现代学校要探索创新教育的机制。

创新教育是一种超越式教育。创新教育坚持的是以追求未来理想与成功为价值的"面向明天的教育观"，旨在培养不以"重复过去"为己任，而是真正超越前人的一代新人。创新教育又是一种主体性教育。社会主义市场经济尤其是知识经济的日益崛起，要求教育从现代社会高度，培养具有开拓创新精神的人才。创新教育的本质特征是把个体的地位、潜能、利益、发展置于核心地位，高扬人的主体性，其职能是最大限度地激发学生的积极性、主动性和创造性。

作为超越式、突出主体性为特征的创新教育，需要一种不同于传统教育的全新的运行机制、考核标准。在传统简单划一的教育体制下，学生的差异被抹杀，忽视个性化教育，学校成了批量生产的车间。而传统应试教育的评估体系四平八稳，面面俱到，缺乏个性、灵活性，教师衡量学生的标准过于"标准化"；学生的个性被抹杀，势必难以成为创新型人才。

教育要为培养创新型人才服务，就必须突破简单划一的教育体制和生硬的考核评估指标体系。要树立个性化教育理念，把教育办成开发人的潜能、发展人的个性、活跃人的思想的开创性事业。要建立个性化的教育体制和评估体系，尝试建立并不断完善个性化的教育体制。诸如：改革现行的生硬的学期制，充分发展不受年限限制，有利于鼓励优等生脱颖而出，给学生充分发展空间和自由余地的真正的学分制；改革统编教材制，给学生、教师充分选择教材的自由；改革生硬的教育评估体系，给有某方面突出才能的学生充分的发展空间，给学生多方面施展才能的机会等。

2.6 培养创新型人才的学校管理策略

2.6.1 培养创新型人才的实践意义

基础教育推进素质教育实施的三条主要路径就是深化课程改革、开展培养创新型人才教育的实践、建设综合素质实践基地。这三条路径一个是课堂教学主阵地（解决培养什么人的问题），一个是人才成长的方式（怎样培养人的问题），一个是综合素质的评价。这个项目实施在全省具有前瞻性和领先地位，将引领学校内涵有品质的发展，进一步促进学校特色个性发展。

2.6.2 培养创新型人才教育的目标定位

创新型人才，就是具有创造性、创新意识、创新精神、创新思维和创新能力并能够取得创新成果的人才。基础教育培养创新型人才，主要是培养具有创造性、创新意识、创新精神、创新思维和创新能力的素质，为实现创新型人才成长奠定基础。

2.6.3 培养创新型人才学校管理策略

1. 更新教育观念。

国外对于创新型人才的培养可以给我们很多启示。他们大都是在强调人的个性全面发展的同时突出创新意识、创新能力的培养。个性的自由发展是创新型人才成长与发展的前提。人格的自由是建立在全面发展的基础上的，这一点也是我国教育界培养创新型人才与国外创新型人才培养的主要差异。教师们必须改变陈旧的教育观念，树立创新的理念，要大胆摒弃传统的抑制学生创造力开发的教育模式，如"注入式"、"满堂灌"等，才能营造有利于创新型人才脱颖而出的良好环境，才能全面推进素质教育向前发展。由此可见，课堂教学改革力度考验学校校长对创新型人才培养的认识水平和办学水平。

2. 创新教育管理。

创新教育管理从管理创新、德育创新和教学创新多方面入手。

（1）管理创新。管理创新的具体实施基于以下四个理念。其一，地区基础教育的发展需要管理者的创新理念，从而为创新型人才的成长提供有利的环境。其二是开放式办学的理念。其三是促进高中多样化发展。其四是构建创新教育机制。

智力的成长环境完全可以超出经济的发展水平，而教育侧重于智力培养，思路和方向等方面都可以适当超前发展。区域教育的发展不局限于区域教育资源，利用外校外地区的优质资源提高本校本地区的教育教学水平在网络时代和知识经济大潮下是完全可能的。具体的方式需要结合本学校的实际情况而定，这样的办学形式不仅能提高个别学校的教育教学水平，更重要的是对地区教育起到活水的作用，要想取得高效益就必须时刻关注教育的发展，走出去，开阔视野，管理创新，科学育人。

（2）德育创新。德育创新的核心是提高德育工作的实效性。很长一段时间以来，由于升学在基础教育阶段的指挥棒作用，学校德育处大多属于教学的辅助部门而无所作为，要改变这种状况首先就要对德育的功能重新审视和定位。

重点抓好学生的习惯养成教育。学生习惯包括学习习惯、人际交往习惯、生活习惯、休闲习惯等各个方面。随着经济的全球化和国际交往的增加，对人的社会化的要求进一步国际化，个体走上社会时应该能达到四会的要求，即会求知、做人、做事、健体。更重要的是有一个良好的习惯，习惯养成性格，性格决定命运。基础教育阶段的习惯养成应该是一个常抓不懈的工作，这也是创新型人才培养必不可少的工作。

以培养健全人格和完善个性发展为终极目标的德育创新的核心工作，最终都要落实到个体的人格和个性上，学校的具体工作要考虑对学生的人格的影响，要考虑学生的人格和个性的发展和完善。

要实现学生人格和个性的完善，就要做到有教无类，教育工作者要有爱满天下的胸襟，带着关爱来教育学生，自然就会理解学生，自然就会尊重学生。

（3）教学创新。抓住课堂，培训教师教学创新的关键点是课堂，而课堂创新的实施者是教师。重点落实学生在课堂中的主体地位，有一个明显的标志，那就是教师在备课时研究学生的内容多了，课堂气氛活跃了，师生关系融洽了，教学的组织和实施效果显著。

重视课外活动及社团组织。过去人们总是认为课外活动只是课堂教学的一种补充，然而美国大学的一项统计表明，所有对学生产生深远影响的重要的具体事件，有4/5发生在课堂外。学生在课外活动及社团组织中往往比较活跃，这种活跃是他们发自内心的。同时，课外活动和社团组织也承载着课堂教学无法实现的教育任

第二章　现代学校新境界——创新培养

务。社团的具体活动内容，只是活动开始的自发性和活动过程中的有序性就会使得参与者的责任感和合作性得到有效提高。

科技、艺术、体育这些活动的蓬勃开展对于改变人才观念、展示学生特长、增加班级凝聚力等，有着课堂教学不可替代的作用。选修课、综合实践、研究性学习综合实践和研究性学习是新课程的重要内容，如何开展是一个要深入研究的课题。

创新型人才的成长历程引发的思考：创新型人才培养和成长与基础教育、家庭教育和社会发展环境有密切关系，而且创新成果往往是他们在大学毕业之后，在工作实践中显现出来的。

3．培养创新型教师队伍。

创新型教师能用启发式的教学方法和现代化的教学手段激发学生的学习兴趣，引导学生积极参与教学活动，并善于将自己的学习、科研方法加以总结传授给学生；创新型教师能正确评价学生，在诱发学生的创新灵感和激发学生的创新意识的同时又相应指出其不足，从而提高学生的创新能力；创新型教师能独具慧眼识别创新型学生，尊重他们个性的发展，并有意识地加以培养。

4．全面落实新课程教学观。

营造创新型人才培养的和谐氛围。基础教育阶段要树立"以学生为本"的教育观，特别要倡导尊重个性，鼓励冒尖，因势利导，因材施教，创造有利于学生个性发展的文化环境，最大程度地发挥学生的创造潜能。教师在课堂应允许学生大胆提问题，鼓励学生想象，提出别出心裁的念头，允许学生在创造性活动中犯错误，虚心倾听学生的意见，包括反对的意见。控制讲授时间，把课堂还给学生。教师要善于反思与创造，把课堂还给学生，让课堂焕发出生命的活力；重视课堂上师生的有效互动和教学过程中的动态生成；增强教学设计意识，重视教学情境的创设工作；要学会充分合理地使用现代化教学手段；要指导学生善于开拓和利用自主学习的时间和空间；敢于质疑问题；积极参与知识的探究活动和社会实践活动，尝试将"书本世界"与"现实生活世界"紧密联系起来。开发培养创新型人才教育的校本课程，构建多样化人才的成长目标。

5．改革和完善考试评价制度和招生制度。

必须改变原有考试评价体系和"一份考卷定终身"的弊端，建立更加开放、灵活和科学的评价体系，提高学生创新能力。

6．建设一批中小学课程实验基地。

各县市区从实际出发，创建一批学科课程基地，引领学科特色发展，培养创新型人才素养。

7．加快建设综合素质实践基地。

湖南省株洲市已经启动综合素质基地建设，为规范学生成长过程的综合素质评价搭建了新的平台，将有利于落实国家、地方、学校三级课程要求，有利于培养学生实践能力和创新精神，有利于学生全面发展。各县市区在本区域内可以积极探索实践，创造经验，使素质教育在全面落实课程要求中得到具体实现。

8．培养创新型人才的保障机制。

（1）组织保障。成立领导小组、成立推进创新教育工作办公室、建立创新教育校长联盟，组织有教育理想、有教育追求的校长研究创新教育中的问题及探寻解决问题的方法。

（2）政策保障。引进优秀教师及优秀教师送培优先、招生政策倾斜、质量评价更灵活更有选择性。

（3）经费保障。对于项目申报被批准的实验学校按市（州）、县（市、区）主管部门管辖，给予学校一定标准的经费给予配套；对于认定的实验班按县（市、区）、校经费标准给予配套。

9．培养创新型人才的目标成果激励。

株洲市创新型人才教育实验学校的近期目标：

（1）学生的创新意识、创新精神、创新思维、创新能力得到全面培养。

（2）创新型校长、创新型教师队伍不断壮大。

（3）学生的个性得到彰显，学生的特长得到发挥，学生能全面而有个性的发展。

（4）全国全省性的奥赛、科技创新大赛、艺术体育比赛取得更多更好的成效。

（5）有更多适合全国知名高校选拔、自主招收的具有创新型人才素养的学生。

（6）实验学校实验班的经验不断推广，涌现大批创新型学校。

2．7 创新培养新机制：着重高中多样发展

《国家中长期教育改革和发展规划纲要（2010—2020年）》提出了"推动普通

高中多样化发展"的新要求，这是党中央、国务院在新世纪新阶段首次对普通高中发展方式的重大政策定向。从世情、国情、教情的实际出发，全面准确把握这一国家层面教育决策的基本内涵，对全面贯彻党的教育方针、全面实施素质教育、促进基础教育事业科学发展，具有十分重要的现实意义。

2.7.1 普通高中多样化发展的现实背景

2009年8月，教育部与湖南省政府签订《共建长株潭城市群教育综合改革国家实验区协议》，其目标是探索建立落实教育优先发展战略的长效机制，探索区域教育一体化发展的体制机制，引领教育强省建设，为全国统筹教育发展提供示范和借鉴。

2010年7月，《国家中长期教育改革和发展规划纲要（2010—2020年）》颁布并提出：推动普通高中多样化发展。促进办学体制多样化，扩大优质资源。推进培养模式多样化，满足不同潜质学生的发展需要。探索发现和培养创新型人才的途径。

2011年7月，湖南省教育厅实施基础教育综合改革试点项目专家评审，株洲市七个县市区的申报改革项目获得评审通过，在全省基础教育中占有重要地位，其中株洲市高中多样化发展改革项目成为全省首个试点单位。这为株洲市创新高中发展模式，探索普通高中多样化、特色化、优质化发展提供了良好的机遇，同时也为株洲普通高中多样化发展在全省、全国提供了实践与展示经验的平台。

2.7.2 普通高中多样化发展是实现创新培养的新机制

高中学校对于自身的发展走向必须进行深刻认识。高中多样化发展走向是当今世情、国情、教情所致，为积极应对基础教育发展新形势，以创新精神实现理想的教育价值，必须充分认识教育发展的客观情况与形势，才能真正提高育人质量目标，实现教育的理想。

1.世情——当今世界高中多样化发展的必然走向。

一些发达国家的普通高中多样化发展依存于高中阶段教育存在多种教育模式。很多普通高中有大量职业性质的选修课程，社区大学为高中后多样发展创造了条件。在瑞典，综合高中设置多种不同"项目"，每个学生都可尝试选择某一"项目"学习，登记入学的高等教育制度与社会福利制度保证了高中后教育的发展机会。在德国，不同类型的高中教育通向不同的高等教育或职业机会，能够沟通各类教育的机制以及严格的行业准入制度又保证了学习者的再选择机会。

对于存在特殊才能的青少年，各国有多种特殊培养方法和途径。美国北卡罗来纳州议会1980年决定建立特殊的寄宿制数理学校，招收高智商少年，对其加大公共投入，强化理、化、生、计算机和实验课程，学生每天在校学习九至十小时；日本尝试建立六年制中学，加强培养工作的连续性，允许跳级，对理、数方面才能优秀的学生给予提前升学机会；俄罗斯设有少年宫、博物馆与学校联办的中学，强化对特殊少年的科学技术或人文素养的培养。

纵观西方发达国家普通高中发展情况，大都在保留班级授课制的前提下，为满足学生发展需求有两种基本做法：一是学校多样性，即增加普通高中学校的类型，为学生提供不同的选择，如美国的"校中校"、"磁石学校"、"全年学校"、"特许学校"、"新型美国学校"等选择性学校，德国曾经将完全中学分为古典语、现代语、数学自然科学、经济、社会和艺术等六种类型。二是校内多样性，即通过普通高中学校自身课程的多样性和选择性，来满足学生不同的发展需求。

"校内多样性"满足学生不同的发展需求是在普通高中学校内部开设多样化的选修课程、建立选修制度，将选择权交给学生，让学生在选择中逐步明晰发展方向，在选择中学会选择，这是美、英、德、法、芬等西方主要国家的主要做法。美国绝大多数学生在综合高中就读，只有极少数学生到选择性学校读书，而德国教育改革后也逐步在取消完全中学学校类型划分。这是由于普通高中教育阶段是学生人生观和价值观形成、身心发展、志趣分化的关键时期，也是学生人生职业规划和分化发展的重要阶段，但大多数学生发展倾向是需要在高中阶段逐步清晰的，如果将普通高中学校进行分类，学生在入校前做了选择，但进入学校开始学习后将会受到很大的限制。因此这些国家高中阶段学校类型不一，有的国家学校类型比较多，但承担普通高中教育责任的学校则较为单一，如美国的综合高中、英国的第六级、德国的完全中学、法国的普通教育高中等。至于少数发展倾向已经清晰的初中毕业生，则是通过建立少量的"专门学校"来满足他们的需要。在亚洲，教育发达的新加坡、日本等国对高中多样化的发展也日趋完善，尤其是新加坡，多样化的学校设置让每一个学生可以选择到适合自己成长的学校和课程。

研究发达国家多样化的普通高中发展，我们可以看到其发展路径基本上是由学校多元化的办学特色实现的，同时与高等教育多元化入学制度相匹配，利用相关政策，加强大学与高中联系，创办艺、体、科技、人文高中或其他特殊高中，是促成高中多样化的重要途径。普通高中目前主要有两大类"特色"：一种是满足特殊对象的需要，使之达成一般性发展目标；二是满足有特殊发展要求的学生，使之达成为有特点的发展目标。

2. 国情——高中多样化发展是适合学生成长的必然选择。

（1）国情决定普通高中多样化发展的战略选择。

《国家中长期教育改革和发展规划纲要（2010—2020年）》提出了"推动普通高中多样化发展"的新要求，这是党中央、国务院在新世纪新阶段首次对普通高中发展方式的重大政策定向。

《国家中长期人才发展规划纲要（2010—2020年）》是贯彻落实科学发展观、更好实施人才强国战略的重大举措，是在激烈的国际竞争中赢得主动的战略选择。建设人才强国，必须坚持服务发展、人才优先、以用为本、创新机制、高端引领、整体开发的指导方针，加强人才资源能力建设，推动人才结构战略性调整，创新人才工作体制机制，实行人才投资优先，实施更加开放的人才政策，培养造就宏大的高素质人才队伍。

世界银行在《中国与知识经济：把握21世纪》的报告中指出"中国的竞争力将越来越取决于其人民有效地创造、获取、分享和使用知识的能力"，同时呼吁必须"继续致力于将教育体系改造成一个内容丰富、广泛和富有灵活性的体系"，普通高中多样化发展应是对此呼吁的极好回应。

建立个别化教育体系，给学生选择教育的权利和自由，将极大地促进学生个性发展和自身完善，也将为社会提供不竭的创新源泉。这是对每个鲜活生命的尊重，是在教育过程中实现公平的重要途径，也是以人为本在基础教育中的写实，由此可见，以人为本不是理想，而是现实。

（2）普通高中教育特色化、优质化发展面临的挑战。

随着普通高中教育的普及，人民群众日益增长的接受高中阶段教育特别是优质高中阶段教育的需求和优质教育资源供给相对不足的矛盾仍十分突出；随着经济和社会的发展，尤其人才战略和经济社会的转型发展，对创新创业人才的渴求与长期以来形成的强调知识传授、统一步调的人才培养模式之间的矛盾尤为突出，普通高中教育的发展面临着重大的变革和挑战。

①多层次人才需要与多样化教育的需求，必须改变同质化下的"千校一面"。随着经济和社会的快速发展，生产技术不断提高，产业转型速度加快，对人才的需求呈现多样化和全方位的特点。社会需要多层次多类型人才，人民群众有多样化的教育需求，迫切需要改变普通高中"千校一面"、高度同质化的局面。由于人的潜能是先天不同的，高中阶段是学生不同个性和才能开始显现和发展的时期，又是学生决定自己今后不同生活道路的关键期，学生具有强烈的多样化发展的需求。长期以来，普通高中教育"千校一面"，缺少办学特色，形成了高度的同质化，与社会和人民群众多样化的教育需求形成尖锐的矛盾，随着高中教育的普及，这种矛盾就更为显现。普通高中教育要促进每个人的潜能得到应有的发展，就需要切实改变同质化的倾向，实现培养目标由一元向多元转变；需要进一步推进办学模式的多样化和特色化；需要尝试普通高中教育与中等职业教育间的双向流动，普通高中教育与大学教育的上下沟通，不断增强办学活力，形成灵活、多样的办学局面，为学生提供适合的教育，为学生成才提供均等的机会。

②建设人力资源强国迫切需要高质量普通高中教育，必须改革培养模式。

建设创新型社会，提高自主创新能力，是破解发展难题，转变发展方式，实现又好又快发展的根本保证。目前我们的自主创新成果较少，产业技术的一些关键领域存在较大的对外技术依赖，不少高技术含量和高附加值产品主要靠进口，对外技术依赖局面日趋严重，自主创新能力亟待提高。创新型社会建设需要国民整体创新水平的提高，需要建立新型的人才培养体系。普通高中教育是高层次创新型人才培养的基础，对创新型社会建设起着重要的支撑作用。然而，普通高中教育"一切为了高考"的倾向仍然严重，长期以来形成的强调知识传授、统一步调的人才培养模式，使得学习者的个性和主动性得不到发挥，普通高中的其他职能已经被弱化，难以满足培养创新型人才的要求。因此，高中教育迫切需要转变人才培养的模式，探索建立以提高国民素质为宗旨，以培养学生的社会责任感、创新精神和实践能力为重点，促进学生生动活泼主动发展的新的人才培养模式，提高全民族的创新能力和竞争力。因此必须改革培养模式，提高创新型人才的培养水平。

③普通高中教育要应对教育信息化水平，转换教育形态，形成具有未来发展的前瞻力。进入21世纪，随着科学技术的迅猛发展，产业的不断升级以及信息技术的

飞速发展，普通高中教育无论是在发展方式、教育形态，还是在教育观念和教育模式方面都面临变革的压力。科学技术的迅猛发展，知识的"创造周期"、"物化周期"、"更新周期"明显缩短，要求普通高中的教育内容不断更新；社会经济的快速发展，产业的不断转型升级，使得社会职业变更的速度加快，要求普通高中教育要适应终身教育的需要；以微电子技术为主要标志的新技术的发展日益渗透到社会各个领域中，使得知识的获取更为便捷，要求普通高中教育不断提升教育信息化水平，转换教育形态等。迎接这一系列挑战，需要普通高中教育发展具有面向未来的前瞻性，积极开展一系列的前瞻性探索，明智地选择和确立符合时代要求、适合国情的普通高中教育发展的方式、观念与模式。

3. 教情——高中多样化发展是必然的现实要求。

（1）综合性高中凸显素质教育的宗旨和时代精神。

综合性高中肩负大学预备教育、普及高中教育和进行职业教育三大任务，由于培养目标的综合化，直接要求课程设置综合化、管理制度的综合化。素质教育的宗旨就是要全面提高国民的素质。人的素质有诸多方面，如知识技能、道德品质、情感态度、价值观、人生规划等都是人的素质的重要方面，而最能体现时代精神的，则是人的创新精神与实践能力。综合性课程的设置，有利于人的素质的全面培养。

我国基础教育的发展几十年来主要是为社会培养合格劳动者和为高校输送优秀人才，基本是大一统的教育模式。随着近十年来的新课程改革，教育培养目标与国际信息时代接轨，素质教育要求不断深化，不但满足社会需求、发展需求，而且更加关注学生个性发展，为终身发展奠基。

在传统教育环境中，过多的规范化、标准化拘囿了学校个性的张扬，造成了中小学教育发展的同质化现象，甚至出现了"千校一面"的状况，学校、教师、学生缺乏个性与活力，三者发展的空间狭窄、资源稀少、路径单一、模式雷同等等。但是由于对教育的传统惯性思维，社会各阶层对教育观念始终难以改变，因此学校发展在同质化中徘徊，在同质化中博弈。其一是学生及家长对升学需求趋同，这种升学的刚性需求促使高中学校不得不把以升学为办学的主要目标；其二是教育方针政策的统一性、课程与教学目标的统一性、高校人才选拔方式的统一性决定了学校多样发展的空间不足；其三是普通高中肩负着为人才成长打基础的教育职责，办学目标、课程设置、教学方式不可避免产生同质。

伴随近年来经济的高速发展和社会的全面进步，学生和社会公众对高品质、个性化、差异性选择的学校教育的要求越来越强烈。

随着教育改革的深入和基础教育多元化、内涵式竞争格局的日益突显，学校个性和特色的彰显显得日益迫切和重要，它直接关系到学校的生存、发展与卓越，这一点对于历史悠久的名校而言更成为时代的呼唤。

（2）生命化教育是素质教育的内在价值之所在。

实施生命化教育，是示范性高中的核心价值取向。教育的价值有诸多方面，如外在价值，即那种外显的、物化的、外在于教育主体的由教育实施所产生的效益、成果、一定时期的成绩等，而内在价值，是在实施教育过程中生成的、内验的、内化于教育主体之中的思想、意识、信仰、精神、习惯和能力等。一种教育的内在价值就是它的核心价值。素质教育核心理念或内在价值应当是生命化教育。素质教育是对人的教育，素质教育培养和提高人的素质，特别是培养、生成人的终身发展所必需的最基本的各种素质。如：责任感与道德、身心健康、创新精神、实践能力、价值判断、自主获取知识、基础知识技能、交流合作、科学素养、搜集利用信息、生活生存、人生规划、批判性思考等。人们普遍认为社会责任感和道德，身心健康以及创新精神是学生终身发展基本的素质。致力于学生这些综合素质成长的教育、关注教育主体生命的成长，这就是生命化教育。生命化教育是在生命的视野中对教育本质一种重新理解和界定。生命化教育是素质教育内在价值之所在，也是示范性高中教育内在价值之所在，不管教育中具体做了哪些事情，都应是一种以人为本的教育。

为生命终身发展奠基，是高中教育内在价值的基石。为学生一生奠定持续发展的基础，包括道德品质发展的基础，智慧品质发展的基础，个性品质发展的基础，身体发展的基础。这些对于人的发展"一个都不能少"的基础，是生命化教育追求的重要目标。生命，在教育中诗意地栖居，这是教育的最高境界。让我们从"授受知识"、"启迪智慧"、"润泽生命"的过程中，不断地展示生命的意义，让学生在诗意的教育中成长。

2.7.3 普通高中多样化发展的实施对策

基础教育改革发展的基本趋势是：由规模发展向内涵发展转变，由重点发展向优质均衡发展转变，由一元发展向多元发展转变。

在普通高中多样化发展方面，许多学校还是具有一定的基础的。一些普通高中长期以来形成了一些科技、体育运动、艺术等方面的传统优势项目；许多学校已经开发出了一定数量的校本课程；丰富多彩的学生社团也在多数学校的校园内展开；所有的普通高中学校建立了选课制度，尝试开展"选课走班"的教学等等。应当结合我省实际，充分利用已有的基础，来推动普通高中多样化发展。

1. 普通高中多样化发展可以走"校内多样性"加"专门学校"的路子。

普通高中的多样化的目的是推进培养模式多样化，满足不同潜质学生的发展需要，而通过建立个别化教育体系，也就是"校内多样性"，以灵活的、可供多种选择的课程设置来满足学生多样化选择的需要，已经被证明是可行的，且有许多成功的经验可以借鉴，应该成为普通高中多样化的主要形式。与此同时，在普通高中学校数量较多区域，可以建立少量的如艺术高中、体育高中、科技高中等"专门学校"，以满足一些志趣分化明显、职业倾向清晰学生就读普通高中的需要。为此，建议可暂不调整高中学校生源分配的机制，同时鼓励高中学校更深入研究学生发展的需求，树立"让每一个学生成功"的教育思想，尽力满足学生发展的需求。

2. 调整普通高中课程结构，做到"保底"和"扬长"相结合。

个别化教育体系的建立是普通高中多样化的关键，而选修课程的建设则是其中的核心任务，因此，普通高中新课程改革自然就是推动我省普通高中多样化发展的重要平台。在进一步完善我省普通高中课程改革的"调结构、减总量、优方法、改评价、创条件"工作方针中，最为重要的任务是"调结构"。调整必修课程和选修课程的结构，将必修课程明确定位于提高国民素质这个目的，适当降低必修课程的水平及其内容的难度和广度，成为全体国民的"共同基础"，起到提高国民素质的"保底"作用，同时增大选修课程在总课时中的比例；调整选修课程的结构，形成分水平的学术课程、兴趣拓展课程、职业准备教育课程、中职课程以及大学先修课程等选修课程系列，起到促进学生个性发展的"扬长"作用。为此，建议加强普通高中校长的课程领导力培训和教师课程开发能力的培训，提高课程开发的意识和能力；加强普通高中学校间的合作，共通共享所开发的高质量的选修课程；加强普通高中和职业高中学校间的合作，将部分中职课程引入普通高中；加强普通高中与大学的联系，建设大学先修课程；加强普通高中学校与社会教育机构的联系，增加学生选修课程的资源；加强普通高中学校信息化建设，充分利用信息化手段为学生提供更大的选择空间。与此同时，通过审定将学校开发的高质量选修课程列入全省选修Ⅰ课程目录，以加快我省选修课程建设的步伐。

3．进一步推进评价改革和高校招生制度改革，与普通高中教育形成良性互动。

普通高中多样化发展，学生的个性发展，普通高中学校的特色发展，都需要评价制度的支撑。尤其是普通高中毕业学生的多元化"出口"，将对普通高中多样化发展起到强大的牵引作用，为此需要进一步推进评价改革和高校招生制度改革。建议进一步改进普通高中学业水平考试，在做好监测必修课程质量的同时，拓展对学生个性化发展水平的认证，如开设不同学术水平选修课程的认证考试、大学先修课程的认证考试等等；进一步完善"三位一体"的高校招生制度的改革，在深入研究不同类型高校合格新生标准的基础上，进一步改进高考的内容和形式，同时加快高校录取制度的改革，不断提高学业水平考试和综合素质评价结果在招生中的作用，在开展高职高专学校的"免试入学"试验和本科院校的自主招生改革中，应突出强调不同类型高校合格新生的标准是不同的，高校应突破"唯分数论"，充分利用反映高中学生发展状况的各种证明材料，选择适合自己学校的新生；尽早进行普通高中特色学校标准的研究，引导普通高中学校的多样化、特色化发展。

4．建立个别化教育体系是普通高中多样化发展的关键。

普通高中教育是在九年义务教育基础上进一步提高国民素质、面向大众的基础教育，是为学生终身发展奠定基础的高层次基础教育。不断改进普通高中教育，确立符合时代要求、适合国情的普通高中教育发展的方式、观念与模式，对提高国民素质、培养合格劳动者和创新型人才具有重要意义。普通高中教育发展方式要从"单一"走向"多样"，普通高中教育的任务要在关注全面发展的同时促进学生的个性发展，实现"人人成才"。

（1）通过普通高中学校"校内多样化"满足每一个学生发展的需要。班级授课制是现代教育的基本教学制度，其优点是教师可以根据课程标准对全班学生按一种要求授课，保证学生达到一个基本较高的水平；缺点是无法关注到每个学生的需要，难以实现因材施教。因此要实施走班制或小班化，让学生按基础选择、按兴趣选择，达到因材施教，关注每一个学生的成长。

（2）建立个别化教育体系应成为核心任务。"个别"是相对于"群体"、

第二章　现代学校新境界——创新培养

"集体"而言的，个别化是相对于"同一化"、"划一性"来讲的，因此，个别化教育就是指调节目标、课程、学校资源、学习方法、时间和管理等因素，以适应学习者的个别差异。在班级授课制作为学校教学的基本制度前提下，实现个别化教育的成熟做法就是允许学生自由选课，进行"走班教学"。学生可以根据自己的需要选择相应的课程，选择同一课程或同一水平课程的学生在一个班级内上课，这既发挥了班级授课制的优点，又克服了它的缺点。

要实现个别化教育，需要丰富多彩的选修课程、可行的选课制度、分步选择的时间安排、"走班上课"的教学组织形式、严格的学分管理制度，甚至弹性的高中修习时间等，也就是要建立个别化教育体系。这其中的核心就是要建设符合学生发展需要的丰富多彩的选修课程。个别化教育体系的建立意味着高中学生个性化发展的需要主要是通过"校内多样性"来满足。当然，个别化教育体系如要顺利运行，则普通高中学校的管理制度需要跟进改革，进行制度重建。

（3）普通高中学校应在满足学生个性化发展的过程中逐步形成办学特色。通过建立个别化教育体系，也就是"校内多样性"来满足高中学生个性化发展的需要，并不妨碍普通高中学校特色的形成。因为不同学校的生源存在差异，学生的发展需求也存在着差异，在满足学生个性化发展过程中，因学生需求的差异以及学校资源的差异，学校建立的课程体系也会存在不同，而富有特色的课程体系应当是普通高中学校办学特色的集中体现。

个别化教育体系的建立，尤其是多样的选修课程开发，需要时间，因此，普通高中学校办学特色的形成也会是分阶段的，大致可分为特色项目、学校特色和特色学校三个阶段。通过开发一个符合学生需要的富有特色的课程或项目，学校就具有了一个特色课程或项目；经过努力，开发出多个特色课程或项目，就逐步形成了学校特色；当开发的课程能够满足本校学生的发展需要，并形成了有别于其他学校的课程体系，学校就形成了办学特色，成为特色学校。当然，建设少量的如艺术高中、体育高中、科技高中等"专门学校"也是形成普通高中学校特色化的一种途径。

2.8 创新培养新路径：学校特色发展

中小学校要实现为创新型人才成长服务，必须促进学生个性化发展，促进学校特色化发展。这是创新培养的有效路径。在开展特色学校创建的过程中，如何实现一校一品？如何探索学科课程基地建设，引领学校内涵特色发展？

2.8.1 把握学校特色与特色学校的内涵

学校特色是对学校发展形成的社会赞赏性肯定和美誉度评价。学校特色是学校共性基础上的个性显现，是个性基础上的共性存在；独特性、优质性与稳定性是学校特色的核心内涵，也是判定学校特色发展与否的内在标准；学校特色总是体现在学校办学工作的某一个要素、方面或范围上面。因此，学校特色就是学校基于自身的历史传统和实际情况，在较长期间的办学实践中逐渐形成的一种区别于同类学校的独特、优质而且相对稳定的办学气质和办学风格。

特色学校是指普通学校通过项目培育、名师带动形成的特色项目学校。以此为基础，项目特色不断在教育过程中得到深化与优化，形成特色课程和文化，逐渐形成特色明显的学校特质而成为特色学校，直至培养出自己的名师、名生和名管理经验等而成为品牌学校。

特色学校的"特色"是一种先进的、独特的、富有时代特征和相对稳定的学校文化。它不只表现为学校具有个性化的外显环境、校本化的课程体系、独特的教育教学管理制度、明显优于同类学校的特色项目，更是表现为凝聚在学校每一个成员身上的一种精神品质。也许我们很难用语言准确地描述它，但它无处不在，它不因校长更换而改变，不因教师调动而弱化，也不因学校变迁而消亡，它深入学校每一个成员的骨髓，影响人的一生。

2.8.2 特色学校创建的意义

特色学校的本质内涵确定了中小学特色学校创建的方向和目标，创建特色学校的出发点和归宿点是学校的每一个成员。中小学创建特色学校的根本目的是为了培养人，是为了培养学生有终生受用的良好习惯和精神品质。我们必须从教育的终极目标出发规划学校特色目标。

特色学校建设是学校内涵发展的必然选择，内涵发展需要平台、需要举措，特色发展就是支撑。

特色学校建设是学校优质发展的必然要求，是学校改善办学品质，提升办学水平的重要途径。

特色学校建设是适应学生个性发展的客观需要，是新课程实施和深化素质教育的本质要求。

特色学校建设是克服千校一面及同质化现象，实现多样化发展的必然之路，实现学校一校一品，一校一特色，一校一风格。

2．8．3 特色学校创建工作的路径与策略

1．学校特色的生命力在于学校特色课程的彰显和支撑。没有课程的支撑，特色是难以持续发展起来的，也难以形成育人特色。因此要积极探索和实践中小学学科课程基地建设，培养学科素养，培养学科实践能力和创新精神，培养个性化成长的人才，实现特色育人，克服千校一面、同质化现象。积极建设特色育人的校本课程，规划具有特色育人的校本课程实施路径。

2．学校通过特色建设来改善内涵品质必须把握四个要素。一是学校育人环境，二是学校育人队伍，三是学校育人课程，四是学校育人文化。环境是基础，是条件保障；队伍是关键，有特色培育的人才，才有引领与支撑；课程是载体，是育人过程与目标体现；文化是内核，是学校育人氛围的内化和价值取向，是发展的共同愿景追求。

3．学校特色建设需要校长特色办学思想和特色的教师群体。学校发展的核心竞争力是校长的课程领导力。学校特色建设是否目标明确、是否持续有力、是否实现特色育人，取决于校长的特色办学思想的领导力，取决于校长对教育内在本质与教育未来发展作用的认识穿透力。

在所有特色学校的要素中，校长是最关键的要素。校长是一所学校的灵魂。一所学校的办学特色，实际是校长办学思想个性化的表现。没有特色的校长，很难办出有特色的学校。

教师是学校的生命和活力所在、精神和力量所依。特色建设要靠特色教师来实现。校长的办学理念和学校的特色主题，都必须依靠一支与之相适应的教师队伍去实施。

4．学校内涵发展与特色创建必须真实地落实新课程标准，静下心来真实地落实好育人要求即素质教育目标，要远离一些功利的色彩。校长实现有价值的办学理想，真实地实施新课程，就必须真实地抓好课程改革的核心环节即课堂教学，这是突破口。因此学校要有发展力和竞争力，才能更好地实践课堂教学改革。课堂教学

改革的成功与否，就关系到特色创建的成效大小；学校特色成效的大小，影响着学校教育实现理想教育目标的大小。校长要实现这一目标，首先须经历理想教育的四个境界：一是从理念到观念的境界，二是从观念到方法的境界，三是从方法到文化的境界；四是从文化到思想的境界。

5. 学校实现个性化与特色品质发展必须立足学校的发展历史与现实。这是特色之树常青的土壤。特色项目的选择与挖掘必须结合学校的实际，必须拓展到学校课程层面建设和培育，绝不是喊个口号、写个方案、挂个牌子，虚有其表。

6. 特色项目的选择与培育要突出项目选择要精致。项目选择能体现学校发展目标与育人特点，体现学校精神与文化，体现学校个性化课程。项目选择要少而精，不可大而全，要集中体现，不可泛滥贪多，否则特色也就不特了，一校一品精致化了，学校的品牌就自然形成。

特色项目是学校在办学过程中合理利用本校优势和潜能基础上形成的若干单项性特色，它在同类学校中有明显的优势。学校统领全局的特色项目既是特色学校的表征，也是特色学校形成的基础。因此，创建特色学校，特色项目的选定十分重要，它既决定学校教育的发展方向与学生的发展方向，也决定学校最后能否形成特色。

学校在确定统领全局的特色项目时必须注意遵循三个原则：一是遵循普遍性原则。学校特色项目的选定必须考虑能让绝大多数学生参与，那种只有少数学生介入的特色项目，层次再高，也只能培养部分特长学生，不可能对学校整体工作形成有力的推动；特色项目所要培养的是能让学生终生受益的素质。二是遵循个性化原则。特色项目的确定必须从本校实际出发，发扬本校优良传统，充分考虑本校教师的专长和愿望，深刻挖掘和利用独特的社区资源。三是遵循综合性原则。统领学校全局的特色项目要能体现多门学科、多种能力等的融合，要具备上升为学校整体特色的基本要素，而其中最重要的要素就是特色项目中能提炼出某种教育思想或是精神特质，并把它辐射到学校的整体层面和各个领域。

7. 加强特色学校建设的指导与管理，是实现教育均衡发展的客观要求。目前特色学校建设工作在各县市之间，各学校之间，城乡之间都存在较大差距。为了加快特色学校发展，加快改善学校内涵品质，我们有必要加大这项工作的管理力度。一是制定全市中小学特色学校建设的实施方案，开展特色学校评选。二是设立特色学校申请项目培育校，开展培育指导。三是分级分区域召开特色学校建设论坛，给校长们展示特色办学的思想舞台和相互学习交流的平台，激发学校的特色发展活力。四是发现本土特色典型，组织召开学习经验与现场交流推广会，达到典型引路，榜样示范，让校长和管理者亲身体验和感受，开阔思路，激发内在动力。五是开展特色学校建设对口帮扶，带动薄弱学校发展，教育均衡发展不只是办学条件的均衡，更是师资队伍的均衡，薄弱学校更需要教育人才的支撑和教育理念的引领；对口帮扶特色学校建设是一个促进均衡发展的有力切入点和平台，能在学校发展的根本上实现均衡。六是成立特色学校的专家指导组，对各校特色建设进行指导服务，提供咨询、探讨和经验介绍，帮助解决建设过程中的实际问题。七是组织校长培训，以现场经验和感受开展学习活动，采取走出去参观、考察、培训等形式提高特色建设能力。

2.9 学校特色发展的新方式：建设学科课程基地

为落实国家、省中长期教育改革和发展规划纲要精神，深化基础教育课程教学改革，推进普通高中特色建设，湖南省教育厅确立株洲市为高中教育改革试点市。株洲市教育局于2011年上半年启动了学科课程基地建设项目，作为高中教育改革的重要内容，也是湖南省最先开展此项工作的地市，可谓立意之高。从城区高中学校试点来看，我们应静下心来审视我们的学科课程基地建设的一些做法，将使这个改革项目在全市中小学的推进会更快、效果会更好。

2.9.1 建设学科课程基地的现实背景

1. 实践能力与创新型人才培养需要。钱学森提出中国为什么培养不出杰出的创新人才，为什么中国没有诺贝尔奖金获得者，说到底还是个教育思想、教育方式问题。长期以来，学校教育都在为怎么找到适合的学生而奋斗，以分数为标准基本上找到的都是适合考试的学生。应答钱学森的世纪之问，作为有责任、敢担当的教育人，要敢立潮头，主动试解，从为教育找适合的学生转向为学生找到合适的教育上来。适合的就是最好的，适合的平台在哪里？学科课程基地的创建为学生"适合"的体验搭建了崭新的平台。

2. 教育功能的审思。教育救国、教育兴国、教育强国，成为民族振兴的真理。但是当我们回首透析我国历史沿革时，不禁产生了这样的疑问，教育能强国吗？中国重视教育吗？中国自古以来十分重视教育，孔子享誉全球，可是几千年的重教之邦却没有成为世界强国，甚至落后于建国仅几百年的国家。如果仅从教育的视角来分析，得出的重要结论是，不是所有的教育都能强国，只有科学有效的教育才能强国。科学有效的教育才能有效育人、育有效的人，才能真正培养出促进社会经济的高素质人才。如何科学育人、育什么样的人，《国家中长期教育改革和发展规划纲要（2010—2020年）》明确要求，着力提高学生服务祖国服务人民的社会责任感，勇于探索的创新精神和善于解决问题的实践能力。可见，实践性、创新性是育有效人的核心内容，这正是学科课程基地的重要特征。

3．突破教育的瓶颈。长期以来，困扰高中教育的瓶颈问题是千校一面、同质化难以突破，素质教育步履艰难。问题就在于现实的模样是，素质教育的口号多于应试教育的行动，应试教育的行动多于素质教育行动。素质教育的多样化、特色化，普通高中一直孜孜以求，寻解破题。但是，在"考试不是最好的但是最公平的"现实条件和环境下，客观上产生了千百万学生一张课表来育人、一套试卷进校门的唯考现象。可以说，千校一面的应试压抑了学生个性的发展空间，而丰富多彩的学科课程基地将会催生学生潜能的个性选择；硝烟弥漫的考试剥夺了青少年成长中应有的快乐，而动手实践的课程基地就是要还给青少年做中学生青春乐趣，教育的领地应当只有"春天"，因为教育就是"生长"。

4．提升教学质量。国家教育改革与发展中长期规划强调"建立以提高教育质量为导向，实现教育资源配置和学校工作重点集中到强化教学环节、提高教育质量上来"。学科课程基地建设是强化教学环节、转变教学方式的重要载体。通过课程内容的模型建构、情境创设、内容拓展等，提高学生学习能力，拓展有效运用途径，有利于增强学生理解、巩固、生成知识，切实减负增效；有利于纠正当前高中教育重课堂轻课外、重知识轻能力、重书本轻实践的现象，转变教学方式；有利于推进学校从应试教育转向素质教育，实现真正意义上的教学质量提升。

学科课程基地建设是一次育人创新的探索。在高中教育，一方面由于高考的压力，教学改革、教学方法和教学质量都达到了相当的水平，同时，也由于高考的单一方式，形成了高中千校一面的现象。课程基地建设是高中转型升级、优质特色发展的重要举措。通过建设课程基地，以项目引领发展，以课程丰富内涵，以基地拓展课堂。通过多样化课程、多样化实施途径、多样化手段等，为学生多样化学习、全面发展创新路径。通过实践参与研究性学习，激发创造潜能，不断培养学生创新精神、创新意识和创新本领；通过学科科学分类、知识运用，引导学生感受学科之美，促进学习与社会生活的联系，走进生活化、终身化的学习，为学生兴趣、爱好、特长、专业、职业和事业融为一体的人生未来奠基。

2.9.2 中小学学科课程基地建设的意义和目标

基础教育阶段教育是学生个性形成、自主发展的关键时期，对提高国民素质和培养创新人才具有特殊意义。学科课程基地是以创设新型学习环境为特征，以改进课程内容实施方式为重点，以增强实践认知和学习能力为主线，以提高综合素质为目标，促进学生在自主、合作、探究中提高学习效能，发掘潜能特长的综合性教学平台。建设学科课程基地旨在不断改进教学方式，引导学生高效学习，促进教师专业成长，推动学校特色发展。

1. 学科课程基地建设意义。

有利于改变长期以来基础教育应试导向、千校一面、同质化的现象；

有利于引导学校将工作重点集中到强化教学环节、提高教育质量上来，减轻学生过重的学业负担；

有利于纠正重课内轻课外、重知识轻能力、重书本轻实践的现象，以多样化学习，激发学生学习兴趣，挖掘学生实践潜能和创造潜能，办人民满意的教育。

2. 学科课程基地建设功能。

体现课程先进理念和有效实践结合，坚持因材施教、学思结合、知行统一，在科学性、实践性、互动性、实效性上下工夫。

体现破解教学难点与载体创新结合，以学生为主体，面向全体学生，紧扣课程内容、手段运用、方法创新，形成开放、创新、互动的教学创新载体。

体现先行先为与分享共享结合，市级课程基地要围绕解决做什么、怎么做的问题，先行试验、总结提升，通过多种形式建立便于向其他学校和社区开放的共享平台。通过市级高中学科基地实践探索，推进中小学学科基地的建设，使其成为提升区域教育质量的引擎和抓手，实现教育内涵优质发展。

3. 学科课程基地建设目标。

学科基地建设启动要以学科课程为落脚点进行建设，制定今后三到五年实施计划，基础教育课程基地建设应该在六个层面共同努力。一是更高层次地充分认识课程基地建设的重要意义和深远影响；二是更高品位地思考课程基地的建设方案；三是更高质量地推动基础教育课程基地建设进程；四是更高水平地通过课程基地建设引领新课程实施；五是更快地提升校长课程领导力，促进学校教育品质改善；六是通过学科基地的引领带动，提升区域教育整体发展水平，真正实现教育强校、强市、强省的目标。

2.9.3 中小学课程基地建设的内容和主要任务

1. 创设具有鲜明特色的教学环境。

加强学科情境、专业特色、课程实施载体的建设，形成充分展现科学思想、学科思维、方法手段和文化品位的特色明显的课程学科教学环境。

长期以来，基础教育缺少应有的教学环境建设，各门学科都在同一情境——教室中完成教学任务，没能体现学科特点的教学环境，没有相关学科的专业特点，更谈不上学科文化的建设。同时，教学内容缺少与社会生活的联系，缺少学科知识应有的拓展。因此，要加强学科情境、专业特色、课程实施载体的建设，形成充分展现科学思想、学科思维、方法手段和文化品位的特色明显的课程学科教学环境。一是要呈现学科精神，课程基地要提炼鲜明创新理念、实践主题，体现明显的学科思维和学科科学，以便培养学生的学科意识和学科科学精神。

2. 突出核心教学内容的模型建构。

围绕教学重点难点等核心内容，通过物态和非物态相结合的模型展现，改进知识表达方式，以形象直观的体验，引导学生演示、验证、巩固和拓展学习内容，增强学生对抽象内容的直观理解和对具体形象内容的抽象概括，不断提高学习效率和学习效能。

学生对知识掌握的困难往往是缺少空间概念的立体思维，脑中"形象"不起来，容易糊涂。课程基地就是要通过物态和非物态相结合的模型展现，改进知识表达方式，以通过实物取"象"的直观体验，引导学生演示、验证、巩固和拓展学习内容，增强学生对抽象内容的直观理解和对具体形象内容的抽象概括，不断提高学习效率和学习效能。一是要发动教师分学科认真讨论。围绕教学重点难点等核心内容进行梳理，排查出各个知识重点和难点。二是寻找模型制作思路和方法。扣住重点和难点，从学生掌握知识的角度，探讨如何进行物态和非物态的模型建构，明确建构方法途径。三是在学校自力更生的同时，主动加强与高校、科研院所和企业的合作，进行教学模型的开发制作。

3．建设促进自主学习的互动平台。

优化教学过程，高度重视技术推动的互动学习平台的研发，运用新理念、新技术、新方法、新手段，开发建设人机互动、自主测验的教学用具、设施设备和教学场所，激发学生主动学习、自主学习、快乐学习的内生机制的产生。

要把学科课程基地建设成为"促进自主学习的互动平台"。互动是刺激人的兴趣的关键因素，这在电脑游戏中表现得尤为突出。互动是教学过程中的重要要求。长期以来我们一直强调教学中的互动，而这种互动往往更多是指向师生的互动。但是，作为一个教师首先是以是否完成工作量为考量前提的，·师生"互动"是受时空的严格制约的。如何突破时空的限制是学科课程基地建设的重要突破，也是其重要特征，这就是努力实现技术推进下的人机互动。要高度重视技术推动的人机互动学习平台的研发，运用新理念、新技术、新方法、新手段，开发建设人机互动、自主测验的教学用具、设施设备和教学场所。在显示形式上，有的可以是如乒乓球的发球机的人机互动，有的是系统即时自动判断，可以是学科知识的机器识别与判断，有立体感游戏式的。所有这些，都需要学科教师、软件人员和企业工程师的结合，开发各种学科"学习机器"。通过学生与学习机的互动，突破时空的瓶颈制约，激发学生主动学习、自主学习、快乐学习的内生机制的产生。

4．开发丰富而有特色的课程资源。

进一步加强国家课程的实施，不断提高教学效能，同时，加强地方课程和校本课程开发，努力提供丰富的学习素材和多样化的学习条件，并形成难易不同的课程资源，为不同潜质、不同水平学生的发展提供个性化学习的选择和帮助，促进学生全面而有个性的发展。

一是加强国家课程的实施，不断提高教学效能，并形成难易不同的课程资源，为不同潜质、不同水平学生的发展提供个性化学习的选择和帮助，促进学生全面而有个性的发展。二是加强地方课程和校本课程开发，创新建设反映地方乡土特色的独特文化课程文化，努力提供丰富的学习素材和多样化的学习条件。三是与高校合作，建立先修模块的学生课程，逐步实现少数高中与高校课程的衔接，为学有余力的学生发展提供个性化学习的选择和帮助，让他们在大学有更多的时间去掌握新的知识技术，为成为创新型人才打好基础。

5. 构建教师专业成长的发展中心。

课程基地建设立足于服务学生的发展、教师的发展和学校的发展。要将服务每一个学生的发展摆在第一位。促进教师发展是促进学生发展的前提和学校发展的关键。因此，要将课程基地建成教师专业成长的载体平台。一是将名师工作室建在基地，通过名师用家的感觉建好工作室。二是将拔尖创新型人才的试点设在基地，并建立与高校的多方联系与合作。三是建立以名师为带头人的师生创新团队，开展项目学习。通过教研组织建设在基地、教研活动开展在基地、成果首先应用在基地，大力提高教师专业水平，以名师支撑基地，以基地成长教师，以教师发展学生。

6. 形成学生实践创新的有效路径。

通过建设学科课程基地，加强学生对课程的体验和感知，在实践应用中巩固知识、增强技能，在实际动手中发现探究、创新能力，逐步养成学生勤于动手、敢于创新、善于创造的行为习惯。

培养实践动手和创新能力，是素质教育的重要内容，是人才成长的关键举措，是课程基地的核心任务。通过建设课程基地，加强学生对课程的体验和感知，在实践学习中提升认知能力，在实际动手中发现创造创新。一是加强学生实践动手印证学习知识，唯有实践才能出真知；二是加强科学技术的小制作、小发明、小创造；三是鼓励学生对未来知识的探究，开展研究性学习，寻求对已有知识体系的再发现。

第三章
现代教师新发展——创新成长

朱永新认为，"理想教师应该是一个追求卓越、富有创新精神的教师"。教育家与教书匠不同的最大差异在于，教育家有一种追求卓越的精神和创新精神，追求的是一种充满灵性与智慧的教育教学，而教书匠往往忽视学生的主观能动性，以灌输作为教育教学的指导思想和主要的教育教学手段，接受时间越长，却使学生的思维更加单一、心里更不自信、视角更加狭窄、想象更缺活力。理想的现代教师就是具有教育家型的教育思想和教学方式。理想的现代教师的成长需要专业素养的不断提升和发展，才能满足和适合学生的成长过程。

3.1 现代教师的专业内涵

在新课程背景下，现代教师专业发展成为教育领域和国家战略发展的重点关注问题。尤其在新课程实施中深刻认识到没有教师的专业发展，也就不可能有新课程的真正落实。因此，虽然教师专业发展并非是新的课题，但新课程实施背景下使得教师专业发展的必要性更为凸显，同时新课程的实施也为教师专业发展创造了新的环境和新的机遇。

新课程背景下现代教师专业发展应包含三层含义：一是教师专业发展的内容是教师专业特性。教师专业发展指向于专业特性或内部专业结构的成长与改进，而不是指向于教师职业阶梯上的攀升。与其他专业相比较，教师专业具有特殊性，是一个双专业，既有学科专业，也是教育专业。教师专业发展不仅是知识的积累，也不仅是技能的纯熟，而是包括一切与教学活动相关的知识、技能、能力及情感特质在内的综合素质的提升。教学专业非常复杂，既需要教师传统的专业特质、专业技能、专业伦理、专业精神等的发展，更需要扩展了的专业特性，如探究意识、反思能力、合作能力、实践智慧。仅定位于知识提升、技能形成的实践对于教师专业发展的效能极为有限。

二是教师专业发展是教师成长的结果及成长的过程。作为一种结果，是指教师达到专业成熟的水平。所谓专业成熟，即教师能够信守自己的教育理想并为之努力；具有专业知识技能，参与专业决策，承担专业责任；能容忍压力，有较强的适应性；有从多角度观察分析问题的能力和应用多种模式进行教学的能力。作为一个过程，是指教师为达到专业成熟而进行的持续不断的发展过程。这一过程是一个持续教师整个职业生涯的无止境的过程，是一个非线形的过程，包括了多个不同的阶段，不同的阶段有不同的发展速度和侧重点。仅将教师专业发展理解为静态的结果，即专业成熟的标准，可能会导致实践中对教师专业发展的可能性的质疑。从当前教师基础看，教师专业发展实践应将重点放在过程上。期望所有教师在比较短的时间内达到专业成熟的水平是不可能的，我们可以期待的一个现实的目标就是让所有教师都能在原有基础上有所提高，并有意识地朝专业成熟方向持续前进。

三是教师专业发展应视教师发展为主体。教师拥有专业发展上的自主权，需要对专业发展进行自我设计、自我监控，具有自我发展的意愿和动力。教师的专业发展有赖于教师以自身的经验和智慧为专业资源，在日常的专业实践中学习、探究，形成自己的实践智慧。没有教师的主动参与和自主发展，就没有教师专业发展。

3.2 现代教师专业素养范畴

3.2.1 教师的行为规范

1. 教师的法律义务。

对教师行为最基本的要求来自于法律规定，即教师的法律义务。法律义务是教师行为的最基本的规范。一个践行着崇高标准的教师无疑是值得敬仰的，但崇高的道德标准显然不能作为一种普遍的要求，而只能让教师自己去选择。对教师法律义务的强调不意味着对教师权利的否认，教师行使并维护自己的合法权利也是教师的一项义务。

2. 教师的专业伦理。

专业伦理就是人们在从事专业活动过程中必须遵循的行为规范和准则的总和。

教师专业伦理就是教师在从事教育教学活动时必须遵循的道德规范。专业伦理是专业的重要指标之一，是专业形成和成熟的重要条件，也是专业人员的必备条件。教师专业的伦理规范包括：

责任心、敬业精神、服务精神——学生利益至上是教师专业伦理中的核心内容。必须将学生的利益放在首位，相信每个学生都有发展的可能，应当对每个学生保有高期望，一切行为都应当以促使学生的健康发展为目的。

公正公平——公正公平地对待每一个学生，不应因学生的智力、学识、背景而区别对待学生。必须与学生保持适当的距离，以维持一种健康的关系，因为与学生及其家庭保持过于亲密的关系可能影响教师的专业判断，导致不公正的产生。

审慎地行使自己的权利——教师在行使自己的权利时尤其要有谨慎的态度，因为师生关系中实际存在的双方的不对等和教师劳动的个体性，教师可能错用或滥用自己的权利。教师在行使权利时不能违反法律义务，也不能侵犯他人的权利。除此之外，教师还应用更高的专业伦理来约束自己的权利行使。

尊重自己的工作，具有高度的教学效能感——教学效能感包括一般教学效能感，即教师对教与学的关系，对教育在学生发展中的作用等问题的一般看法和判断；个人教学效能感，即教师对自己完成教学任务、教好学生的能力和信念。缺乏教学效能感，既不违背法律，也与道德无涉，但绝对是一种非专业的表现。

坚持专业判断——用专业性来衡量行为。有些行为既不涉及法律，也不涉及道德，但事关专业性。对自己对学生采用双重标准，对自己工作和学科的不尊重，显然与法律或道德无关，但显然同样是缺乏专业性的表现，都需要教师基于自己的专业性来做出判断，采取适当的行动。

3.2.2 教师的知识基础

教师的知识素养应包括两个层面：一为普通的文化科学知识，这是教师作为一个普通人也应具备的，只是要求更高。这种知识与教师的专业性无关。二是教师的专业知识，包括学科专业知识和教育专业知识。教师的教育专业知识由一般教学法知识、课程知识、学科教学法知识等构成。这些知识可能是理论性的，也可能是经验性的。

教学不是一种程式化的活动，而是一种与特定情境相关的极度复杂的活动，对于这样一种活动，程式化的指导原则的作用极为有限。教学需要教师在具体的情境中，根据变化着的教学条件做出明智的判断，进而采取适当的行动。在这一过程中，对教师影响更大的是教师的实践知识，即教师在有目的的行动中所具有的课堂情境知识及其他相关知识。

教师的实践知识具有以下特点：不是从众多的情境中抽取出来的共同的东西，它依存于有限的甚至特定的情境，能够在特定的情境中直接加以应用，是一种鲜活的知识；是以实践问题的解决为中心组织起来的综合性知识，通常不直接归属于某一学科，而是一个围绕问题的解决组织起来的图式；是一种具有个人品格的个体性知识，它很难通过授受获得，而是在日常实践活动中形成的，与个人的生活经历、教育经历、教育实践及对实践的反思密切相关；以案例知识的形式积累传承，不仅仅是抽象的原理规则，还包括了规则原理的应用及应用规则的情境；以缄默的隐含的方式存在并发挥作用，难以清晰的加以表达、准确的传递，通常体现为一种直觉，在特定情境中的即时的判断和决策。所谓情境知识、案例知识、缄默的知识、实践智慧等都是个人实践知识的表现形式。

3.2.3 教师的能力条件

1. 课程开发能力。

新课程的一个重要特点就是学校和教师获得部分课程权力，课程开发成为教师专业工作的重要组成部分。

课程开发具体包括课程选择、课程改变、课程整合、课程补充、课程拓展及课程新编等多种方式，无论是何种具体方式，都需要教师具有根据教育目标和学生发展需求确定课程目标，根据课程目标充分利用整合课程资源确定课程内容的能力。

2. 教学设计能力。

为学生学习而设计教学，这是教师的一项必要能力。教师的教学设计能力都是合格的教师所必备的。但新课程对教师的教学设计能力有新的要求，其中最为核心的就是教师理解课程标准，将课程标准转化为教学目标，并在课程实施过程中确保教学目标的实现的能力。课程开发能力、综合实践活动的实施能力等无疑是非常重要的，但没有课程标准的落实，那么校本课程、综合实践活动都会失去根基。因此，对新课程的实施而言，更为重要的是教师理解课程标准，将课程标准转化为教学目标，并保证目标的落实的能力。这种能力的提升应是当前教师专业发展的重点，也是新课程真正在课堂层面落实的关键。

在新课程背景下，教师还应当具有反思探究的能力和合作交流的能力。反思探究与合作交流不仅仅是一种能力，更应当是一种工作方式，教师应当具有的专业生活方式。

3.2.4 教师的工作方式

1．探究。探究体现着教师职业生活的本质，是教师专业活动的核心。教学工作极为复杂，具有生成性，有一定的规律，但没有固定的程序和规则可循。课程不是供教师执行的规定或计划，也不是教材或教材的内容机器纲要；教材不是用以实施课程的文本；教学不是转化课程内容、实现学生知识内化的过程，而是师生双方通过对话，共同建构知识的过程。教师在教育教学过程中随时随地都可能遇到困难和窘境。每一个教育教学情境，对教师都是特殊的，都可能是一个新的困境。这种困境不可能借助于预设的规则或程序一劳永逸地得到解决；每一次遭遇问题，教师都可能需要从头开始，重新经历各种困惑、窘迫乃至危机。

教师的职业活动需要教师的探究，从课程开发、课程调适，到课程设计，再到课程实施和课程评价，无不需要教师的探究。探究应当成为教师的基本职业态度和职业工作方式之一。

2．合作。合作能整合各种行动方案、文化、组织和研究成果，能够应对后现代急速发展、复杂多样、变动不居、价值多元的时代特征。合作能为教师提供情感道德的关怀，打破学科之间的隔阂，提高教学效能，减轻教师负担，促使教师与行政人员关于变革的视域融合，降低环境的不确定性，增加教师对外部变革的适应能力，提高教师的反思能力，增加学习的机会，保证教师的持续发展等。在日趋多元化的社会中，合作必须以承认多元为前提；合作并不必然排斥中央的调控；合作需要倾听不同的声音，并建立伦理的原则，使这些声音趋向一致；合作不应该限定在教师之间；合作应该参照政府部门的指引，以改进学校、教师、社群的工作情境；合作需要变革学校组织结构。

学生发展是教师集体劳动的结果，需要教师的广泛合作。教师与同事、学生及其家长、教育管理者、教育理论工作者之间的合作应成为教师日常专业实践的核心内容之一，应该成为教师的职业生活方式之一；教师的合作意识和能力应是教师专业素养的重要组成部分。

3．2．5 教师现代理念的优化意识

区域推进教育现代化的关键问题，应该是教育理念的优化，是以现代教育意识支撑下的教师，引领学生成为适应现代社会要求的全面发展的人才。

一是课程建设意识。时至今日，实际上还存在以考定教的不良行为，考什么就教什么，全面追求升学率的情况，客观上还是较为普遍的存在。因此，需要强调，学校和老师应该确认自己作为课程建设主动的参与者和建设者角色，而不应只是作为被动的执行，甚至为了一时应试需要而无视国家的要求。为此需要：严格执行课程计划，科学安排课时计划；在课标框架内和广阔生活背景下，切合学生心理和认知实际，全面理解、有效落实课标要求和教学建议；结合本地本校本班实际，力求创造学科教学和学校教育特色；注意贴近地区和社区实际，开发和优化校本课程，以期满足学生终身发展需要。

二是终身发展意识。根据课改倡导的理念，教与学之间不再是"给水"与"接受"的关系，而应该是共同"找水"的携手前行的关系，老师与学生是携手前行共同成长的主体。因而，老师需要在为学生终身发展奠基的同时，关注自身的终身发展能力，明确切合自身实际并能够激发自身潜力的成长目标；老师所在的学科组、教研组、学校和地区，应该分别构成各个层次的学习研究的共同体，老师与学生及其家长之间，老师与校长之间，老师同行之间，应该是合力打造学习研究共同体的合作关系；老师应该注意问题即研究，行动就有收获，切实行动本身就是不断收获的过程，充分关注草根教研和教育科研，不断研修，不断提升自己。

三是信息教育意识。综观现在的学校，大多配置了许多现代教育设施，包括多媒体、电脑，最为一般的学校，也有若干的投影仪。但是在现实生活中，为数不少的学校、老师，却置现代教育设施于不顾，满足于一支粉笔一张嘴的教学手段，到公开课之类才临阵磨枪，搞一点现代手段。在时至21世纪的现代学校，需要的信息教育意识的理解和实践，至少包括：优化教学手段，课堂教学尽量能够因地制宜、因时制宜，结合教学实际需要，适时使用各类现代教育手段，充分利用现有设施；丰富教学资源，注意利用已有网络资源，广泛采集和加工处理有效信息，丰富教学

内容；交流教学成果，积极参与网络交流，促进自身学习载体的优化，以及学习借鉴途径的拓展；广泛参与各类教育论坛的研讨，随时总结和不断提升已有教学经验体会，充分展示自身已有的研究成果，以期有利于自身发展后劲的持续优化。

3.3 现代教师专业发展模式

3.3.1 教师专业发展的三种取向

1. 理智取向。

提高教师专业水准的重点就是要明确教师专业的知识基础，使教师教育拥有更为坚实的理智基础。从理智取向观点看，教师专业发展的重点就是知识的获得和行为的变化，从掌握专家们确立的知识基础入手，进而达到教师行为的变化。因此，教师专业发展的途径就是正规的培训，只要通过短期或长期的工作坊，就能达成教师的专业发展。

2. 实践反思取向。

教师专业发展的途径不是外部培训，而应当是经验学习，即对自己经验的探究反思，从自己丰富的经验中提取新的意义。教师专业发展的方式就是反思：以教学日志、教历、传记、案例等方式进行个人反思；或者借助于交流、观察、研讨、合作自传等方式进行合作反思。

教师作为课程改革的执行者，在很大程度上决定着新课程改革的成功与否，随着新课程改革的进一步推进，有必要对教师素质提高的各种途径进行研究探索。从以下几方面对教师专业发展的基本途径进行了初步的探索。

（1）反思性教学的产生与发展。反思性教学即"教学主体借助行动研究，不断探究与解决自身和教学目的，以及教学工具等方面的问题，将'学会教学'和'学会学习'结合起来，努力提升教学实践合理性，使自己成为学者型教师的过程"。

（2）反思性教学的意义。反思性教学的意义从总体上讲，就是有利于教师的成长，有利于教师素质的提高，有利于教师专业的发展。

①反思性教学有利于教师掌握实践性知识。教师的实践性知识是教师对教育教学的认识。其意义主要体现在两方面：首先，教师的知识构成大体可分为一般文化

知识、学科知识、教育学知识及实践性知识，前三部分知识分别与其他文化人、学科专家、教育理论工作者类似，而实践性知识则是其他人所没有的。因此，对教师实践性知识的肯定，就是对教师职业独特性的肯定，而这种肯定无疑有助于增强教师的自尊和自信。其次，实践性知识为教师专业发展提供建设性工具。教师实践性知识的开发有利于解决教育理论与实践相脱离的问题，更好地对教师实践予以指导；教师实践性知识的个体性、创造性和发散性特点有利于教师工作特点的充分发挥；教师的实践性知识在教师从新手成长为一个成熟的专业人员过程中起决定性作用。

②反思性教学有利于教师的教学理论素养的提高。反思性教学能使教师对自己在教学中的活动以及学生的表现进行认真的观察与分析，并通过教师之间的相互观摩讲座使教师真正意识到自己的潜意识中对教育教学的理解与所接受的新信息之间的差异，从而使新信息不断应用到教学实践中去。在不断应用的过程中，使自己对教育教学的理解得到发展和改变。

③反思性教学有利于促进教师由经验型教师向反思型教师的转变。经验型教师最主要的特点就是教师的教育观、教学方法、策略、学生观等不依时间、社会的发展而变化、发展。经验型教师之所以产生并得到延续，是因为其适应了当时的社会发展，但是，随着信息化社会的到来，社会对教师素质的要求愈来愈高，经验型教师已经不能满足现代教学的需要了，社会呼唤反思型教师。反思性教学的实践能够提高教师的反思能力，并使之成为其习惯，这样才能促进经验型教师向反思型教师的转变。

（3）反思性教学的策略。在教学实践当中，根据反思的源起，我们可以将反思策略分为两大类：内省反思法和交流反思法。

①内省反思法：内省反思法是指反思主体主动地对自己的教学实践进行反思的方法。

②交流反思法：交流反思法可以就某一问题与其他教师进行交流，也可以是在听完某教师的一堂课以后，针对这堂课而进行交流。这样可以反观自己的意识与行为，加深对自己的了解，并了解其他与自己不同的观念，进而取他人之长，补自己之短。

3．生态取向。

教师的专业发展并不完全依赖于自我，教师总是处于一定的生态情境之中的，个人环境、组织环境都能对教师的专业发展产生重要影响。教师实践中的孤独并不意味着他生活在真空之中，相反，其所处环境特别是教师的组织环境中长期积累下来的文化的影响将会是无孔不入的。正是这种文化为教师的工作提供了意义、支持和身份认同。因此，教师专业发展最理想的方式就是教师之间通过合作发展，其关注点不在于学科知识或教育知识的学习，也不在于教师个体的反思，而在于以合作为特征的新型的教师文化的创建。

3．3．2 教师专业发展模式

1．理论研究层面的模式。

斯巴克斯和罗克斯考察了多种教师专业发展文献，归纳了五种教师专业发展模式。

自我导向模式。该模式的理论基础是成人学习理论，其基本假设为教师作为成人学习者能够自我引导、自我驱动，他们明确自己的学习目的和学习需要；当个体进行自己计划的学习时，会出现更好的学习效果。这一模式具体包括以下几个环节的活动：①认清需要和兴趣；②根据需要和兴趣制订发展计划；③进行学习活动；④评价。

观察/评价模式。这种模式基于三个假设：①反思和分析是专业成长的核心手段；②被观察者对自己实践的反思也有助于观察者的提高；③当教师看到变革的积极结果后，他们会更愿意投入到变革中。这种模式经常会以评价、临床视导、同伴教练等形态出现，一般会经历观察前会议、观察、观察记录分析、观察后会议等几个阶段。"教师同伴指导"就属于这种模式。

发展提高模式。这种模式将问题解决作为教师专业发展的基础，认为问题解决的过程就是学习发展的过程。这种模式假设：①当成人面对需要解决的实际问题时，学习是最有效的；②当学习与工作联系起来的时候，人们最清楚自己需要提高什么；③通过学校革新或课程发展，教师会知道自己需要什么知识和技能。这种模式的主要贡献在于提出教师专业发展必须与学校革新和课程的发展紧密联系。校本教研就接近于这种模式。

培训模式。当前最常见的教师专业发展模式，其基本假设是一些行为和技术值得教师复制，并且能应用于实际的课堂教学中。主要是借助于工作坊，由专家提供训练的内容及相应的活动，让教师进行模仿学习。微格教学就属于此列。

探究模式。该模式假设教师是智性的人，有能力形成问题并寻求答案，形成对教学新的理解。这种模式倡导教师即研究者，通过行动研究来促进专业发展。

2．教师专业发展模式的特点。

（1）教师专业发展必须有明确的目标，且目标的制定须在教师自身的需求与外部要求（专业发展标准、学校发展目标）之间保持一种平衡，教师自身应参与目标的确定；根本目标指向于学生的学习，需要将自己的个人目标与学生的需求联系起来。

（2）教师专业发展必须有可靠的知识基础。首先是教师专业发展的内容必须是教学专业的知识基础；其次，教师专业发展活动的设计也必须建立在可靠的知识基础之上。

（3）教师专业发展必须镶嵌于教师的日常专业实践之中，实现专业实践与专业发展的一体化，强调教师通过反思性实践和经验学习实现发展。

（4）教师专业发展必须基于良好的专业环境。教师的合作是教师专业发展的重要手段，以合作分享为核心的专业文化对教师专业发展十分关键。

（5）教师专业发展必须是持续的、持久的。教师专业发展是一个无止境的过程，教师需要持续的成长，也需要持续的支持。

对教师专业发展模式的设计非常关键：一是创建良好的专业实践文化，改造教师的专业实践；二是教师专业发展活动必须镶嵌于教师日常的专业实践之中。

在设计教师专业发展活动时必须坚持以下几条基本原则：首先，教师专业发展活动必须镶嵌于教师的工作之中；其次，教师专业发展活动应特别关注专业实践的改善；再次，教师专业发展活动应让教师成为教师教育者。

3．校本培训的形式与途径。

教师校本培训一般是指以培训内容为依据，以促进教师的专业发展、改善学校和教学实践为中心的计划、课程与活动。

20世纪80年代中期以后，教师的校本培训与学校课程、教学改革及教师专业化的内涵紧密结合。也就是说学校课程、教学改革离不开学校教师，教师专业化离不开学校教师，这样就突显了教师的地位，而教师的地位是以其专业能力为基础的，而教师的专业能力主要是在教学实践岗位中逐步形成并发展的，教师任职的学校是其专业成长的主要环境。因此，教师校本培训适应了教师专业化的需要而受到普遍的关注。

"校本培训"范式主要由培训内容、形式、途径与方法等要素构成。其形式与途径主要有知识培训、技能培训、学历培训、交流培训、离职培训、帮扶培训、专家培训、拔尖培训、课题培训和自主培训等。

（1）知识培训：当今世界，知识更新速度较过去明显加快，信息技术对传统教育产生了巨大冲击，传统教育思想与方法远不能适应时代的要求，不仅加大了现代教育技术设备投入的力度，更加大了教师知识更新的力度。知识培训的内容主要有政策法规、教师职业道德规范、先进教育思想，以及由信息技术带来的一系列新知识等。通过学习，使教师更新知识更新观念，建立现代的学习观、教学观、学生观和方法观，激励教师在教学实践中不断探索具有时代特征和个性特点的教学模式、育人模式和学习模式，推动学校教育健康快速全面发展。

（2）技能培训：按照国家"教师职业技能达标要求"和各地制定的"教师职业技能培训计划"，结合学校工作实际，分阶段、分层次、有重点地培训和提高教师的教育教学技能。学校长年坚持了合格课、研究课、优质课、示范课评比活动，通过"推门课"发现问题，通过相互听课、评课、教技培训、青年教师导师制、教技竞赛等提高教师教学技能水平。

（3）学历培训：在学校教师学历达标的前提下，鼓励教师参加高学历或双学历进修。通过各种学历培训提高教师素质、增强教师能力，促成教师向研究型、专家型、学者型转变。

（4）交流培训：学校有计划、有组织地每年安排教师外出培训、考察及学习，将外地、外校优秀的成果有选择地带回学校并进行推广和再实验。学校应与先进学校建立友好合作关系，实现资源共享。

（5）离职培训：对教学效果不够好，教学技能不强的教师，学校要实行短期停课学习或离岗学习，限期达到要求，让学生享受满意的教育。

（6）帮扶培训：学校要重视教师梯队建设，鼓励互帮互学。老教师、骨干教师与青年结对子，要求老教师学习青年教师前卫的知识，要求青年教师学习老教师驾驭教学大纲和教材的能力，通过帮扶培训达到教学相长的目的。

（7）专家培训：邀请专家来校，结合学校现状进行有针对性的培训，会收到很好的效果。

（8）拔尖培训：部分骨干教师，教技精湛，业绩一流，在省、市、区有一定影响。针对这部分教师情况我们可以进行拔尖培训，促其向专家型发展。

（9）课题培训：结合科研、结合课题进行"校本培训"，坚持"人出课题，课题出人"的科研兴校原则，做到科科有项目、人人有课题，调动教师参与学习、研究、实践的热情，课题培训更有实际效果。

（10）自主培训：正如英国塞缪尔所说，"每个人所受的教育的精华的部分，就是他自己教给自己的东西"，"一个人能否主宰自己，这是他成为什么人一个决定性的因素"。自我培训就是"自己拯救自己"。在学校教师成长总目标指导下，根据自身实际，教师确定自我成才目标，自我定位，自我导向，自我修养，自我提高。学校对自定目标适时检查，实施奖惩，促进教师自学成才。自培内容主要有专业杂志刊物、专业读物、内部统一发放资料等。

4. 关注教师个人的发展。

新课程为学生发展设定了包括知识与技能、过程与方法、情感态度价值观三大领域在内的全面的目标，教师专业发展也需要秉持一种扩展的专业特性观，关注教师作为一个人的发展。只有当一个人成为一个健全的人的时候，他才可能会成为一个称职的教师。

3.4　现代教师的教师观

新课改以来，人们对教师在基础教育新课程发展中的地位和角色等问题的认识发生了很大的变化。教师观也随之发生了变化，体现在：教师不再只是一个课程知识的被动传递者，而是一个主动的调试者、研究者和创造者；教师不再是一个真理的垄断者和宣传者，而是一个促进者、帮助者、真理的追求者和探索者。因此，积极能动的教师形象取代了消极被动的教师形象。

树立新课程背景下的教师观，在21世纪的课程改革中，教师应该扮演多重角色，主要内涵有：

1. 教师是教学的设计者。教师在理解和灵活运用各种教学策略的基础上，要针对学生的特点、特定的学习内容，创设一定的学习环境。在课程改革中，尤其要针对不同类型的学生来为之设计更为有效的学习活动。

2. 教师是指导者和信息源。现代社会要求教师能够指导学生如何学习、如何发展、如何创造、如何生活，要能够为学生的成长提供有效的帮助。同时教师还要教育学生养成现代社会所必备的信息素养和信息能力，让学生知道如何发现和搜集信息、处理和使用信息，利用信息来达到学习和创造的目的。

3．教师是学习的促进者。教师要起到促进学生学习的作用，要激发学生学习的动机，为学生的学习提供支架。特别要关注那些暂时处于后进状态的学生，通过对他们个性的深入了解与把握来为他们的学习与发展提出可供参考的学习设计，指明发展的路径。

4．教师是组织者和管理者。一定的教学秩序是开展教学的前提。尤其在今天大力提倡的合作学习、探究式学习中，教师作为组织者和管理者的角色就更为突出，教师要帮助学生组织学习小组，引导和指挥学生参与讨论并开展其他各种合作学习活动，使各项学习活动得以深入，进而通过组织好的群体互动来促进个体的发展。

5．教师是学生学习的伙伴。教师不仅作为教学的管理者，而且应该是学生学习的伙伴，促进学生的学习。师生之间建立友好融洽的关系，有利于增强教育的力量。教师以平等的身份与学生进行讨论和合作，作为学习伙伴共同进行意义的理解建构，共同解决学习中的各种困难和问题。

6．教师是学生学习的帮助者。教师在学生学习遇到困难时，要提供必要的帮助和指导，以使学生的学习活动得以继续和深入，并维持学习和探索的积极性。

7．教师是反思者和研究者。教师要不断对自己的教学进行反思和评价，提高对自己的教学活动的自我觉察，以便及时发现和分析其中存在的问题，提出改进方案。20世纪90年代以来，教师成为研究者已成为一种世界性潮流，教师不仅能传播知识，而且能通过自己的研究发现来创新知识，成为知识的发展与创造者。

8．教师是学生成长的发现者。教师不仅要关心学生对文化知识的学习与掌握，同时还要关注学生身心的健康成长与发展。有人有意将"教书育人"调整为"育人教书"，是对教育教学规律的深层次的领会与把握。只有注重了育人这个环节，才能深入地了解和把握学生的个性，进而发现每个学生的不同特点和发展潜力，对学生进行更有针对性的指导，以使学生快速地健康成长。

3.5 现代教师的学生观

学生观，是教育工作者对自己的教育对象——学生的身心特点、发展潜能、素质目标及评价标准等问题的看法和观点。怎样看待学生，把学生看成什么样的人，对学生采取什么态度，一直是教育理论和实践的重要问题。"一切为了每一个学生的发展"是新课改的最高宗旨和核心理念。

学生观是教师对学生的根本看法。"怎么看待学生，把学生看成什么样的人，对学生采取什么态度"，这几个古老而弥新的话题，不同年代的不同教师均有不同的回答。教师的学生观是教育工作的重要构成，直接制约着教师教育手段的选择、教育过程的优化和教育成效的显现。良好师生关系的建立、良好教育氛围的形成，都取决于教师是否有科学的学生观。当前教育实践中出现的诸多问题都可或多或少地归因于教师学生观的不当和缺失。

实施新课程，更新教育观念是前提，改革考试制度是关键，建构评价体系是导向，提高教师素质是根本。在新一轮课程改革中，学生观问题受到了许多教育理论研究者和实践者的关注。"一切为了每一个学生的发展"是新课程的最高宗旨和核心理念。课程改革的关键在于教师，教师的学生观又直接影响着教育教学质量。

3.5.1 学生是具有责权主体的人

学生作为教育对象，首先基于其作为人的这一主体存在，是有主体意识、主体能力的活生生的生命整体，是既享有一定权利也承担着一定责任的责权主体。教师尊重学生的主体地位和独立人格，在课堂教学中真正将学生作为学习的主体，是走进新课程的必要前提。

1989年11月20日联合国大会通过的《儿童权利公约》中指出：儿童在教育过程中享有下列权利——提问的权利，质疑的权利，寻找、追求理由的权利，批评的权利，行动自由的权利，隐私不受侵犯的权利，人格受到尊重的权利，给予公正对待的权利等等。中学时代是人一生中生命色彩最斑斓、生命成长最迅速、生命发展最重要的阶段。教师应该明白：今天的学生虽然知识很多，但他们的知识还是无序的。教师要做的就是把学生头脑中许许多多无序的知识，通过教学活动使之科学化、有序化。面对这些"观其外表，貌似成人；察其内心，稚气未尽"的中学生，新课程下的教学不能简单强硬地从外部实施知识的"填灌"，而应当把学生原有的知识经验作为新知识的生长点，引导他们从原有的体验中，生长新的知识经验。教学不是知识的传递，而是知识的处理和转换。教师不单是知识的呈现者，不再是知识权威的象征，应该重视学生主体对各种现象的理解，倾听他们时下的看法，思考他们这些想法的由来，并以此为据，引导学生丰富或调整自己的解释。

学生是责任主体，学校和教师要引导学生学会对学习、对生活、对自己、对他人负责，学会承担责任。在教学时，教师不仅要给学生学习的权利，同时也要赋予责任意识，明确是自己要学习，是我要做什么，而不是老师要我做什么。例如我国中学生普遍回家要做家庭作业，因为这作业是老师布置的，如果老师不留，学生就不做，大家看来这是理所当然的事情。可是在美国，如果你问学生作业不做老师会不会批评，他回答：学习是我自己的事，老师为什么要批评？只有有了"自己要学习"的责任意识，学习才可能变得主动。新课程下的老师要注重引导学生让他们自己去走路，自己去学习，帮助他们认识自己的责任，主动学习。

3.5.2　学生是具有独特个性的人

个性是指个体的总的精神面貌，反映了该个体同他人之间稳定特征上的差异性，是在先天遗传素质的基础上，又经过后天社会生活环境的作用而形成的。现代科学表明，每个人的遗传基因都是与他人不同的。"黄沙如海，找不到两颗完全相似的砂粒；绿叶如云，寻不见两个完全一样的叶片；人海茫茫，没有两个完全相同的学生。"学生有着自己独特的内心世界、精神生活和内在感受，有着不同于成人的观察、思考和解决问题的方式。因此，我们不应该强制学生在成人安排好的圈子内活动，不能只引导学生在成人设计好的圈子里思维，而要给学生全面展现个性的时间和空间，正视学生的独特性，培养具有独立个性的学生，要承认并正视现代学生的群体特征以及与成人之间存在着的巨大差异性。

学生个体发展的速度有快慢、水平有高低、结果有不同，实施新课程应大力倡导个性化教育和全纳教育，为学生提供平等的发展机会和条件，这是教育最低程度的公平。长期以来，基础教育最大的欠缺是把知识性甚至是强制性的知识学习看得过重，而忽视了对学生情感、情绪以及个性发展的关注。实施新课程，教育的成功不能只是一部分人的成功，而应是所有学生的成功；不能是学生一时的成功，更应是学生一世的成功。

由于经验背景的差异不可避免，学生对问题的看法和理解经常千差万别。其实，在新课程中，这些差异不仅是教育教学的基础，也是学生发展的前提，本身就是一种宝贵的资源。实施新课程要充分尊重和重视学生的独特个性。首先，教师必须具有鲜明的个性差异观，因材施教，使教学真正符合每个学生的实际需要。其次，学生不是单纯的抽象的学习者，而是有着丰富个性的完整的人；学习过程也不是单纯的知识接受或技能训练，而是伴随着交往、创造、追求、选择等的综合过程，是学生整个内心世界的全面参与。教师必须还学生完整的生活世界，丰富学生的精神生活，给予学生全面展现个性力量的机会。为此，教师要关注学生独特的感受和理解，尊重学生标新立异的思维方式和行为。

3.5.3 学生是具有发展潜能的人

多元智能理论指出，人人都拥有言语、数理、空间、音乐、运动、自我、交往等七种智力，每个人的智力各具特点，都有自己的智力强项。布鲁姆也曾指出，一般理智健全的儿童，完全能够学会教师所教的内容，关键是教师的教学要符合学生的学习需要。这就启示我们，学生具有巨大的发展潜能，只要我们为之创造条件，其潜能终将会被开发，素质也将得以完善。每个学生都是一片有待开发或进一步开垦的土地，其身上都存在着"不完善"和"未确定性"。教师应视之为教育财富加以开发和利用，通过教育不断培育和扶植他们身上的"生长点"，把他们存在着的多种潜在发展可能变成现实。

新课程提倡用积极的眼光和态度来认识学生的天性，坚信每个学生都是可以造就的；同时应认识到学生身心发展是有规律的，教育活动应顺应这些规律。每一个学生都是具有发展可能性的，作为教师不能对某些学生放弃这种发展的可能，要努力使每一个学生都能在原有水平上得到发展。它要求教师不能孤立静止地看待学生，而应着眼于学生的成长，站在人生发展的制高点进行智慧的选择和高超的把握，对其每一个可能素质做出有效指导，使之转化为现实素质，并促进下一步素质向更高现实转化，依此循环往复，螺旋上升，形成持续发展的巨大动力，推动个体综合素质的不断完善。在理念上，教师应坚持学生是追求进步的，是会向前发展的；在评价上，要坚持发展性评价，让学生不断改进行为。

实施新课程，教师要善于用放大镜发现学生的闪光点，对每个问题、每个学生的评价不可轻易否定，不随便说"错"；教师要正视学生正在成长发展的特点，允许学生犯错误，同时要帮助学生纠正错误，克服不足；教师要认识和理解学生身心发展的基本规律，熟悉不同年龄阶段学生身心发展的特点，并据此开展教学活动；教师要从学生现有基础开始发展，重视学生现有的心智水平，重视学生的可接受程度，重视学生的生活阅历和情感体验；教师要注重学生的努力程度，关注未来潜力。要有这样的认识：学生只是现在不会，你不能由此推断他永远不会，他只是现在无能，你更不能由此断定他永远无能。教师只要用善待的眼光去看待学生，用真诚的爱心去温暖学生，用有力的行动去帮助学生，这样才会避免"赢在起点上，输在终点上"，才会收到良好的教育效果。

3.5.4 学生是具有创新精神的人

陶行知先生曾说过："人人是创造之人，天天是创造之时，处处是创新之地。"创造是人类的本质，学生在校学习的过程也是不断否定、不断创新的过程。学生身上蕴藏着无限的创造潜力，培养学生的创新精神和实践能力是基础教育课程改革的核心内容之一。原复旦大学校长、现被聘为英国诺丁汉大学第一位华人校长的杨福家教授说过："什么叫学问？就是学习问问题，而不是学习问题。如果一个学生能够懂得怎样去问问题，怎样去掌握知识，就等于给了他一把钥匙，就能够自己去打开各式各样的大门。"因之，一位出色的教师，应该不断拓宽学生的思路，勤于培养学生开拓新领域、分析新情况、迎接新挑战的能力。

反思中学教育现状，从学校、教师、家长到社会，普遍流行的好学生的标准是：一言一行遵守规矩，回答问题整齐划一，在家从父母，在校从老师，考试照书本，答案合标准，考试获高分，否则就是"出格"、"不听话"、"调皮捣蛋"。有人形象地比喻，学生入学时像个问号，到毕业时却像个句号。正是这样的学生观，极大地扼杀了学生的创新思维，窒息了学生的创新精神，培养出的通常是唯书、唯师、唯上、唯分的缺乏自信的学生。学生在某些特定的学习情境中，其思维能力、创造能力完全有可能超越常规，超越老师，甚至超越某些权威。新课程下的教师切不可忽视这种超越性，因为常常是这种超越性，会撞击出灵感的火花。因此，我们应积极鼓励学生大胆质疑，标新立异，充分发挥想象力，激发学生思维的敏感性、灵活性、独创性。社会已发展成为一个终身学习的体系。大量事实表明：现在的学生在某些方面的知识已经超过了成年人，尤其是计算机、现代科技等方面。而且，由于青少年思想解放，精力充沛，记忆力好，接受新事物快，他们所掌握的新信息往往超过成年人，在许多方面与成年人有了同等的地位，甚至高于成年人。他们观念之新，信息之灵，个性之飞扬，都为今天的教育提出了许多新的问题。实施新课程，教师要注重学生的探究性学习，注重对学生创新精神的培养。因为这是每个学生内心深处的需要，创造是人的天性，培养创造性是最能激发学生潜能的教育之举，它可以让学生保持注意力、意志力，可以尽力消除外在因素的不良干扰。

3．6　现代教师的评价观

"选择适合教育的学生"，还是"创造适合学生的教育"？长期以来，我们对学生学业的评价主要以教师和教育主管部门的评价为主体，以学生的学业分数作为评价的主要标准，侧重于评价的甄别、筛选和批判性功能，重视终结性评价和相对评价等。这种评价作为选拔、区分学生的唯一手段，追求的是对所谓"适合教育的学生"的选择性功能，是应试教育下产生的"怪胎"，不利于促进学生的发展和素质教育的改革，也存在着明显的不合理性。《基础教育课程改革纲要》中对评价问题做出了明确的规定，"要建立促进学生发展的评价体系，要发现和发展学生多方面的潜能，帮助学生认识自我，建立自信，发挥评价的教育功能，使学生在原有水平上的发展"。这就要求我们积极树立新的评价标准和观念，以"创造适合学生发展的教育"，适应新课程改革和素质教育的需要。

1．在指导思想上：要突出评价的发展性功能和激励性功能，重视对学生学习潜能的评价，立足于促进学生的学习和充分发展，为"适合学生的教育"创造有利的支撑环境。

2．在评价的主体上：调动学生主动参与评价的积极性，改变评价主体的单一性，实现评价主体的多元化；建立由学生、家长、社会、学校和教师等共同参与的评价机制。

3．在评价的方法上：（1）由终结性评价发展为形成性评价，实行多次评价和随时性评价、"档案袋"式评价等方式，突出过程性。（2）由定量评价发展到定量和定性相结合的评价，不仅关注学生的分数，更要看学生学习的动机、行为习惯、意志品质等。（3）由相对评价发展到个人内差异评价。相对评价是通过个体的成绩与同一团体的平均成绩相比较，从而确定其成绩的适当等级的表示方法，也被称作"常模参照评价"，这是我们最常用的评价方法。这种评价缺乏对于个人努力状况和进步程度的适当评价，不利于肯定学生个体的成绩。个人内差异评价是对学生个体同一学科内的不同方面或不同学科之间成绩与能力差异的横向比较和评价，以及对个体两个或多个时刻内的成就表现出的前后纵向评价，这种评价可以为教师全面了解学生提供准确和动态的依据，也可以使学生更清晰地掌握自己的实际情况，利于激发他们学习的动力、挖掘学习潜能、改进学习策略等。（4）由绝对评价发展到差异评价。绝对评价是对学生是否达到了目标的要求或"达标"的程度所做出的评价，也被称为"标准参照评价"。这种评价过于重视统一性，忽视了评价的差异性和层次性。

3.7 现代教师的教学观

教学是一个信息和情感交流、沟通，师生积极互动、共同发展的过程。"没有沟通就不可能有教学"，失去了沟通的教学不可想象。教学是语言文化与沟通文化的创造过程，也是奠定每个学生学力成长与人格成长基础过程。

3.7.1 教学观的四个方面变革

1. 教学从以"教育者为中心"转向"学习者为中心"。鼓励学生参与教学；创设智力操作活动；教给学生思维的方法并加强训练。

2. 教学从"教会学生知识"转向"教会学生学习"。知道学生掌握基本的学习过程；知道学生了解学科特征，掌握学科研究方法；培养学生良好的学习习惯。

3. 教学从"重结论轻过程"转向"重结论的同时更重课程"。结论和过程的关系——教学相长；提倡重结论的同时更重过程的意义。

4. 教学从"关注学科"转向"关注人"。以学科为本位的教学理念的局限：重认知轻情感，重教书轻育人。关注人的教学理念的表现：关注每一个学生，关注学生的情绪生活和情感体验，关注学生的道德生活和人格养成。

3.7.2 新课程需要的教学观念

1．整合教学与课程。学生和教师共同参与课程发展，教学过程是课程内容持续生成与转化，课程意义不断建构与提升的过程。教学与课程相互转化、相互促进，彼此有机融为一体。

2．强调互动的师生关系。教学过程是师生交流、积极互动、共同发展的过程。师生关系是平等、双向、理解的人与人关系，是人道的、和谐的、民主的、平等的师生交往的互动互惠的教学关系。

3．构建素质教育课堂教学目标体系：结构与过程的统一，认识与情谊的统一。

4．构建充满生命力的课堂教学运行体系。

5．转变学生的学习方式。

3.8 现代教师专业成长的有效路径

读书—教书—名师，应是现代教师成长的有效路径。教师的专业要像医生律师一样不可替代。现实社会不缺想做官的教师，缺的是爱读书的教师；现实中不缺搞应试的教师，缺的是有思想的教师。我们应学习以下三位名师，找准教师人生成长坐标。

3.8.1 书生校长程红兵

"我完全可以骄傲地说，作为上海市重点中学的校长，我仍在教书！"

程红兵，1961年生于厦门，1982年江西师范大学毕业，分配到上饶从事高中语文教学。中学语文特级教师，全国"五一劳动奖章"获得者，享受国务院政府特殊津贴，上海市建平中学校长，华东师范大学特聘硕士生导师。

华东师范大学大夏书系给《书生校长》的推荐词：

"书生校长其实也有一点优势，那还是跟书有关。书读得多了，眼界开阔了，知道以前人做过什么，现在同行在做什么；书读得多了，知道的多了，不自觉地就会比较，一比较就知道什么是毫无意义的伪问题，于是不去浪费时间，去掉伪问题，就容易抓住有价值的根本问题，于是心无旁骛地做下去；书生常常有书生气，喜欢较真，做事情先要把它想明白了，然后拟订规划，不自觉地把自己想象成战略家，自鸣得意，然后真诚地鼓动老师们一点点地去做，或许真诚的校长容易打动人，或许老师们本来就是读书人，容易理解书生校长的意图。"

成长轨迹：教书—赛课—读书—著书—成名—校长。

3.8.2 爱心教师李镇西

李镇西，男，四川乐山人，1958年8月生，苏州大学教育哲学博士，中学语文特级教师，曾荣获四川省成都市优秀专家、2000年"全国十杰中小学中青年教师"提名奖。现任成都市武侯实验中学校长。

他在语文素质教育、青春期教育、班级民主管理、后进生转化方面成绩卓著，他的"爱心民主"的教育思想和实践模式在广大教师中有巨大的号召力和影响力，他的教育事迹震动了教育界。

《爱心与教育》的编辑推荐语：

"让所有人感动流泪的教育故事，'中国的苏霍姆林斯基'，特级教师，杰出教育家，家长信任、学生信赖的班主任，荣获中共中央宣传部'五个一工程'大奖、冰心图书大奖、中国教育学会'东方杯'科研成果一等奖。

《爱心与教育》，一本新时代的教育新经典，一本改变千万教师的教育名著，一首感动广大读者的教育诗，一个永远美丽的教育童话。"

李镇西是中国的苏霍姆林斯基式的教师。李镇西对学生真挚的爱，学生对李老师爱的回报，让成千上万的读者——教授、学者、公务员、学生及其家长感动流泪。李老师所到之处，总有很多风尘仆仆朝圣般赶来听他讲座的教师和学生。很多教师读了本书后，深为震撼和自省，从此改变了态度，因而改变了人生。

1999年，本书荣获中共中央宣传部"五个一工程"大奖、冰心图书大奖、中国教育学会"东方杯"科研成果一等奖，全国各大媒体争相传播，时至今日，因为广大教师的追捧，《爱心与教育》已成为教育新经典。

成长轨迹：教书—赛课—班主任—成名—著书—校长。

3.8.3 草根教师马安健

湖南炎陵县鲁坑小学教师，特级教师。1979年获全国劳动模范称号，1984年被评为全国优秀班主任，是第六届全国人大代表。1959年后长期从事山区小学复式教学。坚持勤工俭学，实现该地儿童免费入学，并扫除青壮年文盲。著有《复式教学浅谈》。

在炎陵县大山深处，马安健致力农村教育50年，其中在鲁坑小学教书做校长35年，使鲁坑小学的农村复式教育在全国闻名。

为解决山区适龄儿童上学难问题，马安健创办了一所民办复式小学。没有黑板，用旧门板在上面涂上锅底灰，再刷上桐油当黑板；没有课桌，借用农户的八仙桌和梳妆台；没有粉笔，就用石膏泥做；学生交不起学费，他带领学生收油茶籽、砍伞把竹、养鱼，用双手创办起一所四个年级的民办复式小学。

为确保学龄儿童100%入学，他办起了开放式学校：学生要忙农活，可以迟到和早退，农闲再补课；允许学生带弟妹上学；学生交不起学费，马老师领着学生复收油茶籽、挖金钢箆、采山苍术、采树种、育树苗，办米粉加工厂……用勤工俭学的收入，改善办学条件，添置教学设备，学生实行全免费上学。

在教学实践中，马安健大胆探索，改革传统的教学方法，创立"短动教学法"和"复式班课堂四步教学法"，研制出35种教具，2006年，"汉字结构分析示教板"获得国家专利。

成长轨迹：教书—坚守—探索—专家。

3.9 现代教师新发展：创新成长

中国教育学会目标教学专业委员会理事长张志勇指出："与西方发达国家的教育相比，我国的教育观念层面的差距，比物质层面的差距更大，教育的精神贫困比物质贫困更可怕。教师中心、学科中心、课堂中心是传统的'接受式教育'赖以存在的基础，要推动由接受式向创新教育的转变，建立创新人才大量涌现的新型教育，就必须超越传统的'三中心'教育思想的束缚，彻底向传统的'三中心'教育思想的告别，以实现教育思想的重建。"

创新教育应成为教育模式改革的灵魂，通过培养学生的学习能力、探究能力、交流合作能力、表达沟通能力及组织管理能力，提高学生的创新意识、创新精神、创新能力的素养。这一创新教育的改革是现代教育模式发展的必然选择。

3.9.1 创新教育视野下的教育创新必须关注教师自身的创新。

创新教育需要培养和造就创新型教师，没有适应创新教育的教师就不可能培养出创新型人才。那么教师如何提升自身的创新素养呢？一般来说要注重六个方面的创新素养：

一是教师必须树立为学生成长服务、为未来创新型社会发展服务的理念，只有树立创新教育理念的教师，才能对其教育目标和教学的方法、原则、价值观等的认识进行有效的引领；二是适应创新教育的教师具有较为全面、广博、涉及当代科学与人文领域的基础与专业知识，能较好地满足学生的求知欲和好奇心；三是教师应具有适应创新教育需要的创新能力，包括教学方法的选择与运用能力、创新教学模式的设计与创新能力、激发学生创新动机与思维的能力、教学研究与迁移能力；四是教师自身应具备较强的创新品质，乐于接受新事物，以积极的心态面对新变化，迎接新挑战；五是教师应具有较强的反思能力，善于反思和超越传统的传承教育，在实践中创新教育方法、教育策略，提升创新教育教学能力，不断突破自我、发展自我；六是在师生关系上，教师应具有民主、平等的意识和观念，努力使自己成为学生发展的引导者、促进者、合作者。

3.9.2 教师如何提高自身的创造性思维教学能力

1. 对创造性思维能力的发展认识。

过去很长时期人们普遍认为，人的创造性思维能力是一种天赋的才能，不能通过后天的培养和启迪产生。心理学家们在早期的智力研究中只注重智力测验，注重智商水平的研究，却忽视了后天人的智力的培养与开发。直到20世纪50年代后期，人格心理学的研究开始关注个体创造性思维能力发展问题，认识到创造能力在后天发展的可能性。

2. 在教学中关注创造性思维培养的教育方法。

20世纪70年代末以来，国际普遍关注创新型人才的成长，尤其关注基础教育的教学方式的选择，其中关于启发性思维的教学成为教师专业素养的重要追求目标。在教学实践中，更加注重培养学生的思考能力，积极引导学生勤于思考、敏于推理、善于概括、精于问题解决。特别是21世纪初，我国基础教育的新课程改革实施，要求在学科教学中转变教学与学习方式，采取自主、合作、探究方式培养学生实践能力和创新精神，突破了传统的知识主体、教师中心、学生被动接受学习的模式，使创造性思维能力培养的教育教学成为中小学生发展的重要内容和目标。

3．提升教师的创造性思维教学能力的途径。

创造性思维能力的培养，必须有创造性思维教学能力的教师。提升教师创造性思维教学能力必须从以下几方面着手：

（1）培养创新精神，掌握创新知识。教师是教学的主导者、引领者、促进者，教师应在思想观念上、方法上、知识的组织上具有创造性。一个思维迟滞的教师不但不能培养出创造性的学生，反而会阻止、扼杀学生的创造力的开发。教师要通过学习思维科学、创造学建立合理的知识结构，把握知识与能力的关系，积极参与教育科学研究及科技实践活动；教师还要不断学习新课程相关的教育哲学、人才学、创造学、教育方法论，帮助学生开阔眼界，优化知识结构，才能在教育教学工作中更好地指导和培养学生。

（2）运用创造性课堂教学模式教学。创造性课堂教学是发展学生创造性思维能力的重要教学方式，其基本模式是：引起关注—启发思考—验证和应用结论。有基本模式分化产生几种常用教学模式，是教师必须认识和运用于教学的。

教学模式是在一定教学思想指导下所建立起来的完成所提出教学任务的比较稳固的教学程序及其实施方法的策略体系。要培养学生的创造性思维，就应该有与之相适应的，能促进创造性思维培养的教学模式，当前创新教学模式主要有以下几种形式。

①开放式教学模式。这种教学模式在通常情况下，都是由教师通过开放题的引进，学生参与下的解决，使学生在问题解决的过程中体验学科的本质，品尝进行创造性学科活动的乐趣的一种教学形式。开放式教学中的开放题一般有以下几个特点：一是结果开放，对于同一个问题可以有不同的结果；二是方法开放，学生可以用不同的方法解决这个问题，而不必根据固定的解题程序；三是思路开放，强调学生解决问题时的不同思路。

②活动式教学模式。这种教学模式主要是"让学生进行适合自己的学科活动，包括模型制作、游戏、行动、调查研究等方式，使学生在活动中认识学科知识、理解学科知识、热爱学科精神"。

③探索式教学模式。这种教学模式只能适应部分的教学内容。对于这类知识的

教学，通常是采用"发现式"的问题解决，引导学生主动参与，探索知识的形成、规律的发现、问题的解决等过程。这种教学尽管可能会耗时较多，但是磨刀不误砍柴工，它对于学生形成整体能力、发展创造性思维等都有极大的好处。

④问题情境教学模式。这种教学模式注重在教学活动中创设问题情境，激发学生的求知欲，培养学生思维的灵活性和独特性等创造性思维品质。其基本模式是：创设情境—学生参与—问题解决—总结转化。

⑤求异教学模式。这种模式注重对同一问题探求不同的、特别的结论的思维过程和思考方法。其基本模式是：提出问题—求异思维—选择最佳。

⑥导学式教学模式。这种模式主张在教师指导下学生自主学习，教师重视学法指导，培养学生的学习能力。其基本模式是：引导—自学—质疑—精讲—演练。

第四章
创新教育的实践研究

湖南省株洲市于2011年全面启动中小学学科课程基地建设，2012年3月在全市14所省示范高中范围内通过申报、评审程序遴选了5所基础较好、校长有先进的教育理念、致力于创新教育实验试点的学校，作为创新人才培养教育改革试点学校。2012年7月湖南省教育厅制定了长沙一中等学校创建现代化实验学校的文件，把培养创新型人才教育作为了现代基础教育的主要内容进行实践探索。

4.1　创新学校发展机制的改革实践

2012年7月2日，湖南省教育厅印发《长沙市一中、湖南师大附中现代教育实验学校建设实施方案》，对各市（州）、县（市、区）教育局，长沙市一中、湖南师大附中，各省级示范性普通高中就实施工作有关事项作出通知与要求。

长沙市一中、湖南师大附中要按照《实施方案》的整体规划，全面开展现代教育实验学校建设，以提高人才培养质量为核心，以体制机制创新为动力，深入探索全面实施素质教育、人才培养体制改革、基础教育课程改革和现代学校制度建设的基本内容、方法和途径，努力构建拔尖创新人才培养基地，为培养拔尖创新人才奠定基础，为湖南普通高中改革发展提供可供借鉴的经验。

各市（州）、县（市、区）教育局、各高中学校要根据普通高中多样化发展的要求，分类、科学规划区域内普通高中发展定位，充分借鉴一中、附中《实施方案》在现代学校制度、现代教育教学体系、教师专业发展支持体系、学生发展支持服务体系建设等方面的改革和建设思路，结合本地实际，实现体制机制创新，全面推进我省普通高中发展，分类建设优质高中资源，满足群众对优质高中资源的需

115

求，满足学生全面发展和个性发展的需要。

链接——

长沙市一中 湖南师大附中：现代教育实验学校建设实施方案

为进一步推进湖南省基础教育综合改革，加快基础教育现代化建设步伐，经省教育厅批准，长沙市第一中学、湖南师范大学附属中学决定开展现代教育实验学校建设工作。为确保建设工作的有序开展，特制定本实施方案。

一、指导思想

遵循《国家中长期教育改革和发展规划纲要（2010—2020）》精神，以提高人才培养质量为核心，以体制机制创新为动力，深入探索全面实施素质教育、人才培养体制改革、基础教育课程改革和现代学校制度建设的基本内容、方法和途径，为湖南普通高中改革发展提供样板。

二、实验目标

1．质量目标

——坚持以人才培养作为学校办学定位，坚持以人才培养质量作为质量追求的终极目标。

——建立拔尖创新人才培养基地，培养拔尖创新人才。

2．体制机制建设目标

建立并不断完善与现代教育相适应的制度体系和机制体系。

三、实验内容

（一）建立现代学校制度

加强学校管理体制改革与制度建设，实现"依法治校、民主治校、学术治校"，按照教育规律和学术规律建设发展学校。

——依法治校：完善校长负责制，依法落实校长办学自主权，积极探索课程设置、人事制度和内部分配体制的改革；依法推进教育教学改革，促进学校全面健康可持续发展；依法保障学生合法权益，促进学生全面而有个性的发展；依法保障教师合法权益，促进教师队伍专业发展，培育一大批教育教学名师。

——民主治校：依法落实民主管理职能、民主监督职能，制定完善规章制度，明确监督事项，规范议事程序。重点是完善校务会议制度、教职工代表大会制度、工会制度、学生会制度、家长委员会制度、校务公开制度等。

——学术治校：依法落实教师在教育教学、教研教改、学校管理中的地位和作用，完善学术委员会制度，制定学术委员会章程，明确工作职能和程序。

（二）建立现代教育教学体系

全面建立以能力为导向的教育教学体系，实现从知识体系向能力体系的转变。

1．完善现代课程体系

——科学实施国家课程。开齐开足国家课程，按照《普通高中课程方案（实验）》和各学科课程标准，联系学生和学校实际开齐开足国家课程；加强技术类、综合类、实践型课程建设，应进一步制定和完善通用技术、信息技术、研究性学习、社区服务与社会实践活动等综合类课程的实施方案，进一步明晰课程目标、课程内容、课程方法、课程评价等，切实提高理化生等学科的实验操作能力，增强学生的探究和创新意识，学习科学研究的方法，培养信息素养和综合运用知识的能力；加强选修课程建设，激发学生的发展潜能，满足其发展需求，提供多样化的课程选择。

——以人文教育为核心建设地方课程和校本课程。加强社会主义核心价值观教育、传统美德教育和湖湘文化教育，构建学校文化特色。

——建设合作课程。学校与国内大学、科研院所、海外教育机构、社区单位以及企业等合作建设课程。

——建设拓展课程。学校根据学生的实际需求，广泛开设讲座、报告、讨论等形式的拓展课程，形成课程系列。

2．建立现代教学组织体系

贯彻因材施教原则，促进学生个性发展和充分发展。

——实行选课制度。实施分层教学选课制，同一年级多个班级同一时段开设不同层次的同一课程，在保留行政班的前提下，建立不同层次（至少3个层次）的教学班，引导学生根据自己原有学科基础和自己的人生发展规划，实行选班学习；实施分项教学选课制，同一年级多个班级同一时段开设同一课程中的不同选项或者不同模块，学生依据自己的兴趣或需要自由选择不同的项目或模块学习。学生选课实行备案制，不进行选课测试。在选课过程中，教师应加强指导，学生家长可以参与选课。

——实行首席教师制度。每一课程按照层次或项目设立由首席教师、主讲教师、助理教师组成的课程教学团队。首席教师负责该层次该项目教学全部过程，其主要职责是统筹规划该团队的整体建设，包括教学内容、教学方法、教学评价等，重点研究本层次或本项目的学生特点，承担本层次或本项目的课程教学。主讲教师自觉落实课程计划，承担主要教学任务，促进课程目标的达成。助理教师协助首席教师和主讲教师编写课程讲义与课内外练习，重点开展个性化辅导和考试分析，并帮助后进生提高学业成绩。

在得到广大学生、家长以及社会各界认可的基础上，在探索出一定管理经验的基础上，将实施只有层级没有年级、只有周期没有星期的全新选课新体制。

3. 建立自主、合作、探究的课堂教学体系

在因材施教、学思结合、知行统一的育人原则和新课程三维目标的指导下，围绕提高学习效率、减轻学生负担这一核心，以学定教，开展自主、合作、探究的课堂学习方式方法的探索。

——积极激发自主学习。充分调动学生学习的主体性、主动性，以师生和谐合作为纽带，以自学、互学、提问、释疑为过程，以激发学生学习兴趣、提升学习品质为目标的生态课堂。

——积极引导合作探究。严格控制班额，改变座位编排方式，根据学生的能力和个性差异，组建合作探究学习小组，发挥学生最大的学习潜能。

——积极开展个性化辅导。切实减轻学生负担，在课前、课中、课后积极开展兴趣培养、能力提升、学业进步等方面的个性化辅导。

——开展课时分段制探索。每节课课时为40分钟，每节课40分钟再按一定比例分给学生自学、讨论和老师释疑、提升。每天最后一节课由学生自主安排。

教师应为学生开展自主、合作、探究学习搭建平台，教师是学生学习中的伙伴，主要是在课程兴趣、学习方法、课程体系与课程价值等方面对学生进行导向，帮助学生解决学习中的疑难问题，引导学生实现学习内容的归纳、梳理与创新。

4. 加强教学手段的现代化

以应用为核心推动课堂教学手段的现代化。认真开展信息技术与学科教学的整合研究、信息媒体在课堂学习中的应用研究、优秀课堂教学资源的开发研究，建设立体交互式共享信息平台和资源库，充分发挥信息技术的优势，实现教学内容的呈

现方式、学生的学习方式、教师的教学方式和师生互动方式的变革。

5．建立现代课程资源体系

学校积极开发并合理利用校内外各种教育教学资源，提高人才的培养质量。

——建设高水平的数字化图书馆和课程网吧，建设高规格的网络课程资源，工作日定时开放，节假日全天开放。

——建设高标准的适应学生发展的学生分组实验室、小组合作探究实验室、研究性学习课题实验室、高端实验室以及综合实验室，全面开放，为学生开展常规实验和拓展实验创造条件。

——与高校以及科研院所联手共建，面向全体学生开放部分高校的一般实验室、图书馆；面向兴趣浓厚的部分学生开放高校、科研院所的重点实验室和核心资料库。

——加强校际之间以及学校与社区的广泛合作，注重普通高中教育与职教、成教课程资源的融合与渗透，努力实现课程资源共享。

——面向世界建立一批国外学习生活基地。

（三）建立教师专业发展支持体系

学校应立足岗位，着眼长远，积极建立促进教师专业能力持续发展的支持体系，鼓励教师大胆探索，创新教育思想、教育模式和教育方法，形成教学特色与风格，成为研究型、学者型教师和教育家。

1．建立教师校本研学体系

——教师应立足岗位，广泛阅读，提高教育教学理论水平，并反思自己的教育教学实践，转变教育观念、思维模式，实现教育创新，提升育人水平。

——教师应在爱与责任的激励下，不断增强教书育人的责任感和使命感，关爱学生，淡泊名利，以高尚的人格和渊博的学识感染学生，成为社会楷模。

——开展新老教师结对、自然状态下的课堂教学研究等形式多样的同伴互助活动。

——开展以课程教学团队等为单位的课题研究，发挥首席教师的引领作用，研发教学资源，撰写教研论文，培养一批骨干教师和学科带头人。

2．建立国内国际合作培训体系

——与国内名校合作培训教师。学校每年安排数名教师以访问学者身份，赴重点师范大学或知名中学拜师学习，以三个月或半年为一个访问周期，着力提高中青年教师教学科研水平和管理水平。

——鼓励支持以中青年教师为主，通过在职学习、脱产进修、远程教育等途径攻读教育硕士、博士学位，提升学历水平。

——与海外学校合作培训教师。学校每年安排数名中青年优秀教师或管理人员赴海外参加为期3个月到半年不等的研修培训，以培养教学科研能力和创新意识为重点，学习国外先进的教育理念和管理方式，提高办学水平。

3．建立教师教研成果孵化与推广机制

——学校设立现代教育实验学校教育科研专项基金，用于激励支持广大教师尤其是青年教师开展教育教学研究。凡有好创意，且符合教育规律的教研项目，均可以申请基金支持实验。

——引导在教育教学实践中成效显著的教师不断总结、提升自己的教学经验，并向有关报纸杂志推荐发表。

——学校设立教育科研成果奖。凡在公开刊物上发表的教育教学论文，或参加教育主管部门、教育学会系统组织的评选活动获奖的论文、课题等，都予以一定的奖励。

——对有应用价值的教研成果，通过召开成果报告会、编印优秀成果集、资助出版专著等形式予以大力推广。

——把教师的教研工作实践纳入教职工年度考核体系。

4．建立促进教师身心健康发展机制

学校关爱每一位教师，建立促进教师身体健康、心理健康、道德高尚和社会适应良好的发展机制。

——倡导教师加强体育锻炼，普及科学的健身方法和健身知识，树立"每天锻炼一小时，健康工作五十年，幸福生活一辈子"的健康生活理念。

——对教师的身体健康状况实行年检，建立健康档案。

——建立教师俱乐部，丰富教师业余生活，引导教师形成积极向上的文化追求。

——引导教师追求教书育人的成就感和幸福感。

——营造平等民主和谐的教育教学氛围，经常性地开展集体活动，为教师提供交往的机会和必要的经费保障。

5．建立教师评价体系

建立促进教师不断提高的评价体系，对教师进行师德师风、教研教改和促进学生成长等方面的综合性评价，完善教师遴选与聘任制度，优化教师结构。

（四）建立学生发展支持服务体系

1．建立全体学生全面发展的保障体系

——开齐开足开好国家课程，建立面向全体学生、为每位学生的不同发展服务的分层课堂教学体系，保证学生在课堂上有足够的时间去理解、探究、发现、体验，确保每一位学生实现共同基础上的全面发展。

——建立健全导师制。每位学生从入校开始即配备一名学习与生活导师，导师一直跟踪管理到该生毕业。导师全部由在岗教师组成，主要职责是引导学生树立正确的学习观、成才观，掌握良好而高效的学习方法，帮助学生克服成长中遭遇的种种挫折，每学期为该生完成一份学习生活评价与导向报告。

2．建立学生个性发展的支持体系

学校应为学生的个性发展提供尽可能的支持。

——学校注重创设多样的校园活动平台。每个学习工作日的最后一节课，均为学生在教师指导下自主支配的体育锻炼、科技活动、社团活动、研究性学习活动、考察体验活动等活动时间。每学期系统地组织社团节、艺术节、读书节、体育节、科技节等，为学生提供广阔的展示舞台。

——建立校外实践活动平台。学校充分调动社会各界力量，广泛整合社会资源，建立不同类型的教育基地，系统地开展军营生活、农村生活、企业生活、社区生活、国外生活等综合实践活动。

——面向高潜质学生，实施拔尖创新人才早期培养计划。加强与大学教育的衔接，鼓励学生参与高校实验室的部分课题研究，与高校和科研机构联合培养，帮助其成长为卓越人才。

3．建立个性化的作业体系

首席教师负责的教学团队，根据学生原有基础以及课堂学习情况自行编制分层的课堂作业和课外作业。一个班一般区分为高中低三个层次的作业，由学生选择完成。在作业编制中坚持精选原则，严格控制难度与数量，注意作业的层次性，开发充满个性的实践型、研究型、论文型、学生创作型等新型作业。

4．建立个性化的学业辅导体系

每个学习工作日下午的最后一节课、晚上七点至九点，开辟学科辅导专用教室和讨论室，本年级学生可以自由进出，主动询问，接受学科专任教师的义务辅导，重点是指导学习方法，帮助学生完成学科作业。对学业有困难的学生，采取"一帮一"、"教师个别指导"等帮扶措施，激励、帮助学业暂时落后的学生取得进步。

5．建立心理健康辅导体系

学校通过心理健康选修课、心理健康讲座、心理普查与心理咨询等方式，加强心理健康教育，帮助学生解决学习、生活中的心理困扰。

6．建立家庭困难学生救助体系

学校开展爱心救助活动，设立"家庭困难学生助学金"，用于抵减家庭困难学生的学杂费和补助贫困学生的生活费等，认真落实"国家助学金"项目，确保不让一个学生因贫困而失学。

7．建立综合素质评价体系

建立促进学生全面发展的综合素质评价体系，加强学分管理与学分的应用。注重形成性评价与终结性评价的有机结合，加大健全人格、思想品德评价的权重，注重发展过程中的诊断与矫正。

（五）建立优质教育资源均衡配置体系

均衡配置省属优质高中资源，长沙市一中和湖南师大附中两所省属学校恢复面向全省招生，实现省属优质高中资源全省共享。

1．两校招生主要面向少数民族县、国家和省扶贫县、革命老区县。

2．两校面向全省招生实行自愿原则，即以县市区为单位自愿申请加入一中、附中招生范围，学生自愿报名。

3．两校面向全省招生以当地中考成绩为依据，两校仅组织面试，考察学生的综合素质、综合能力和个性特长，不另举行笔试和学科测试。

4．一中、附中面向全省招收的学生注册一中、附中学籍。

四、实施保障

1．组织保障。成立领导小组，由省教育厅厅长任组长，主管基础教育工作的副厅长、两校校长任副组长。

2．师资保障。配足配齐符合新课程开课要求的专业教师数量，省教育厅协调省编办、省人保厅根据学校创建现代教育实验学校实际需要适度增加编制。适当引进国内外知名教师，建立一支较为稳定的外籍教师队伍，满足学校双语教学的要求。

3．资金保障。省教育厅根据两校建设现代教育实验学校的需要，增加相应投入，主要用于现代教育设施的更新、教师专业培训和实验探索。

4．2 信息化环境下创新人才培养的实践研究

链接——

株洲市一中信息化环境下创新人才培养的实践研究

一、项目申报背景

（一）政策背景——政策支撑和依据

《国家中长期教育发展规划纲要（2010—2020年）》指出："坚持以人为本、全面实施素质教育是教育改革发展的战略主题，是贯彻党的教育方针的时代要求，其核心是解决好培养什么人、怎样培养人的重大问题，重点是面向全体学生、促进学生全面发展，着力提高学生服务国家服务人民的社会责任感、勇于探索的创新精神和善于解决问题的实践能力"。探寻学校教育创新人才培养模式，是当前教育界最大最为紧迫的头等大事。我市被省教育厅确定为普通高中教育教学改革试点单位后，积极探索创新人才培养模式，实施项目管理，充分发挥地方、学校和师生的主动性、积极性和创造性，大胆改革创新，激发发展活力，增强竞争能力，要求全面形成富有效率、更加开放、千校千面、一校一品、独具特色的办学理念、模式和风格，这无疑是整体推动区域性基础教育品牌研究与实践的重要举措，同时也给各学校发展提供了新的机遇。

（二）理论背景——对于创新人才及培养的理解

目前教育界普遍认为基础教育阶段创新人才培养主要包含创新意识、创新思维、创新能力和创新人格四个维度的培养。创新意识，是从事创新活动的积极性源泉，是推崇创新，追求创新，以创新为架的意识或理念。创新思维就是给已有的知

识建立起新的联系或对已有的知识进行新的组合的思维方式，其具有独创性、灵活性和流畅性。创新能力是一种特殊的解决问题的能力，其特殊性在于个体在解决问题的过程中能够产生出具有新颖性和恰当性的产品，这种产品包括一切有形的或无形的成果，如方法、观点、作品等。本项目认为基础教育阶段创新是对于活动者本人而言的，是活动者以往从没有想到的或做到的，是个体意义上的创新能力。创新人格，是指个人在创新方面稳定的不易改变的心理和行为上的一种特质。这种特质一旦形成，就将成为助推一个人持续创新的原动力，其主要包括健康的情感，坚强的意志，积极的个性意识倾向性，刚毅的性格和良好的习惯。

（三）现实背景——学校基本情况和办学优势

我校创建于1942年，是株洲城区基础教育的发源地。现有42个教学班，学生1570人，现有教职工189人，其中特级教师3人，市级学科带头人、骨干教师34人，高级教师71人。2011年学校成为株洲市信息技术学科基地和心理健康特色项目基地；2012年，被国家教育部确定为第一批信息化试点学校，被湖南省教育厅确定为中小学教师教育技术能力建设培训基地。

在70年发展历程中，全体教职员工秉承"搏"的校园精神，夯实基础、内涵发展，成就了辉煌事业，连续三年获"株洲市教育质量管理突出贡献奖"，连续两年被评为"优秀学校"，逐渐形成了自身独有的特殊优势。

1. 创新培养硕果累累

早在上世纪90年代，学校就开始了创新人才培养的探索，成立了学校发明协会，定期开展活动，成果获国家级一等奖；本世纪初以来，对于拔尖人才培养模式做了有益探索，先后培养出湖南省文科状元、株洲市理科状元，还向北大清华输送了多名学子。在长期探索中积累了丰富的创新人才培养经验。

2. 教学质量全面提升

在新课改理念引导下，学校不断深化教学改革，创新教学管理方式，学校教学质量全面提升。近三年，学考正考通过率达到99.6%以上，高考连续实现新突破，上线率达100%，二本录取率达55%。这些发展提升搭建了我校教育教学质量高位发展平台，为培养拔尖创新人才奠定了良好基础。

3. 课程建设日趋完善

近几年，学校尝试基础课程与拓展课程相补充的课程结构，不断从课程设计、课程实施等方面支撑学校创新人才的培养。学校目前有成熟的社团12个，任意选修课程35门，创新学校艺术教育模式，基本形成了"校本课程超市"。

4. 高效课堂逐步成熟

学校课堂教学改革不断深化，"三主三精三环节"高效课堂逐步成熟，各学科在学校总体课堂教学模式探索的基础上逐步形成具有学科特点的课堂模式，课堂充分体现"教师主导、学生主体和创新思维培养为主线"的模式，获评"株洲市课改样板校"。

5. 学校管理独具特色

近几年，学校不断理顺管理体制，创新管理机制，对干部、职工管理实行分层级绩效管理，对学生实行半封闭式管理和静校管理，逐渐形成了具有学校特点的管理文化。

6. 发展内涵不断丰富

近年来，学校充分利用"株洲市信息学科基地"和"株洲市未成年人心理健康辅导总站"的优势，通过课题研究和地域辐射，不断探索信息化环境下现代学校建设的模式，已成为株洲市唯一的教育部首批教育信息化试点单位，正在进行"信息化环境下高中校本研修模式探索"研究，教师专业化程度不断加深，信息化现代学校正在形成。

于学校而言，实施"信息化环境下现代实验学校创新人才模式探索实践研究"项目意味着在现有基础上进一步探索创新人才的培养模式，让不同优势、不同潜质的学生享受创新教育，得到最大的发展，让教师团队成为创新型教师团队，从而实现学校内涵发展和跨越提升，建成创新型学校。

二、项目实施目标和内容

（一）探索创新人才的培养模式

着力培养学生的创新意识、创新思维、创新能力和创新人格。依托学校为株洲市心理健康教育基地和未成年人心理辅导总站的优势，运用各种量表对学生的创新意识、思维、能力和人格进行科学测量，设计适合学生的创新成长方案，设计和实施创新课程；在课堂教学中培养学生求新、求异、求变意识；倡导"问题发现与解决"教学，注重让学生创新地解决社会生活中的实际问题，为学生未来创新发展奠定基础。

（二）探索创新型学校的建设模式

依托教育部信息化试点单位优势，打造一流的资源、管理平台，建立现代化数字校园，推动教育教学和学校管理信息化；形成创新性评价制度；提升学校管理品位，建设创新型学校。

（三）探索创新教育的联动机制

通过区域联动机制，研究信息化环境下创新人才成长和培养的阶段特点，指导建立区域性基础教育学段创新人才培养模式，探索创新人才的出口衔接机制。

三、项目实施路径

（一）打造创新型教师团队

充分发挥教育部课题"信息化环境下高中校本研修模式探索"的引领作用，对教师的创新性内隐观进行调查，通过校本研修，逐步改变教师的创新性内隐观；各学科组进行"学科教学中创新思维培养实践研究"，改变课堂教学和课后辅导的方式，为学生提供创新教育，促进教师专业化发展，打造适合开展创新型教育的创新型教师团队。

（二）建设创新型课程体系

根据学生和项目研究需要，改革和重新设计课程，为学生提供"套餐式课程"。课程设计倡导"以兴趣促励学生，以理趣启发学生，以情趣打动学生，以知识丰富学生，以能力提升学生"的人性化目标，拟设计"套餐式课程"：国家规定的基础型课程，必选和自选相结合的拓展型课程，有校本特色的、学生必选的研究性课程和以自理、自立、自主管理、自我教育为主要内容的生活经验课程。

（三）构建创新型智慧课堂

通过"三主三精三环节"高效课堂模式的深化和"问题发现与解决"教学的推行，鼓励教师不断激发学生创新动机，发现问题并创新地解决问题，落实"自主"、"合作"、"探究"学习，从而转变教师教学和学生学习的方式，培养学生的创新意识、思维，帮助学生形成创新能力，在过程中不断完善学生的创新人格，为未来的创新发展奠定基础。

（四）建立全新的联动机制

在区域内，建立小学、初中、高中及大学联盟，研究创新人才在各学段，尤其是初高中所表现的不同特质，指导设计有效培养方案和课程套餐，并对实施情况进行跟踪分析，逐步形成较为成熟的区域性各学段创新人才培养模式。

四、项目实施步骤

（一）启动阶段（2012年7月—2013年1月）

主要工作：总结、调研、制定方案和选拔人才

对于项目实施进行调研，制定出项目实施方案，《株洲市一中创新型人才培养的选拔方案》、《株洲市一中创新型人才培养的课程体系》、《株洲市一中创新型人才培养的教学管理方案》、《株洲市一中创新型人才培养的师生评价体系》等具体操作方案，在全校师生和招生范围内广泛宣传，确定好区域内联动学校联盟，并选拔好参加项目实施的培养对象。

（二）实验探索阶段（2013年2月—2015年7月）

根据方案，实施项目，开展研究，培养人才，并做好记录。

（三）总结归纳阶段（2015年7月—2015年12月）

主要工作：总结、反思，完成研究报告，构建成熟的创新人才的培养模式并进行推广。

五、项目实施保障

（一）政策保障

此项目实施需要纳入"株洲市创新人才培养实践研究"项目管理，享受"株洲市创新人才培养试点校"的政策支持，建立教师人才引进和各学段创新人才培养对象入校的"绿色通道"，确保项目的实施主体和实施对象无障碍进入。

（二）组织保障

设立创新人才培养指导小组，由校长、书记牵头，整合科研室、教务科、教研组长和校外项目实施专家团队等力量，制订符合学生发展的个性计划，保证给学生营造一个既宽松又有效的学习和发展空间。

（三）资源保障

搭建一流的信息管理和资源平台，引进教育云技术，更新教师的教学设备，建成信息网络环境下的录播室、各学科功能实验室、学校网络电视台等。

（四）经费保障

学校将建立"创新人才培养"专项经费，用以支持师生的项目研究及相关活动，主要包括教师学习培训费40万、创新人才培养对象交流和学习费用30万、资源

平台建设费120万、课题调研及实施经费20万和成果奖励费用50万，共计260万元。
（2013年3月）

4．3　创新型人才个性化培养初高中衔接实验项目方案

链接——

株洲市四中创新型人才个性化培养初高中衔接实验项目方案

2006年株洲市实施义务教育管理体制调整，初、高中分离办学，加之初、高中课程改革尚不完善，导致目前初、高中教育在学生的学习习惯养成、学习方法指导、学习内容递进、学习能力提高等方面衔接不紧，从而降低了中学教育培养效益。为落实市教育局《株洲市城区基础教育三年攻坚计划》等文件精神，探索株洲教育发展新思路，创造初高中教育衔接新模式，创新创新型人才培养方式和管理模式，满足不同类型的创新型人才成长的个性化需要，特制定本实施方案。

一、指导思想

遵循《国家中长期教育改革和发展规划纲要（2010—2020）》精神，遵循人才成长规律，以提高人才培养质量为核心，以初高中衔接为突破口，改变人才培养模式单一现状，提高学生思维品质，推进普通高中多样化发展和体制机制改革创新。全力实施创新型人才培养工程，在体制机制创新、师资队伍建设、课程设置与实施、课程教学改革、学生学习管理、资源开发与利用、师生综合评价等方面进行改革、实验和创新，深入探索全面实施素质教育、创新型人才培养改革、基础教育课程改革和现代学校制度建设的基本内容、方法和途径。

二、实验目标

（一）不同优势、不同潜质的学生得到最大限度的发展，学生的创新意识、创新精神、创新思维、创新能力得到全面培养，学生的潜能得到彰显，特长得到发挥，实现个性发展和全面发展。

（二）特长学生在学科竞赛、科技创新竞赛、艺术竞赛、文学创作等方面成绩优秀，并在此基础上有更多学生进入高水平大学。

（三）依托景弘中学的课改经验和市四中的办学特色，探索初高中衔接模式，

在创新人才培养和办学体制方面形成有影响的经验。

三、实施措施

（一）体制机制创新

1．根据湖南省教育厅创新高中教育体制机制改革试点要求，推进普通高中多样化发展，争取政策支持，试点初高中衔接教育模式，创新高中教育体制与机制改革。

2．探索试点"二四"学制改革。与景弘中学联合招收两个实验班，从初一年级试点"二四"学制改革，即"初中两年、高中四年"。将初中课程压缩至两年完成，高中从3年延长到4年，为学生创新研究提供更多时间。

3．参加试点的学生正常参加中考，如果报考四中，升学不与考试成绩挂钩。试点学校不改变学段名称。

（二）师资队伍建设

1．按照创新、实验、示范的要求，坚持老、中、青相结合，精选实验班班主任和学科教师，为创新人才培养提供一流的导师队伍。

2．充分利用学校"希望之星"共同体已聘导师资源，发挥导师在湖南省基础教育领域的学术优势和资源优势，聘请他们为实验班的客座教师，定期开展教学、交流、培训等活动。聘请外籍教师担任实验班的口语教师，同时教授部分双语课程和中外文化课程。

3．建立初高中校际合作培训体系。利用与景弘中学对口教学研究单位平台，互派教师学习，培养符合实验班教学要求的学科课程教师和实践课程教师。实验班教师须定期赴景弘中学访问学习，熟悉初中阶段的教学特点、教学模式与管理模式。

4．开展初高中教师结对、初高中衔接课堂教学研究等形式多样的互助互研活动。促进教师转变思维模式、教学理念，改进教学方法，研究适应学生学习和成长的教学方式，实现教育创新，提升育人水平。

5．安排部分高中教师为景弘中学初中试点班学生教授课程，衔接课程、教师、教法、学法。聘请高中学生的部分初中教师作为学生学习成长导师。

（三）课程设置与实施

1．建立校际互修课程体系。根据初高中学习内容衔接需要，与景弘中学联合开设部分课程，形成互补。帮助学有余力的初中学生发展自己的特长，帮助学习基础不牢的高中学生弥补不足，重建知识体系，提升学习能力，为高中培养创新型拔尖人才奠定基础。

2．两校教师联合重新编排课程，整合初中、高中重复出现的知识点，增加教材中没有，但高考有所要求和学生发展需要的内容。开发初高中衔接课程，帮助学生快速适应初高中课程过渡。

3．改进课程设置，统筹初高中课程。除开齐开足国家课程外，增设素质拓展课程和社会实践类课程。

（1）初高中衔接课程

学生进入高中第一个月教授的课程：

初高中学科知识衔接课程（分学科）、初高中学习方法衔接培训、学业规划与发展指导、选课指导

（2）素质拓展类课程

文史类：古文经典阅读、现代散文欣赏、唐诗宋词选讲、写作指要、演讲与辩论、国学与传统文化、新概念英语、英语口语、阅读与写作、国际交流与中外文化双语课程、历史与社会科学、高校自主招生培训

数理类：数学奥赛培训、数学大观园、数学哲学、理化生奥赛培训、实验创新设计、读写与实验整合课程、数学与逻辑、化学与艺术、天文与地球科学、生物与环境

科技类：网页制作、PS、动画制作、简易机器人制作、小发明制作、信息技术与设计

艺体类：现代舞、器乐演奏、素描、剪纸、武术

（3）社会实践类课程

校园学子讲坛、中学生领导力培养、德育主题教育、棋牌运动与竞技

4．课程实施严格按照国家课程计划开课。素质拓展课程和社会实践课程的学分计入校本课程学分。学生根据自己的兴趣或特长进行自主选择。

（四）课堂教学改革

1．完善自主、合作、探究的初高中课堂教学体系。围绕提高学习效率、减轻学生负担这一核心，以景弘中学"一三六"教学模式和四中"四导一评"教学模式为基点，从教学理念、组织形式、课堂结构、教学流程、学生行为等方面进一步探

索、完善，形成符合初高中学生年龄特点、认知规律、学习要求的课堂教学体系。

2．开展个性化辅导。设置专门的辅导室，实施"导师制"，切实减轻学生负担，在课前、课中、课后积极开展动机激发、兴趣培养、能力提升、方法指导、学业进步等方面的个性化辅导。

3．探索课时分段制。每节课按一定比例分给学生自学、讨论、合作、探究和老师释疑、总结、提升、拓展。每天严格控制作业量，语数外每科作业不得超过20分钟，其他科每科作业不得超过10分钟，留给充足的时间由学生自主安排。

4．建立分类分层作业体系。根据学生原有基础以及课堂学习情况编制不同类别、不同层次的课堂作业和课外作业。将作业分为学科类书面作业、实践类作业和跨学科作业几个类别，适度区分作业层次，由学生选择完成。基于课堂教学与作业方式的变革，适时引入现代教育技术，创新信息技术条件下的新型教学方式和作业编制、布置与评价方式。

（1）书面作业要求：A类作业：注重学科知识基础；B类作业：注重学科方法和技能；C类作业：注重综合能力的提升

（2）实践类作业要求：A类作业：注重基本操作的规范性和准确性；B类作业：注重操作技能的熟练和作品的美感；C类作业：注重思维和方法的创新

（五）学生学习管理

1．实施"三静三动三清"的学习管理模式，课前"静心、静气、静神"，使学生尽快进入学习状态；课堂上"动脑、动手、动口"，这是提高学习效率的基础；课后及时"清理资料、清理重点、清理问题"，及时消化，巩固提高，着力培养学生对学习过程的自我管理能力。

2．高中四年有计划地对学生进行培养，通过系列化的实践活动培养优良的道德品质和学习品质。高中预科年级以成长规划为主，高一年级以培养思维品质为主，高二年级以本土情怀与国际视野培养为主，高三培养责任感为主。

3．实行全员管理，全员德育。每一个任课老师都是学生的成长导师，做学生学习中的伙伴，在课程兴趣、学习方法、课程体系与课程价值等方面对学生进行指导，帮助学生解决学习生活中的疑难问题。

4．按照"一个学生至少一个特长，一个学生至少一项爱好"的要求，有针对性的开展课外活动，激发学生的兴趣爱好，开发潜能，尊重每个学生的想法，有目的地进行引导，使学生的思维能够得到充分的发展。

5．按照"一个学生一条成长路径，一个学生一套培养方案"的思路，结合每一个学生的优势、特长、兴趣和学习现状，个性化地制定发展目标、发展路径和成长规划。通过配备适切的导师和个性化的辅导以及建立学生信息档案和成长档案等方式实现培养措施。

（六）资源开发与利用

1．重新思考和定位功能室的作用，对现有功能室进行优化、整合、提质，打破学科和领域界限，增加学生创新能力发展所需的功能室如科技创新实验室、数学实验室、文史实验室、地理实验室等，满足初高中衔接课程教学和学生个性发展所需。

2．在课余时间开放资源场所，让学生丰富知识，充分参与学科实践，提供创新的资源保障。有针对性地开放图书馆、阅览室，为学生提供课外拓展知识的场地；科学使用功能室，让学生有持续性开展探究或实验的时间和空间。

3．认真开设校本选修课程，精心组织各种社团，保证每期开设的校本课程与社团不少于15个。精心安排校本课程与社团的辅导教师，提供开展教学与活动的场地，为学生提供学校最优质的教学资源。

4．营造技术学科、创新发明学习环境，提供师资与设施保障。安排有辅导经验的老师定期组织学生开展电脑作品制作、科技创新发明等活动，为拥有此类特长的学生搭建更多平台。

5．为数理化生等学科的竞赛培训提供必要的师资、经费和课程等资源。

6．针对初中实验班学生有计划、有安排地开放学校的资源场所。为有兴趣和特长的初中实验班学生组建实践类、素质拓展类的学习小组，并给予有针对性的指导。

四、师生综合评价

（一）学生评价

1．知识学习方面，仍以试卷考试的形式进行评价，分A、B、C、D四等，分别为优秀、良好、合格、不合格，按等第赋分。

2．方法与能力方面，以考试或考核的方式对学生进行评价，考查学生的自主学习能力、合作学习能力和探究能力。如小论文的撰写、小课题的研究、主题实验设计、主题模型制作、主题网页制作等形式，评价采用等级制，分别为优秀（A）、良好（B）、合格（C）、不合格（D），按等第赋分。

3．其他方面，对学生取得的各类竞赛成绩、活动成绩、课堂表现、作业完成情况进行赋分评价。

综合以上方面对学生进行综合素质评价，对各项赋分进行统计，按照一定比例分为A、B、C、D四等，同时前三个等级又分三个层次，如A＋、A、A－，对比学生在期初、期中和期末的进退情况进行奖励，并将情况录入学生个人信息档案，便于教学跟踪管理。该评价方式同样适用于新生进校评估和初中学习评估。

（二）教师评价

建立教师发展档案袋，对教师实行发展性评价，依据目标、重视过程、及时反馈、促进发展，用动态的、发展的眼光，对教师进行持续的评价。

1．制定教师素质评价标准，评价教师的师德修养和业务能力。师德修养指政治态度、劳动态度、教育态度、合作态度、进取精神等，业务能力包括组织管理能力、语言表达能力、德育能力、自学能力、科研能力等。

2．重视教育教学过程的评价，提高教师的工作质量。主要考查教师备课、课堂教学、作业批改、课外辅导、成绩考查等教学环节是否达到要求，评价主体为学生。在评价方法上以采用学生评价、教师互评、评委综合评估相结合。

3．做好教育教学工作绩效的评价。从教师的实际工作量、教学效果和教师工作成果三个方面评价教师的工作绩效。（2013年2月）

4．4　创新型人才培养探索

链接——

人大附中的创新型人才培养探索

人大附中从上世纪80年代中期，就开始努力探索拔尖创新人才的早期培养模式，并且取得了比较明显的成效。近些年以来，学校越来越深刻地认识到，拔尖创新人才的培养任务，绝不只是在大学里面，基础教育同样肩负着培养拔尖创新人才的责任。这是因为拔尖创新人才的智能开发，人格以及创新意识和创造能力，基本是在基础教育阶段开始形成，因此应该把小学、中学、大学各学习阶段，作为一个有机的整体，系统地来培养拔尖创新人才。

据统计，在20世纪，150多个诺贝尔物理学奖获得者当中，30岁以下的占20%，40岁以下的占67%，他们大多数都不是大器晚成，而是在二十几岁的时候就已经脱颖而出。假如他们成才需要七八年的时间，那么他成才的过程正好是从基础教育阶段开始的。因此，必须要把发现和着手造就杰出人才的任务放到基础教育时期。在中学阶段，首先要高度重视学生的身心健康发展，其次有三个方面是不可或缺的：一个是知识，二是能力，三是人格。只有这些方面协调均衡发展，才有可能培养出真正具有创新精神和实践能力。人大附中进行了积极的探讨。

第一，知识方面，为学生提供大量可供选择的课程，拓宽学生的知识面，加深学生在某一领域或某几个领域的知识春被。拔尖创新人才很大一部分是在早期就表现出高智商，高潜质的学生，他们在自学能力，独立思维能力，认知能力上，具有明显的优势。并且在其感兴趣和擅长的领域内提供深入学习和挖掘潜能的机会和平台。多年以来，学校一直致力于开发设置有利于拔尖创新人才培养的课程，比如说我们开设了发明创造课，心理导向课等几十课校本课程，开设了包括自然科学、社会科学、综合实践活动、体育与艺术四个领域的150多门选修课，仅外语就开了11种第二外语，并且还开了包括英语(论坛)数学、英语历史等18门学科英语，逐步构建起多元开放的课程体系。丰富的校本课程和选修课程，不仅拓宽了学生的视野，更重要的是使他们有了选择的自主权，从而爆发了学生的学习兴趣，调动了学生们的学习潜能，激发了学生们的创新精神。

对于智能超常的学生，即使学校开了这么多选修课还是不够，所以学校又成立了青少年科技俱乐部，以此为载体，构建多层次的科技创新能力的 培养体系，在课程之外，还通过组建兴趣小组，学生社团等等，对拔尖创新后备人才的全面发展，以及在某一个方面和某几个方面的深入发展，创造了各种各样的机会。对于学有余力的学生，学校把课堂延伸到大学和国家重点实验室，聘请科研院所的教授、专家指导学生进行课题研究，同时会为他们组织科学名家的讲座，介绍科学研究的动态，让他们在中学时代就能够与科学家亲密接触，了解科学研究的最新动态，寻找到他们感兴趣的科学领域。

培养学生自主学习，互助学习的能力和习惯，为其未来发展打下基础。真正培养学生的创新精神和实践能力，要求教学方式必须有根本性的改变，教师的角色更多的应该是促进者、点拨者和引导者，学校必须让学生在基础教育阶段，就学会根据自身的情况安排和制订学习计划，掌握自学的方法，并且在课堂教学中鼓励学生互动学习，在合作、讨论、自主探究的过程中学习知识，在掌握基本知识的前提下，学生应该有权利、有能力决定自己想学什么，能学什么，教师和学校则根据学生的需求，尽最大的可能提供相应的服务。

第二，能力分析，培养拔尖创新人才，对各种能力的培养是必须高度重视的问题，就当前我国学生普遍存在的能力缺陷而言，尤其需要注重培养学生以下这几个方面的能力：

首先是提问题的能力。美国的一项研究发现，取得重大成功的人，普遍具有两个特点：一个是自信，遇到困难和失败的时候，不沮丧，不放弃。二是善于发现问题，提出问题，而不是等着别人来告诉他该去解决什么问题，对于拔尖创新人才来说，问题意识几乎是必备的，因此在基础教育中，就应该大力加强这方面的培养，对于那些潜在的拔尖创新人才，必须保护和鼓励他们的质疑精神，允许他们挑战权威，挑战传统。学校的老师也必须要有能接受学生质疑和挑战的胸怀。其次为学生参加科研社会实践活动提供机会，因为问题主要不是来自于书本，而是来自于实践，要大力推行研究性学习方式，在科研实践过程当中，学生们会越来越学会自己去发现问题和提出问题。从某种意义上来说，提出问题的能力是终生学习的关键能力之一。

再是动手能力。学生在逻辑推理，记忆分析能力方面，相对是比较强的，但是在动手操作的能力上比较弱。美国学生是边做边想，一边动手一边思考，然后再改进，这种归纳式模式更有利于创造、创新的产生。

实际上不管是艺术创作还是科技研究、工程设计，动手能力都是必不可少的，这实际上是一种非常深刻的教育理念的转变。我们应该让学生根据自身已有的知识，在动手操作的过程中，自己去归纳出新的知识，而不是先灌输了足够的知识再去实际操作。在这方面，加强实验教学，是一个有效的途径，这需要加大教师自身动手能力的培养力度。

再一个是创新能力。大家现在提创新精神和创新能力很多，但落到实处是不容易的，体制机制是个问题，教育也是个问题，我们的孩子从小时候起，就要求要听话，就学习如何回答已经有了标准答案的问题，慢慢的孩子们的想象力、创造力就被消磨殆尽。因此，培养创新能力，首先就是要营造一种敢于说真话，敢于不循规蹈矩的氛围，教育学生懂得礼貌，懂得尊重他人，加强团队合作，这些和培养创新精神、创新能力之间并不矛盾。在营造氛围的基础上，还应该通过课程，有意识地培养学生的创新能力，比如说开设创造发明课程，让学生能够在老师的帮助下，制造出具有创新性的产品雏形，在这方面，中学和大学合作的空间巨大，当我们的学生在某一领域有强烈的兴趣，并进行创造活动的时候，高校在这一领域的专家可以为学生提供更加专业的指导，使这些学生在进入大学之前，就已经奠定了从事科学研究、创造活动的良好基础。

再一个是领导和合作能力。拔尖创新人才必须具备领导能力，当今世界，任何一项科学研究创造活动，几乎都不可能由一个人独自完成，我们培养拔尖创新人才，就必须要培养他们的领导能力和合作能力。在基础教育阶段，就必须对此加以重视，使学生在进入高等学府之后，能够在相对宽松的学术和思想氛围下，领导一些人共同协作完成一些事。我们鼓励学生以相同的兴趣或者项目，组成小团体，由他们自己设计，组织自己实施活动，这种方式对于培养领导和合作能力非常有效。比如说像我们的英语剧创作、电影节、天文社等等，都涌现出了一大批优秀的人才。

第三，人格方面。培养学生健全的人格，具有创新特质的人格，是基础教育阶段培养拔尖创新后备人才最关键的组成部分，这是他们具备发展后劲的重要因素。在人格方面，独立性、合作性、创新性、抗挫折性，是拔尖创新后备人才必备的特质。在每一个教学环境中，都需要关注学生人格的塑造，通过学生完成有挑战性的项目，都可以有效培养学生的积极人格，进而发掘他们的潜能。特别需要提出的是，培养学生的健全人格和创新人格，人文科学、艺术教育、体育担当着重任，在文学艺术的熏陶中，学生的人格得到健全和升华。在体育运动中，学生能够锻炼坚强的意志和开朗、乐观的性格，自然科学与人文科学的融合，也是培养拔尖创新后备人才所必备的。

培养拔尖创新人才，是一个长期的任务，作为基础教育工作者，我们肩负着不可推卸的责任，人大附中愿与教育界的同仁们一起探索培养拔尖创新人才的有效途径，也希望社会各界也能在这项意义深远的事业上伸出援手，为国家培养出更多的领军人物，使那些有特殊禀赋的人，通过拔尖创新人才培养这条绿色通道，成长为国家急需的栋梁之材。（王岷珠）

4.5 全面实施高中考查科目，促进学生个性发展

链接——

株洲市二中促进学生个性发展，培养创新人才的教学实践

学校秉承"一切为了让学生更富有，让学生更聪明，让学生更高尚，让学生更健美"的办学理念，"保证优良、培养能力、发展个性"的办学思路，在"追求卓越"的校训激励下，致力于"培养素质全面、基础扎实、特长明显、有科学精神的一代新人"，建设"全省一流、全国知名、教育高质、管理高效"的特色高中。

一、加强领导与改善条件相结合，确保新课程改革和学考考查科目实施有保障

一是机构健全，管理规范。

为了确保新课程以及学考考查科目的实施，学校成立了高中新课程改革实验工作领导小组、新课程改革实施小组以及考查科目实施工作小组。学校是新课程实验的基地，校长是学校实施新课程的第一责任人，广大教师是课程改革的主力军，学生是学习的主体，也是课程改革的重要参与者。

学校在修订原有教育教学管理制度的基础上，制定了《新课程实施方案》、《新课程学科实施方案》等系列方案。从组织建设、制度建设和师资建设入手，建立起一套可操作的管理系统，发挥组织的管理功能，保证学校新课程改革的顺利实施。

二是大力投入，设施完善。

（1）实验室配置高标准。自新课程实施以来，学校累计投入了1000余万元用于新课程配套教学场地、设备建设。学校现有一栋6层实验大楼。设物理实验室7间，物理数字实验室1间，仪器室2间，准备室2间；化学实验室5间，生化数字实验室1间，仪器室1间、药品室及危险品室各1间（均有通风设备），准备室2间；生物实验室3间，仪器室2间，组织培养室1间，准备室2间；计算机教室5间，电脑300台；机器人实验室1间，通用技术实验室4间，准备室1间，展览室3间。所有室内水电到位。实验室建设达到省一类标准，新添设备仪器，达到《中学理科教学仪器配备》I类标准要求。所有仪器、实验药品全部入柜，分类详细、陈列规范，账、卡、物相符，所有实验课均能正常开设。实验员的业务水平高，责任感强，均能独

立开出实验。

（2）电教设备齐全。学校拥有校园局域网，全校55个班均配置了65英寸液晶红外触摸屏电视机、中控电脑、扩音及无线话筒等现代化多媒体电教设备。学校还建有数字化校园管理平台、校园监控系统、数字化广播系统等实现了教学管理的数字化。

（3）体育设施完善。学校拥有标准400米环形跑道的塑胶运动场、看台、室内田径训练场各1个，篮球场5个，有1个现代化体育馆，内设全塑胶羽毛球馆、乒乓球馆各1个及健身室1个，形体室1间，体育器材的配置大大超过省A级指标。

（4）卫生保健设施完备：学校成立了健康教育中心，有专用心理咨询室3间，配有专职心理辅导老师3名，学校连续6年荣获湖南省学校心理健康教育先进单位，目前，我校正在进行心理健康教育中心的硬件建设；学校有专用卫生室2间，专职校医3人，医药储备充足，设备设施基本符合《湖南省中小学卫生室器械与设备目录》标准。

（5）图书馆室一应俱全：2003年，学校新建了一座现代化图书馆。馆内藏书8万册，设书库3间，学生阅览室3间，座位260个，教师阅览室1间。各类报刊165种，各类工具书、参考资料300余种，达到省颁标准，能满足师生教学需求。

（6）音乐美术设施齐全：开辟音乐教室2间，舞蹈排练厅1间，各种音响、乐器、服装等齐全。美术活动室2间，石膏模型、静物、写生灯、写生画板齐备。音、美设施设备符合一类标准。

二、统筹兼顾与积极稳妥相结合，引领新课程改革实践成示范

一是构建具有学校特色的课程体系。

新课程在课程结构上的综合性、开放性、可选择性等特点，决定了学校在课程建设方面有了更大的灵活性和自主权，促使学校在新课程改革中逐步形成了富有特色的学校课程体系。

（1）深入探索国家课程的校本化实施途径。学校尝试通过科目对开（模块对开）、分项选修和连堂排课、增加先行指导课等方式来减少同学段修习的科目数，加强学生指导，提高学生学习兴趣和效率等。

（2）全面构建学校特色的校本课程体系。选修Ⅱ课程是学校自主权最大的课程。然而，自主不代表随意，在选修Ⅱ课程的开设有一个整体规划和布局。选修Ⅱ

课程分为若干个层次进行设置，构建起了校本课程的基本框架结构："二三四框架结构"。根据校本课程的层次，校本课程分为一般校本课程和核心校本课程两个层次；根据课程的选修方式来划分，校本课程分为自由选修、定向选修和必须选修三种不同的形式；根据学习的内容和领域，校本课程分为科学素养类、人文素养类、身心健康类、生活技能类四大类型。值得一提的是，学校根据课程组织形式来划分的必选课程、定向选修和自由选修在设置时特别考虑了学生的个体差异和学习需求：为彰显学校办学特色，实现学校育人目标，将创新教育、趣味物理探究、心理健康教育、德育系列课程等核心校本课程列为所有学生必选课程，按行政班级授课和管理；为培养学生的能力和特长，保证艺体特长生和学科奥赛尖子的发展，将各类学科奥赛、音体美等艺体特长专业培训课程、学生社团活动中的部分课程等列为定向选修课程，按教学班授课和管理；为发展学生兴趣爱好，扩大学生知识视野，将其他各类校本课程、部分社团活动、专题讲座等列为自由选修课程，按教学班进行管理。目前，学校已开发设计了50余门校本课程，形成了《导师大讲堂》等精品校本课程，每学期开设校本课程十余门。

（3）尝试实行课程套餐选修制。为不同学习兴趣、学习能力和学习需求的学生量身定做适合他们的课程套餐，是满足学生的个性和发展需求的有效途径之一。学校根据现有的教育资源条件，充分尊重学生和家长的意愿，深入分析学生个性特征、兴趣爱好及发展倾向，将高二选修课程分为人文学科方向课程套餐6项和理工学科方向课程套餐12项。所有的课程套餐都是由基础部分（必修+选修）和特色套餐组成，基础部分是根据文理倾向选择而确定的所有必修和选修Ⅰ课程，特色套餐则是根据学生个性化的学习需求开设的选修Ⅱ课程。这些课程捆绑成课程套餐，学生在班主任和指导教师的指导下根据自己的意愿选择课程套餐，学校以学生课程套餐的选择为基本依据划分教学班级。

（4）大力推进俱乐部活动制和社团活动制。学校将部分学生社团活动列为选修Ⅱ课程，对社团活动进行课程化管理。目前我校有合唱团、舞蹈队、美术组、文学社、光影社、志愿者社团等18个社团，基本实现了所有学生都参加社团活动。学校还组织了20余个体育单项俱乐部，涵盖了羽毛球、足球、篮球、乒乓球、跆拳道、田径等体育项目，满足了学生课余时间的体育活动需要。体育俱乐部活动的有序开展强化了全民健身意识，丰富了学生课余生活，增强了学生体质。2009年，学校阳光体育俱乐部被国家体育总局授予"国家级青少年阳光体育俱乐部"称号。2011年学校被市教育局评为"阳光体育示范校"。

二是全面推进学校管理与评价机制改革。

（1）强力推进学生管理改革。市二中实行"行政班为主，教学班为辅"的学生组织形式，高一上期和高三学年以行政班管理为主；高一下期和高二学年教学班管理占重要地位。实行学生学分管理制度：学校的学分要求与其他学校不同，除了国家规定高中生应获得的144学分的标准外，要求学生在选修Ⅱ中至少获得8学分，即学生毕业时总学分应达到146分，比国家规定的要高2个学分。这样做，一方面在于学校的校本课程开发能满足学生选课需求，另一方面是为了进一步满足学生发展的多样性需求，促使学生个性的和谐发展，使校本课程开发形成良性循环。此外，我校切实实行学生导师制，原则上采用三年一贯制原则，为学生的学习、生活、身心发展等方面给予指导和帮助，指导学生建立成长记录袋。对于特殊群体学生，我校为其配备了"双导师"，保证其获得个性化的自主发展。

（2）稳妥推进教学管理改革。一方面，学校致力于新的教学规范研究，改革原有教学常规中不适应新的教学要求的部分，注入新的理念与操作手段，使教师由原来被动应付常规检查转变为积极主动提出问题、分析问题、解决问题，由原来的消极布置适应性作业、设计呆板的试卷转变为依据学生的认知水平和学习速度设置个性化作业和多样化试卷，推行"导学案"教学，着手探索学生学习常规的研制，实现教学常规的创新。另一方面，大力推进课堂教学改革与改进，从不同课型课堂教学基本范式研究入手，逐步形成切合我校实际的"五型五环节"课堂教学基本范式。此外，学校还逐步建立起课堂跟踪观察机制，通过课堂教学观察、诊断与跟踪，不断修正被异化变形的教学行为，取得了较好的教学效果，迫使已经开始尝试新的课堂教学形式的教师不走回头路，坚定他们的信心。

（3）构建较为全面的教学评估体系。学校正在尝试构建以"学生发展水平"为核心指标的全面教学质量评估体系，发展性教学评价是其中的重要内容，既包括了对学生的发展性评价，也包括了对教师的发展性评价。

（4）开发数字化校园综合管理平台。学校联合软件公司共同开发了一套数字化校园管理平台，为课程的编排、学生选课、学分的管理、综合素质评价等重点难点工作提供技术支持。目前，不仅所有教学管理工作都通过这套管理平台实现，而且这套软件已在全市40余所高中推广，并被其他省份数十所学校采用。

2009年6月，省教育学的领导和专家对二中的新课程实验进行了专项调研，对学校的新课程实验工作给予了充分肯定，认为学校的新课程实验工作在全省是领先的，尤其是选修课程的开设很有示范性。

三、规范落实与改革创新相结合，力促学考考查科目出特色

学校严格按照国家课程标准，规范各学科课程和课时，开全课程，开足课时。尤其是体育与健康教育、音乐、美术、通用技术、信息技术、研究性学习、社区服务和社会实践等课程，更是切实保证开齐、开足、开好。体育每学期开设，每周二课时；健康教育在高一开设，每两周一节，并利用周一第八节课、周三的下午部分班会课时间进行，音乐和美术在高一和高二第一学期开设，每周一课时；信息技术在高一开设，每周两课时；通用技术在高二开设，每周两课时。在开齐、开足课程、课时的基础上，在学校高度重视和全力推进下，我校学业水平考查科目逐渐凸显出学科特色。

一是理化生实验考查科目硬件建设升级提质。除保证理化生常规实验开出率连年保持在100%以外，还开出考查范围之外的理化生探究性实验，满足学生个性化实验需求，促进学生学科素养的培养和动手实践能力的提升。考查科目理化生实验的足量、超量、高效开出有赖于基本硬件条件的保障。自2009年以来，学校加强了理化生实验室装备建设，实现了理化生实验室的高标准配置。同时，为了满足学生理化生研究性学习、部分自然科学校本课程的教学需要，学校增建物理数字实验室1间，生化数字实验室1间，物理趣味实验室1间，化学探究实验室1间，全天向学生开放，供学生开展自主探究实验。

二是体育与健康、艺术学科实行分项选修。体育与健康、艺术学科严格按国家规定开足课时，同时探索分项选修、模块对开和分层教学。学校2007年在株洲市率先根据学校师资和场地器械条件在体育和艺术课程中实施选项教学。体育与健康课程采用的是"90分钟大体育课、选项、分层"教学模式，体育课程设置了篮球、排球、足球、乒乓球、羽毛球、健美操、武术模块共七个模块供学生选择，学生按自己的兴趣爱好进行模块选项学习，教学组织形式由行政班级改为教学班，4个班合为6~7个模块班，每个模块班根据学生的基础、技能、水平分成强、中、弱三层进行有针对性的分层递进式教学。美术学科，高一开设了《美术鉴赏》模块，每周1

课时；高二开设了《设计》、《绘画》两个选项模块，每两周1课时（其中高二上学期单数班开《绘画》，双数班上《设计》；高二下学期单数班上《设计》，双数班上《绘画》）。音乐学科高一年级开设音乐鉴赏课程，高二年级开设《歌唱》《演奏》、《舞蹈》3个选修模块内容。

三是信息技术、通用技术学科国家课程与校本课程融合的T型结构。学校学生的技术素养相对较高，仅仅按国家重在普及的标准和要求进行我校技术类课程进行教学，难以满足我校学生个性化的学习需求。因此，学校加强了信息技术、通用技术这类学生动手实践操作性较强的技术课程的国家课程校本化实施研究，特别创新性地采用了国家课程与校本课程融合的教学模式，提出了技术类课程"T"型结构的概念（T的一横代表知识和技能的广度，一竖代表知识和技能的深度）。信息技术课程和通用技术课程均按国家要求每周开2课时，在完成国家课程标准规定的教学内容基础上，每门课程每周各抽出1课时进行同类技术课程的校本课程教学。如信息技术在高一开设，每周2课时连堂上课，第一学期为教学内容为高中信息技术必修加C语言程序设计和电脑作品设计两门校本课程，第二学期开设"选修1算法与程序设计"、"选修2多媒体技术应用"和"选修3网络技术基础"，将2个行政班学生分为3个教学班分项教学；通用技术则将同类校本课程前置，在高一每周1课时开设《创造发明》和《趣味物理探究》等每位学生必选的技术实践类校本课程作为通用技术的先行实践课，让学生对技术类课程有更为直观切身的感受和体验，为高二年级通用技术的理论学习奠定实践基础，每周1课时即可完成国家规定的教学内容。

四是学生研究性学习课程从学生自发活动到"1+1+1"模式。学校的学生研究性学习课程具有起步早、落实好、坚持久、品质高的显著特点。学校在株洲市率先将研究性学习作为必修课程纳入到学校课程体系，在高中三个年级同时开设研究性学习课程。11年来，研究性学习课程从未间断、扎实推进，不但积累了丰富的课程资源和实践经验，也取得了丰硕的学生研究性学习成果和荣誉。

自2007年秋湖南省进入新课程实验后，市二中研究性学习采用了"1+2"课程教学模式，"1"为增设的每周1节研究性学习指导课程，用于加强研究性学习活动的理论指导，提高研究性学习活动的规范性、科学性、操作性；"2"为连堂排课的2节实践课，用于学生自主开展研究性学习实践。

在此基础上，市二中摸索出"1+1+1"研究性学习课程模式。第一个"1"即在高一第一学期每2周开设1节研究性学习指导课程；第二个"1"即在高一、高二有研究性学习任务的两个学年每周开1节研究性学习实践课；第三个"1"即利用每周六1天（有考试等特殊安排除外）面向全校学生开放图书室、探究性实验室、通用技术实验室、计算机房等教学设施和资源，供学生自主开展研究性学习。这种"1+1+1"模式既保证了学生研究性学习的理论指导和时间，又缓解了新课背景下高中教学课时普遍紧张造成研究性学习无法切实开展的矛盾，还提高了学生参与研究性学习的自主性和积极性，保证学生在教师的指导下自主开展研究性学习活动，提升了学生研究性学习成果的质量。

此外，市二中根据学校特色和学生发展实际，对学生研究性学习的选题方向进行了有意识的引导和建议：高一第二学期开展社会调查类的研究性学习，着重培养学生社会公民意识和人际交往、社会实践等能力；高二第一学期开展创造发明类的研究性学习，着重培养学生的科学素养和实践动手能力；高二第二学期根据文理倾向选择相对应的自然科学或人文科学类研究性学习，通过研究性学习进行学生学科素养拓展。

五是社区服务、社会实践活动"124"模式有实效。市二中立足株洲本地的和学校现有的课程资源，建立了一套适合我校学生发展的"124"学生社会实践与社区服务课程实施体系。"1"指的是学生自主社团特色实践课程；"2"指的是校内课程资源和校外活动基地；"4"指的是服务社会、体验生活、感受责任和发展自我等四个系列活动内容。

市二中在加强校内社区服务与社会实践活动课程资源建设同时，先后建立了攸县罗家坪学农社会实践基地、南车集团机车与城轨车辆制造和唐人神食品加工学工基地和"动力前线"心理拓展基地。另外我校与云里社区、株洲市规划展览馆、株洲市儿童福利院等单位共建，共同开发社区服务和社会实践课程资源。

市二中校内最具特色的社区服务和社会实践活动就是"校园风纪卫生值日"。学校坚持推行劳动班制度，每周安排2个行政班，对校园环境卫生、校园秩序和学生行为规范进行管理。高中三年，学生共要劳动10天。校内劳动既增强了学生爱校护校意识，又培养了学生的劳动观念和责任观念，锻炼了学生的动手能力、沟通能力和管理能力。

学校充分利用学生社团的群体凝聚功能和思想教育功能和社会实践功能，培养学生的合作能力，参与能力，管理能力，实践能力，让学生在实践中健全人格发展能力，进而全面提升学生的综合素质。

四、立足学生终身发展，成就新课程改革和考查科目实践结硕果

市二中是新课程改革的忠实执行者，也是改革创新的研究者和实践者，课程改革的积极稳妥扎实推进，学业水平考查科目规范与个性化地执行，促使学校工作的各个领域，尤其是学业水平考查科目领域取得了丰硕的成果和成绩。

一是学生获得了较为全面的发展，个性逐渐彰显，综合素质明显提升。

理化生实验考查方面，常规实验开出率100%，让所有学生都在实验中体验科学的奇妙，锻炼动手实践能力；开出个性化的探究性实验，根据学生探究性学习的需求，量身定做个性化的实验辅导和服务，培养学生的科学精神和素养。学生通过探究性实验，形成了个性鲜明的实验成果。仅09级学生就撰写了《关于探究利用电磁发电的实验报告——通过切割地磁线探究》、《灯泡发光原理探究》、《关于防水性笔笔迹遇水变模糊的研究》、《探究加酶洗衣粉的洗涤效果》等高质量的探究性实验报告40余项，参与学生超过200人。

艺体教育方面，市二中学生的健康意识、身体素质、运动能力以及艺术鉴赏水平、艺术表现能力都大幅提升。学校认真贯彻落实国家体质健康标准，将"每天锻炼一小时"落到实处。2010年2422名学生参加体质测试，及格率99.60%、优秀率4.5%；每年坚持组织体育节和艺术节。迄今已办了10届体育节57届田径运动会和13届艺术节。艺术节赛事精彩纷呈，包括高一合唱比赛、高二课本剧展演、社团展示、书画作品展等等，学校群体性体育艺术活动蓬勃开展。自2009年以来，学校千人团体操参加市阳光体育活动和省运动会，91人次获踢毽子、跳绳市级奖项；62个阳光体育俱乐部每周开展阳光体育活动，共有1153人次学生参加。目前学校还在积极申报株洲市"春天阳光学生艺术团"，将艺术活动变成学校的一个特色，普及到更多的学生之中，并提高学生欣赏艺术、表现艺术的品位。此外，学生竞技体育水平和艺术升学也得到提升。自2006年来，学校一直稳居市三好杯城区团体总分第一名，男足一直稳居市三好杯高男足第一名，男排稳居市三好杯高男排前三名。乒乓球一直稳居全省前三，羽毛球一直稳居全省前列，男足位居全省第五名，女篮曾获省第五名。

技术学科方面，学校学生的技术理论知识扎实，动手实践能力得到了很大提高。在课程学习中，每位学生都做到了参与并完成一项课程作品，仅09级学生，电脑作品制作达到700余项，通用技术作品达100余项。近年来，学生获信息学奥赛省一等奖3人，省二等奖55人，省三等奖142人，市奖476人；电脑作品大赛全国三等奖1人，省二等奖5人，省三等奖3人，市奖78人；全国信息技术创新大赛三等奖1人，省三等奖1人。

研究性学习与创造发明方面，学校每位学生高中三年必须完成3个研究性学习课题，切实现了学生100%参与。仅09级学生共完成了427项研究性学习课题，在这些已结题的课题中，有287项达到优良水平，优良率达到67.2%。学校研究性学习与创造发明特色结合，大幅提升了学生作品的质量。近三年，学生成果获全国金奖8项、银奖4项、铜奖1项；国家一等奖7项、二等奖7项、三等奖2项，科技之星卓越奖1项；省一等奖4项，二等奖7项、三等奖5项。

社区服务与社会实践：学校的社区服务和社会实践课程，通过多年的实践和完善，取得了丰硕的成果。三年内学校统一组织的社会实践17天，社区服务12天，学生提交"学农"、"红色"调研调查报告1600余篇，优秀调研报告200多篇，学农优秀学员80余名；提交军训感言800余篇，100名学生获得优秀学员；提交社区服务实证材料1600余份；劳动感言3200余篇；09级学生社区服务和社会实践课程合格率100%。通过开展综合实践活动，学生的胆子大了，口头表达能力增强了，懂得关心他人，社交能力和合作能力明显提高。

二是科研引领、任务驱动促使教师加强研究与实践，专业发展加速。

学校以科研促发展，以任务驱动方式鼓励老师参加各类学历提升培训、继续教育和专业培训、研讨，强力推进教师开展校本研究，不仅大幅提升了教师的专业学识水平和教育教学能力，还促使教师结合学生和学校实际创造性地开展工作，形成模式和特色。三年来，学业水平考查科目教师在教学、教研等方面取得了可喜的业绩。

教学竞赛方面：学校考查科目在市级以上教学竞赛获奖40人次，其中熊美琼老师的《高中研究性学习课题的选择与表述》课，刘彩姣老师的《课题研究方案的设计与指导》课分获全国基础教育课程改革实验区综合实践活动第九届研讨会录像课教学竞赛一等奖、二等奖；生物张钧老师的《读题策略》课获湖南省一等奖等。

教研方面：仅2009年至2011年，考查科目教师申报立项《高中校本课程体系的构建与实施研究》、《高中学校开放式心理咨询室建设与管理模式研究》、《区域推进中小学心理健康教育的研究》、《高中体育选修课程的开发与实施》、《博客在中学教育教学中的应用研究》、《高中信息技术有效教学实施方案研究》、《中学物理名师基地培养模式研究》等省级规划课题7项，《高三生物复习教学的策略与方法的研究》、《研究性学习与物理学科教学整合研究》、《综合实践活动课程校本开发研究》等国家级子课题、市级课题3项，课题成果获省一等奖1项；考查科目教师参编专著、教材，发表和获奖教研成果174项。

高中新课改给教师教育观念和行为、学生学习方式、学校教学管理与评价等带来巨大的变化。一路走来，积极稳妥迈好课改的每一步，扎扎实实做好课改的每一个环节，在课改的道路上，我们的追求与探索不会终止。我们会进一步坚定信心，勇往直前，本着新课程求真务实的精神，致力于"为每个学生提供适合的教育"促进学生终身发展的办学价值追求，真抓实干，不断在实践中矫正和完善自身，促进教育质量的稳步提升。（2012年3月）

第五章
聚焦课改　决胜课堂

课程改革的实施必须在两个层面上突破，一是国家课程方案中的课程设置改革，二是课堂教学方式的改革，随着教育改革发展的纵深推进，课堂教学的改革已经进入深水区，是真正实现改革目标的关键点和突破口。决胜课堂，聚焦有效、高效课堂教学已经成为我们推进课堂转型实践，以及各学校实施有效教学研究的重要课题，这关系着素质教育的目标能否在课堂主阵地实现，由此课改目标的达成必须以优化课堂教学过程，提高课堂教学效率为出发点和归宿。

聚焦课改，决胜课堂必将成为中小学创新发展的必然追求。

5．1　聚焦课堂的关键是课堂转型

华东师大课程改革指导专家郑金洲博士认为：认识了课堂，才真正理解了教育；改变了课堂，才真正落实了新课程。

5．1．1　课堂是生命成长的阵地

首先要认识课堂对学生成长的深远影响作用。学生在校学习有70%的时间在课堂度过，课堂效益高学生就学得轻松，才有时间去发展特长个性，才有时间参加课外活动和身体锻炼。可见课堂是生命成长的主阵地。

其次是研究课堂教学有效需要用何种方式教学。新的课程标准对教学有明确的实施要求，确立以学生发展为中心，是教学过程的主体，教师是引导者、指导者、促进者，教育的目标是为学生终身发展奠基。但现实中还是有些教师和一些学校的管理不顾教学的规律与学生发展的实际，教学中脱离新课程要求，总是凭过去的课

堂经验和形式应对课堂，却忽视课堂教学效果，忽视对学生的影响，也忽视自己从事教育的内心感受。

究其原因：缺乏对课堂教学有效的研究与反思，缺乏对育人质量的本质认同，更有甚者认为教学有不有效就是看考试分数，固守落后的教育观念。因此研究有效教学，把握有效教学内涵和实施策略是迫切需要的。

5.1.2 课堂转型的认识与理解

华东师范大学钟启泉教授认为，课堂转型已成为教育领域静悄悄的革命。

1. 对传统课堂的认识。钟启泉教授认为，半个多世纪以来，我国中小学的课堂受到苏联凯洛夫教育学的影响。尽管凯洛夫教学理论早在20世纪50年代末就遭到苏联教育界的质疑和批判，并逐渐被抛弃。不幸的是，它在中国的持久蔓延却使我国的课堂教学带上了强烈的灌输色彩。"灌输式教学"使得"课堂"被简化为教师以教材（特定学科内容的具体化）为媒介，引导学生掌握一定知识、技能的活动。

钟启泉教授认为，这实在是抹杀了教学活动的复杂性。课堂教学虽然是以认知活动（形成学生对于某种内容的认识和形成技能）为中心而展开的，但与此同时，也在构筑着教师与学生以及学生与学生之间的关系；乃至重建着教师和学生自身的生存状态和生活方式。因此，课堂教学这种活动是如下三种侧面复合交错而成的活动：认知性、技术性实践，人际性、社会性实践，道德性、伦理性实践。显然，传统教学理论仅限于教学的认知过程，而失落了教学的社会过程和内省过程。

2. 课堂转型中的焦虑。钟启泉教授认为，在新课程的实施中，尽管"对话式教学"的意义得到越来越多的中小学教师的认同，但是，真正实现了"对话式教学"的课堂却并不多见。不少教师仍然热衷于设计"教师上课"的框框，并没有直面每一个学生的学习需求。虽说"上课"的目标被标榜为引导学生的"学习"，骨子里却根本没有学生。教师所关心的仅仅停留于"教师上课"本身，并没有聚焦学生的实际需求。这是本末倒置。

钟启泉教授认为，采用"对话式教学"的最大焦虑是怕耽误教学进度。"对话式教学"的采用或许有损于教师上课的效率，却无损于学生学习的效率。"灌输式教学"的效率是牺牲了学习困难学生、失落了学生学习兴趣的效率。在这里需要转变教师的观念。倘若我们不去追求处理教科书内容的进度，而是寻求每一个学生的学习经验的效率，那么，"对话式教学"远比"灌输式教学"更有效率。教师的责任不是教科书的处理，作为专家的教师的责任乃在于实现课堂中每一个学生的学习。事实上，真正成功地采用了"对话式教学"的教师是决不可能拖延教科书内容授受的进度的。

3．课堂转型的趋势。整齐排列的课桌椅，学生面对黑板和讲台静静地聆听教师的讲授，然后教师问、学生答的课堂教学情景，亦即所谓的"三中心"（教师中心、教科书中心、课堂中心）的教学情景，至今在我国大多数人看来是天经地义的，但在欧美各个国家正在进入博物馆。

如今黑板和讲台从教室中消失了，课桌椅被换成4～5个人围坐的小台桌子，教科书成为配角，代之而起的是丰富多彩的学习资料。教师的作用已经转变为儿童学习的设计者和服务者了。这种变化，从20世纪70年代开始，各国却在不约而同地展开着这场"静悄悄的革命"。面对21世纪的挑战，"课堂的这种变化已经是不可逆转的了"。

钟启泉教授认为，今日课堂的变化，显然隐含着产业社会的终结与知识社会的勃兴这样一个背景，课堂"灌输式教学"的时代终结了。无论在欧洲各国中号称教学方式最为传统的法国，还是受国际教育界瞩目的欧洲教育改革的明星——芬兰，都在推进"项目中心"的课程和"合作性学习"。近年来，即便在固执于"灌输式教学"的东亚国家和地区，这个势头也在开始涌动。我国教育部发布的《基础教育课程改革纲要》（2001年）强调新课程改革的具体目标是要实现从"灌输中心教学"向"对话中心教学"的转变。归根结底，就是要改变残酷的应试竞争的现状，变"排斥性学习"为"合作性学习"，使每一个学生都能获得主动的生动活泼的发展。

5．2　课堂转型的实践意义

5．2．1　课改实践进程的反思

我们目前的小学、初中经历课改十一年，高中课改六年，从宏观层面上面讲教师对新课程理念学习经历了通识培训、学科课程培训、教学课程的实践，已经有了观念上的变化，更加注重教学的三维目标，更加注重课程的开设，更加注重学生的综合素质评价。

但从微观层面上看我们还不容乐观，还有许多难以改变的习惯在忽视学生生存状态和课堂的内心感受，我们一些学校的教学教研管理、课堂教学评价、学习方式、教学方式仍然陈旧老套，缺乏变革，漠视学生的成长需求，导致教学结果是不少课堂低效、无效，甚至负效，少有高效；新课程目标难以有效实现，素质教育表面化、形式化；一些教师与学生的感受是真累、真苦，教师难有职业幸福感，学生逐渐失去学习兴趣。

教育中存在这些问题，究其原因主要有：一是教育观念没有实质转变；二是教师需要树立职业理想；三是教育需要生态环境；四是学校管理机制需要相应变革；五是实现有效教学必须聚焦课堂。随着课程改革进程的深入，教育科学发展的要求，基础教育更加关注学生的学习状态、发展状态、成长状态，更加关注学生的课堂状态、过程状态、效果状态。聚焦课堂，实现有效教学将赋予我们诸多思考。

5.2.2　课堂转型让生命充满激情

课程改革的主阵地是突破课堂教学环节。突破课堂教学核心环节是学校教育质量发展的内在动力。每个教师、每所学校必须通过这个环节。这就要求学校教学管理必须从宏观走向微观，转变教师的教学方式，转变学生的学习方式，构建自主、合作、探究为特征的有效课堂模式。从而实现课程育人目标即全面提高育人质量，实现以人为本，一切为学生的未来发展奠基；从而实现教学目标即学生在学习中形成具有知识与技能、过程与方法、情感态度与价值观的三维目标。

课堂学习是学生与教师交流互动的主要场所，教师的教学观念、行为方式、教学艺术、教学情感等都在课堂中体现，学生的学习态度、学习情趣、思维状态、学习效果等都在课堂中展示。因此，研究课堂、聚焦课堂、品味课堂是教师教学生命力所在。

5.2.3　课堂转型让学校充满活力

实践证明课堂教学改革坚决，扎实到位的地区、学校，教学质量突出体现：山东潍坊地区的聚焦课堂教学，构建幸福课堂，连续十年高考质量领先全省；江苏的洋思中学聚焦课堂教学，总结的"先学后教，当堂训练"成为全国名校；山东聊城杜郎口中学聚焦课堂教学，总结的"三三六制"教学模式，把一所农村弱校变为强校；湖南省岳阳市许是中学的课程教学改革真抓实干，聚焦课堂教学，教学质量进入全省先进行列；株洲市三中聚焦课堂教学，学考、高考质量实现低进高出；醴陵一中、醴陵四中聚焦课堂教学，高中教学质量迅速提高；株洲市七中、云阳中学、长鸿实验学校、景弘中学、东富中学聚焦课堂教学，学校实现持续发展，教学质量稳步提高。

5.3 课堂转型中的学校管理

5.3.1 课堂转型中的教师专业化定位

教师的工作是一种自律性的职业。钟启泉教授认为，教师是借助依存于情境的不安定的实践中跟情境的对话来行使职务的，课堂转型中的教师专业化定位应是反思性实践家。从反思性实践的立场看，教学的实践不是靠一般的技术原理的运用能够奏效的，教学的研究也不是靠抽取教学经验上升为一般化的技术原理所能奏效的。作为反思性实践家的教师比之作为技术熟练者的教师，更胜之处在于：能够投身于更复杂的情境，与学生在平等的关系之中，寻求文化含义的建构和拥有高度价值之经验的创造；能够与儿童、同事和家长合作，倾注全力去发现并反思这种情境中学习的意义和价值，展开实践反思，分享实践经验，增长实践智慧。教师借助反思性教学的实践，发现自身角色的自律性和专业性的职能，恢复自己的尊严和希望。这正是教师的专业化成长与教学改造的基本途径。"反思性实践家"是近年来支撑教学研究的最重要的概念。

5.3.2 课堂转型需要教师文化的创造

课堂改革的成败系于教师。单纯的经验积累并不意味着教师的顺利成长和成熟，课堂教学研究才是教师专业成长的基本功。钟启泉教授认为，我国的课堂研究重心需要从"技术性实践"研究转型为"反思性实践"研究。瞄准"技术性实践"的教学研究试图寻找一切教学都存在的有效的科学原理与普遍技术，事实证明这样的研究思路对改进教学而言常常徒劳无功；而瞄准"反思性实践"的教学研究，则是以观察、记录、评议特定教学的"教学案例研究"的方式展开的。"教学案例"

研究是依据教学这一个别的、具体的实践事实，以教师为主体的、基于审察与反思的、旨在促进教师专业成长的教学研究方法。它通过提供教师考察教学的丰富视点促进了教师对教学的多元理解和教师实践智慧的生成。毋庸置疑，一旦教师意识到教学尚有其他的可能性有待选择，他们就一定能够走上教学创新的道路。

5. 3. 3 课堂转型需要建立相适应的管理机制

目前我国中小学的管理机制基本上是与过去的课程体系相适应的管理而建立的，机制与管理功能是相互依存的。现在新课程管理目标更加突出学生主体地位、发展地位、个性成长地位，更加突出教师的主导地位、指导地位、促进地位，更加突出学校的育人为本地位、服务地位、特色发展地位，因此学校育人功能与以往已经有了很大差异，务必要变革管理机制，才能理顺管理功能，才能建立与之相适应的教育教学教研管理制度，才能建立与新课程相适应的管理要求。不从机制上变革，学校校长就不能很好地建立课程核心领导力，就不能实现变被动为主动的育人发展方式，就难以实现聚焦课堂，就难以实现管理、服务重心下移的扁平式管理，就难以真正实现科学决策、民主管理。现在我们不少学校没有从管理上建立与新课程相适应的机制，有的学校还是家长式、一言堂，没有确立好教师、学生在学校中地位。试想一下把原来的"政教处"改设为"学生发展中心"，把原来的"教研室"改设为"教师发展中心"，把原来的"教务处"改设为"教学管理服务中心"，等等，不就突出了教师、学生、服务的核心地位吗？不更让教师、学生受到关注和欢迎吗？学校的以人为本的管理才有体现吗？

观念是行动的指南，机制是管理的保障。要真正实现有效管理、有效教学、学校持续发展，没有与新课程相适应的机制是难以实现的，即使有也是不会持久性的。

5. 3. 4 推进课堂教学改革必须把握的管理策略

1. 推进课堂有效改革，学校教学管理必须要实现六个转变。

从行政型管理，到服务型管理转变；从设计教案，到研究学案；从挖掘教材，到开发课程；从分析教材，到研究学生；从评价教师，到诊断课堂；从评价学生，到反思教学。

2．推进课堂有效改革，学校管理必然经历四个境界。

从理念到观念为第一阶段境界；从观念到方法为第二个阶段境界；从方法到文化为第三阶段境界；从文化到思想信仰为第四阶段境界。

这是推进课程改革成功必然的渐进过程，这是把理念变为现实的孕育生成过程，只有沉浸其中才会感受教育的快乐，只有参与其中才会领路生命与智慧的激情。这是一个从无形到有形操作的生成，形成整体推进之势生长，再由有形到无形的个性风格追求。

3．实现有效教学的课堂，教学过程的操作要实现六个转变。

①把教师主讲变成学生参与；②把知识课堂要变为知识、能力、情感交融的课堂；变成探索性、研究性的课堂。③把单一课堂要变成多思维、多文化、面向大众化的课堂；④把整齐划一的课堂要变成生动活泼、形式多样的课堂；⑤把听、读、写环节要深化为演、听、画、做等；⑥把完成教学任务的课堂要变成能满足学生自己需求的、适合学生自己学习方法的课堂。

4．课改实施的要素、意义和检验标准。

课改推进需要校长的课程领导力和对教育理想追求的勇气；课改推进需要教师关爱学生未来发展的生命情怀；课改过程是师生共同成长的过程；课改过程是学校管理机制和教育文化重建的过程；课改过程会引领学校走向充满教育活力的过程；课改过程是学校教育内涵品质改善、特色逐步形成彰显的过程；课改过程会使教师更有教育职业幸福感；区域整体推进课改是实现区域整体提质减负、促进均衡发展的重要路径和必然选择。

检验课改有效的标准有两个方面：一是落实了自主、合作、探究的学习方式；二是实现了"高质低负"，提高了育人质量（三维目标要求），有效减轻了学生的学习负担。

5．4　决胜课堂突破有效教学

课堂转型的特征是"以学定教"、"先学后教"、"以学为主"。"以学定教"是以教师教的活动的出发点，"先学后教"是讲教和学的先后顺序，"以学为主"是从时间上来描述学的重要性。课堂操作涉及学生、教师和知识（即教学内容），这三者之间，任一对关系的调整，都涉及三者关系调整。课堂转型的操作模式的实质是学生、教师与知识的关系重构。

5. 4. 1 关于有效教学的发展

"有效教学"的提出源于两个因素,首先是20世纪初期,西方国家的教学科学化运动,尤其是在美国实用主义哲学和行为主义心理学影响下,教学效能研究工作受到了特别关注;其次,"有效教学"是当时西方围绕"教学是艺术还是科学"这一命题争辩不休中应运而生。从而使有效教学这一课题引起了世界各国教学研究者的关注,成为提高教育质量和课堂教学效果的重要研究课题。

从20世纪80年代开始,英美等国家便开始制定有效教学的标准。到1994年英国教师培训机构主动为教师开发了有效教学的标准,目的是能够"对关键性角色作专业性鉴定",为教师培训机构和教师专业发展提供一个标准。

美国"教育多元化与卓越化研究中心"开发出"有效教学"的评价标准,包括师生共同参与的创造活动、语言发展、学习背景化、挑战性的活动、教学对话等五个方面。

由于课堂教学是一种非常复杂、需要高技能的活动,课堂教学要求教师学会怎样教,高质量的教与学需要专业性很强的标准支撑。

我国对有效教学的研究在20世纪末,虽然起步较晚,但随着课程改革的深入推进,这项工作已经受到更多的重视和关注。

5. 4. 2 有效教学的内涵与认识

1. 有效教学中"有效"的价值取向。

从经济学视角看,效益最简单的解释就是投入和产出比。投入的量与质对产出有最直接的关联,其中有些是快变量,有些是慢变量。而教育的过程是培养人,目标和结果也是人,教学的效果价值取向是不同的,教育的产品是看人的发展与否;从教学的流程与功利指向看,可能产生的直接的产品效果是考试、考核、分数、升学等;从教育的内在本质来看,教学是培养人、内化人,其结果不是单一的产品,其价值取向是从学生的终身发展能力和终身幸福的角度来考虑产出。因此有效教学的"有效"是基于不同的价值判断而得出的认识。

对于教学时间效率问题,首先关注投入多少教学时间才能达到预期的教学目标；其次重视基础好的学生和基础差的学生对学习时间投入量的需要。因此"有效教学"必须提高课堂学习时间效率，达成课堂预期目标，要高度重视和关注教师与学生自身及相互的课堂状态。教学实践证明，教学投入的时间和学生取得的学业成就不成正相关，盲从加时、补课是课堂教学未达成预期目标，导致课堂效果低效的表现。

2. 有效教学研究的专家视角与意义。

有效教学理论认为：教学的有效性=教学内容总量×学生接受内容的百分数，有效性的教学取决于两个变量：一是教学内容，二是教学对象。教学实践证明，有效性教学起决定因素的不是教学内容，而是教学对象——学生，即学生对课堂学习的积极性、主动性、专注性。

有效教学的核心问题就是教学的效益，教学的有效性是教学的生命。通过课堂教学，学生能够学到什么，这是任何教学都必须考虑的，决定了教学是有效、高效、低效还是无效。

钟启泉教授认为，所谓"有效教学"主要是指"有助于学生成长的教学"，学生成长并不是仅仅凭借学业分数能够评定的。

崔允漷教授指出，学生有无进步或发展是教学有没有效益的唯一指标。教学有没有效益，并不是指教师有没有教完内容或教得认真不认真，而是指学生有没有学到什么或学生学得好不好。如果学生不想学或者学了没有收获，即使教师教得很辛苦也是无效教学，同样，如果学生学得很辛苦，但没有得到应有的发展，也是无效或低效教学。

因此，"有效教学"归根结底离不开有效地促进学生的全面发展，而学生的全面发展又是以有效地改善学生的学习方式和提升教师的专业素养为前提的。

学校的课堂教学活动是师生互动和共同发展的过程。"有效教学"的研究意味着教学视点的变革。"有效教学"的研究有助于聚焦学生成长的评价；有助于促进课堂教学方式的转型；有助于促进学习方式的转变，创造"有效学习"；有助于实现教师文化的创造，开拓"教师研究共同体"的实践空间。在新课程实施中，中小学开展"有效教学"研究与实践，拓展了教学研究的视野，实现中小学课堂教学的改革和转型，把"教的课堂"真正转型为"学的课堂"提供了理论支撑和实践保障。这就是我们聚焦课堂，推动"有效教学"的目的和意义所在。

5.4.3 有效教学的基本特征

新课程强调教育不只是让学生获得知识和技能，更应该使学生不断生成智慧和人格，而智慧和人格是在师生、生生的互动中生成的。

因此把握课堂有效教学的基本特征是聚焦课堂的关键。李学红通过上海市普陀区推进课堂"有效教学"改革实践的成果，形成了"有效教学六个标准"起到了很好的指导作用。关文信基于有效教学评价原则和影响有效教学的主要变量，也提出了"有效教学五条标准"，对把握课堂有效教学的五个环节起到了重要保障作用。我们结合他们有效教学研究与学校的教学改革实践，可以概况为有效教学的六个基本特征：

一是构建学生自主、合作、探究学习的教学模式；二是构建师生之间、生生之间平等、和谐互动关系；三是构建课堂需要的引桥材料与学生展示的平台；四是构建教学内容中问题思维交锋、思想碰撞的氛围；五是构建多种学习策略，内化学习目标；六是让学生在参与中获得对学习的情感体验。

教师是实施"有效教学"的主体。聚焦课堂，提高教学有效性，教师必须对课堂有效教学的特征认真把握，发挥自身对课堂教学的诊断、导向、激励、反思、调节等评价指导作用，使教师变被动接受评价为主动参与评价，有利于调动教师的主动性和创造性，有利于增强教师自我发展的内驱力，有效促进课堂教学的改革。

5.4.4 有效教学的作用

有效教学作为一种现代教育理念和教育技艺融合的思想，正被广泛的实践，并向纵深推进。有效教学是在符合时代和个体积极价值建构的前提下其效率在一定时空内不低于平均水准的教学，是能够有效地促进学生发展，有效地实现预期的教学效果的教学活动。

实施有效教学使其成为一个具有操作性的教学思想，其作用主要表现在：

1. 实施有效教学有助于教学观念的更新。相对传统教学只注重知识学习的有效性，有效教学既关注知识获得与生成，也关注学生的全面成长，同时也强调教学的效能，因此，教师必须以全新的观念来指导他的教学准备和教学实施。

2. 实施有效教学有助于促进课堂教学的转型。学生是学习的主体，学生所获取的"知识"并不是靠教师单纯地传递，而是需要学习者自身的努力建构。因此，课堂教学的形式必须作一定的调整和变革，以适应有效教学的要求。

3．实施有效教学有助于教师角色的转变。教师要实现由"控制者"向"主导者"的转变。一味强调教师的控制作用，学生唯命是从、言听计从，是难以培养学生的主体性和个性的。而主导包括发动、组织、指导、调控、点拨五方面。其中的指导就是引领学生自主解决问题替代教师发号施令，成为促进教师教学行为转变的关键。传统的教师角色以"能讲"为主要特征，新理念的教师角色以"善导"为主要特征。

4．实施有效教学有助于拓展教师文化的新境界。从根本上来说有效教学依靠的不是每一个教师，而是整个教师团队，它是一个超越学科的"教师研究共同体"。所以有效教学环境蕴含着三个"整合"：各种教学活动的整合；整个学校教育的合作；学校与社区目标和价值的整合。

5．实施有效教学有助于改变教学的无效和低效。长期以来，大多数课堂存在着无效和低效现象。虽然学校有公开课、观摩课、优质课等教研活动，但大都是课后面貌依旧。有效教学理念的提出，为研究课堂教学效益提供了一个有效途径。课堂教学的有效性不是自然而然生成的，而是有意识创建的。虽然它很难打造出公认的最好课堂来，但每个人都可以在自己所处的环境中努力打造出相对有效的课堂来。

5．4．5　有效教学的基本原则

从洋思、东庐、杜郎口三个学校的成功课改实践总结，要提高教学质量，实现有效教学、优质教学，必须坚持三个基本原则。

1．先学后教——以学定教。当学生已经能够自己阅读教材和自己思考的时候，就要先让他们自己去阅读和思考，然后根据学生在阅读和思考中提出和存在的问题进行教学。

在针对学生独立学习中存在的问题进行教学的时候，教师也不能包办代替，而是要继续注重发挥学生的学习潜能，并发挥学生的集体智慧。

先学后教就是学生独立学习在先，教师课堂教学在后，超前性使教与学的关系发生了根本性的变化，即变"学跟着教走"为"教为学服务"。二是独立性。独立性是先学最本质的特性。先学强调的是学生要摆脱教师的依赖，独立开展学习活动，自行解决现有发展区的问题。先学贵在独立性，是学生独立获取基本知识、习得基本技能的基本环节。三是异步性。先学的异步性区别于传统学习的"齐步走"。先学要求每个学生按自己的速度和方式进行超前学习，并鼓励优秀的学生进行跳跃式的超标学习。

后教的"教"也体现了3个特点：一是针对性。必须根据学生超前学习中提出和存在的问题进行教学。学生的学习要力求全面系统，但是教师的教一定不能全面系统，而是要有针对性，针对性的教才能实现教师少教而学生多学。二是参与性。先学让学生带着求知欲和表现欲进课堂，这样学生就会积极主动投入学习，不仅参与学习，也参与教学，还参与评价，全过程地实质性地参与课堂。三是开放性。以前，课堂重点、难点、关键点都是根据教材确定的，现在学生先学了，课堂的重点、难点、关键点就要根据学生提出的问题来确定。所以课堂里就充满了不确定性，这就要求课堂真正开放，更加注重学生的质疑、交流、讨论。

2．先教后学——以教导学。当学生不具备独立阅读教材和思考问题的时候（处于依靠教师的阶段），教师要把教学的着眼点放在教学生学会阅读和学会思考上面。

从动态发展角度来看，整个教学过程也就是一个"从教到学"的转化过程。在这个过程中，教师的作用不断转化为学生的独立学习能力；随着学生独立学习能力由小到大的增长，教师的作用在量上也就发生与之相反的变化。最后是学生完全独立，教师作用告终。所谓教师的主导作用，最根本的在于促进和完成这一转化。先教后学的本质就是把教转化为学，具体来说，也就是把教师的教学能力、分析和解决问题能力转化为学生的独立学习能力。

在教学实践中，许多优秀教师总结出这样的教学过程：教——扶——放。按照我们实验的体会，这个转化过程可分为教读、导读和自读3个主要阶段。第一阶段，教读阶段。它的特点是教师教读、学生仿读。这一阶段的主要任务是让学生学会阅读，形成阅读习惯。第二阶段，引读阶段。在这一阶段，教师的作用由讲转为引，教师着力于引导，而不是直接讲解，这一阶段的着眼点是培养学生的阅读理解和分析问题的能力。第三阶段，自读阶段。这一阶段是"从扶到放"、"从教到学"的落脚点，学生可以基本上独立地进行学习了。而学生一旦进入独立阶段，就必须先学后教了，所以先教后学与先学后教具有内在的联系。

3．因材施教。一切教学都要根据学生原有的知识状况进行教学。

美国著名教育心理学家奥苏贝尔曾经提出这样的命题："如果我不得不将所有的教育心理学原理还原为一句话的话，我将会说，影响学习的最重要因素是学生已经知道了什么，根据学生的原有知识状况进行教学。"

美国布卢姆的"掌握学习"和上海市闸北第八中学的成功教育是这条规律在教学实践中的创举。布卢姆认为只要从每个学生的认知前提能力（包括前提知识、先决技能、初始能力）出发，循序渐进，因人而异地提供每个学生所需要的指导和帮助，教师就能够帮助"笨"的、"学得慢"的、"智力落后"的学生像"聪明"的、"学得快"的、"有才能"的学生那样学习，而且学得一样的好。成功教育的教学策略是"低、小、多、快"四字要诀，"低"即低起点，"小"即小步子，"多"即多活动，"快"即快反馈。这些策略的精神实质与"掌握学习"是相同的。只有让学生学会了才有兴趣，学会了才是进步的动力。因此，对不同起点、不同基础的学校、教师及学生，教学应该是不一样的。

5.5 有效教学的策略与路径

5.5.1 有效教学的策略

1．转变教学方式，把讲堂变学堂。

教师是课堂教学的组织者和引导者，在优化课堂教学中起主导作用。教师教学观念和教学业务素质的优劣，对课堂教学最优化起着关键性的作用。因此，教师要重视专业素养学习和终身学习，主动参加各种教师业务、理论、实践培训活动，努力把自己培养成为一个教学素质好、基本功扎实、教改意识强、课堂教学最优化的研究者和实践者。在教学中要关注学生"是否愿意学，主动学，会不会学"，把学生视为教学的主体。教师要转变教学方式，让课堂充满自主、合作、探究的学习氛围，把讲堂变为学堂。

2．培养学生自主学习方式。

新课程强调改变学生的学习方式，倡导建立新的学习方式如自主学习、合作学习、探究学习等方式。学生是学习的主体，提倡学生参与确定学习目标、学习进度和评价目标，在学习中积极思考，在解决问题中学习。为实现互动式、交流式的合作学习，为不同层次的学生提供参与学习、体验成功的机会，在合作学习中有明确的责任分工，促进学生之间能有效地沟通。在探究性学习中，通过设置问题情境，让学生独立、自主地发现问题。通过调查、信息搜集及处理、表达与交流等活动，经历探究过程获得知识与能力，掌握解决问题的方法，获得情感体验。

3. 在教学过程中落实三维目标。

要提高课堂教学的有效性；必须在教学过程中落实三维目标。课堂教学是教育的中心环节，学习知识是教学的基本目标。知识中蕴涵着能力、态度和价值观，教学过程和方法首先是知识教学的过程和方法，因此，实现三维教学目标首先是实现知识教学的目标，然后是分别实现发展能力、形成态度和价值观、了解认识过程和应用学习方法等目标。

合理的课堂教学目标应是具体、可测的。教学目标的行为主体应是学生而不是教师，行为是外显的、可观察的，能通过学生的操作、表达、演示等具体的活动展示他们对教学内容的理解和掌握，并由此反映教师的教学效果。这样设计的课堂教学目标才有利于提高教学的有效性。

4. 涵养课堂教学智慧。

教学智慧是教师在教学过程中对复杂教学情境所表现的一种敏感、迅速、准确的判断能力。

有效的教学是表层的显性课程教学与深层的隐性课程教学、"预设"课程与"生成"课程是相互交融的过程。有效教学既是预设的，又是动态生成的。预设是生成的前提和基础，生成是预设的超越和发展。课堂教学进行预设体现教学的科学性、严谨性、计划性和目标性，课堂教学过程的生成体现教学的艺术性、动态性和开放性。当精彩的预设与精彩的生成相遇时，课堂教学的智慧就产生了，课堂教学的效率与质量就提高了。

许华琼在研究有效教学的策略中深刻地指出：精彩的预设需要教师通过理解教材与了解学生，进行反思并设计自己的教学计划和方案；精彩的生成离不开学生在教学情境中的感悟、理解、体验、知识联动、问题驱动，以及教师点燃灵感的智慧启发与引导，这实质上是师生之间及生生之间的相互学习与情感的交流。教师要通过精心的教学准备与情境设计，让学生融入到课堂教学活动之中，唤醒学生的情感体验，使学生全身心投入学习，积极主动地参与。教师必须关注课堂生成，因势而变，顺学而导。若教师能给予恰当的引导，教学就完全有可能超越教师的预设，使学生获得非预期的生成性发展。

因此，涵养教学智慧，需要终身修炼职业内功，课堂教学的预设与生成是相得益彰的二元因子，如何恰当展示有效教学，就必须从预设的设计、策略、准备，去引导生成因素的出现，实现对教学知识、技能的主动"内化"，使教学的"效果"彰显出有效或高效，实现人在课中课在人中的教学境界。

5. 创设民主和谐的课堂氛围。

教学过程既是一个教学生"学会学习"的过程，也是一个教教师"学会教学"的过程。教师和学生作为教学的两个最重要的要素，应该和谐共存，平等相待，互动互惠，在一个动态开放的教学过程中，互相作用，互相交流，共同承担着信息的传递、加工、生成和共享工作，实现课堂生态系统的可持续发展。

心理学家罗杰斯曾指出，一个人的创造力只有在其感觉到"心理安全"和"心理自由"的条件下才能获得最大限度的表现和发展。教育学研究也表明，人在轻松、自由的心理状态下才可能有丰富的想象，才会迸发出创造性思维的火花。课堂教学要实现有效教学，营造一个民主、宽松的教学环境必不可少。首先，要建立充分体现尊重、民主和发展的新型伦理关系。其次，必须尊重每一位学生做人的尊严和价值，不伤害学生的自尊心，还要学会赞赏他们的付出所表现出来的微小的变化及对教科书的大胆质疑和对自己的超越。要使教与学的交往互动有效，师生须能开展有效的对话。对话意味着互为陈述、互为补充、互为启发、互为质疑、互为辩论。开展有效的师生对话不应仅仅是教学手段和方法的权宜之需，更应是当今对话时代背景下教学原则和教学精神的体现。

师生对话，是双方各自向对方的精神敞开和彼此接纳，尤其意味着教师要让学生有话想说，有话能说，有话敢说，有话会说。有效的师生对话具有两个维度的特点：充分和体面。前者强调给学生足够的表达机会和时间，而不是教师装样子，急于催促，或替学生表达；后者强调学生能够恰当表达并受到尊重。这看似是对学生的要求，实则反映的还是教师的水平，是教师民主、平等、理解、宽容精神和情怀的体现。

"关注课堂生成"、"以学论教"、"顺学导教"等教学原则需要教师充分发挥教学智慧。在教学情境中，尽可能地发现各种可能性，并在课堂中不断地发展和解释这些可能性，这要求教师既要以敏锐的洞察力和判断力去捕捉、甄别、重组学生涌现的各类信息，还要能把有价值的信息、问题纳入教学过程，使之成为教学的亮点，成为点燃学生智慧的火种；既给学生生成的时间和空间，更善于把握教学效益的底线，因势利导地丰富、拓展或调节、重建预设目标，从而实现教学有效，甚至高效。

5.5.2 实现有效教学的途径

1. 提升教师的专业素养是实现有效教学的关键。

实施有效教学，最关键的因素是教师。当前，导致课堂教学效率不高的原因主要是：一是观念旧，一些教师拿着新教材，但还是采用陈旧的教学方法。二是惰性强，缺少创新精神。三是关注点有偏差，教学时只关注教，忽视学生的动态生成。四是反思少。在新课程背景下实施有效教学，必然要求教师在以下方面不断提升自己的专业素质：第一、树立先进的教学理念。理念是灵魂，教学理念是指导教学行为的思想观念和精神追求。第二、丰富个人知识储备。作为新课程直接实施者的教师，一定要不断学习和探索，不断拓展自己的知识内涵。知识的厚度增加了，课堂就能深入浅出，左右逢源。第三、做一个有反思力的教师。"一个教师写一辈子教案不一定成为名师，如果一个教师写三年教学反思，就可能成为名师"。教师应在实践——反思——再实践——再反思螺旋式上升中，实现专业成长。

2. 课堂教学是有效教学实施的根本途径。

课堂是有效教学的主阵地，要提高教学的有效性，必须以提高课堂教学效果为目标。主要从课前准备、课堂组织、课后练习等几个环节入手。从课前准备上看，成功的课必定是充分准备的课，备好课是上好课的前提。有效的备课必须体现出：目标的有效：清晰、简明。内容的有效：适量、适度。教法的有效：灵活、恰当。从课堂组织上看，第一，要求教师语言组织准确、简练。第二，时间组织要恰到好处。第三，面向全体学生。一位好的教师应该使所有学生都受益。在课堂教学中，各环节的安排要尽可能以全体学生的参与为基础，以个别提问、小组交流、课堂检测等多种形式来了解大多数学生学习的情况。从课后练习上看，课后练习不在多，贵在精。提高练习的有效性就是要充分了解学情，因课设计练习，让学生在训练中思考问题、解决问题。.

3．教师教学能力的提升是实施有效教学的根本保证。

在有效教学过程中，教师的教学能力主要包括课堂调控能力：上课是个动态的过程，课堂上许多生成性东西不可预见，面对课前没有估计到的这些教学问题，教师要根据课堂实际情况及时调整课堂教学，改变既定教学环节，引导学生将注意力集中并保持在教学活动上。信息反馈能力：课堂教学反馈是师生之间、生生之间多向信息交流的过程。教师站在讲台必须及时捕捉来自于学生的各种信息，通过分析，转化为有效的教学资源，从而引发新的学习。评价指引能力：评价不是对结果简单的肯定与否定，而是对学生思维的点拨。让课堂评价真正起到激励、引导的作用，首先，语言要饱含激励，用真情去评价学生；其次，减少简单诊断性评价，倡导发展性评价，做到这两点，评价的作用就能真正发挥。

4．教师需要掌握好三个基本学习原则。

任何关于教学的探讨都要从对学习者的了解开始，尤其是当今知识型社会所需的富有挑战性的学习。因此，教师要掌握对教学较为重要的三条基本学习原则。

第一，如果要使得教学有效，必须重视学生的已有知识。没有考虑其已知、已确信的东西，学习者可能无法掌握所学习的新概念和信息，他们只是为考试而学习，而不是为了应用知识，一旦脱离课堂，他们又恢复到原来的状况。这意味着教师必须理解学生的所思以及在学习中如何联系他们的已有知识。

第二，如果学生要在课堂之外使用知识，那么他们需要概念化地组织与使用知识。这就意味着教师必须能够组织学习材料，以帮助学生将学习材料纳入到自己的概念体现之中，并且通过迁移等方法来引导学生，使学生能够顺利地将课堂上学习到的东西应用到实践中。

第三，如果学生知道如何学习和如何管理自己的学习活动，学生将会更有效地学习。现有的教学方法可以帮助学生采取一系列的学习策略，明确自己的学习目标和监控实现目标过程的进展状况，使学生控制自己的学习活动。

5．5．3　聚焦有效教学构建理想课堂

纵观21世纪的知识经济时代、终身学习社会的人才教育的基础，学科教学、学校和地区教育特色的创造，以及教师专业成长及社会价值的实现，无不联系于课堂教学主阵地的建设，无不需要依赖于理想课堂这个主阵地。

1．要优化教学设计和教学目标。为此，应充分关注并致力于优化课堂教学设计中的整合度与参与度。这里的"整合"，即课标体系框架内的知识整合、书本知识与相关实际的整合，以及理论实践知识与学生认知实际的整合；所谓"参与"，则是坚持师生共同发展前行的主体意识，并以学生终身发展能力为出发点和归宿，引导学生全员全面全程参与教学。

着眼于课程标准规定的知识与能力、过程与方法、情感态度价值观等多维目标实现和优化的需要，特别是引导学生"自主学习"即优化其参与意识和素质的基本原则，要克服传统教学"教材为中心"的弊端，精心思考备教材、备社会、备学生的整合。只有这样，才能使得课堂教学过程具备"生活化"的特点，既体现相对严密的逻辑思路，又有利于学生优化知识基础和能力素养，自主培养参与意识和素质，由此优化课堂教学必要的整合度和参与度。

2．要优化教学行为和教学过程。为此，应充分关注并致力于优化课堂教学过程中的自由度与亲和度。这里的"自由"，意在力求确保学生想象的空间，有利于学生保持、优化和张扬个性；所谓"亲和"，则是以教师的人格魅力与应有素养，创造保证学生健康全面发展所需要的和谐氛围。遵从基本的教学常规要求，要克服传统教学"教师为中心"的弊端，注意切合学科教学自身特点，着力营造学生愿意参与、能够感知，并且确实有新意，可以在优化参与意识素质能力方面切实有所得的问题情境。只有这样，才能使得课堂教学过程具备"综合化"的特点，既体现教学环节组合合理、教学结构相对严谨，又保持教学氛围亲切自然、宽松和谐与协调有序，师生平等参与交流，引领全班学生共同合作，通过体验和发现达成实际认知能力水平的不断优化，由此优化课堂教学必要的亲和度和自由度。

3．要优化教学效果和巩固提升。为此，应充分关注并致力于优化教学效果巩固中的练习度与延展度。这里的"练习"，需要有效建立和到位运用类似于自动化控制系统中的反馈与调控机制，恰当认识处理预设与生成；所谓"延展"，则是要着力引导学生善于将所学知识向"两头"延伸，理解把握所学知识的形成过程与运用效能，分别都联系于客观实际。

5．5．4　教师有效教学的八个操作要素

随着教学改革的深入，课堂教学的有效性越来越受到人们的关注。有效学习

是最优化教学策略实施的教学，为达成教师预期的教学目标，选择最有效的教学策略，使教学具有最大的效益，是有效教学的重要特征。有效教学追求的就是让学生在最短时间内，获得最佳的学习效果。

实施有效教学首先是教师本身，无论你在城市还是农村，需要教师具备一种反思的意识。教师要善于总结，善于提炼，善于运用，这样，教学中才不至于走弯路，才会在相同的时间里达到不同的、高质量的教学效果，从而真正地达到实施有效教学这一目的。因此要把握实现有效教学的八个操作要素。

1. 树立先进的教学理念。

理念是灵魂。教学理念是指导教学行为的思想观念和精神追求。对于教师来说，具有明确的先进的教学理念，应该是基本的素质要求。在推行新课程中，教师必须以新观念来实施新课程。

2. 丰富个人知识储备。

课堂上，如果教师对教材的理解缺乏深度广度，那么教学就会肤浅，学生学习就无法深入。可见，作为新课程直接实施者的教师，一定要不断学习和探索，不断拓展自己的知识内涵。知识的厚度增加了，课堂就能深入浅出，左右逢源。

3. 做一个有反思力的教师。

叶澜教授有一句著名的话：一个教师写一辈子教案不一定成为名师，如果一个教师写三年教学反思，就可能成为名师。教师应在实践——反思——再实践——再反思螺旋式上升中，实现专业成长。

4. 课前的有效准备。

大凡成功的课必定是充分准备的课，备好课是上好课的前提。有效的备课必须体现出以下几个方面。

目标有效：清晰、简明。目标是方向，方向正确才能保证有的放矢，教学目标的高、多、空只能使教学任务难以在有限的时间完成。备课时制定明确、具体、科学的教学目标，围绕目标确立重点，优化教法，这样的课堂教学才会收到良好的效果。

内容有效：适量、适度。一节课教师讲多少内容，并没有明确的规定，讲多了学生嚼不烂，讲少了学生又不够吃。教师要遵循教育规律和教学原则，科学地安排与搭配教材内容，合理地组织各部分的练习，不能"贪多忽效"，也不能

"求少图便"。

教法有效：灵活、恰当。同一教学内容，不同的教法效果就会不同，教必须致力于"导"，服务于"学"。优化教学方法要从实际的教学内容、教材特点、学生情况出发，扬长避短选用教法。教法贴切，教学方有效。

5. 课堂的有效组织。

语言组织准确、简练。纵观那些课堂教学效率低下的课，无一例外都是教师的喋喋不休挤占了学生的学习时间。一个教师，课堂上一定要组织教学语言，增强语言表达的科学性、针对性、准确性，做到清晰精练、重点突出、逻辑性强。

时间组织恰到好处。教学各部分的时间分配，教者在备课时应预计，讲课时要调控。但有时候，因为课堂上可变的因素较多，也许不是重点内容的教学却占用了一些时间，这时候，教者一定要站在整堂课的角度来安排时间。不言而喻，课堂教学在单位时间内完成的任务越好，浪费的时间越少，课的密度越大，教学质量就越高。

教学组织面向全体学生。一位好的教师应该得到全体学生的尊敬与爱戴，一位好的教师应该使所有学生都受益。在课堂教学中，各环节的安排要尽可能以全体学生的参与为基础，以个别提问、小组交流、课堂检测等多种形式来了解大多数学生学习的情况。

6. 课后的有效练习。

课后练习不在多，贵在精。现在有的教师在应试教育思想的影响下，大搞题海战，使学生的大部分时间都用在反复的抄写上，思维与能力得不到有效提升。提高练习的有效性就是要充分了解学情，因课设计练习，让学生在训练中思考问题、解决问题。

7. 提升三种教学能力。

课堂调控能力。上课是个动态的过程，课堂上许多生成性东西不可预见。面对课前没有估计到的这些教学问题，教师要根据课堂实际情况及时调整课堂教学，改变既定教学环节，引导学生将注意力集中并保持在教学活动上。

信息反馈能力。课堂教学反馈是师生之间、生生之间多向信息交流的过程。教师，站在讲台就是思想，就是智慧。这种思想与智慧，需要教师及时捕捉来自于学生的各种信息，通过分析，转化为有效的教学资源，从而引发新的学习。

评价指引能力。评价不是对结果简单的肯定与否定，而是对学生思维的点拨。如何让课堂评价真正起到激励、引导的作用？首先，语言要饱含激励，用真情去评价学生；其次，减少简单确定性评价，倡导发展性评价，做到这两点，评价的作用就能真正发挥。

8. 落实"以学生为中心"的教学原则。

课堂教学中，以学生发展为主体，是实现教学有效的关键。以学生为主体就是在课堂学习中以学生发展为中心，在教学中必须坚持以下原则。

（1）充分体现目标多元的原则。学生具有多样性，智能具有多元性，兴趣具有广泛性，知识能力具有多层性，因此把握课程核心内容，创设多元化教学目标，促进学生个性成长。

（2）充分体现学生主体观念的原则。

（3）充分体现教师主导的原则。

（4）充分体现学生自主、合作、探究意识的原则。

（5）充分体现实践精神的原则。

（6）充分体现现代精神的原则。

5.6 无效教学的表现与应对措施

聚焦课堂，有必要弄清楚我们的课堂上哪些是无效、低效的教学行为，从而有针对性地采取一些相应措施，实施有效、高效教学，提高课堂教学质量，以此促进学校课堂效益建设主题活动的深入开展。

5.6.1 无效教学的成因及危害

所谓无效教学，是指在教学过程中教师的教与学生的学脱钩，从而导致效率低下甚至是零和负的教学效率。

在前面的思考中，我们已经对教学"有效性"的内涵进行了探讨，其有效的核心主要是指通过教师在一段时间的教学后，学生所获得的具体进步或发展。教学有没有效益，并不是指教师有没有教完内容或教得认不认真，而是指学生有没有学到什么或学生学得好不好。如果学生不想学或者学了没有收获，即使教师教得再辛苦也是无效教学。同样如果学生学得很辛苦，但没有得到应有的发展，也是无效或低效教学。因此，学生有无进步或发展是教学有没有效益的核心指标。

无效教学往往是课堂死气沉沉，课后大练"题海"，机械重复被视为"巩固"，死记硬背美名为"强化"，其结果是学生苦学、厌学，甚至辍学；教师苦教、厌教，甚至弃教，无效教学严重影响了师生双方的动机水平和身心健康。

5.6.2 无效教学行为的几种表现及解决对策

1. 无效的备课。

表现之一：摘抄式备课

许多教师的教案有固定的格式、工整的书写及讲授流程，但却缺少自己的研究思考，缺乏反思与修改的提炼。这些整齐的备课教案往往就是教材、教参、教辅的复制品，教师"书写"的时间大于"思考"的时间，缺乏思考和创新，用这样的备课方式备出的教案要上出一堂好课基本上是不可能的，这样的"好"教案不等于有效备课，而是无效备课。

表现之二：合成式备课

也有些教师过多的依赖于这样的集体备课，形成了"教师一人备一个单元，大家合起来公用"的形式。这样的备课方式也不利于教师的专业发展和教师个性智慧的发挥，尤其面对学生群体及个体也不尽相同，这种合成式的集体"备课"过于简单化了，也难以取得有效教学有效的效果。因此，分工备课合成的教案不等于有效的集体备课。

应对措施：首先要统一有效备课的认识，做到备而能用，有利于教，有利于学。其次是把握有效备课的基本要求，做到教学目标的明晰；学生学情的把握；教材的有效利用；资源的有效准备；预设方法的审视（预设的方面：备目标——明确要做什么，备核心环节——明确要怎么做，备练习——精讲精炼，备板书——使课堂教学的主线清晰地呈现出来，备变化——对课堂可能出现的问题做出应有的预设）；备课可采取灵活多样的形式。再次是备教学反思及教学后记，课后反思不在多，贵在精。记课后生成，记下规律，记下精彩，记下败笔，记下灵感。

著名特级教师于漪老师倡导"三备法"是：一篇文章备三次课，第一次，自己独立深入研究，第二次，参照别人的备课，吸纳别人的智慧补充自己的教学设计，第三次，备课是在上课后，根据课堂的实际情况写出课后反思，调整教学策略。

可见一个有教学实力的教师也是一个有反思力的教师。因此有效教学必须有课前的有效准备。大凡成功的课必定是充分准备的课，备好课是上好课的前提。有效的备课必须体现出：

目标有效：

清晰、简明。目标是方向，方向正确才能保证有的放矢。备课时制定明确、具体、科学的教学目标，围绕目标确立重点，优化教法，这样的课堂教学才会收到良好的效果。

内容有效：

适量、适度。一节课教师讲多少内容，并没有明确的规定。教师要遵循教育规律和教学原则，科学地安排与搭配教材内容，合理地组织各部分的练习。

教法有效：

灵活、恰当。教必须致力于"导"，服务于"学"。优化教学方法要从实际的教学内容、教材特点、学生情况出发，扬长避短选用教法。教法贴切，教学方有效。

设计教案提倡变化为研究学案、导学案，这样会更加贴近学生实际，有利于教学有效。

2. 无效的教学活动。

表现之一：学生的"自主"变成"自流"。新课程实施以来，课堂变活了，这在一定程度上激发了学生的学习兴趣，学习热情和主动精神，但在"参与"和"活动"的背后，不少课堂却透露出浮躁，盲从和形式化倾向，学生内在的思维和情感并没有真正被激活。这样的课堂是有"温度"无"深度"。从而导致探究的形式化和机械化，变成没有内涵和精神的"空壳"。课堂虽然让人感受到热闹、喧哗，但极少让人怦然心动。课堂上展现的是学生肤浅表层的，甚至是虚假的主体性，失去的却是教师有针对性的引导、点拨和具体的帮助。

表现之二：学生的合作学习有形式却无实质。学生之间在缺乏问题意识和交流欲望的背景下，应付式、被动式地进行"讨论"，缺乏有效的沟通和交流，尤其是缺乏深层的交流和思想的碰撞；学生的探究式学习形式化倾向严重，学生只是机械地按部就班地经历探究过程的程序和步骤，缺乏好奇心的驱使，缺乏探究精神和质疑精神。

表现之三：忽视学生的主体性，以讲代学。课堂教学还存在教师满堂灌的现象，学生成听众、成摆设。

应对措施：一要研究学情。根据学生知识层次创设课堂情境，问题设计要有层次性，要让学生够得着，又得跳一跳。相信学生，不要大包大揽，但适当指导学生形成书面文字，培养学生严谨作风，同时也增强学生自信，锻炼学生流畅的表达。

二要研究有效问题。首先是把握有效提问应遵守的要素，即具有清晰、问题的价值、趣味性、大众性、广度和开放性、教师反馈性。其次是把握有效提问的技巧，做到抓住有效提问的着眼点即在教学内容的关键处、矛盾处、对比处提问，抓住疑难点、兴趣点、模糊点提问。把握有效提问的技巧环节，发问要把握时机，发问自然；对象要面向全体，抽答要广；等待时要给学生时间思考；启发时让学生正确的回答问题；追问时要补充其他的信息。

三要讲究有效倾听的方法。一要做到尊重对方，让对方感到安全、信任；二要做到真诚，目视对方，精力集中；三要做到倾听的过程要有回应，如点头等；四要做到要有耐性，宽容和理解对方的情感和表达方式。

四要有师生的有效互动。有效互动是克服传统课堂中的单一和枯燥的教学行为，打破课堂的沉闷和焦虑，让学生在一种愉悦和亢奋的状态中主动学习，积极思维。是追求教学的生命活力，面向全体，关注学生的整体提升，全面提高教学质量。培养学生的创新能力和实践精神，奠定学生终身学习的坚实基础。课堂信息交流活动的中心，信息交流的成效决定着课堂活动的效果，通过有效的课堂交流，促进和保持课堂的互动。

实现有效教学活动需把握好几个重要环节。课前的充分准备是有效互动的前提；教师角色意识的转变是有效互动的保证；平等、对话与交流是实施有效互动的基础；和谐的师生关系是课堂有效互动的重要条件；兴趣是激发学生真正互动的内在动力；关注与倾听是实施课堂有效互动的必要的修养；高超的提问艺术，才能激活学生的思维，实现互动的真实有效和生成；互动生成是有效互动的出发点和归宿。

3. 无效的训练作业。

表现之一：堆积各种辅导资料。现在各种各样的教辅资料令人眼花缭乱，包装设计美观、新颖。内容总结详细，习题容量大，来源广泛，且与各种级别的考试紧密相连。有的教师看习题，这个不舍得删，那个也不能去，没有根据自己学生的特点，精选习题，而是拿来就用。虽然多做练习覆盖面广，有利于学生经验的积累，但是在有限的学习时间内，做过多的练习，无疑是给学生加重了负担。

表现之二：简单机械的重复。辅导资料上的练习多重复、单调，缺少创造性，忽略了学生之间的差异性。不能引起学生的求知欲、好奇心，学生体验不到成功感和因成功带来的满足，不利于激发学生的内在动机，致使成绩优异者品尝不到创造的快乐，成绩落后者体会较多的却是挫败感。实践证明，这样的辅导训练，大多会造成思维固定，形成定式，不易变通，不敢变通。

应对措施：教师应明确学生进行练习的必要性，适量、适中，变化多样，与课内教学相关地有效进行练习，使学生能够很好地将已有知识和所学新知识进行构建。

有效的作业管理体现四个基本特性：一是趣味性与科学性；二是层次性与激励性；三是时效性与主动性；四是实践性与探索性。

有效的课堂练习设计应该遵循的六个原则，第一，课堂练习设计必须紧扣和服务于教学目的，必须与教学内容相关；第二，课堂练习设计必须对学生有意义、有价值、并且有趣；第三，课堂练习设计必须难易适度；第四，课堂练习设计必须有变化性、多样性；第五，课堂练习设计必须具有促进学生进步的特征；第六，课堂作业量必须适当，学生能够完成。

教师应有智慧的设计作业类型，使学生对作业训练更有效，教学实践证明，注重选择下列作业类型进行训练是会取得比较好的效果的。如菜单式作业设计，开放——活动性练习设计，综合性练习设计，趣味性练习设计，小组合作式练习设计，突出实践性的作业设计，自主性作业的创造性设计等。

要重视开放——活动性练习设计，做到鼓励学生参加实践，让学生动手、动脑，回到生活中去；培养知识迁移能力，提倡功能转换，即从书本回到生活，从课堂回到现实；促进学生个性发展，作业内容的开放使学生能够各取所需；重视学生兴趣需要，重视挖掘学生潜能。

家庭作业设计应遵循目的明确，数量适当；课内教学相关，有趣，难易适中；必做和选做相结合等基本原则。

课后练习不在多，贵在精。现在有的教师在应试教育思想的影响下，大搞题海战，使学生的大部分时间都用在反复的抄写上，思维与能力得不到有效提升。提高练习的有效性就是要充分了解学情，因课设计练习，让学生在训练中思考问题、解决问题。

4. 无效的教学手段。

突出的表象：一些教师过分追求先进教学手段，把学生当成储存知识的容器。

现代化的教学手段正在逐渐走向常规化，但现代教学手段的运用，并不意味着课堂教学的高效，合理的使用才能促进有效课堂教学的落实，否则就会起到低效或者无效的作用。比如：有的老师特别愿意利用多媒体课件，往往把整堂课的内容都在课件中表现出来，内容很详细也很有条理，课堂上唰唰唰的一屏屏地翻，学生眼花缭乱，容量倒是很大，但是效率却很低。

一节课下来，学生脑子中没有留下痕迹，由于翻得太快学生的笔记也不能记完整，课后也很难从笔记中理出头绪。

应对措施：针对这种情况，要认识到多媒体在教学过程中一定是辅助手段，多媒体的使用是在正常的教学手段不能满足教学需要时，绝对不能占主导地位，对于难点、重点知识可以以不同的方式通过多媒体体现，易懂问题没有必要制成课件。

幻灯片多媒体不可多用，不能用手和教鞭敲击屏幕，避免一节课出现多数是滚动的多媒体画面或者仅仅出示学习目标。而且上课过程中，板书一定要有，该板书的不能用多媒体代替，这是一节课的精华，也是学生以后进行复习的依据。

5. 忽视教学层次。

突出的表象：从教学实际来看，当前课堂教学存在的突出问题就是，教学滞后于学生的发展水平和学习能力或潜力。现在的课堂教学往往层次不分明，不仅导致教学水平和效益的低下，更为严重的是阻滞学生学习能力的发展以及学生责任感的形成。教学缺乏一种动态的、变化的观点，先教后学，教多少学多少，教支配、控制学甚至替代学，学的独立性、独立品格丧失了，教也走向了其反面，成为遏制学的"力量"，教师越教，学生越不会学，越离不开教，学生虽然获得了知识，但学习能力并没有真正的提升。

应对措施：关于教学层次的问题，按照专家的理论，同学生的两个发展水平相对应，可以把教学分为两个层次，即"针对最近发展区的教学是高层次的教学，针对现有发展区的教学是低层次的教学"。显然，只有高层次的教学才能促进学生的发展。

实行小班制，是实施高层次教学的有效保障，可让教师有更多的精力关注全体学生，真正做到不放弃任何一个学生；实行小组学习方式，可以彰显个别化教学，让"兵"教"兵"，实施同伴互助，培养学生个性天赋。

6. 无效的教学评价。

突出的表象：在课堂上经常听到诸如"很好"、"不错"、"你很棒"之类的肯定和表扬，教师的目的是让学生享受成功的愉悦，进而树立学习的信心。当学生的智慧的火花闪现之时，教师寄予的肯定无可厚非，但是只要学生一发言就说这些鼓励肯定的话，这样的鼓励就失去了它应有的价值和意义。因为超值的奖励会让学生产生惰性，长此以往，被夸奖的学生就会"逐渐迷失了自我"，而且还会在无形中压制着其他的学生。还有的教师在课堂教学中过多的是好与坏，对与错的"判决"，比较笼统，在这样的评价下，课堂必将枯燥乏味，教学失去多元性，灵动性，也不利于学生积极性的提高。

应对措施：客观评价能使学生明确努力的方向，"批评"和"赞赏"必须建立在客观评价的基础上的，如果离开了客观评价，它们就失去了应有的价值。全面的评价要求：对学生在学习过程中表现出的情感、意志和人格等方面的发展及学生的需求、潜能等给予评价，评价的方法和手段要多元化，让学生以主体身份参与教育教学的评价。

实施有效评价形成的关键性认识，必须做到三个方面，一是能针对反映自己教学常态的随堂听，而不是公开听。二是能在讨论时谈出自己的真实想法，分析原因。三是在专业讨论时，要有强烈的透视意识，即是不是只是讲授知识和组织学生作题；是不是把学生带到具备大量知识信息和材料的智力活动环境中；是不是通过学生已有的知识和能力培养和发展了学生的建构能力，评判、分析、应用的能力；是不是认识到有效的学习得益于分析、综合和评价等重要的智力活动；是不是培养了提出问题、探究问题、解决问题、自主合作学习的能力。

有效教学评价就是判断我们的课堂教学是否遵循了教学规律、保证了教学内容、教学活动组织、教学方法的合理性；是否有效果，促进了学生的进步和发展；是否有效益，学生的进步和发展符合社会和学生个人的教育需求；是否有效率，相对于师生的教学投入，师生的进步和发展是尽可能大的、理想的。

课堂教学有效性的评价指标有：学生主动参与学习；师生、生生之间保持有效互动；学生形成对知识真正的理解；学习材料、时间和空间得到充分保障；学生的自我监控和反思能力得到培养；学生获得了积极的情感体验。课堂教学评价的价值取向，体现在促进学生的全面发展，促进教师不断提高，在对教学活动的评价上，以充分调动教学双方的主动性与积极性为原则，力求为教学双方在教学活动中展现自身潜质提供时空条件。

实施对课堂教学的诊断性评价是课堂教学改革必然要求。一是促进反思：对观念、行为、效果的自我诊断。实行诊断性评价的主要目的是促进教师对自身的教学观念、教学行为和教学效果进行反思，也就是自我诊断。它的基本任务是认识和解释实施与教学效果的关系，即指教师教学的基础性专业能力与教学效果的关系；教师的教学风格与教学效果的关系；教师的教学行为与教学效果的关系；师生的关系性质和互动特征与教学效果的关系。二是聚焦反思；三是学会反思。

7. 三维目标的割裂。

表现之一："游离"于知识、技能之外的过程、方法，为活动而活动。这种活动既不利于知识、技能的掌握，又无助于学生思维能力的发展，是没有价值的，因而是低效，无效的。

表现之二："贴标签"式的情感、态度和价值观，即脱离教学内容和特定情境，机械生硬地进行情感、态度、价值观教育。这种教育是空洞的、无力的，因而也是低效甚至无效的。

表现之三：只关注知识的授受和技能的训练。这种现象依然存在，这种教学在强化知识、技能的同时，冷落、忽视了过程、方法与情感、态度和价值观，从而从根本上阻碍了学生的发展。

应对措施：认真研读新课程标准，准确把握新课程理念，切实转变教学观念。

备课一定要充分设计，要按照知识与技能、过程与方法、情感态度与价值观三维目标围绕学科知识点逐条落实、能力训练到位、激发学生思考热情进行科学设计学案，下大气力培养学生学习习惯，培养学生的学科信仰。

聚焦课堂，简单一点说，只要解决四个层面的问题就可以了，即教什么、学什么，怎么教、怎么学，这其实是大家熟知的，解决了这四个问题，或者说，有序地做好了课堂教学的这四件事，自然也就形成了精细化教学，这是一种优质的教学流程，而这种优质流程的课堂一旦生成，无效、低效课堂教学现象就自然不复存在了。

5.7 区域课堂教学改革实践探索

链接——

湖南株洲区域整体推进课堂教学改革纪实

2011年全市课堂效益建设年取得重要进展之后，2012年株洲市基础教育课改工作继续全面整体区域推进，课堂教学发生了深刻的变化，区域教育发展取得了突出的成效、突出的进步。深化素质教育关键在课程，课程能否有效实施的突破口在课堂，课堂充满活力，则学生充满活力，教育充满活力。区域整体推进课堂教学改革，打造高效课堂已成为我市中小学的主旋律，区域性、整体性、目标性、主体性、个性化成为当前株洲市整体课改的主要特点，并走在了全省前列。

区域整体推进课堂教学改革有力促进了全市区域教育均衡发展，有力促进了区域中小学的内涵发展、有力促进了区域教育质量的全面提升，有力促进了教师的专业发展、职业幸福、事业理想的提升，有力促进了学生的健康、快乐成长，有力推进了素质教育的新发展。在株洲广大中小学校长、教师积极投入课堂教学改革实践，真正形成了为生命立品，为成长奠基的课改氛围。

一、整体推进区域课改，提升区域教育发展品质

学生在校时间的70%以上在课堂，课堂教学效率如何，直接影响学生的学习效果，关系到学生的学业负担，更关系到学生的幸福成长，为切实改变教学方式、切实提高教学效率，我市正在全面推进高效课堂建设。

在推进高效课堂建设中，我们坚守五个基本要点：一是突出为学生未来发展打好基础、积储成长力量；二是突出区域整体推进；三是实施区域目标管理；四是突出学校育人主体性；五是构建学科个性化育人模式。具体的路径是：

1. 落实区域管理目标与责任

在推进高效课堂建设中，我们做到三级负责制，即市级、县级和学校，各司其职，各负其责。明确课改管理的责任在县市区教育局，实施责任在各级各类学校，

第五章
聚焦课改 决胜课堂

175

进而调动了各地各校课改的积极性、主动性，在推进课改过程中，各地各校能结合实际，积极探索区域整体推进课程改革的路径，积极探索课堂教学的教学模式和管理方式，不断强化推进高效课堂的教学管理。

市级层面：主要是制定管理目标和推进政策，制定考核要求与评比方案，突出宏观层面的指导工作。检查、指导和评价，主要是针对各县市区教育局的管理实施情况进行。市级层面，一是抓好课改基地和课改样板校建设，培植本土经验和典型，树立样板引领发展，出台了《株洲市基础教育课程改革样板校建设实施方案》，明确了基础教育课程改革样板校建设目标与路径，明确了基础教育课程改革样板校建设基本要求，在办学思想、课程建设、课堂教学改革、校本教研、课程资源建设、教师队伍建设等方面作了具体安排，制定了《株洲市基础教育课程改革样板校建设评估细则（试行）》，设置了七个一级指标，二十三个二级指标，四十五个三级指标。二是加强对各地各校的高效课堂建设的督查与指导，已经对全市9个县市区及所有市直单位的高效课堂建设进行了全方位的督查，并点对点地写出了督查报告。

县区级层面：负责本区域内的高效课堂的规划、管理和推进，并明确由各县市教育局主管教学副局长的直接责任。在区域整体推进课堂改革，在区域整体推进学科教研和教师培训，在区域整体推进学生减负增效等方面，各县市区都已进行了深入的探索，也已取得了显著的成效。下面是九个县区在区域推进课改中呈现的特色。

天元区有序推进"活力课堂"建设，在关注生命发展、关注动态生成、关注全员参与、关注学生本位、关注思维投入等方面已初有成效。在推进"活力课堂"中，实行"城乡结盟，捆绑考核"，按照"地缘相近，规模匹配"的原则，将城区六所优质学校与农村中小学结盟，成立了六所盟校，并实施了捆绑考核，"教学管理、活动设计、教研活动、队伍调配、教师培训"五大领域进行全方位实施结盟统一和帮扶工作，从而真正加强了薄弱学校的帮助，加强了课堂教学效率的整体提升。

芦淞区建立和健全了课改制度，出台《追求卓越，全面推进素质教育方案》、《芦淞区关于建设教育强区的决定》，提出了打造"主体性课堂"的要求，抓课改措施行之有效，重视校本培训和校本研究，重视在人财物等方面向课改学校和课改教师倾斜。

石峰区出台《石峰区新课程改革实施方案》，并分学科、学校制定具体的课程改革实施方案，区内形成两个层面、两条线同时推进的课改格局，确保课程改革的各项措施落实到位；出台《关于推进课堂教学改革的指导意见》，明确提出把课改的重心放在决战课堂上；开展课堂教学改革成果展示系列活动、召开全区课堂教学改革现场研讨会，积极推介先进的课改经验与优秀的课堂教学模式。

荷塘区出台了《中小学"课堂效益建设年"实施方案》，以"聚焦课堂，再造课堂教学模式和流程，实现有效教学，提高教育教学质量"为总目标，本着"做好校园环境、做强教育管理、做实片区教研、做优教育质量"的工作思路，致力于有效课堂和品牌课程建设，重点抓好课改样板校的建设，扎实推进课改纵深发展。各校通过扎实的校本教研，均形成了不同层次、有发展潜质和价值的教学文化，教师发展和学科建设都取得了明显成效。

炎陵县把"课堂教学改革"作为学校年度工作考核、星级学校评估、特色学校创建、绩效工资考核的重要指标，制定了《"课堂效益建设年"实施方案》和《县级课堂教学改革样板校创建工作方案》，教育局每月召开一次课堂教学改革专题研讨会，每个季度举办一次课堂教学改革现场观摩活动，每年举办两次课堂教学改革经验交流会，在全县学校广泛深入开展课堂教学改革，深化教学研究，营造浓厚的课改氛围。不断加强队伍建设，为课堂效益建设提供人力保障。积极探索提供探索教学模式，整体区域推进课改。已形成具有县域特色的以生为本的乡村教育课改模式——"三生课堂：生长、生命、生活"。《中国教育报》《湖南教育》《湖南日报》《湖南卫视》《株洲日报》《红网》等媒体对三生课堂进行了相关报道，到目前为止已累计有江西、郴州、长沙及本市共100余所学校参观。

株洲县制定并下发了《关于开展"课堂效益建设年"主题活动的实施方案》，提出了"校长的精力回归课堂"、"努力构建高效课堂，大力推行先学后教、以学促教、少教多学的教学方式"的要求。召开了中小学课堂效益建设推进会，组织县市级骨干教师、学科带头人开展了"送课下乡"，进一步提高教研实效性和针对性。注重整体推进，注重培育本地典型。

茶陵县在打造高效课堂中，一是走出去，组织了70名中小学学科带头人分别到岳阳许市中学和岳阳楼小学考查学习，组织学校分管教学的负责人到景弘、醴陵一中、株洲市三中、醴陵四中学习交流。二是强队伍。出台了《茶陵县四名工作室负责人评选与管理办法》，着力把"名工作室"培养成骨干教师成长的摇篮、教学研究的基地。三是加压力。全县成立课堂教学评审小组，对全县的所有学校的课堂教学进行整体评估，对各校的所有行政管理人员的课堂教学进行评价，凡在课堂教学评价中不达标的管理人员，不予再担任行政管理工作。

醴陵市依托现有优势，强化课改样板校建设，强化本区域内的典型经验的推广，在课改中，东富学校、渌江中学、醴陵一中、醴陵四中，都已形成了比较成型的经验，尤其是醴陵一中，成功承办了湖南省首届普通高中课程改革样板校建设现场研讨会。教育局通过强化行政要求，召开现场经验交流会，全力提升全市课堂教学效益。

攸县既出台措施，提出整体要求，又突破难点，分学段打造本土典型，对学校的高效课堂建设，进行了务实的过程性和终结性评价。出台了《进一步规范办学行为的规定》，在增效的同时，进一步规范办学行为，减轻学生负担，统一了学生作息时间，促进各学校进一步落实了课程，规范了课堂，提高了课堂管理实效。

学校层面：学校全面负责课堂效益要求的落实，明确校长是学校提高课堂教学效益的第一责任人。我们继去年召开全市初中学校、高中学校课改现场研讨推介会后，今年在炎陵县现场召开了义务教育阶段的学校课改现场会，为全市区域推进课改的校长们树立了典型，进一步坚定了信心，鼓舞了扎实推进素质教育的士气。现在我市的醴陵一中、醴陵四中、株洲市一中、二中、三中、四中、九方、十八中、七中、十九中、株洲景弘学校、炎陵东风学校、天元区中小学及石峰区枫叶中学等在全方位探索学科教学特色模式，构建高效课堂，并为我们实现区域整体推进课改积累了很多的经验。

2. 突出典型引领

为了形成本土课改经验，培植本土课改典型，让典型在课改中起引领作用，我们着重开展了四个方面的工作：

一是建立课改基地。经过学校自主申报，各县市区教育局考查推荐，继去年建设45所课改实验基地基础上，今年又在小学、初中、高中三个学段中新建了50个课改实验基地，现在全市形成了95个基地、两个推广中心、14所省市样板校的辐射引领格局，在全省形成了独有的区域课改氛围和形势。

株洲课改实验基地和样板校涵盖城市学校、城镇学校和农村学校，由市、县两级教育行政和科研部门进行重点指导、培植，对课改基地进行动态管理，不合格的将淘汰，课改效果好的将给予奖励，并创建成省、市级课改样板校。

二是在高中启动学科基地和特色项目建设。按照以学科基地建设支撑课程改革，以特色项目支撑学校特色发展的思路，已确定语文等13个学科，心理健康教育等7个特色项目的承担学校。这批学科基地和特色项目建成后，将成为教育科研基地、师生培训基地、学科教学资源开发集散基地，为课程改革的进一步推进提供了强大的资源和智力支撑。

三是建立了课改典型人物和典型学校引领机制。为推进课改，2011年在全市由下而上的进行了"十大课改人物"的评选，评出了我市的课改典范，也让更多的草根典型成为我市课改的标杆。2012年我们将推选中小学各学段"高效课堂建设示范校"5所。

推进课堂教学改革，我们的思路是：为了学生健康成长，坚守课改不懈怠，强力全面推进；遵循教育规律，循序渐进不折腾，确保课堂教学质量提高；因材施教，探索借鉴经验不盲从，学生的培养输不得，我们必须认认真真研究课改的每一个环节，我们必须扎扎实实做好课改的每一个细节。为此，我们集中优势力量培植我们的课改典型，构建各具特色的课堂教学模式。

四是进行了区域整体推进课改的探索。对区域整体推进课程改革，选取了炎陵县教育局作为试点，已经取得一定成效，今年已就炎陵的经验在全市进行了推广。同时，将区域整体推进课堂教学改革，纳入县市区教育工作年度考核。

3. 注重评价导向

改革能不能持续深入推进，基层单位的积极性、主动性起决定作用，只有制定科学合理的评价机制，才能确保基层单位对课改保持恒久的动力。为此，我们出台了《株洲市中小学教学管理综合评价方案》，既考虑了各地基础的不同，又考虑了推进课改的力度，既突出了过程管理的要求，又强化了课改效果的彰显，分城市五区、五个县市及市直高中三大块分别制定了评价细则。

4. 强化服务指导

在打造高效课堂中，我们变单一的行政管理为主动地为基层服务，不断改进服务方式，不断丰富服务内容。我们全面整合教育行政和教育科研两只力量。教育行政负责课堂教学改革的整体安排、全程管理、全面评价，组织相应的培训、交流和推广活动等。教育科研对课堂教学改革进行研究、指导和服务，为教育行政的决策提供参考意见，对实施中存在的操作层面的问题进行对策研究等。

提供交流平台。打造高效课堂，教学管理层如何行动，教师如何行动，如何减少盲目性、如何增强针对性，培训和交流就起了关键的作用。深入推进课堂教学改革中，面临的很多问题是共同的，解决的办法也可以相互借鉴，为此，建立了多种形式的交流平台，相互学习、取长补短，一是由基础教育科编制了株洲市基础教育简报，借助这个平台，各地课改的信息、课改的经验、教学的模式、管理的方式，都能及时进行宣传、及时交流，二是分层分类举行了课改现场经验交流会，2011年以来，就分小、初、高三个学段举行了三次课改现场经验交流会，在醴陵市城北中学召开株洲市农村小学课堂教学现状及问题诊断研讨会，在株洲景弘中学召开了初中课堂教学改革现场会，亲身体验着景弘中学"136"教学模式给课堂带来的活力，分别在株洲市三中、醴陵四中召开了"打造有效课堂、高效应对学考"、"打造有效课堂、高效应对高考"的现场经验交流会。2012年3月，在市七中召开了初中创优课改现场会，在炎陵召开了区域课改经验现场会，5月，在南方中学召开了全市第二届中小学课改与学校特色发展校长论坛。

二、转变课堂教学方式，丰富教育发展内涵

1. 深化课改，教育焕发活力

在区域整体打造高效课堂中，我们尽管还在行进中，但我们也取得了很多阶段性的收获。

学校更有动力。打造高效课堂的责任主体在学校，经过一年多的工作，学校对高效课堂建设的认识更加深刻了，行动更加积极了，尤其是在各级教育行政部门的推动下，在身边课改典型的影响下，更多的学校主动投身到高效课堂建设中来，能将高效课堂建设与教育质量提升、教育品质改善、学校内涵发展紧密结合起来。

课堂更有活力。高效课堂建设，尽管步伐不是统一，改革的程度不一致，但环顾我们的课堂，气氛已经不再是那样的沉闷，教法不再是那样的单一，学生成了学习的主体，学习变成主动的、自觉的、积极的，学生动起来了，正是由于学生参与，整个课堂就活起来，学生在课堂收获的就不仅仅是知识，学习也不再是一件痛苦的枯燥的事。

队伍更优了。教学方式的转变，重要的是教师的观念的转变，重要的是教师的教学水平的提升，在推进课堂教学改革中，在改革任务的驱使下，教师对新课程的理解更全面了，对课程标准的把握更准确了，对课堂的认识更深刻了，在课堂教学中更贴近学生实际更符合教学要求，尽管经历了改革的阵痛，可以说，造就的不仅仅是学生，成就的还有教师。

2. 深化课改，教育改善品质

在打造高效课堂中，涌现了一批典型，炎陵县、天元区在区域整体推进方面走在全市的前列，醴陵一中、景弘学校、株洲市七中、天台小学为各学段的课改提供了经验，市内外媒体经常报道，兄弟学校参观学习络绎不绝。这些地区和学校提供的经验，不仅仅是教育发展方式和课堂教学模式，更多的是找到了一种改善教育品质的途径。

景弘学校创设了影响深远的"一三六"高效课堂模式（"一"即一个中心，课堂以"学"为中心；"三"即课堂的三大特点——自主、开放、高效；"六"即课堂的六个环节——学前反馈、目标导入、自主探学、合作交流、展示提升、达标检测）。全力打造高效课堂：教室三面墙都是黑板，学生分成六个模块组并以田字型围坐，课堂上让学生当小老师，让学生自己讲解、自己演练、相互交流，老师把主要话语权交给学生，老师上课不再搞"一言堂"，而是引导、追问、质疑、点评，培养学生自主、探究、合作、学习能力、演讲能力、表达能力、与人交流与创新能力，每节课都成了交际课——学生互相讨论、交流、帮助、检测，学习在分工、合作下进行；每节课都是口才课——学生积极讲解、大胆展示，可以演讲、辩论、叙述故事、朗诵诗歌；每节课都成了体育课——学生可以有序走动，可以舒展肢体、活动筋骨；每节课都成为书法课——三面黑板都是字帖，学生反复利用，不断规范，让字迹更加漂亮；每节课都是艺术课，学生可以发挥个性特长，表演、吟唱、绘图、弹奏随性而行……景弘中学让课堂成为"知识的超市、生命的狂欢"！让课堂焕发生命的活力，让学生在课堂上综合素质得到了全面提升。

"景弘"已成为株洲乃至全省教育界的一道靓丽风景，两年以来来景弘观摩考察的教育界人士已有2万多人次，涉及数百个学校。《中国教师报》、《湖南教育》等全国、省市级媒体对此现象进行了深度报道。

正如景弘中学苏校长所说："几年的课改，我由衷地感受到：创新让我们的课堂生态发生了根本的变化，教育开始回到它的原点，回归到生命的自然生成；创新让我们的师生状态有了可喜的变化，学生成了学习的主人，课堂的主宰，成绩只是课改的副产品，学生的综合素质全面发展，老师成了学生学习的摆渡者，学校成了学生自由生长，快乐发展的学习天堂。"

天台小学从多年的办学经历中体会到：课堂教学改革势在必行，尤其是教学方式的变革。学校在践行"活力课堂"的改革中，致力于小组合作学习的开展，并且将课堂改革与模式建构、队伍建设紧密结合进行，历经两年的不懈努力，取得了可喜的成绩。学校不是机械地照搬他校的做法，而是根据小学生的身心特点和成长规律，分学科分学段提出教学要求，在建立基本模式的基础上，引导各学科教研组，根据教学内容和要求，探索出相应的子模式。围绕课改，学校出台了一系列的配套改革措施。现在，学校的课改气氛浓了，教研气氛浓了，课堂活跃起来了，学生的学习面貌和精神面貌都变了，区里的各种课改活动经常在学校举行，区内外兄弟学校也经常来学校观摩交流。

三、课改促进区域教育均衡发展

在推进区域教育均衡发展中，师资均衡和设施设备均衡只是办学条件改善，质量均衡才是目标。但是，有好的师资、好的设施设备，质量也不一定均衡，关键是好师资、好设施设备一定要产生出好课堂教学，产生出满足不同个性不同层次需求的课堂教学，质量才能提升。其实，没有好的师资或者是吸引不来好的师资，不能大幅度改进设施设备，如果能改变我们的研训方式，同样可以带出我们的好教师，如果能直接改变我们的教学方式，不仅可以弥补条件的不足，而且可以提高我们的课堂教学效率，提高我们的教学质量。在促进区域教育均衡中，我们认为，改善条件促进均衡，也是为了改变教育教学方式和提高教育教学水平来达到质量的均衡，对课堂和课程改革的区域整体推进，更是直接而有效地促进区域均衡发展，何况我们不能等所有的条件优越时，我们再来进行课改，耽误的将是学生的成长。

以课改为抓手，力促区域教育均衡发展，各地探索出了很多行之有效的做法，也取得了好的实效。

天元区实施"城乡结盟，捆绑考核"方略，促进区域内城乡学校间均衡协调持续发展。要求：1. 结盟学校要在"学校（教学）管理、活动设计、教研活动、队伍调配、教师培训"五大领域进行全方位实施结盟统一和帮扶工作，从而真正加强薄弱学校的帮助。2．各结盟学校必须成立领导小组和盟校学科核心（教研）小组，统一协调、统一管理。双方校长为盟校的第一责任人；两校共同研制发展规划，制订年度计划，并且定期开展交流研讨活动，安排到月到周。开展"学校（教学）管理、活动设计、教研活动、队伍调配、教师培训"等五大方面的交流和研讨活动。结盟学校须建立每月一次联席会议制度，教育局党委及班子成员到盟校蹲点指导。3．天元区教师交流现阶段主要采取"盟校内"有序交流。交流分"教师教学交流"和"教育管理交流"两类。各结盟学校可根据双方学校具体情况以"不求所有，但求所用"的原则上按照符合条件交流教师的5%～10%进行交流。4．盟校内的市区学科带头人、骨干教师应开放课堂，结盟学校学校教师可预约听课；市区级学科带头人需与盟区内1～3名教师建立3年的"师徒关系"，并且主动听课每学期至少5节次（不含本校）。5．"活力课堂"盟校结盟要求：实现五个结盟"统一"：即教科研学习结盟统一，鼓励教师队伍互通有无；"活力课堂"子模结盟统一，实现课堂教学优势互补；教学进度结盟统一，保证城乡教学和谐一致；集体备课结盟统一，集聚集体智慧团队攻坚；教学评价结盟统一，助推活力课改快乐高效。

醴陵市送教送培，让课堂充满活力。要求城区各校利用自己的资源优势，送教下乡，送培下乡，将先进的教学理念和现代教学方法送到边远学校，帮助那里的教师开阔视野，更新观念，提高教学水平。

南门中学选派学科带头人和教学骨干上教研示范课18节。城北中学组织了株洲、醴陵市级学科带头人向结对学校送去11堂优质观摩、示范课，并且建立教师跟班学习制度，从今年4月份起，每月邀请结对学校的1～2名教师到城区姜湾小学、国光小学和五里牌学校跟班学习，免费提供食宿。渌江中学积极为对口扶助单位提供教育教学管理工作指导与扶助，邀请枫林市中学的一线教师30多人次到校跟班听课、评课，安排该校语文、物理、外语等科目的任课教师到渌江中学进行了为期2天的跟班考察学习，并指派教师进行一对一的指导。基教股认真组织"送教下乡"活动，组织基教股工作人员、教研室小学教研员、实验小学骨干教师为富里镇所有小学老师送上语文、数学、英语和科学共计六堂优质示范课，每一堂课后，学生退场，上课教师进行说课，教研员、学科带头人现场点评，并与听课老师进行交流，整个过程让在场的教师受益匪浅。城南中学向结对学校送去优质观摩课4节。泉湖小学请结对学校峤岭小学的师生来参加"阳光课堂"教学观摩研讨活动。

醴陵高中的校长也积极参与结对学校的课堂帮教。醴陵一中方勇校长在繁忙的工作之余三次到结对办点学校醴陵八中，深入教学一线，与王可强校长共同研讨教育教学难题，为该校高三教师进行了两次培训，提供了丰富的教学资源与高考信息，极大提高了该校高考复习效率。同时，热情帮助该校经验不足的青年教师陈清花克服物理教学上的困境，跟踪听课、评课指导，及时诊断，对症下药，极大提高了陈老师把握教材挖掘教材的能力，提高了课堂教学效率，提升了课堂教学艺术。市四中江汉云校长积极主动、满腔热情地投入帮扶活动，组织教师送课至七中，共上示范课10余堂，指导每个科目组编写导学案1本。

四、影响课改有效推进的几个相关性因素

在全市区域整体推进课改，建设高效课堂的过程中，效果是十分显现的，但是我们还面临巨大困难，还影响着课改工作的顺利推进。各地、各校的推进力度是非均衡的，效果也不是都有明显提高的。我们必须清楚认识到以下因素是今后推进课改的主要困难或阻力：

1. 学校滞后的管理机制。新课程实施以来一些学校之所以没有实质效果，主要是管理机制落后新课程要求，机构功能与新课程要求不配套。这个问题不只是一所学校问题，可能是区域性问题。很少有人反思为什么潍坊课改整体推进有效有力，其根本原因是潍坊教育机制、学校管理机制适用新课程要求及时进行了改革。因此，我们如果不改革管理机制课改会更加艰难，甚至可能会停滞不前。

2. 校长的课程领导力要进一步增强。校长是课程改革推进的关键。这就要求校长的高度专业自觉和使命担当。如果校长不参与学校课改规划、引领推进、指导研究，这个学校的师生成长不可能是顺利的、有效的，不可能会有很好的工作与学习状态，也不可能有多大的职业幸福感。

3. 持续的课改需要坚强的教育科研支撑。中小学课改推进过程中，教育科研队伍建设、专业素养和敬业精神是课改推进的主要保障。一个区域、一所学校的课改没有教育科研人员的实践探索，没有他们扎根在学校中、在教师中、在学生中去体悟教与学的过程，不会有真正有效的指导。

株洲市七中为什么能在薄弱的公办初中中成功实现突破性、快速发展？是什么力量使七中充满生命的活力？主要是两个原因，一是七中成长在芦淞区这块充满教育改革激情的生态环境，二是七中的校长对教育充满理想和对学生的生命情怀，具有较强的新课程的校长领导力。

在株洲市七中召开现场经验交流会，所听所看无不让人有一种生命激情的震撼！什么是理想的教育，什么是生命成长的活力，我们每一个做教育的人无不对七中人敬佩。我们学习七中什么，我们认为一是他们全面育人、全程育人；二是他们全面贯彻新课程标准，扎实推进素质教育；三是他们全面按新课程要求，开齐、开足、开好各类课程；四是他们以课堂教学改革为抓手，转变学校管理理念，转变教师教学方式，转变学生学习方式；五是以课堂教学改革为路径积极推进特色学校发展，开发系列特色育人的校本课程；六是他们关注每一个学生发展，注重文化环境育人。

办好教育，办好学校，我们不怕学生生源差，不怕学校条件差，怕的是教育思想的软弱，怕的是教育行动的软弱！

第六章
高效课堂的学习方式

中小学生在基础教育阶段最重要的就是培养良好的学习习惯和学习方法，掌握好的学习技能将为自己的成长品质与终身发展奠定良好基础。达尔文说："最有价值的知识是关于方法的知识。"实践证明，传之以鱼不如授之以渔，学生一旦掌握了打开知识宝库的钥匙，便受用终生。

高效学习的技能是指在教学环境中，教师以学生学习的心理过程为依据，为学生的自主学习等创设有利环境，对学生的学习动机、过程、方法进行指导和引导，从而促进学生发展的教学行为方式。

在基础教育各个阶段教师不仅要向学生传授知识，更要向学生传授学习的方法。学习方法有两个层面的意义，一是泛指个体在社会生活与实践中，获取知识经验的操作方式系统，二是主要指学生的课业学习方法，包括学习的态度、原则、程序、途径、手段、技能等。因此在落实课堂教学三维目标的过程中，开设学习技能指导校本课程尤为重要。

课堂教学高效性是指在常态的课堂教学中，通过教师的引领和学生积极主动的学习思维过程，在单位时间内高效率、高质量地完成教学任务、促进学生获得高效发展。

新课程要求创设有利于引导学生主动学习的课程实施环境，提高学生自主学习、合作交流以及分析和解决问题的能力。学习方式的改善是以教师教学行为的变化为前提的，因而我们把教师教学行为的变化和学生学习方式的改善视为课程改革成功与否的重要标志，也是素质教育能否深入推进的关键因素。

6.1 课堂教学方式的内涵与载体

6.1.1 课堂教学的基本定位

1. 教学是课堂创生与开发的过程。

传统的教学观把知识当成定论，把学习简单看成是知识由外到内的输入过程，低估了学生已有的认知能力和知识经验，轻视了学习者心理世界的差异性。现代课堂教学则是教师与学生以课堂为主渠道的交往过程，是教师的教与学生的学的统一活动。为了突出学生学习的主体地位，培养学生自主学习的能力，让课堂教学变成课程创生与开发的过程，我们改革不合理的课堂教学环节，加强现代课堂教学价值观的引领，努力构建一种多元化、发展性和人性化的课堂教学观与评价观，不断创造有效的时间和空间，让每一个学生的自身素质得到提升和发展。

2. 教学是师生交往互动、共同发展的过程。

强调师生交往，构建互动的师生关系、教学关系，是教学改革的首要任务。教学是教师的教与学生的学的统一，这种统一的实质是交往。《基础教育课程改革纲要》明确指出，教学过程是师生交往、共同发展的互动过程。在教学过程中，要处理好传授知识与培养能力的关系，注重培养学生的独立性和自主性，引导学生置疑、调查、探究，在实践中学习，使学习成为在教师指导下主动的、富有个性的过程。教师应尊重学生的人格，关注个体差异，满足不同需要，创设能引导学生主动参与的教育环境，激发学生的学习积极性，培养学生掌握和运用知识的态度和能力，使每个学生都得到充分的发展。把教学本质定位为交往，是对教学过程的正本清源。教师与学生都是教学过程的主体，在教学过程中，强调师生间、学生间的动态信息交流，这种信息包括知识、情感、态度、需要、兴趣、价值观等方面以及生活经验、行为规范等，通过这种广泛的信息交流，实现师生互动，相互沟通，相互影响，相互补充。传统意义上的教师教和学生学，将不断让位于师生互教互学，彼此将形成一个真正的"学习共同体"。

3. 教学不仅要重结论更要重过程。

结论和过程在教学中有着十分重要的关系。所谓教学的结论，即教学所要达到的目的或所需获得的结果；所谓教学的过程，即教学目的要达到或获得所需结论而必须经历的活动程序。教学的重要目的之一，就是让学生理解和掌握正确的结论，所以必须重结论。但是，如果不经过学生一系列的质疑、判断、比较、选择以及相应的分析、综合、概括和认识，即如果没有多样化的思维过程和认知方式，没有多种观点的碰撞、争论和比较，结论就难以获得，也难以真正理解和巩固。更重要的是，没有以多样性、丰富性为前提的教学过程，学生的创新精神和创新思维就不可能培养起来。所以，不仅要重结论，更要重过程。

4. 教学既要关注学科更要关注人。

关注人是新课程的核心理念——"一切为了每一位学生的发展"在教学中的具体体现，它意味着：关注每一位学生。关注的实质是尊重、关心、牵挂，关注本身就是最好的教育。

关注学生的情感生活和情绪体验。学生在课堂上是兴高采烈还是冷漠呆滞，是其乐融融还是愁眉苦脸？伴随着学科知识的获得，学生对学科学习的态度是越来越积极还是越来越消极？学生这一切必须为各位教师所关注。

关注学生的道德生活和人格养成。课堂不仅是学科知识传递的殿堂，更是人性养育的圣殿。教师不仅要充分挖掘和展示教学中的各种道德因素，还要积极关注和引导学生在教学活动中的各种道德表现和道德发展，这样，学科知识增长的过程，同时也就成为人的健全与发展过程。

6.1.2　转变学习方式的客观要求

新课程倡导学习方式的变革有其深刻的原因。从教育内部说，是由于传统的学习方式不能更好地推进素质教育，不能成为课程改革的积极的推动力量。从外部说，是社会发展对新课程提出的要求，即传统的学习方式不能更好地适应学生掌握知识，适应社会对人才的需要。课程改革理念下学习方式的变革是教育自身和社会发展在课程中的反映。

1. 教育自身的需求是推动学习方式变革的内在动力。

长期以来，我国课堂教学所施行的是传统的传递—接受式的教学方式。在这种接受—传递的教学方式下，教师单纯地教，学生被动地听，教师很少顾及学生的需要和兴趣，教师的主要任务是将知识传授给学生。这种过于接受的学习方式使学生对学习缺乏足够的兴趣，学习不再是一种乐趣，而是一种痛苦的煎熬，教师为改变这种状态，不得不想方设法地调动学生的学习兴趣，以外在的方式促使学生学习，结果教师疲于应付，学生学得很苦，课堂对于教师和学生来说都是没有兴趣的地方。这种缺乏主动性、积极性和能动性单一被动的学习方式，严重阻碍素质教育的推行，不利于新课程的推及和实施。因此，改革学习方式势在必行。

2. 社会发展对学习方式也提出了新的挑战。

人类社会步入21世纪，信息化的浪潮席卷全球，信息化社会最突出的特征之一就是信息量的膨胀，信息化社会的到来使人们不得不重新审视知识，重新思考有限的生命和无限的知识之间的关系，使他们不得不在知识的内容、价值和掌握知识的方法和技巧等方面重新作出选择。面对浩如烟海的知识，人类最需要的是学会掌握信息，掌握有用的知识，"求知"的意义已经从能够记忆和复述信息转向能够发展和使用信息。因此，要想在激烈的社会竞争中生存人们必须通过教育，通过课程改革的推进与实施，掌握最基本的学习技能和技巧，形成学生积极主动的学习方式。而在我国教育中形成的过于接受的学习方式，缺乏主动性，忽视学生的主体性，是很难适应社会发展的。

6.1.3　转变学习方式的现实意义

转变学生的学习方式在当前推进素质教育的形势下具有特别重要的现实意义。单一的被动的陈旧的学习方式，已经成为影响素质教育在课堂教学中推进的一大障碍。

一个在学校中度过九年或十二年学习生活的孩子，整天处于被动地应付、机械地训练、死记硬背、简单重复中，对所学的内容生吞活剥、一知半解、似懂非懂，那么我们怎么能够想象和指望他会成为一个高素质的人？在他的一生中，如何能具有创新的精神和创新的能力，能够成为幸福生活的创造者和美好生活的建设者？传统的学习方式把学习建立在人的客体性、受动性、依赖性的一面上，从而导致人的主体性、能动性、独立性的不断销蚀。

因此，转变学习方式，就意味着要改变这种他主性、被动性的学习状态，把学习变成人的主体性、能动性、独立性不断生成、张扬、发展、提升的过程。这是学习观的根本变革，学习不是一种异己的外在的控制力量，而是一种发自内在的精神解放运动。

转变学习方式，要以培养创新精神和实践能力为主要目的。要构建旨在培养创新精神和实践能力的学习方式及其对应的教学方式。要注重培养学生的批判意识和怀疑精神，鼓励学生对书本提出质疑和对教师的超越，赞赏学生独特性和富有个性化的理解和表达。要积极引导学生从事实验活动和实践活动，培养学生乐于动手、勤于实践的意识和习惯，切实提高学生的动手能力、实践能力。由此可见，转变学生的学习方式，实质上是教育价值观、人才观和培养模式的变革。

现代学习方式的首要特征是主动性，核心特征是独立性，重要特征是独特性，突出特征是体验性，本质特征是问题性。这些相互包含、相互联系的尽管是从不同的角度提出，却是一个有机的整体。

6.1.4 转变学习方式的实践目标

《基础教育课程改革纲要（试行）》中明确指出：改变课程实施过于强调接受学习，死记硬背、机械训练的现状，倡导学生主动参与，乐于探究，勤于动手，培养学生搜集和处理信息的能力，获取新知识的能力，分析和解决问题的能力以及交流与合作的能力。

从课程变革和实施的角度，基础教育课程改革关于学习方式改革的目标中至少包含下面三个方面的实践目的：

1. 倡导学生的学习方式由他主学习转向自主学习。

传统过于接受的学习方式，容易使学生主体性、能动性和独立性的丧失。从学校层面上看，它导致教师和学生对课堂学习和生活失去兴趣，课堂生活毫无生气，学校只是传授知识和技能的工厂。从社会的角度上看，学校教育培养的人才缺乏创造力，难于适应社会生活的需要，难于满足社会发展对人才的需求。转变过于接受的学习方式，就是要转变这种他主、被动的学习状态，把学习变成人的主动性、能动性和独立性不断生成、张扬、发展和提升的过程。

学习方式的转变意味着学习观的变革，即学习不再被看成是一种外在的控制力量，而是一种发自内心的、积极的、主动的过程，任何外在的、被动的，不与学生内在主动性结合的学习，很少能取得好的学习效果。基于这样学习观念，从教育的价值观念上看，教育不再是一种促进学生学习过程的产生外在的强加的手段，而是以一种积极的方式，促使学生的学习由被动转向主动的过程，从而使教育真正发挥促进人发展的功能。新课程改革的基本的理念是以弘扬人的主体性、能动性和独立性为宗旨的自主学习。

2．转变学习方式就是要突出学习过程中发现、探究和研究等认知过程。

学生的学习方式一般可分为接受和发现两种。在接受学习方式中，学习的内容以定论的形式直接呈现给学生，学生是被动的知识接受者。学生最重要的活动就是听，把知识纳入到头脑中。在发现学习方式中，学习的内容主要是以问题的形式呈现在学生的面前，通过问题调动学生学习的积极性和主动性，学生是知识的主动接受者，是知识的发现者。

学生是有着完整人的生命表现形态，是处于发展中的以学习为义务的人。"学生"一词可以从人的自然存在、社会存在和精神存在三个层面来解读：学生学习—掌握生存的常识和技能，以便独立地面对世界；学生学习—遵从生活的律则和规范，以便和谐与人相处；学生学习—探索生命的价值与意义，以便有尊严地立于天地间。以这种方式来解读学生，我们必须改变传统的学习观念，在关注知识、技能的同时，凸现学习过程中学生的发现、探究和研究等认知活动，使学习过程成为发现问题、分析问题和解决问题的过程。通过教育强调发现学习和探究学习、研究学习，形成以自主•合作•探究为主要特征的现代学习方式，成为课程改革的一个重点。

3．转变学习方式，要以培养创新精神和实践能力为目的。

培养创新精神和实践能力是社会对人才的基本要求。因此，我们要转变学生的学习方式，构建旨在培养学生创新能力和实践能力的学习方式以及对应的教学方式。在教学中，更为重要的是通过新的学习方式培养学生的批判意识和怀疑精神，鼓励学生敢于怀疑，敢于质疑，敢于超越教师，同时，更加注重学生独立性的培养以及富有个性化的理解和表达。在教学中，也要通过构建富有自主•合作•探究为特征的现代学习方式，使学生能积极从事实践活动，培养学生乐于动手，勤于实践的意识和习惯，注重合作意识和能力的培养，切实提高学生的动手能力和实践能力。

6．2　高效课堂的基本内涵

6．2．1　高效课堂的含义

课堂教学的高效性是指课堂的师生发展状态，其内涵包括两个层面，一是从内涵来讲，指知识与技能，过程与方法和情感、态度、价值观"三维目标"的协调发展；二是从外延来讲，指高效的课前精心准备、返归教学本质的课堂教学过程的实施和教师课后的反思与研究来提高课堂教学效率。课堂教学的高效性就是通过课堂教学活动，学生在学业上有超常的收获、提高和进步。

提高课堂教学效率的方法有很多，除了课前的周密准备、课堂求真务实、不断改进教学结构和教学方法、营造和谐教学氛围外，还要指导和培养高效课堂相适应的学习方式，这是探索高效课堂的重要途径。

6.2.2 建构高效的学习方式

改变单一的接受性学习方式，倡导自主学习、合作学习、探究性学习，实现学习方式的多样性，从而促进学生知识与技能、情感、态度与价值观的整体发展是基础教育课程改革的重要目标之一。

引导学生形成"自主、合作、探究"的学习方式，教师需要改变教学方法，提倡学生参与确定学习目标、学习进度和评价目标，在学习中积极思考，在解决问题中学习，使学习成为在教师引导下学生主动地、富有个性的发展过程。应为不同层次的学生提供参与学习、体验成功的机会，在合作学习中有明确的责任分工，促进学生之间能有效地沟通。教师应创设能引导学生主动参与的教育环境，激发学生学习的积极性，让学生独立、自主地发现问题，通过实验、操作、调查、信息搜集与处理、表达与交流等活动，经历探究过程获得知识与能力，掌握解决问题的方法，获得情感体验。

6.2.3 建构正确的学生观

《国家教育中长期改革纲要和发展规划》明确指出，实施素质教育，必须端正教育思想，转变教育观念。因此没有教育观念的转变，课程改革就难以取得预期的效果，素质教育就会流于形式。课程改革在如何看待学生、学习、知识、发展、课程等方面，都有着重大的转变。

树立正确的学生观：学生是教育工作的最主要的对象，究竟应该如何看待学生，这是教育工作者面对的一个最重要的问题。学生观的核心内涵是，学生究竟是人还是物。在我们实际的教育工作中，却普遍存在着把学生当做任人摆布的物的现象。这涉及一个如何看待人的问题。课程改革对于学生的观念坚持了以下三个要点。

第一，作为生活在一定社会条件下的人，人与人之间错综复杂的关系，使学生具有"被决定"的一面。马克思关于人的本质是一切社会关系的总和的阐述，清楚地说明了这一点。因此，新课程必须具有必要的统一性、规范性，这一点在课程标准中得到了体现。

第二，作为具有主动性生命形式的人，学生与无生命的物和有生命的植物、动物有着本质的区别。正是这种主动性，使人能够不断地"更新"，不断地超越自我。因此，在课程实施的每一个环节，都必须充分考虑如何保护并发挥学生的主动性、积极性。

第三，学生具有"未完成性"。从积极的意义上理解，这种未完成性是指：在我们的学生身上，具有丰富的潜能，存在着广阔的发展空间，蕴藏着对于复兴中华民族大业至关重要的人力资源。促进每一个学生的充分发展是这次课程改革的一项重要使命。

6.2.4 树立双主体意识

教学活动是人类特有的"双主体"的实践活动。教学过程中教师的主体性与学生的主体性的发挥都是为了一个共同的目标——学生的发展。从"教"来讲，教师要发挥主导作用，积极安排好教学；从"学"来说，学生是学习活动的主体，要充分地发挥学生的主体性，让他们真正成为自己的主人。教师主体性的发挥是为了学生主体性更好地发展，而学生主体性更好地发展在很大程度上依赖于教师主体性的良好发挥。只有"双主体"能动的"交互作用"，学生才能不断丰富知识、提高能力；教师的经验才能得到增长、知识系统也得到更新。

"双主体"是一个受到普遍关注的新教育观。树立新课改倡导的师生双主体意识，既要充分发挥教师的积极性，又要充分调动学生的积极性。教师要以尊重、理解、宽容、赞赏的态度来处理师生关系，必须尊重和了解学生的兴趣爱好、情感情绪、个性特点、抱负志向，尊重学生的选择判断及其个人意愿，维护每一位学生的人格尊严，宽容学生的缺点和错误，以发展的眼光看待学生，坚信学生有改正缺点、追求上进、进行自我教育的力量；赞赏学生有兴趣爱好及其独立性，赞赏学生所取得的任何进步，赞赏学生所付出的努力和良好行为，赞赏学生的批判精神等。

要以帮助和引导学生学习来代替知识的灌输，帮助意味着师生地位的平等，教师不再是以居高临下的身份来施教，而是与学生一起组成学习问题的共同体，教学也就成为地位平等的主体之间共同探讨有关学习问题的活动。引导则意味着启迪和激励，是在强调学生主体地位的前提下对学生的引领而不是强制。帮助、引导重在不断激活学生内在的学习需求，发挥学生的主体作用，使学生成为具有主体精神和独立个性的真正的人。

6.3 高效学习方法的指导原则

教师指导学生掌握学习方法，必须遵循学习活动的规律和原则，才能达到有效学习。具体而言要运用好以下八条原则。

1. 明确目标原则。掌握学法，指导确立学习目标是基点。目标是人们要求的结果和将要达到的标准，目标是行动的指南。学习目标具有激励和导向的作用。对学法的掌握，只有在学习目标的指引下，才能做到有章可循。为指导学生确立明确的学习目标，教师必须引导学生制定近期目标与远期规划，以督促学生不断进取，习得相应学法，实现所定目标。

2. 充分准备原则。学习是一个系统的过程。要使学习获得成功，学生不仅要掌握好的学习方法、手段，还必须做充分的准备。首先，要牢固掌握基础知识和基本技能，围绕基点打好基础，为学会学习创造必备的条件。基础越扎实，越有利于认识学习规律，掌握学习方法。其次，要做好学习计划。学习计划是在一定时间内，为完成学习任务事先做出的明确而具体的安排，是学习行动的纲领。教师要帮助学生制订学习计划，使计划既有稳定性，又有灵活性，并督促学生坚持执行，及时检查并适时调节，为学生掌握学法提供保证。

3. 学贵有恒原则。学习是一种有目的、有计划的持久性活动过程，学习方法是在学习过程中不断积累经验逐步获得的。要形成一整套有效的学法，需要有"锲而不舍"的精神，学贵有恒。恒心是推动学习的动力。有了恒心，才有高度的自觉性和强烈的求知欲，才有不屈不挠的精神，经受得起各种考验，正确对待学习过程中的失败与挫折。学习方法的使用和学习技能技巧的养成都不是一蹴而就的，需要的是持之以恒的不懈努力和矢志不移的一贯追求。

4. 学以致用原则。掌握任何方法、技能的根本目的都在于运用。只有在实践中不断地加以运用，才能使学法逐渐熟练起来。指导学生掌握学法，需要将学法理论与学习实践联系起来，做到学用结合。因为学习过程实质上是一个知行统一的过程，是一个把理论知识应用于实践，指导实践，而又通过实践来检验、深化、丰富和发展的过程。为指导学生掌握学法的这一原则，应努力做到以下几点：一是将学法理论与学习实践相联系，不死搬教条。只有把前人总结的方法、原则，与自己的实际相结合，灵活地运用到学习实践中去才有意义。二是要从做中学，在实践中学习。三是熟能生巧。方法越用越活，技能越练越精。只有反复实践，学以致用，才能加深对学法的理解，认识到学法的真谛。

5．善于质疑原则。"疑"是学与思结合的媒介，是思维的触发点，有疑才能激发学生的探索欲望。"疑"是人们在认识上的矛盾之处，没有认识上的矛盾，就不会有积极的思维活动，也就不会去解决问题而获得真知。

教师应指导学生先要有疑的意识，要善于从问题的侧面或反面去思考。善于质疑，还要调动各种非智力因素积极参与才会取得更好的成效。敢不敢疑，首先是一个勇气问题，面对经典的书本，甚至名家、名人，能不能以一颗平常心去疑？这就要有不迷信权威的勇气；其次是毅力和恒心的问题，疑点问题一下子不能解决，有没有毅力坚持下去，直到水落石出？总之，充分发挥非智力因素的作用参与质疑、解疑，必定有利于科学学法的形成。

6．针对性原则。针对学生学习的实际情况，进行对症下药式的学习指导。首先要考虑学生的年龄特征，如针对小学低年级学生知识面窄、抽象思维能力差、注意不持久等实际情况，进行具体、生动、形象的指导；其次要考虑学生学习类型的差异，如对知识扎实、学风踏实、学习有方、成绩较好的学生应注重指导学生自我总结和自觉运用良好的学习方法，而对学习刻苦、但方法死板、成绩不佳的学生应在肯定鼓励的同时，重点指导其改进方法，提高效率。

7．操作性原则。学习方法具有明显的行为特征，有很强的操作性。要使学生掌握方法，就必须进行学习方法训练，使之达到自动化的程度。学习方法的指导训练，要与知识学习紧密结合，切忌空洞讲方法，学而不用。

8．系统性原则。学习方法指导要渗透在学生学习的全过程，要考虑各个方面的协同配合，以达到学习方法指导的最佳效果。首先，要求对学生学习的全过程施加学习方法指导。因为学习的各环节是相互制约的，所以，对于每个环节都要加强指导。其次，学习活动涉及态度、能力、身心素质等多方面因素，在指导时也要统筹考虑，使学习方法指导渗透各环节、各方面。再次，学校和家庭、班主任和各科教师要协调一致，共同承担起学习方法指导的任务。

6.4　高效学习方法的指导路径

学法指导要收到实效、高效，必须找到切实可行的指导路径。

6.4.1　让学生成为认知主体

以教为中心的教学，使学生处于被动接受的地位，阻碍了学生的全面发展，不利于学生主动探索和形成具有个人特色的学法体系。学生的学习，无论是基础知识的掌握，还是基本技能的形成，特别是智力的发展和创造力的培养，都靠学生自身的努力来实现。

学生是教学中的主体，是学习的主人，这是现代教学的基本理念。未来社会需要能独立思考、独立工作和具有创新精神的人才。只有真正认识到学生是学习的主体，教师才能自觉地转向以学生的学为中心，充分发展学生的个性，引导学生积极求知，鼓励他们勇于探索。

6.4.2　激发学生的学习兴趣

兴趣是主动、积极研究某种事物或从事某种活动的认识或意识倾向。它是一个人从事学习或工作的动力之一，是学生学习动力中最活跃最现实的成分。要让学生真正成为学习主体，使他们愿学、乐学，教师就要想尽办法来激发学生的学习兴趣。

兴趣产生于学生的需要和成就感。学生喜欢玩，是因为玩满足了学生的心理需要。他们玩得尽兴后，常用"过瘾"来表达这种心情，就像口渴的人喝够了水后所产生的那种痛快感。但这种兴趣不能持久，只有社会的认可成为个人的需要，所产生的兴趣才能持久，才能作为意识倾向影响人的行动。如教师的表扬可以激起学生的学习兴趣；美好的理想可以激起学生的学习兴趣；同学的羡慕，家长的期盼，强烈的事业心等都能起到这个作用。关键在于教师如何使学生的兴趣更浓厚、更持久，这需要教师认真研究，根据不同的人灵活采取不同的方法。

兴趣能调动学生的主观能动性，自觉掌握学法、刻苦学习。人一旦对学习有了兴趣后，就会对其产生定向关注，形成一种内在的驱动力量。兴趣出毅力，对学习充满兴趣的人，则可以乐此不疲，持之以恒。兴趣出创造，强烈的兴趣是灵感之源，很多科学家都是在强烈的求知欲的推动下，促发了惊人的创造。

6.4.3 鼓励学生大胆想象

获取突破性、创造性的学法，不仅需要兴趣，更需要大胆的想象。因此学法指导要从鼓励学生敢于想象入手，进而培养学生的创造力。

要激发学生的想象力。想象是人脑对已有记忆中的表象进行加工、改造而创造出新的形象的心理过程。学生的想象力有助于拓宽学习活动的领域，弥补因感官造成的认识局限性。通过想象可以把枯燥的知识表现得生趣盎然，栩栩如生，让人产生无穷的兴趣。在想象中也可以看到不尽如人意的地方，从而敢于提出改进的设想，推动学习。正如爱因斯坦所说："想象力比知识更重要，因为知识是有限的，而想象力概括着世界上的一切，推动着进步，并是知识进化的源泉。"会学习的人，一定是一个具有良好想象力的人。

学法指导，是现代教育的必然要求，是时代发展的需要，是终身学习的必然需求。学会学习就是在未来的时代学会了生存，教师若能通过学法指导做到这一点，就意味着获取了教育的巨大成功。

6.5 建构自主学习方式

6.5.1 自主学习的概念

1. 自主学习的含义。

自主学习是一种学习模式，即学习者在总体教学目标的宏观调控下，在教师的指导下，根据自身条件和需要制定并完成具体学习目标的学习模式，是由学习者的态度、能力和学习策略等因素综合而成的一种主导学习的内在机制。从学习过程来看，是学习主体主导自己的学习，它是在学习目标、过程及效果等诸方面进行自我设计、自我管理、自我调节、自我检测、自我评价和自我转化的主动建构过程。

自主学习是与传统的接受学习相对应的一种现代化学习方式。自主学习是以学生作为学习的主体，通过学生独立的分析、探索、实践、质疑、创造等方法来实现学习目标。《基础教育课程改革纲要（试行）》在论及基础教育课程改革的具体目标时指出："改变课程实施过于强调接受学习、死记硬背、机械的现状，倡导学生主动参与、乐于探究、勤于动手，培养学生搜集和处理信息的能力、获取新知识的能力、分析和解决问题的能力以及交流与合作的能力。"传统的教学强调的是接受式的学习方式，现在我们提倡自主学习，是否就是否定接受式的学习方式，一概采用自主学习的方式？根据《基础教育课程改革纲要（试行）》的精神，可以这样理解，我们只是要改变过去的那种"过于强调接受学习"的倾向，而不是完全否定接受式的学习方式，但要倡导学生学会自主学习的方式。

2. 自主学习的表现。

自主学习是一种学习者在总体教学目标的宏观调控下，在教师的指导下，根据自身条件和需要自由地选择学习目标、学习内容、学习方法并通过自我调控的学习活动完成具体学习目标的学习模式。具有能动性，独立性和个别差异性等特点。

学生的自主学习，涉及学习动机、学习方法、学习时间、学习结果、学习的物质环境和社会环境等问题，而又主要集中在学习动机的自我调节和学习策略的自我调节方面，其表现颇为丰富。

在学习动机问题上，自主性学习的动机往往存在于学生学习活动的过程中或内在于学生的自我知觉中。学习者通过自己设定目标、对自己的胜任能力进行判断、寻找自我价值等来激发自己的学习动机。

在学习方法上，自主学习表现为学生有意识地、有计划地使用自己特有的学习策略。有的时候，这种意识和计划已经熟练地内化为学生的自觉化行为，学生能够自如地调动这些学习为自己的学习服务。

在学习时间上，自主学习表现为学生能够自己计划、管理好时间，能够自我约束，合理安排时间，以达到较好的学习效果。

在学习结果上，自主学习表现为学生对自己的学习结果有清醒的意识，对自己的学习效果能够进行自我监控、自我判断，并根据学习任务和进程作出相应的调整。

在学习环境方面，自主学习表现为学生对学习情境中所出现的各种信息很敏感，能够做到随机应变。

6.5.2 自主学习的基本特征及特点

1. 自主学习的基本特征。

（1）独立性。独立学习状态下，学生在整个学习过程中尽可能摆脱对教师或他人的依赖，由自己做出选择和控制，独立地开展学习活动。

（2）能动性。建构主义特别重视学生的主体地位，认为知识是由主观建构的。自主学习不是由教师直接告诉学生应如何解决面临的问题，而是由教师向学生提供解决该问题的有关线索，从而发展学生的自主学习能力。

（3）开放性。自主学习不受时间、地点、教材等条件的限制，重视学生自主选择学习的时间、地点，自主选择学习的方法、内容，自主制订学习计划，自主进行学习反馈和评价，学习更加开放。

（4）合作性。自主学习虽然具有独立性的特点，但它并不是个人封闭式的学习，与自学有本质的区别。学生可以根据自身的学习情况和特点选择学习伙伴。在学习过程中进行相互交流、帮助，吸取他人之长，弥补自身之短。

（5）创造性。自主学习不是学生对学习内容的简单复制，而是学生根据自身学习需要，完成知识的再创造。在整个学习过程中进行创造性的学习和创造性的解决问题。

2. 自主学习的特点。

"自主学习"这一范畴本身就昭示着学习主体自己的事情，体现着"主体"所具有的"能动"品质；学习是"自主"的学习，"自主"是学习的本质，"自主性"是学习的本质属性。学习的"自主性"具体表现为"自立"、"自为"、"自律"三个特性，这三个特性构成了"自主学习"的三大支柱及所显示出的基本特征。

一是"自主学习"具有"自立性"的内涵，表现在以下四个方面：

（1）每个学习主体都是具有相对独立性的人，学习是学习主体"自己的"事、"自己的"行为，是任何人不可替代的。

（2）每个学习主体都具有自我独立的心理认知系统，学习是其对外界刺激信息独立分析、思考的结果，具有自己的独特方式和特殊意义。

（3）每个学习主体都具有求得自我独立的欲望。是其获得独立自主性的内在根据和动力。

（4）每个学习主体都具有"天赋"的学习潜能和一定的独立能力，能够依靠自己解决学习过程中的"障碍"，从而获取知识。

学习"自立性"的四层涵义是相互联系有机统一的。具有独立性的学习主体，是"自主学习"的独立承担者；独有的心理认知结构，是"自主学习"的思维基础；渴求独立的欲望，是"自主学习"的动力基础；而学习主体的学习潜能和能力，则是"自主学习"的能力基础。可见，自立性是"自主学习"的基础和前提，是学习主体内在的本质特性，是每个学习主体普遍具有的。它不仅经常地体现在学习活动的各个方面，而且贯穿于学习过程的始终。因此，自立性又是"自主学习"的灵魂。

二是"自主学习"具有"自为性"的内涵表现。学习主体将学习纳入自己的生活结构之中，成为其生命活动中不可剥落的有机组成部分。学习自为性是独立性的体现和展开，它内含着学习的自我探索性、自我选择性、自我建构性和自我创造性四个层面的结构关系。因此，自为学习本质上就是学习主体自我探索、自我选择、自我建构、自我创造知识的过程。

（1）自我探索往往基于好奇心。好奇心是人的天性，既产生学习需求，又是一种学习动力。自我探索就是学习主体基于好奇心所引发的，对事物、环境、事件等的自我求知、索知的过程。它不仅表现在学习主体对事物、事件的直接认识上，而且也表现在对"文本"知识的学习上。文本知识是前人或作者对客观事物的认知，并非学习主体的直接认识。因此，对"文本"知识的学习，实际上也是探索性的学习。通过自我探索而求知、认知，这是学习主体自为获取知识的方式之一。

（2）自我选择性是指学习主体在探索中对信息的主体注意性。外部信息只有经学习主体的选择才能被纳入认知领域；选择是由于被注意，只有经学习主体注意的信息才能被选择而被认知（故有"视而不见、听而不闻"的状况）。因此，学习是从学习主体对信息的注意开始的。而一种信息要引起注意，主要是由于它与学习主体的内在需求相一致。由内在所求引起的对信息选择的注意，对头脑中长时记忆信息的选择提取运用从而发生的选择性学习，是自为学习的重要表现。

（3）自我建构性是指学习主体在学习过程中自己建构知识的过程，即其新知识的形成和建立过程。在这过程中由选择性注意所提供的新信息、新知识，是学习的对象。对这一对象的学习则必须以学习主体原有的经验和认知结构为前提，而从头脑中选择提取的信息是学习新信息、新知识的基础。这两处信息经由学习主体的思维加工而发生了新旧知识的整合和同化，使原有的知识得到充实、升华、联合，从而建立新的知识系统。因此，建构知识即是对新信息、新知识的建构，同时又包含了对原有经验和知识的改造和重组；即既是对原有知识的保留，又是对原有知识的超越。

（4）自我创造性是学习自为性更重要、更高层次的表现。它是指学习主体在建构知识的基础上，创造出能够指导实践并满足自己需求的实践理念模型。这种实践理念及模式，是学习主体根据对事物发展的客观规律、对事物真理的超前认识、对其自身强烈而明确的内在需求，从而进行创造性思维的结果。建构知识是对真理的认识，是对原有知识的超越；而实践理念模式则是以现有真理性知识为基础，并超越了它（即是对事物真理的超前认识）。这种超前认识是由明确的目标而导引的创造性思维活动，在这种活动中，学习主体头脑中的记忆信息库被充分地调动起来，信息被充分地激活起来，知识系统被充分地组织起来，并使学习主体的目标价值得到了充分张扬。可见，不管是探索性学习、选择性学习，还是建构性学习、创造性学习，都是自为学习重要特征显现，也是学习主体获取知识的途径。从探索到选择到建构、再到创造的过程，基本上映射出了学习主体学习、掌握知识的一般过程，也大致反映出其成长的一般过程。从这个意义上说，自为学习本质上就是学习主体自我生成、实现、发展知识的过程。

三是"自主学习"具有"自律性"的内涵表现，即学习主体对自己学习的自我约束性或规范性。它在认识域中表现为自觉地学习。

（1）自觉性是学习主体的觉醒或醒悟性，对自己的学习要求、目的、目标、行为、意义的一种充分觉醒。它规范、约束自己的学习行为，促使自己的学习不断进取、持之以恒。它在行为域中则表现为主动和积极。主动性和积极性是自律性的外在表现。因此，自律学习也就是一种主动、积极的学习。主动性和积极性来自于自觉性。只有自觉到自己学习的目标意义，才能使自己的学习处于主动和积极的状态；而只有主动积极的学习，才能充分激发自己的学习潜能和聪明才智而确保目标的实现。

（2）自律学习体现学习主体清醒的责任感，它确保学习主体积极主动地探索、选择信息，积极主动地建构、创造知识。

综上所述，"自主学习"就是学习主体自立、自为、自律的学习。学习的自立性、自为性和自律性是学习自主性的三个方面的体现，是"自主学习"的三个基本特征。其中，自立性是自主学习的基础，自为性是自主学习的实质，自律性则是自主学习的保证。这三个特性都说明了同一个思想：学习主体是自己学习的主人，学习归根结底是由学习主体自己主导和完成的。承认并肯定这一思想，对于改革矫正曾有的诸多不合理的教育教学手段、模式，从而探索创立崭新的教育教学手段、模式，无疑具有特别重要的现实功能和意义。

6.5.3 自主学习中的教师角色转换

自主学习使传统的学习方式发生了根本性的变革，这就要求教师角色也要随之发生根本性的转换，教师应该从施教者转换为学生学习的合作者、学习环境的创设者、学习资源的开发者、学习活动的指导者、学习评价的参与者、学习反馈的矫正者。教师不再是知识的权威，学生在学习目的、学习内容、学习方法、学习评价等方面分享了选择权、决策权。

1. 学生学习的合作者。自主学习虽然具有独立性的特点，但是师生之间仍需要通过平等对话和真诚合作，实现个体与个体之间彼此碰撞的合作性学习。教师在教学生知识的同时，教师本身也将从学生身上得到收益，学生在被教的同时也在教育教师，他们结成了学习共同体，共同成长。教师以合作者的身份参与自主学习，必须具有民主平等的教学作风，要将自己定位于学生学习的伙伴、意见的倾听者、成果的分享者，为学生创造一个合作、互助、民主、开放的学习环境，倡导师生之间、学生之间的平等对话和协商，从而促进学生合作意识和合作能力的养成。通过合作，可以促进师生之间的沟通，师生间可以互相接纳、赞赏、争辩，并对自己和别人的看法不断地进行反思和批判。

2. 学习环境的创设者。自主学习离不开学习环境的创设，自主学习的环境是开放的，学生可以自主选择学习内容、学习进程、学习方法、合作伙伴，教师不应干涉，更不能把自己的思想强加于学生。教师应为学生创设和谐、宽松的学习环境。

3. 学习资源的开发者。教材、练习册过去曾是教师教学及学生学习的唯一资料，但由于教材和练习册存在着内容相对陈旧和更新慢的缺陷，因而不能及时将最新的教育成果展示给学生，对拓展学生知识非常不利。现在很多学校都非常重视信息技术在学校教育教学中的作用，很多学校都加强了媒体教学的硬件配置和软件开发。教师可以利用校园多媒体网络等现代化教学手段，开发适合学生学习的声形兼具、图文并茂的数字化教材，满足学生多种感官对知识的获取能力。特瑞奇勒对人的感觉、学习、记忆之间关系的研究结果表明：学习者的学习成果1%来自味觉，1.5%来自触觉，3.5%来自嗅觉，83%来自视觉，11%来自听觉。这说明数字化教材能使多种感官参与学习，有效地增强学生的记忆能力。

4. 学习活动的指导者。过去所谓的"学习指导"是学生围绕教师转，教师发现学生掌握知识的问题和症结后对症下药，通过解惑、解难，把学生引导到教师预先确立的标准答案上来，师生思维形态是求同思维，这种学习方式虽然利于学生接受知识，但是却不利于学生创新意识的形成和创新能力的培养。自主学习方式赋予"指点、引导"以新的内涵，这就意味着教师的作用并不是把现成的答案告诉学生，而是让学生在学习过程中自己发现问题、解决问题，教师适时点拨。学生在发现、解决问题的过程中完成对自身知识的积极主动建构，以此来提高发现问题、解决问题的能力。

5. 学习评价的参与者。学生的学习要进行阶段性和总结性评价。评价的方式有多种：可以是个人自评，可以是小组互评，还可以是小组、个人评价和教师评价相结合。无论采取哪一种评价方式，都要体现公平、公正的评价原则。教师作为参与者进行评价，首先要向学生讲清评价的目的、评价的方法、评价的原则；其次，要监控整个评价过程；第三，积极做好后进生的学习评价，对后进生的进步应及时鼓励；第四，作为学习评价的参与者，教师要了解学生的学习动机，倾听学生的学习要求，参与学生的学习过程，分享学生的学习快乐，促进彼此间的情感交流；第五，教师作为学习活动的参与者，可以随时发现和掌握学生学习中遇到的困难和问题，进行因材施教和有的放矢的指导。

6. 学习反馈的矫正者。教师引导学生进行学习反馈是使学生发现自身学习的不足并促使其及时矫正的学习过程。在自主学习过程中，学习者往往不清楚自己的学习究竟处于哪个层次，也不知道自己的学习策略是否正确，这样就严重地影响了学习者的学习质量。及时的学习反馈可以使教师帮助学生调整学习策略，及时修正错误，避免学习的盲目性，从而提高学习的效率。

6.6 建构小组合作学习方式

小组合作学习是目前世界上许多国家普遍采用的一种富有创意的教学理论与方略。由于其实效显著，被人们誉为近十几年最重要和最成功的教学改革。小组合作学习就是以合作学习小组为基本形式，系统利用教学中动态因素之间的互动，促进学生的学习，以团体的成绩为评价标准，共同达成教学目标的教学活动。

6.6.1 合作学习的基本含义

1. 合作学习的概念。

合作是指两个或两个以上的学生或群体，为了达到共同的目的而在行动上相互配合的过程。小组合作学习是在班级授课制背景上的一种教学方式，即在承认课堂教学为基本教学组织形式的前提下，教师以学生学习小组为重要的教学组织手段，通过指导小组成员展开合作，发挥群体的积极功能，提高个体的学习动力和能力，达到完成特定的教学任务的目的。

小组合作学习改变了在传统集体教学师生单维交流中，教师垄断了整体课堂的信息源而学生处于十分被动的局面，学生的主动性、创造性也因此得以充分的发挥。

2. 合作学习的特点。

（1）有利于培养学生的社会适应性。学生是未来的社会成员，必须具备社会人的主体性，而主体性并非是游离于社会的，它必须将个体融入群体之中，并自觉地为这个社会贡献自己的力量。

当学生进入班集体时，就已进入了一个特有的小社会，他们必须在集体中发挥个人的能动性，在吸取集体的帮助教益和服务集体的活动中，使自身得到发展与提高，从而适应这个小集体。小组合作学习，首先使学生在小集体中相互适应，通过适应这个小集体，逐步过渡到适应大集体，从而培养了学生的社会适应性。

①它创造了学生互相认识、相互交流、相互了解的机会。在合作学习中，他们学会了把自我融于群体之中，小组的成员成了他或她的几个好朋友，一起学习，一起活动。使之感觉自己难以离开这个可爱的群体，从而培养了他们的合群性。这也是一个人具有社会适应性所必备的基本素质。

②培养了学生善于听取别人的意见的好品质。要想适应社会，能与别人密切交往，其中重要的一点就是对他人能热心帮助，真诚相待。通过小组合作学习，使学生感到要想使自己在学习上有所收获，必须做到小组之间的每一个成员相互帮助，相互取长补短，虚心听取别人的意见，从而培养了小组成员善于倾听别人的意见，帮助本组成员共同提高的好品质，成为他们在适应社会中所必备的条件。

小组合作学习有利于促进学生的社会性发展和健康个性的养成。社会心理学认为，人的心理是在人的活动中，尤其是在人和人之间相互交往的过程中发展起来的。小组合作学习提供了成员之间合作的机会，增加课堂上学生之间合作、互助的频度和强度，从而有力地促进了儿童社会化程度的提高。

（2）有利于培养学生的自主性和独立性。一个具有自觉能动性、自主性和独立性的人，是一个对事物有自己独创的思维与见解，敢于发表自己的意见，具有社会交往能力的开放型人才。小组合作学习是培养这类人才的有效途径，小组成员能够在小组内进行充分的语言、思维及胆量的训练。通过小组成员之间的交流，他们能够大胆地将自己的见解通过语言表达出来。在交流中逐步培养学生能主动与别人交往，形成自己的独立见解。

（3）为学生提供了更多的锻炼机会，促进了学生的全面发展。"需要满足论"认为，学校是满足学生需要的最主要场所。学生到学校里学习和生活，主要的需要是自尊和归属。小组合作学习在课堂教学中为学生创设一个能够充分表现自我的氛围，为每个学生个体提供更多的机遇。人人都有自我表现的机会和条件，使之在小组中相互交流，彼此尊重，共同分享成功的快乐，使每个学生进一步发现自我，认识自我，他们的主体地位被大大地肯定与提高，促进学生的全面发展。

（4）有利于提高学生学习的正确率。在问答式的课堂教学中，老师提出问题时，经常会出现以下几种情况：一是不思考；二是结果完全错误或结果正确但方法单一。

小组合作学习，可使思考结果不正确的学生及时得到纠正；不愿思考的学生在小组学习的氛围中不得不去思考、讨论找到了问题的答案，激发了学生的学习兴趣，使组内的每一个学生都树立起集体中心意识，增强学生为捍卫集体荣誉而学习的强烈动机，这种学习积极性的提高，正是发挥个体主观能动性的具体体现。

3．合作学习的要素。学习素材、学习群体和教师的指导是合作学习的主要要素。学习素材应具有生活基础，被学生所关注，以有效激发学生进行探索、激发学生强烈的学习需要、能带给学生思维的挑战为目的，因而学习素材合理选择是学习的物质前提。在合作学习过程中，学习群体成员之间相互支持配合，相互信任促进，以积极的态度共同参与，明确合作目的，承担个人责任，是合作学习产生良好学习效果的关键。而教师在合作学习过程中的组织与监控是合作学习顺利进行的有效保证。

4.合作学习的认知情感基础与意义。心理学家舒兹认为每个人都具有人际交往的心理需求，包括包容需求、控制需求与情感的需求。美国心理学家马斯洛的需要层次论认为当生理需要、安全需要得到满足后，人们渴望得到归属与爱。儿童渴望与小伙伴建立友谊，希望得到教师与父母的喜爱。当前三种需要基本得到满足后，就会产生尊重需要和自我实现的需要。在合作学习过程中，不同的个性心理（如能力、气质、性格、需要、动机、信念等）随着学习过程中的认识过程、情感过程、意志过程的展开，学生在与他人的合作与交往中，学会树立信心，学会尊重他人，学会怎样完成任务，取得成就，最大限度地发挥潜能，实现自我。同时也渴望获得别人的承认，引起别人的注意和欣赏。合作学习关系的建立，为小学生创造了与他人交往合作的时空，顺应了学生的心理需求。

6.6.2 小组合作学习的基本要求

1.激发学生的学习动机。

学生有兴趣是上好课的前提，也是保证小组合作学习有效性的前提。

心理学研究发现，学龄初期（6岁～12岁）的儿童心理发展的主要特点是：对新奇的、具体的事物感兴趣，感知事物的目的性不够明确；无意性和情绪性比较明显，爱动、好问，注意力不够稳定；从具体形象思维逐步向抽象逻辑思维过渡。教学必须从儿童的年龄心理特点出发，充分调动学生的学习兴趣。

第一、建立和谐、融洽的师生关系。一个被学生接受、喜欢的老师所传授的知识才能让学生感兴趣和接受。

第二、营造民主和谐的课堂氛围。了解学生，把学生当作能动的人来看待，尊重学生的人格，还学生以自尊，创设民主、和谐的教学氛围。让每个学生都受到尊重，敢于提出自己的想法，大胆发言。即使错了，也不会刺伤其自尊心，而是受到鼓励，使其精神愉悦地投入到学习中去。

第三、创设一个合适的教学情景，激发学生学习的愿望。

2. 以问题为核心鼓励学生质疑问难。

问题是学生认识活动的启动器和动力源。学生学习知识的过程就是他们发现问题、提出问题、分析问题和解决问题的过程。现代教育心理学研究表明：激励质疑不仅能使学生迅速地由抑制到兴奋，而且还会使学生把学习视为一种"自我需要"。

陶行知先生认为，儿童获得了言论自由，特别是得到问的自由，才能充分发挥他的创造力。如何培养学生质疑问难的能力呢？

（1）尊重学生的情感——乐问的前提。

情感具有一种内趋力，积极的情感能调动学生的激情。小学生天真、单纯、幼稚、自尊心强，容易受到伤害。特别是学习困难生，总担心自己问得太简单或是问错了被同学、老师取笑。因此，教师必须创设一种互相尊重、理解、宽容和谐的学习气氛，把微笑带进课堂，用真诚亲切的微笑，和蔼可亲的教态，饱满的精神，良好的情绪，不断加强师生间的情感交流。

（2）激发学生的兴趣——乐问的动力。

小学生模仿能力强，争强好胜，可以把班上的学生分为几个小组，上下桌四人为一组，优、困生搭配，由学习能力较强的学生担任组长，组与组之间展开竞争。每周评出最佳质疑能手并给予表扬。为了能在小组中当个最佳质疑能手，他们就得读熟、读透课文。为了能提出疑问，他们必须用发现的眼光来读书，才能发现问题，提问题，并期待着解决问题。这样就引导学生从被动学习向主动探索转变，学生也感受到思考、质疑带来的无穷乐趣。

（3）创设质疑的情境——乐问的关键。

结合教学内容和目的，充分运用现代教学手段，在课堂上进行艺术的渲染，造成与教学内容紧密相关的情境，能使学生进入角色，身临其境，促进学生的学习兴趣，激活学生的思维。

（4）教给方法，拓开学生质疑的路子。

学生不善于发现并提出问题，这是因为他们不会或不善于利用教材中的有关因素去构设矛盾。要改变这种现状，就要培养学生大胆探索、独立思考的能力，拓宽学生质疑的思路。

3. 以学生的自主学习为基础。

"自主学习"是指学生在明确学习任务的基础上，自觉、自主地进行学习，并努力使自己完成学习任务的一种学习方式。

苏霍姆林斯基说："人的内心深处有一种根深蒂固的需求——总感到自己是一个发现者、研究者、探索者。在儿童精神世界里，这种需求特别强烈。"由学生个体独立探索，让学生自己去发现问题、研究问题，培养学生探究问题意识，才能养成独立探索求知的良好习惯。

小组合作学习是否有效，很大程度上取决于自主学习是否有效。如何使自主学习取得好的效果，以下几点值得注意。

（1）明确自主学习目标。学生质疑的问题在经过教师的梳理提炼后，即成为学生自主学习是要解决的问题。由于"学什么"的问题是有学生参与决定的，所以他们往往会积极主动地参与学习活动。

（2）在中高年级，自主学习时应多采取默读的形式，这样更有利于思考。

（3）要帮助学生养成不动笔不读书的习惯。在学生自主学习时，必须让学生动动笔，划下感悟深的句子，并在旁边作简要批注，不明之处也作个记号。这样的自主学习才是有效的。

（4）要给足自主学习的时间。一般要有三、五分钟的自主学习时间。

4．小组合作学习。

小组合作学习，顾名思义是一种以"小组"为单位的"合作性"学习，"小组"的作用能否充分发挥，"合作"的手段能否充分运用，这是体现小组合作学习是否真正有效的两个关键性问题，而且更为重要的是小组合作学习的研究不仅仅是推广和应用一种教学研究的手段和方法，它真正的内在意义是培养学生充分的合作精神、合作能力，这正是学生需要培养的社会能力的一个重要的方面。

新课程标准倡导"合作"这一学习方式，是因为合作学习能让学生在独立探索的基础上，交换彼此的独立见解，展示个性思维的方法与过程，在交流中反思，使自己的见解更加丰富和全面，并且在合作式的民主互动的和谐氛围内进行学习，有利于创新思维和实践能力的养成。

5．小组合作学习的展示交流。

小组合作学习效果如何、成果如何，要经过小组的展示交流检验。注意以下几点：

（1）应该以小组形式汇报。既增强团体意识，又给每个小组成员发言锻炼的机会。

（2）要又比较明确的分工。有读书的，有谈见解的，又补充意见的，还可以把本组内尚未解决的问题拿到全班进行讨论，听取意见。

（3）小组汇报时，教师要关注全班的同学。他组学生可以补充意见，更可以发表不同见解，甚至进行辩论。

6.6.3 小组合作学习基本步骤及操作

1.小组合作学习基本步骤。

明确学习目标。着力于通过激发学习兴趣，引导学生以高涨的学习热情投入到小组学习中。小组交流的主题要明确、清楚，要有思考价值。

归纳整理交流。在合作过程中，学生对自以为已学懂的知识进行归纳，并在小组中发言交流，同时将尚未理解的问题列出以待与他人合作解决。

碰撞激活思维。不同类型、不同知识结构的学生可以互补，通过合作使各种信息源发生互动，达到互惠。不同思维的激烈交锋，有利于激活不同学生的思维。

互动交流内化。以小组为单位的组际讨论，为学生再次提供交流、合作、共同学习的机会，可增强学生集体竞争意识。以小组单位进行交流评价，学生在心理上易于认同，也使全班学生互相帮助，自由竞争，自主学习，主动探究知识。同时使学生能对各种信息进行合理的取舍提炼与加工。

反思回顾提炼。进行总结性回顾，可使新知更加明朗化，完善学生的知识结构，也可使学生了解自己与小组学习的大体情况，作好自我调整并进行适应性学习。及时回顾总结自己的学习过程，并不断调整学法，利于学生元认知能力的培养，也利于学生适应终身学习的需要。

把握调控技巧。教师要根据题目内容调控好交流的时间和空间。时间过长，学生将无所事事，影响正常教学；时间过短，每个人不能充分发表见解，起不到交流的作用。

2.小组合作学习交流实施的操作。

（1）营造氛围，激发合作学习兴趣。

如何使讨论不流于形式，这就首先要求教师从设计教案的一开始就确立"以学生为主体"的思想，尊重学生的主体需要，既要对学生的"群体"给予研究，又要对这个群体与它的成员之间的相互关系给予研究；既要对在群体中的个体积极性的发挥给予重视，又要对个体积极性的发展趋势给予充分的预测。要真正给学生以信任。体会他们的学习过程，探索他们的认知规律，尊重他们的人格，分担他们的忧虑，接纳他们的想法，分享他们的喜悦，努力使课堂成为学生主动学习、充满探究精神的乐园。教师应该给学生的"合作性学习"留出充分的空间，让他们在合作中有较充分的发言机会和时间，使他们都能在合作群体中担任起应尽的职责，逐渐体会到群体合作的氛围中学习的乐趣与收获。

（2）激励竞争，增强小组合作学习的意识。

为了提高学生的合作学习意识，教师可以在日常的教学中有意识地强化"学习小组"的集体荣誉感，比如可以经常地评比"最佳小组"，采取单课评比与积分相结合的竞争方法，或者以每课各组轮流推出"小组发言人"、"小组主讲人"的形式，在诸如此类的激励中，基础好的学生就会感到仅仅提高自己的成绩是不够的，还必须尽力地帮助组内的其他成员；而基础较差的学生则认识到小组的成功取决于每个成员的努力，认识到自己对于小组所承担的责任，压力能够变成动力，使小组内出现互动、互助、互进的局面。经过一段时间持之以恒的训练，学生的学习目光必然会投向集体、投向长远，而不仅仅局限于自身、局限于眼前，有利于强化学生的合作意识，全面提升学生的整体素质。

（3）适时引导，提高合作学习的质量。

重视学生间的合作学习，并不是忽视教师的主导作用。实际上，教师始终是小组合作学习的积极热情的设计者和引导者。无论在有组织的小组讨论中，还是在日常的学习交流中，教师都要牢记自己的引导者的责任，努力克服盲目的、无意义的教学行为。

一是要做好小组的组织工作，创造合作学习的组织基础。小组的人数一般以4～6人为宜，成员的构成要考虑学习成绩好、中、差的搭配，又要考虑他们原有的性格、感情等非智力因素。组内成员要有明确的具体分工，在一个阶段里每人都应有相对侧重的一项责任，担任一个具体的合作角色，如小组讨论的组织人、记录员、资料员、首席发言人、第二发言人，甚至是专提反方意见的"反对人"。一定时间后，角色互换，使每个成员都能从不同的位置上得到体验、锻炼和提高。小组成员间的座位以面对面或相邻形式为最好，这样更有利于互相学习、讨论，以达到充分交流的目的。

二是要强调小组合作，融洽个体与群体的关系。针对小学生自我表现欲强烈，缺乏合作能力的弱点，教师应该教给、训练和提醒学生使用合作学习的方法。首先要训练和教会学生如何倾听别人的意见，如何把别人的意见归纳起来，怎样在别人意见的启发下完善和发展自己的观点，怎样清晰地表达自己的意见，怎样大胆地提出自己的不同的见解，鼓励学生开展争论和辩论，并以一种虚心的态度接受别人的正确意见。

三是要教给小组合作的方法，提高小组合作质量。在小组合作学习中，教师要指导学生积极采取讨论、举例、引证、实验、诊断、归纳、演绎等探究形式，来有效地开展小组的合作学习。通过读一读来表达自己的理解，再通过议一议来深化理解。教师要通过观察、参与、巡视、指导等方式积极地加以调控，从而不断深化学生对知识的探究过程，形成良好的合作探究的风气和习惯。

6.7 建构探究学习方式

6.7.1 探究学习的概念及其特征

1. 探究学习概念。

探究学习是指在教师的指导下，学生运用类似科学探究的方法主动地获取知识、应用知识、解决问题、发展能力的学习实践活动。

探究学习的核心在于改变学生的学习方式，其目的在于培养学生的创新精神和实践能力。教师是探究学习活动的促进者和合作者；学生是探究学习活动中具有创造能力的主体；探究学习的过程是学生主动建构的、社会化的综合体验过程；探究学习过程的评价，是开放式、多元化和动态性的。

2. 探究学习的特征。

（1）实践性。在探究学习中，学生知识的获得与能力的培养不是事先由教师将结论直接告诉学生，而是让学生通过观察、实验、制作、资料搜集及到工厂、农村、科研机构、商场、企业等社会单位现场采访、实践、实习等活动，自己发现问题、自己解决问题，分析得出结论，建构起对客观事物的新的认知，培养科学探究，勇于创新的能力。

（2）参与性。探究学习始终注重学生的主动活动，积极思考，把学生真正置于主体地位，充分调动起自身的学习兴趣，亲自参与各种真实和模拟的生产、生活活动的选择，内容的确定和实施，结果评价及交流展示等，从而了解社会，认识人生，形成正确的价值观和社会观。

（3）开放性。探究学习的开放性包括学习内容的开放性和学习时空的开放性。学习内容上没有特别的知识体系，且大部分内容要靠学生根据自己的已有经验，到身边自然环境和社会环境中去寻找，尤其是那些自己感兴趣和富有挑战性的问题，往往在探究的过程中，容易感悟到它们真正的价值。在时间空间上也给了学习主题的选择、目标的定位、方法的确定、程序的设计、手段的运用和成果的评价、表达等以较大的自由，使学生能不受时空限制，去探究自己感兴趣和乐意探究的问题，促进社会的关注，对人生、理解的追求，积累丰富的人生经验和实践知识。

（4）创新性。探究学习是创造性学习，其目的在于在设定的问题探究情境和过程中，培养学生的创新意识、创新精神和创造才能。探究学习是学生从未知到已知的自主探求的过程，随着探求的深入有利于学生对问题大胆想象和提出创造性见解。探究学习不仅追求一个结论，它更是一种经历，包括挫折、失败与成功，而最突现的是学生创新能力的培养和提高。

（5）过程性。探究学习的实施过程比实施结果更为重要。对学生而言，探究的结果不应是最重要的，最重要的是学生在探究过程中学习和掌握了探究自然、社会和人生问题的基本程序和方法，经历了自我问题设计、观察、分析、实验、归纳、类比、思考、推理、评价和与人交流合作等一系列较为复杂而丰富的探究活动，增强了问题意识和寻求问题解决办法和途径的意识及作为。

探究学习作为一种学习策略和方法，它并不排斥其他有效的学习方法，成功的学习并不指望探究成为唯一的学习方式。探究需要从带挑战性的问题出发开展活动，只有富于挑战性的问题才能激发学生深层次的兴趣，产生深层次的思维。

6.7.2 课堂探究学习的策略

课堂教学是学校教育的主渠道，在课堂教学中开展探究性教学，可以充分发挥学生的主体性，注重学生各种潜能的发挥和创新能力的发展，体现一种参与性、体验性、学术性并存的创造活动。

探究性学习是一种积极的学习过程，主要指的是学生控制问题的学习方式。具体地说，探究性学习是指在教学过程中以问题为载体，创设一种类似科学研究性的情境或途径，引导学生通过自己收集、分析、处理信息，感受和体验知识的产生过程，进而了解社会，学会学习，培养分析问题、解决问题的能力和创设能力，其核心是改变学生的学习方式。在课堂中探究学习，要注意以下策略：

1．创设情境点燃探究的热情。

认知需要是学生学习中最稳定和重要的动力。在学习一个新的知识点时，教师可以有针对性地设计问题的情境，把学生的思维带入新的学习背景中，让他们感觉学习是解决新的问题的需要。产生一种积极发现问题，积极探究的心理取向，使学生敢想、敢问、敢说，从而诱发探究的意识，激活探究的思维。

2．激发探究兴趣注重学生的"质疑"。

苏霍姆林斯基曾说过："在人的心灵深处，都有一种根深蒂固的需要，这就是希望感到自己是一个发现者、研究者和探索者。而在儿童的精神世界中，这种需要则特别强烈。"因此，在课堂里，教师应充分相信学生的认知潜能，鼓励学生自主探究，通过观察、实验、猜想、推测和交流等一系列的教学活动。

课堂中值得探究的问题很多，教师让学生自主选择一个内容进行探究，鼓励学生根据自己的兴趣爱好进行学习，提高对课堂学习内容的研读与分析水平，培养探究的习惯与兴趣。

探究性教学有时也被人们称为"问题导向式"教学，因此，"问题"是探究性教学的核心。探究性教学的倡导者施瓦布认为：学生学习的过程与科学家的研究过程在本质上是一致的，学生应像"小科学家"一样去发现问题进而解决问题。爱因斯坦也说过"发现一个问题往往比解决一个问题更重要"。敢于提出问题，敢言别人所未言，敢做别人所未做，是培养学生创新精神之所在。因此，教师在教学中应创设问题情境，培养学生善疑多问的习惯，凡事多问几个"为什么"，使学生形成积极、主动的问题意识，这样才会激发他们的探究欲望，同时要让学生通过课下收集资料，相互交流讨论，提高对问题解决的能力。

3．探究性教学要注重教师的"释疑"。

在探究性教学注重学生自主学习的过程中，如果说学生的"质疑"是前提，那么教师"释疑"就是整个教学过程的关键。《课程标准》要求教师作为学生学习的组织者、引导者、合作者，就要对学生的"质疑"加以正确引导，让其主动思考探究，同时要出谋划策，积极参与其中，必要时给以解释，但不能全部灌输，而要有保留地点拨。古人云："授之以鱼，不如授之以渔。"教师稍加点拨，就可能拨去问题"迷雾"，使学生不产生严重的挫折感，同时促使学生专注于探究性学习，克服外界干扰，勇于突破自己的思维定势，从而提高创新思维能力。实验的全过程都能让学生在自主参与、教师引导下完成，将不断培养和提升学生主动探究的意识。

4. 给予支持重视探究过程。

探究性学习不仅重视学习的结果，更重视学习的过程，教师要努力创造条件，给学生提供自主探究的机会，让学生对学习充满无限激情，拓宽思路，取得最佳的学习效果。要根据不同的学习内容，确定丰富多彩的探究方式。在学生探究过程中，教师要适时地、必要地、有效地进行指导，确保探究过程井然有序地开展，不能让学生处于无政府状态，感到漫无目的，手足无措，应该让学生在探究中有所收获。教师要及时肯定学生的善于思考、敢于探索的学习精神，并鼓励学生课后结合课外阅读、查阅网络资料，激发学生的求知欲，在思维发散中，主动去探究，去寻找答案。使学生的知识在探究中被获得，思维在探究中被发展，素质在探究中被提高。

5. 注重动手操作，触摸探究的成果。

马芯兰老师曾说过："儿童的智慧在他的指尖上。"现代教学是要让学生动手做，而不是用耳朵听。在课堂教学中，教师要十分关注学生的直接经验，让学生在动手实践中发现、理解和掌握知识，如同"在游泳中学会游泳"一样，"在做数学中学习数学"，用手"创造"探究的成果。探究式学习突出了"以人为本"的思想，它把学生置于一种开放的、和谐的、互动的、多元的、综合的学习环境中，学生可能会产生不同的感受和体验，对问题也会出现独特的理解，即便是有缺漏的、失之偏颇的，教师也应该肯定。因为这些都是学生积极探究的成果，教师并且应该提供一个展示的平台，或认真倾听学生的理解，或相互交流探究的结果，或激励独特的视角，等等，总之，就是为了让学生充分享受探究带来的乐趣，以更大的激情投入探究。马斯洛的需要层次理论告诉我们：每个人都有自我实现的需要。这个平台，它体现了学生在探究中对成功的需要。

新课程将以往的验证性实验改为探究性实验，无论从传统知识的继承到新知识的探索，还是从以往知识的被动接受到现在的主动探究都起着十分重要的作用。这样的改动，可以培养学生实事求是的科学态度、自主参与的意识，养成"不唯师、不唯书"的积极活跃的思维习惯。

6. 注重学科生活渗透，延伸探究的视野。

很多学科知识源于生活又服务于生活，生活中处处有各门学科的知识。在教学中，教师应经常让学生运用学科知识去解决生活中的实际问题，使学生在实践的过程中及时掌握所学知识，感悟到学习数学的价值所在，拓展探究学习的领域。学生经历了"搜集信息—整理信息—图表分析—提出建议"这一简单的统计过程，学会了用学科的眼光去审视实际问题，构想社会现实。

7. 探究性教学应注重对学生的评价。

新课程要面向全体学生，在探究性教学中要注意发现每个学生的闪光点，全方位、多层次、多角度去对学生进行评价。首先，要重视对学生探究能力的评价，教师应评价学生在探究活动中观察事物、发现问题的能力，收集资料和归纳总结的能力，设计实验、动手操作的能力，分析解读数据、运用逻辑推理和证据得出结论以及表达和交流的能力。即应结合探究活动全过程评价学生的探究能力。其次，应从学生情感态度与价值观的发展来进行评价。学生的情感态度与价值观是学生心理发展的基本内容，是衡量学生思想素质高低的一个标准，教师应正确给予评价。通过综合评价，才能使学生在学习中积极思考和主动动手实验，从而获得基本的科学素养，成为对社会有用的综合型人才。

8. 培养学生研读批注的习惯。

探究性学习应该贯穿于整个教育教学过程，即贯穿于每一科、每一课、每一次活动。因而，要求每一科教师，在每一堂教学中，都能渗透着学生探究性学习所需要的指导、启发。改变学生学习方式，在课堂教学落实创新意识和创造能力培养方面取得重要突破。指导学生及时记下研读书本和生活中遇到的问题的思考，记下自己读书时所产生的问题灵感，让学生真正把学习当作是自己感兴趣的事情。

教师在教学中从以上八个方面去把握探究性教学，不仅能使学生主动获取科学知识、掌握科学本领，而且能提高学生的创新能力，培养学生的学科素养，能更有效地达到三位一体的教学目标，使素质教育落到实处。

第七章
高效课堂的教学方式

高效课堂的教学方式是实现课堂高效的生产力。追求课堂教学的高效率，是每一个教师不断追求的目标，它是教学过程的最优化，教育效果的最大化，是师生完美配合的结晶。

构建高效课堂两个核心因素是学生和教师。课堂是否高效，就要看学生和教师是否在课堂上都得到了充分的发展。学生的发展是高效课堂的核心目标，而教师的发展是学生发展的有力保障。课堂教学是教学的主阵地，是实现高效的核心所在。课堂中的流程优化、时间操控、学生主体的发挥等是我们能否实现高效的依托。因此学校教学管理和教师教学研究中教学方式的选择是非常关键和特别重要的。

7.1 课堂教学方式改革的任务与目的

7.1.1 课堂教学中存在的主要问题

课堂教学存在的主要问题是急功近利和狭隘性，效率低，质量差。人们对课堂教学的价值存在认识上的偏差，导致课堂教学向着应急和"实用"的功利方向发展，进而导致课堂教学的狭隘性。主要表现在：

①在教学目标上，存在着围绕考试目标确定教学目标的问题，不能全面育人。

②教学内容上存在着以考定教、以考定学的问题。考什么就教什么、学什么。

③在教学方式和学习方式上，存在着重视传递、忽视生成的问题。

④在教学评价上，存在着重视结果忽视过程、重视考试成绩忽视素质发展的问题。

这种急功近利、狭隘的课堂教学严重制约着学生综合素质的提高，也影响着学生的学业成绩提高。

7.1.2 课堂教学方式改革的主要任务

1. 改革旧的教育观念，树立新课程现代教育理念。

观念是行动的指南，教育观念对教学起着指导和统领作用。一切先进的教学改革都是从新的教育观念中生发出来的；一切教学方式改革的困难都来自旧的教育观念的束缚；一切教学方式改革的创生都是新旧教育观念替换的结果。确立以学生发展为本、以教师发展为本、以学校发展为本的教育观念，是课堂教学方式变革的首要任务。

现代教学改革应具备的五种观念：①新教育思想发展的动态观念，不断更新教学思想，不断丰富教学思想；②要有全面发展的整体观念，培养多层次多规格人才；③树立学生为主体的观念，学生是学习的主人；④要有重视实践的观念，应让学生在实践活动中锻炼成长；⑤要有教书育人的观念，以培养创新人才为宗旨。

2. 坚定不移推进课堂教学方式与学习方式的转变。

先进的教育观念的确立，要通过先进的教学模式的构建，用先进的教学方式体现出来；教育观念转变本身也需要通过教学模式这个载体才能在教学方式转变过程中得以进行。观念不转变，模式不构建，落后的教学习惯不改变，教学方式转变就失去方向。

3. 需要致力于教学管理制度的重建。

重建教学管理制度是课堂教学方式改革的重要任务。教学管理制度的重建是实现教学思想观念更新、教学方式转变、学习方式转变、教学模式构建的基础和保障。观念更新、方式转变、模式构建的最大阻力就是落后的学校管理制度和评价制度。教学管理制度重建是解决教育观念和行为的根本问题。

7.1.3 课堂教学方式改革的目的

1. 以科学发展观统领课堂教学改革，制定优质高效的课堂教学策略，促进学生全面发展、和谐发展、可持续发展和自主发展，全面提高课堂教学的水平和效率。

2．课堂教学方式改革的效果。

通过课堂教学方式改革要实现五个转变。

（1）变单纯传授知识为在传授知识过程中重视能力培养；

（2）变单纯抓智育为德智体全面发展；

（3）变教师为中心为学生为主体；

（4）变平均发展为因材施教，发展个性；

（5）变重教法轻学法为教法学法同步改革。

让学生在学会学习的过程中学会合作、交流、共享，学会发现自我、发展自我、展示自我、超越自我，实现自身价值。

7．2　确定教学方式的依据

1．教学内容的分析。

教学内容的分析是选择教学方法的一个重要环节。它将影响教师对教材的把握，直接影响对学习水平的确定、教学目标实现、学习目标的达成及教学媒体的正确选择等各个工作环节。对教学内容的分析要从三个方面进行，一是建构教材内容的知识体系；二是确定知识点；三是确定教学内容的重点和难点。这三个方面是为教学目标的实现打下基础。

2．教学目标的确定。

教学目标是教师和学生从事教学活动的指南和出发点，同时也是评价教与学的依据。教学目标是影响教学方法选择的重要因素之一。在确定教学目标时教师应首先注意在教学中目标不同层次要求．目标的层次水平不同所选择的方法也应不同。其次从学生的主体性出发，不但教师应该有教的目标，学生也应该有学的目标，教目标和学目标是两个完全不同的过程，服务于两个不同的主体。再次在制定目标时，应该全面考虑认识、情感和技能领域的目标。

3．学生学情的了解。

教学方法的选择，必须要以适应学生的基本学情为前提。忽视了学生的学情分析，则所选择的教学方法常常不能达到预期的效果。分析学生学情要从三个方面入手：一是要了解学生的一般特征，注意学生的心理活动和社会特点。二是了解学生的能力，主要分析学生从事特定学科内容学习的准备状态，即已经具备了的有关知识技能的基础以及对学习内容的态度。三是了解学生的学习感受状态，学习感受状态是指学生对知识的不同刺激，并对不同刺激产生影响的所有心理特征。

4．教学组织的形式。

教学活动是通过一定的组织形式实现的。如何把一定的教学内容教给学生，如何组织好教师和学生、如何有效地安排教学时间和空间、如何发挥教学媒体的作用等等，这些都是教学组织形式要解决的问题。任何教学方法最终都将集结具体落实到一定的组织形式之中。在课堂教学中怎样选用合适有效的教学组织，显然是教师重要的教学技巧之一。需要注意的是，教学组织形式不存在唯一的、万能的。良好的教学方法是应选最佳最适用的组织形式。

5．教学技术的运用。

教学技术手段的选择是选择教学方式时需要认真思考的一个重要问题，特别是现代教育信息技术的条件下教学，新的教学媒体层出不穷，功能也越来越丰富。媒体选择的成功与否会直接影响教学效果。在选择教学媒体时，一是要考虑适合度即教学媒体是否适合于特定的教学内容；二是考虑难易度即教学媒体是否适合学习者的智力水平、知识水平等。显然，在进行选择媒体时，并不是越现代的媒体越好，应该根据各个教学要素的情况不同，选择合适的教学媒体。同时，应根据教学内容和教学目标的需要及各种媒体的特点，有机地选择教学媒体，充分发挥整体功能大于各个部分之和的作用，达到教学过程的优化。

7．3　关于对话教学

7．3．1　对话教学的含义及类型

对话教学是教学过程中的主体借助有意义的交流，不断探究和解决教学中发生的问题，以增进教学主体间的理解，提升师生教学生活质量的过程。对话教学主要发生在教师、学生和文本之间。从对话主体的角度来看，对话教学可以有以下四种类型。

1．教师—学生的对话。教师和学生在教学中是两个相互依存的主体，在对话教学中，学生与教师的平等对话并不是教师的"施舍"或"赠予"，而是基于一种

教学理念的转变，一种对话意识和对话精神的觉醒。在教学中，教师要自觉地关注学生情感表达的需要，认真倾听他们的意见和感受，并适时地引导、恰当地介入，使对话活而不乱，有的放矢。当然，教师也不是一定要说服学生，强求对话结果的一致性，只要使问题得到聚焦，使对话或讨论的过程充满了启发和意义，结果是否一致并不重要。学生和教师偶尔的过失将会变成一种新的教育契机和教学资源。

2．学生—学生的对话。在传统的教学中，学生之间基本上没有实质性的交往和对话，有的多是学生之间抑制不住的窃窃私语，于是便有一条课堂纪律——上课不许讲话，学生一律面向教师，尽力去迎合教师的标准答案。在对话教学中，这一切都发生了根本性的变化，在小组讨论中，他们没有了与教师单独对话的紧张和拘束，增加了责任感；对问题的理解也远远超出一个人的水平；能感受到同学之间思想碰撞、灵感涌现的魅力，并重新认识自己的潜力。

3．学生—文本的对话。学生与文本的对话过程，由低到高可分为三个层次：一是正确的阅读。它包括读准文本的字音，弄清词义，对疑难字词要借助工具书进行较深入的了解，在此基础上掌握文本的大意。二是准确的解读。它建立在正确的阅读的基础之上，它包括准确地解读文本作者的思想与感情，能根据语境揣摩语句的含义，能对文本做出准确的分析判断。三是有创意的理解。指学生对文本的品评与鉴赏，表现在学生不仅能准确地解读文本作者的真实意图，还能从中获得自己的独特的体验和启迪，使文本与学生的生活经验相互交融，彼此结合，产生情感上的交流和对话。

4．教师—文本的对话。在对话教学中，教师在文本面前成为平等的主体，教师在认真钻研文本的同时，也带有自己的特殊体验，使自己的教学源于文本，又高于文本。

7.3.2 对话教学的基本过程及要求

根据对话展开的一般过程以及教学活动本身的特殊性，对话教学作为一个完整的系列，大体需要经历以下过程：确定教学目标—筛选教学主题—创设教学情境—激发学生参与—促进学生在对话中主动建构。

1．确定对话教学的目标。

（1）基于教师的目标设计。这种目标设计突出的是教师的教学行为对学生可能产生的观念和行为的变化。陈述目标的过程中，必须考虑到如下两个方面的因素。第一，目标的设计必须具体、明确，具有可行性与操作性，避免出现过于宽泛、空洞、抽象的陈述。第二，目标的设计要尽可能地兼顾学生的生活经验和发展水平。这里的生活经验和发展水平实际上包含着两个维度的内容：学生已经占有的生活经验和发展水平与可能获得的生活经验和发展水平。

（2）基于学生的目标设计。这是一种围绕学生学习行为和态度变化的目标设计。这类目标以学生的经验和需要为基础，并直接指向学生的学习，有助于学生获得更多个性化的、自由的发展空间，有利于学生自主地参与对话教学的过程。在对话教学中，学生学习目标的设计需要综合把握四个方面，第一，学习目标应具有一定的挑战性；第二，学习目标既要体现学生的共同经验，又要反映学生的个别差异；第三，学习目标也应该是具体、明确、可行的；第四，学习目标的制定方式是多种多样的，从制定主体的角度来分，至少有学生自定、教师设定、师生共同商定三种方式。

2．确定对话教学的主题。

（1）对话教学主题的生成方式。从对话教学主题生成的主体来看，对话教学主题生成的方式大体可以有教师主导型、学生主导型与师生共商型三种。

教师主导型。这种主题能够体现课程标准的要求和教学内容的特点，便于教师按照预先设定的教学方式进行教学，控制课堂教学情境中的可变因素，达成既定的教学目标。但是，其局限也较为明显：第一，这类主题对教师的素质有较大的依赖性；第二，由于未能充分体现学生的参与，难以激起他们深入开展对话的积极性；第三，部分"问题"学生被排斥在对话教学的边缘。因此，在这种主题生成方式下，教师应尽量考虑以下因素。其一，多渠道地获取关于学生发展状态的信息，确定学生发展水平的层次与差异；其二，围绕教学目标，尽可能多地编制可供对话使用的教学主题；其三，结合学生发展的整体状态和个别差异，从这些可能的主题中选择恰当的教学主题，以便使所有学生都能参与。

学生主导型。主要由学生自主设计对话教学主题，教师只是作为对话的辅导者参与其中。由此生成的主题直接体现了学生的兴趣、需要与经验，贴近学生的认知方式和思维水平，激发学生参与对话教学的欲望。在这一过程中，教师需要充分尊重学生的意见，但绝不是置身事外，放任流。这种主题生成方式颇费时间，对教师的调节能力也有较高的要求；同时，学生选择的主题未必能体现课程标准和教学内容的要求，因而对于教师完成正常的教学任务，可能会产生一些干扰。要克服这些困难，必须要有教师的正确导向和适时介入。

师生共商型。这是一个由师生共同参与、相互协商对话主题的过程。这种生成方式把教师和学生都看成是对话主题生成的主体，因此，就对话者来说，对话的吸引力完全在于自身的求知欲与好奇心。这意味着，对话教学得以维持，首先就必须消解师生之间的权威与服从关系，必须还给学生独立和自由的空间，必须保持对话主题对所有参与者的开放性。

这种主题生成方式，需要考虑以下方面。第一，教师根据教学目标，提供或提示阅读的文本或教材，以及相关内容的背景知识；第二，学生多渠道地收集相关信息，与文本或教材展开较为深入的对话；第三，学生参与小组讨论。表达各自对文本的理解，并尽可能多地提出可供参照的对话主题；第四，通过组间交流，筛选反映共同问题的对话主题；第五，教师结合教学目标的要求，以及学生实际的学习状态，对这些共同的对话主题进行整合，并提出明确的对话教学主题；第六，教师将这个明确的对话教学主题向学生展示，同时说明自己筛选主题的依据，并征求学生对这个主题的意见，经过多次调整，确定对话教学的主题。

根据对话教学主题是先于教学过程而设定的，还是在教学过程中产生的，可以把对话教学主题的生成方式分为预设型与生成型。在预设型的主题生成方式中，由于对话主题已在计划之列，围绕该主题展开的对话教学应该是较为顺当的。但是，如果处理不当，这些充分的准备又可能影响对话的质量，原因在于：教师和学生易于受预先计划好的内容的影响，缺乏对他人的倾听，甚至漠视他人见解的合理性，从而把开放性的、动态的对话变成了封闭的、僵化的形式。

在生成型的主题生成方式中．对话主题是在动态的教学过程中逐步生成的，因此，以这类主题为基础的对话教学，对教师和学生都是一个巨大的挑战。同时，这类主题是从动态的、复杂的教学情境中生发出来的，不仅拓展了原有的课程资源，生成了新的课程资源，而且体现了教师和学生对教学情境的深切体认。

（2）对话教学主题的呈现方式。第一，以概念的形式呈现，主要是指从教学内容中选取一个核心的、关键的或统整的概念作为对话教学的主题。第二，以命题的形式呈现，主要是指以文本或教材中直接呈现的或推演而来的命题为对话教学的主题。第三,以问题的形式呈现,这是对话教学最为常用的主题呈现方式。直接以问题切入,能较为集中地唤起学生的思考与想象,激发他们探究的欲望和参与的意识。第四,以活动或情境的形式呈现,如果上述三种形式是直接陈述对话主题的话,那么,以活动为形式的主题呈现方式则是间接的。在这种呈现方式中,对话主题是隐藏在活动之后的,需要对话者通过观察和行动去亲身地感受、主动地发掘。具体来说,这些活动主要包括情景模拟、角色扮演、视频观摩、作品展示、参观访问、社区服务、团队活动,等等。

3. 对话教学情境的创设。

提供愉悦的言语刺激:亲和性的心理氛围在很大程度上是依靠愉悦的或有效的言语刺激发起的。在通常情况下,一些愉悦的言语刺激不仅能让学生获得某种心理上的安全感,而且使整个教学从一开始就充满着友好的气氛;这种气氛无疑对提高对话教学的效用具有重要的意义。布置舒适的物质环境:教师注意从美观、安全和舒适等方面维持一个愉悦的对话情境,这可能意味着他们在关注学生的学习,并且注意到影响学生学习的所有因素。构建适合的对话空间:对话教学与课堂的空间布局紧密相关,不同课堂空间的布局,对教学的效果会产生不同的影响。

4. 激发学生参与对话。

要激发学生参与对话,更为直接的方式是向学生提问。研究表明,适当的提问不仅能引发学生的好奇心与学习的兴趣,激发学生思考与创造的潜能,而且具有诊断与补救教学的功能,以及维持和促进学生对话的功效。在课堂对话中,教师提问的方式大体有四种。一是限答式提问。限答式提问通常就事实提问,用于回忆、复述或下定义,以获取关于某一事件的大概轮廓、时间顺序、详细情节和具体事实。二是非限答式提问。非限答式提问允许提问对象不受问题性质的约束。不求固定模式的确定答案,可以自由发挥阐释,或要求预测,或要求推断,或要求扩展,或要求区分,是拓宽教学的主要媒介。三是诱导性提问。诱导性提问用于引导提问对象沿着提问者所设计的思路来发展思维。在课堂上,学生回答限答式问题时偏离了限定的事实,教师可用诱导性提问,引导学生从想象回到现实,从主观回到客观,在教学中充分发挥组织和展示功能。四是反思性提问。反思性提问激发学生结合个人经验,来解释或总结自己的感觉、态度、立场和观点,通过事件与学生的个人经历相联系,发展学生的道德观和价值观。

非限答式提问与反思性提问更能激发学生的参与，因为这两类提问留给学生的思考空间更为宽广一些。

5. 在对话中建构知识。

对话教学不仅满足于学生的参与，更为重要的是让学生在对话中走向共识与理解，主动地完成知识的建构，习得对话的精神与能力。这也是检验对话教学是否见成效的重要一环。根据教师介入的方式和程度不同，在对话教学中又有两种主要的知识建构方式：学生的自主建构与师生的共同建构。

（1）学生的自主建构。学生的自主建构主要发生在文本理解、同伴对话的过程中。文本理解，主要指的是学生对教学文本的理解。学生对教学文本的理解与对话，也就是学生透过教学文本，与作者进行的沟通与对话。在这一过程中，学生需要着重注意以下问题。第一，了解与教学文本相关的背景知识。第二，能用自己的语言，重新表述教学文本的内容，理清作者的写作思路，以检验自己是否理解了文本的字面意义。第三，说明教学文本安排的深层结构与意义，即尝试阐明作者如此安排文本内容的用意何在。第四，用简要的语言，概括教学文本试图解决的中心问题。第五，对教学文本做出自己的评价。

同伴对话的作用主要是参与对话的所有学生都可能在认识某个主题或问题上，获得一次新的情感体验与认识飞跃。在对话教学中，同伴对话要注意：第一，学生应有参与对话的自觉，愿意与其他同学分享自己的见解，同时也希望从其他同学那里获取更多关于主题或问题的智慧资源。第二，学生可以在自觉自愿的基础上，选择对话的小组。第三，学生应尽可能清楚、扼要地陈述自己的观点，同时要认真倾听其他同学的意见。第四，学生应该对其他同学的发言做出积极的回应，进一步提出自己的观点。第五，对话结束时，学生应该对自己的发言以及其他同学的发言做一些清理工作，并整理出对话所产生的共识点与分歧点。第六，每个学生应该对自身参与对话的过程进行全面的反思，这种反思不仅涉及发言内容的理解性、正确性、真实性，而且包含有发言方式的真诚性和可接受性。

（2）师生的共同建构。师生对话与生生对话不同，也与成年人之间的对话不同，其实质是两类异质群体或异质文化之间的沟通。正是有了这样的差异，使得师生之间的对话才显得格外地富有教育价值。要实现这样的对话或沟通，教师就必须尊重学生的文化，了解他们的学习方式与生活方式，而不是纯粹以成人的标准去压制或要求学生的文化、学习与生活。在对话教学中，师生双方是如何在对话中建构知识的呢？从教师的角度来说，主要有以下几点需要注意：第一，要有谦逊的胸怀，敢于承认自己的无知，直面学生提出的相关问题。第二，要帮助学生克服"恐惧"心理，敢于向权威挑战、向教师发问，并自由地表达自己关于主题或问题的意见。第三，要善于发现学生发言中的亮点与问题，并及时地向学生做出回馈。第四，要善于整合对话中学生生成的新的资源。第五，可以自由地与学生交流自己的见解，但要防止自己的见解对学生自由表达可能产生的压制。第六，对话结束时，与学生一起共同梳理对话的内容，概括出主要的观点。

7.4 关于生成教学

7.4.1 生成教学的含义

"生成"是一个相对于"预成"、"既定"的说法，《辞海》中的解释是"自然形成"。这一概念与"教学"相连，构成一种新的教学形态。它反对的是教师对学生的一味"塑造"，强调教学的过程性，突出教学个性化建构的成分，追求学生的生命成长，是一种开放的、互动的、动态的、多元的教学形式。

对生成教学很难确定一种为人人所认同的界说，美国太平洋橡树学院的约翰·尼莫教授用排除的方式说明生成课程的做法在很大程度上也适用于生成教学。

1. 生成教学不是"罐头式"的教学。罐头式教学好比一本由专家学者（或者有经验的教师）写的教学方案，其中有预先设计好的各种教育活动。设计者们在制作这种教学时考虑到了足够的细节，教师（不管他有什么样的技能技巧与经验，对学生有什么了解）只要打开罐头盖，取出其中的部分内容，就能依照详尽的设计说明一步一步地实现教学。

2. 生成教学不是"木乃伊式"的教学。所谓木乃伊式的教学，指的是那些曾经很有生命力、对学生也很有吸引力，但现在已失去了其生命力、对学生也已没有什么意义的东西。我们常常会把一些曾经有过生命力的、从实践中来的非常成功的活动，总结处理成典型案例后装到罐头里，需要的时候再拿出来原封不动地去执行，结果可能发现效果并不理想。为什么？因为学生是变化的，时代也是变化的，以老案例套新情境、新学生，自然不会合适。

3．生成教学不是偶然的、随意的、教师被学生牵着鼻子走的教学。生成教学的确特别关注学生的兴趣和需要，但教学毕竟是要达到一定目的的，目的性是教学永远抹不掉的特征。教学的目的既包含教育的社会价值——培养社会所需要的人，也包含教育的个人价值——发展每一个人的潜在能力。因此，它既要考虑学生的兴趣和需要，也必须考虑社会的要求；既要满足学生即时的兴趣和需要，也要促进学生的长远发展。如果教师只是一味地跟着学生跑，一味地强调关注学生当时的兴趣，而没有看到生成教学的目的是为了让学生更为有效地学习，更加健康全面地成长，并最终成为社会需要的人，那么，对生成课程的理解就只是形式上的，而没有把握其实质。

所以，生成教学既不是教师预先设计好的、在教学过程中不可改变的僵死的计划，也不是学生无目的、随意的、自发的活动。它是在师生互动过程中，通过教育者对学生的需要和感兴趣的事物的价值判断，不断调整活动，以促进学生更加有效学习的教学发展过程，是一个动态的师生共同学习、共同建构世界以及对他人对自己的态度和认识的过程。

7.4.2　生成教学的特征

1．复杂性。在生成教学的过程中，恢复了学生原本就有的主体性和创造性，因此，学生的学习空间更宽广了，学习思维更活跃了，生成的信息更丰富了，他们成了教学"资源"的重要构成者和生成者；而教师也不再只是知识的"呈现者"、学习的"指导者"、学业的"评价者"、纪律的"管理者"，更重要的应是课堂教学过程中呈现出信息的"重组者"。教师所要选择和处理的信息有些是隐性的，有些是显性的；有些是事先预设的，有些是非预设的；有些是与课堂教学有关的，有些是与课堂教学无关的……显而易见，在这样的课堂上。教师所应面对的任务，相对于以往的课堂要复杂得多，烦琐得多。总之，我们所面对的课堂上出现的信息是林林总总、错综复杂的，因此互动生成教学有其特殊的复杂性。

2．动态性。生成教学反对过度预设，预设的成分越多，偶发的成分就越少，灵感就不能产生，创新的火花就不能迸发。既然无序是不能消除的，教师就要善于利用教学中的偶然和突发事件，将之视为一次难得的激发师生智慧、共同探讨的机会。教学中出现的一些偶发事故，一般分为两种情况：一种情况是学生对纪律、秩序的破坏；另一种情况是学生由于对知识的迷惑不解，而提出了出乎教师意料的、让教师一时难以回答的问题。对于第一种情况，本章不展开论述；而对于第二种情况，教师应以开放的心态对待，对于有挑战性的问题，不但不应责难或者敷衍学生，而且应肯定问题的价值，让学生明确其价值所在，同时启发、引导所有学生一起思考这个问题，贡献各自的智慧，让知识在这种相互讨论、相互辩驳中动态生成。在教学中教师甚至还可以有意识地预设一些错误，激发学生自己去怀疑、去探究、去发现，让他们认识到自己的潜力，从而唤醒其沉睡的学习智慧。另外，实验也发现，学生自己发现、纠正的知识记得更牢，真正实现了对知识的理解和内化。在预设错误时，教师可以结合平时的教学，有意针对学生容易混淆、容易出错且在教学中比较重要的知识进行精心设计，在教学时有意突出这些错误。在纠正错误时，教师可请学生当小老师，调动学生的积极性，鼓励学生大胆打破常规，大胆探索真理，让学生树立在真理面前人人平等的观念，从而使他们对学习充满信心，为在未来的学习中主动去探究、去发现打下基础。

在教学中，教师还应讲究策略，减少对教学模式的依赖。模式是预先确定的，它只能在包含很少的随机性和无序性的环境中付诸实施。而策略，则可以在既有确定性，又有随机性、不确定性的环境中付诸实施。模式不能改变，出现意料之外的情况或危险时只能停止。"策略则可以根据执行中途获得的信息改变预定的行动方案，甚至创造新的行动方案。"

3．情境性。教学乃是教师与学生在"思考"这面超验的旗帜下进行"聚会"的活动，这"思考"拒绝以某个在先的目的的名义而结束人与人之间的相互作用。生成教学就是从这种观点出发的，它强调的是学生的参与，课堂上的多向互动，注重的是"以生为本，依学定教"，着眼于课堂上的"生长元"。只要我们时时留心，有意捕捉"时机"，利用这一"时机"成为学生知识、能力、情感的催化剂，再辅以教师艺术地处理，就能收到意想不到的效果。

4．偶发性。从生成教学的观点看，学生在课堂活动中的状态，包括他们的学习兴趣、积极性，注意力、学习方法与思维方式，合作能力与质量，发表的意见、建议、观点，提出的问题与争论乃至错误的回答等，无论是以言语还是以行为情绪方式的表达，都是教学过程中的生成性资源。而这些生成性的资源是稍纵即逝，稍不留神就容易忽视的，要及时地捕捉它，教师就必须学会仔细地倾听，欣赏学生们的"真情告白",敏锐地生成新的教学资源,避免有效的信息流失。只有学生们真正地拨动了自己的心灵之弦,我们的课堂才会产生一种理想的甚至意想不到的境界,让学生说出真话、抒发真情,超越课堂,超越学习,变学习为一种鲜活的生活,达到比预期更好的效果。

7.4.3 生成教学设计的基本要求

以生成为主导的教学中,教师的教学设计不能一成不变,在实施教学过程中要根据即时生成的资源调整教学进程。

1. 教学设计要有类结构意识和弹性意识。

(1)类结构意识。在教学时间上教师要尽力打破"匀速运动"式的按章、按节的分配方案,将每一结构单元的学习分为教学"结构"阶段和运用"结构"阶段。在教学"结构"阶段主要用发现的方式,让学生从现实的问题出发,逐渐找出知识的结构和发现结构的步骤与方法:通过总结,形成知识、方法。在教学"结构"阶段,教学时间可适度放慢。让大多数的学生有一个充分体验发现和建构"类结构"的过程,让"类结构"以一种通过教学过程中学生与教师的互动逐渐生成的方式,形成为学生自己的"类结构"。在此基础上,在运用"结构"阶段就能以加速的方式进行。

(2)弹性意识。教师在进行教学方案的设计时.要为学生的主动参与留出时间与空间,为教学过程的动态生成创设条件。教学目标的设计要有"弹性区间",这既是为了顾及学生之间的差异性,也考虑到期望目标与实际结果之间可能出现的差异。教学过程的设计重在由何开始、如何推进、如何转折等的全程关联式策划。教学中问题的设计要具有开放性。在实施中,教师的弹性设计主要体现在以下几个方面。第一,给学生留有自主探究的空间,教师在进行教学设计时,应考虑到学生在学习过程中遇到的问题,给学生质疑求解留有空间。第二,给学生留有合作交流的空间,课堂上学生的合作沟通,具有很多不确定的因素。教师的教学设计,需要在组织引导上做一些总体的策划,不必全部预测其细节。在解读文本时,学生的阅读体验可能会出现偏差,这在学习过程中是正常的。但要注意的是,教师不能一味地尊重学生的独特体验,而忽视教学内容的价值取向。教师应该及时调整预设,使之成为下一个教学过程的基础资源,在阅读活动中进行价值引导,调整学生的体验，在对话、交流、碰撞中提高认识，形成正确的价值观。第三，给学生个性差异留有空间，学生的学习是高度个性化的行为，对同一学习内容，每个学生都可能因为生活经历、认识水平和个性差异的不同而产生不同的感悟。这种感悟的个性化就必然会带来教学过程中的许多不确定因素。教师应当尊重学生精神生命的自由展示，不应以统一的答案来压抑学生的个性和灵气。教师应当尊重学生的独特感悟并做现场的因势利导，教师必须为"设计"留出空白，赋予更多的可塑性。

2．教学实施要注意生成新智慧。

由于动态生成的课堂，还原了课堂复杂的本来面目，要求教师运用自身的全部智慧应对来自于课堂的各种挑战，在复杂多样的课堂上，生成新的教育教学机智。（1）具备捕捉信息、果断决策的智慧。（2）具备因势利导、巧妙点拨的智慧。（3）具备随机应变、化解矛盾的智慧。教学重心下移了，学生参与课堂多了，出现意想不到问题的机会也就随之增多了，在这样的课堂上，需要教师随机应变，相机行事，要对课堂上出现的种种矛盾加以分析，并采取适当的措施将之化解。

7．4．4　生成教学中要注意的问题

生成性的教学因其本身就强调在过程中动态生成，所以，很难说有固定的操作模式。但无论什么性质的生成，一般来说。都是以互动为前提和基础的，正是由于课堂上有了互动的可能、交往的空间，生成也才成为教学的基本存在形态。如果教学中仍然是教师的独白，仍然是教师支配课堂，课堂只是教师表演的场所，也就谈不上生成了。要在各种各样的互动中促成生成，教师需要注意所组织的互动。

1．时间上有宽度。

传统课堂教学的时间结构一般由三部分构成，即教师讲授时间、师生交往时间与学生个体学习时间。实施师生或生生之间的互动，必须调整原有的课堂教学时间结构，切实把教师的活动时间压下来，把教师指导点拨的质量提上去。一方面，把课堂时间还给学生，增加学生相互之间直接交往和协作的集体学习时间，让全体学生有更多的参与读、思、议的机会。另一方面，每一次学生交往互动的时间要合理。

2．空间上有广度。

学生课堂中的座位排列方式直接影响学生互动的方式和程度。传统的座位排列

方式便于同桌的两位学生之间的交流互动，再大范围的互动效果就会受到影响。为了最大限度地促进学生之间的相互交往和相互影响，可以用马蹄型、马蹄组合型、圆桌型、圆桌组合型、扇形、波浪形等空间形态取代传统的秧田型。这些空间的存在本身就有利于集体合作意识的形成，便于组织生生互动。

3．气氛上有热度。

营造课堂上生动活泼、积极热烈的学习氛围，应培养学生三个意识。（1）责任意识。让学生明确参与伙伴之间的互动学习是每个人的责任，在学习中积极思考，主动发言，是对自己的学习负责，也是对伙伴负责。（2）问题意识。利用学生好奇好问的特点，培养学生吸收信息的能力和问题意识。（3）互补意识。让学生懂得在与同伴互动中学习，发言是应尽的责任，但不是最终的目的。主要的目的是合作，是共同提高。因此，讨论中不能满足于发言，而应该追求互补，要从同伴的发言中吸取，也要努力给同伴以有力的支持、热情的帮助。

4．内容上有深度。

课堂教学中引导学生互动，必须要有互动材料及主题，这既决定着互动的方向，又关系到互动的价值，可以说是互动艺术之魂。教师要尽可能设计适合群体互动的学习活动和作业。这些活动和作业可以是引人入胜的场景，可以是令人兴奋的刺激，可以是让人困惑的问题，也可以是可预见的成就。在活动和作业的刺激下，使学生保持激活状态，获取知识，习得方法，形成能力，发展个性。

5．方法上有灵活度。

教师可以根据学科特点、教学具体要求在实践中采取多种方式方法。常用的方法有交流互助、合作式竞赛、小组讨论、大组辩论、合作探究、共同学习法。

7.5 关于重构课堂

7.5.1 重构课堂的基本要求

课堂是学校中最平常、最常见、最细小的形式，教师每天都在课堂上生活，学生的学习时光大多在课堂上度过，这种习以为常的现象使得我们忽视了课堂，忽视了对课堂的研究。然而，任何教育教学改革如果没有真正触动课堂的话，那么这种改革就不能说是彻底的，不能说是真正改变了学校生活和教师行为。重新检视课堂中的师生活动，反思课堂的观念与认识，为课堂提供新的定向，是课堂重构的基本前提。

现行课堂教学存在的弊端至少有：第一教条化，突出地表现在课堂教学中唯教材、唯教参、唯教案。教师把教材中的内容当作公理，把教参中的提示当作真理，把预先设计的教案当作向导。第二模式化，主要表现在教学结构的模式化和教学具体行为的模式化两个方面。第三单一化，主要表现在教学目标的单一化、教学组织形式的单一化和活动角色的单一化三个方面。第四静态化，主要表现在课堂中缺少真正的互动、交往，以及课堂上只教固定化了的知识，而极少涉及探究知识的方法。

7.5.2 课堂重构的基本认识

1. 课堂不是教师表演的场所，而是师生之间交往、互动的场所。教学归根到底是一种交往行为，是以交往为媒介、以交往作为必不可少的手段的。教师"表演"水平再高，"艺术"表现能力再强，也只能说明教师自身的"塑造角色"的能力与水平，而无法反映学生的学习与参与。只有在真正有效的交往与互动中，学生获取的知识才是"内化"了的，增长的能力才是"货真价实"的，养成的情感才是"真真切切"的。从这个角度讲，衡量一堂课的标准不只在于教师的板书是否整洁，行为举止是否大方，时间控制是否合理，而更多地在于与学生交往、互动的程度水平、方式和成效。

2. 课堂不是对学生进行训练的场所，而是引导学生发展的场所。把训练等同于教学，把训练当作课堂中的主要行为，是现行课堂中常见的一种现象。依靠这种训练，学生的行为可以标准一致，在做各式各样的练习题时可以达到一种"自动化"的水平，但与此同时，学生思维的灵活性渐渐在降低，对外在事物的敏感性渐渐在淡化，捕捉问题的能力渐渐在弱化，创新也离他们越来越远。因此，教师所要做的不是从外部强制灌输知识，而是从内部去激发学生的求知欲，由内而外地引导学生认识周围的世界。当今，要培养富有个性和创新精神的学生，教师的关注点应该放在引导学生全面发展上。

3. 课堂不只是传授知识的场所，更应该是探究知识的场所。让学生学会学习，掌握学习的本领，养成不断求知的习惯，形成终身学习必备的素养，是时代发展对学生的期盼。把课堂当作知识的"交易所"，从教师一方转移至学生一方，虽然学生也可获得知识，但一来掌握的这些知识难以牢固并成为学生稳定的心理特征，二来无法透过知识的探究过程学会学习，学会主动地吸取知识，更无法成为知识的创新者。在这里，教师要明了：知识既是名词，更是动词，通过主动探究，动脑、动口、动手获取的知识，才是掌握最牢固的知识，才是最能有运用空间和价值的知识。

4. 课堂不是教师教学行为模式化运作的场所，而是教师教育智慧充分展现的场所。课堂情境是极为复杂、动态存在的，即使教师备课准备再充分，也难以设想到课堂中会出现的形形色色的情况和事件。这就要求教师根据变化了的情形不断地调整自己的行为，根据自己对课堂各种各样信息的综合把握，及时做出判断，采取得当的措施。要求教师必须打破已经习惯的千篇一律的教学行为、一统僵化的教学策略和以不变应万变的教学模式，充分发挥教师自己的智慧，把学生置于教学的出发点和核心地位，应学生而动，应情境而变，课堂才能焕发勃勃生机，课堂上才能显现真正的活力。

7.5.3　教学改革中重构课堂的要点

课堂存在的诸多问题与弊端，迫切要求中小学从培养创新人才的目的出发对课堂教学进行变革。就目前来看，很难勾画出中小学课堂应发生的具体细致的变化，但是有一点是明了的，即应树立起个性化的教学观，用个性化的教学观规范教师的行为，改变原有的课堂教学。

在个性化教学观的支配下，中小学课堂至少应逐渐体现出这样一些变化。

1. 关注学生的生活世界，打通学生书本世界和生活世界之间的界限。对学生来说，书本世界和生活世界并不一定是统一的和相互转化、相互佐证的。他们很有可能在课堂上是生存于书本世界，徜徉于书本，远离现实；而课后则生存于现实世界，吸取着生活的真知，接受着生活的锤炼。学生之所以感到学习是一种负担，而不是自己应尽的责任，应该说与学生的书本世界和生活世界相割裂有关联。事实上生活中蕴藏着巨大的教育资源，一旦教师将生活中的教育资源与书本知识融会贯通，学生就有可能会感受到书本知识学习的意义与作用，就有可能会深深意识到自己学习的责任与价值，就有可能会增强自己学习的兴趣和动机，学习就有可能不再是一项枯燥无味必须要完成的义务，而是一种乐在其中的有趣的活动了。

2. 关注学生的生命价值，给学生以主动探索、自主支配的时间和空间。生命价值不仅仅是一个活的有机体，更是一种活力的存在，一种有尊严的个性的存在。教师在课堂上，应给予学生尊严，给予学生活力施展的空间，给予学生个性张扬的机会，如果没有做到这点，那就是忽视了学生的生命价值与活力。课堂教学中，教师应该充分考虑到学生发展的各种需求，精心地设计各种活动，给学生以自主支配的时间和空间（如至少把课堂上1／3的时间交给学生），使学生最大限度地处于主动激活状态，主动积极地动手、动脑、动口，从而使学习成为自己的自主活动。

3. 关注学生的生存方式，构建民主、平等、合作的师生关系。教师作为一个优势群体，如果不能设身处地为学生着想，就很有可能用自己的思维来替代学生的思维，用自己的行为来替代学生的行为，忽略学生这样一个弱势群体的所作所为。用平等、民主来取代专断与师道尊严，可能是课堂教学改革的必由之路。因为只有宽松的氛围和没有等级之分的空间，学生才能畅所欲言，才能张扬个性，才能更好创新发展。

4. 关注学生的心理世界，创设对学生有挑战性的问题或问题情境。关注学生的心理世界，主要体现在课堂教学中激发学生的智慧活动，引发学生专注于探求知识与问题求索的欲望和行为。教师在课堂设计中，应致力于创设问题情境，将静态的知识转化为动态的问题来探究。在课堂教学中，应根据学生的认知特点和智慧特征，将知识点转化为有待探究的问题，让学生在探究问题中得到发展。教师在设计问题时，要关注到问题的不同水平，以便引发学生真正的思维，满足学生的求知欲望。

5. 关注学生独有的文化，增加师生之间以及生生之间多维有效的互动。学生的文化是指学生特有的价值规范和思想观念等。学生文化是介于儿童世界与成人世界之间的一种文化现象，是学生从儿童迈向成年的一种过渡性的产物。学生文化的独到性，客观上要求在课堂上给这种文化的展示以一定的空间，同时也要求经由学生文化与教师文化的双向互动，缩小两种文化之间的差距。这样的互动，实质上也是不同文化在不同水平上的交往，促成的是文化间的交融与整合。

6. 关注学生的生活状态，打破单一的集体教学的组织形式。班级授课不等同于全班集体教学，不等同于不能因材施教。集体教学、小组学习、个别指导都可以在现有的班级授课制中留有一席之地。在这里，重要的是要认识到每种教学组织形式各有其特点，要根据教学的不同目标以及不同情境加以灵活多样的综合运用。

7.6　关于体验教学

7.6.1　体验教学的含义

体验教学是以体验为中介促进教师专业发展和学生一般发展的一种教学价值观、教学方法论和教学策略与方法。教学价值观强调人的价值，强调人的主观能动性的充分发挥；教学方法论则突出了"在体验中发展"的理念，"在体验中发展"是体验教学的精髓，是体验教学的基础和切入点；体验教学是一种以"体验"为核心达到教与学的目的的基本策略和方法。从体验教学的基本含义来说，它包含教师的教学体验和学生的学习体验。

7.6.2　体验教学的特征

在一定意义上，体验教学是在教学过程中通过创设一定的情境，使学生在亲历和体验过程中理解知识、发展能力、建构意义、生成情感的教学价值观、教学方法论和教学策略与方法。简言之，体验教学实际上是"为了体验"、"在体验中"、"通过体验"的教学。

1. 目标与结果："为了体验"。学生素质中最重要的态度、情感、价值观、人格以及责任心等品质的培养都是在体验过程中实现的。实现的程度与水平如何，则取决于学生在体验过程中的选择与发展机会。因而，体验的价值，往往并不在于体验过程中获得某种有形的知识上，而常常体现在容易被人们忽视的过程中。体验教学将教学目的蕴涵于体验过程之中。不只是看重学生获得知识的对与错这些有形的结果，更重要的是特别关注学生体验的态度与情感等，关注体验过程本身对学生态度与行为方式的价值。换句话说，体验教学更加注重学生对过程的主体性体验对于生命成长的意义，注重给完美人格的养成提供更多机会、更大空间。

2. 情境与氛围："在体验中"。学生主体发展是教学的出发点和归宿。"在体验中发展"正是体验教学精髓的高度概括。是体验教学的基础和切入点。体验教学重视体验的独特价值，强调体验在人的发展中的作用。对学生的发展来说。无论思维、智力的发展，还是情感、态度、价值观的形成，都是通过主体与客体的相互作用实现的，而主客体相互作用的中介正是学生的体验。唯有体验，才能实现多种潜在发展可能性向现实发展确定性的转化，发展只有在体验中才能实现。因此，教学的关键就是要创造出各种情境和条件，让学生作为主体去体验，在体验中完成学习对象和自我的双向建构，最大限度地获得身体和心灵的解放，最终实现主体的主动发展。

3. 途径与方法："通过体验"。实践是人类发展的源泉和动力，实践对成长中的学生个体具有重要意义，实践的过程也就是个体体验的过程。所以，教学总是与学生的体验并行着，教学不可避免地在学生的体验中展开，学生的经历成了教学的起点，学生的经验成了教学的背景。这就必然地要求教学以体验为主要途径，教学程序安排和组织实施必须以学生的主动体验为中心。因此，体验教学的实质就是要求把体验作为学生主体学习和发展的基本途径，借助体验这一学习方式来真正确立学生在教学过程中的主体性，使学生享有更充分的思想和行动自由，拥有更多的发展、选择机会，最大限度地获得身体和心灵的解放，使学习主体化、主动化。

7.6.3 体验教学的基本过程

体验教学的基本过程，可以从心理层面和操作层面两个维度进行分析。

1. 体验教学的心理过程。

体验是一种心理活动，这种心理活动必须以主体对事物的感知和理解为基础，并且在此基础上，产生对事物的情感，再通过情感与想象的融合，形成深刻的体验。据此，我们可以将体验教学的心理过程分为"感物"、"会意"、"生情"、"神游"、"忘怀"五个基本环节。

（1）"感物"。当认识对象呈现在学生面前时，教师就要要求学生以自己的全部"自我"，调动多种感官全方位地接触、感知它。只有在亲身实践中，学生的感知才能受到最直接、最鲜明而强烈的内在的心理反应。

（2）"会意"。海德格尔认为，人是在领会中并通过领会把握存在的意蕴的。教师在教学过程中要抓住学生的"神"与外在"物"对接的契机，引导学生把已有经验和书本知识相联系，进行思维加工，理解知识的本意，明确基本的概念、原则和方法，把握外部世界的本质和规律。

（3）"生情"。主体一旦进入认识对象的认识过程，就会产生真切实在的心理感受，引起一系列的情感起伏和波动。如果认识对象符合主体的心理需要和审美倾向，主体就会产生积极的情感，并全身心地投入到对客观事物的认识中去，甚至在内心与所体验之物融合在一起，"入乎耳，著乎心，布乎四体，行乎动静"，实现主体对客体的心领神会；如果客观事物不是主体所渴求和需要的，主体就会产生厌弃、排斥、否定，甚至远离等消极情绪，难以产生"入境始与亲"的体验。

（4）"神游"。神游是主体在对教学内容和情境感知的基础上，情感和想象的渗透与契合。通过主体心灵与教学内容或情境的情感联系，通过情感和想象的相互渗透，通过想象和已有材料或经验的自由交往，教学所提供的材料逐渐融入学生心灵，成为学生心灵起飞的载体。

（5）"忘怀"。所谓忘怀，是在移情的作用下，教学主体的精神从教学本身超脱出来，超越自我，超越自然，达到物我两忘的境界。

2. 体验教学的操作过程。

从教学实践来看，体验教学的操作过程主要包括以下四个阶段：

激发兴趣阶段：在这个阶段，教师需要提供情境材料并引发学习者的个体需要和动机，这是体验的第一阶段。

实践感受阶段，也称自主体验阶段：在这个阶段，个体对亲历过程进行抽象、概括、形成概念或观念。

体验内化阶段：这是体验教学的关键阶段。所谓内化，就是把外部的客体的东西转化为内部的主体的东西。在这里是指通过个体反思、同化或顺应等方式，将亲历中对事物、知识的感知或者对情境、人物的情感体验内化为自身行为或观念。

强化反馈阶段：反馈评价是学生体验活动的重要部分，它决定着学生体验的方向和价值，起着调节和强化的作用。

7.6.4 体验教学中要注意的问题

体验教学注重对学生已有情绪情感、认识体验的唤起和激活，注重对学生的新情绪情感、新认识体验的积极构建，在实施的过程中力图做到不断丰富、深入、融合与升华学生的体验。在运用中，教师要注意对学生体验进行引导和调节。

1. 引导。

当学生的体验处于静态的、潜藏的状态时，教师必须采用适当的方法，对学生的体验进行引导，使学生能够以积极主动的体验状态参与到教学当中。

（1）运用音乐引发学生体验。音乐可以利用它不同的旋律、变换的节奏唤起听者记忆中的各种体验，触动人去回忆、联想和想象，起到引发和深化学生体验的作用，是体验教学经常使用的一种教学方法。

（2）运用幻灯引发学生体验。运用幻灯是一种直观的体验教学方法，它直接、形象、面广，可以在短时间内使学生的视觉受到冲击，激活他们头脑中已有的认识体验，深化认识，提升体验的内涵与价值。

（3）运用录像引发学生体验。录像是集图像、声音于一体的动态教学手段。教师利用这种教学手段可以使学生的视觉、听觉同时受到冲击，拓宽教学视野，实现空间、时间、人物、场景等的转换，达到理想的教学效果。

（4）运用故事引发学生体验。故事本身具有很强的情节性和寓意性，在吸引学生注意力、引发学生思考中具有不可忽视的作用。如有位教师在课前找了一篇故事《动物学校》，通过这个故事引导学生懂得每一种动物都有各自的长处。故事虽然讲的是动物，但是其中暗含着每一生命个体都具有一定的独特性和优缺点，所以学生在后面进行游戏——"夸夸我自己"的时候，能够找出自己的优势和长处，抽象概括自己的个性特征。

（5）运用演示引发学生体验。演示是指教师在上课时配合讲授或谈话，把实物或教具向学生展示，或者向学生演示实验，使学生加深对学习内容的印象，形成正确而深刻的概念。这种教学方法的运用能引起学生的学习兴趣，集中学生的注意，使学生学到的知识易于巩固。

2．调节。

当学生的体验被引发以后，教师还必须对学生的体验进行适当的调节，以使学生对教学内容能够产生合理而深刻的体验。对学生的体验进行适当的调节，既是顺利实施教学的必要条件，又是学生健康发展的基础。在日常教学中主要运用活动、实验、调查、小组合作等方法调节学生体验。

7.7 关于反思教学

《基础教育课程改革纲要》（试行）提出了课程改革的六项具体目标。在关于评价改革中，它强调建立促进教师不断提高的评价体系，尤其强调教师对自己教学行为的分析与反思。

7.7.1 对反思性教学的理解

反思性教学是教师对自己教学行为的思考与研究，对自己在教学中存在的问题不断地进行回顾，运用教学标准中的要求不断地检验自己，追求的是教学全过程的合理性。而这种合理性的涵盖量就很大，如教学计划中的目标设定是否合理，教学过程设计是否合理，目标达成是否合理，等等。同时它研究的不仅仅是让学生如何"学会学习"，即学习方式的改变，它更强调教师如何"学会教学"，即教学方式的改变，进一步理解教师在新课程改革中角色及行为的转变。新课程要求教师成为学者型教师，而学者型教师除了具有专门学科的知识和技能以及能力外，还应具有深厚的教育理论修养，广阔的教育前沿视野，敏感的教育问题意识，过硬的教育科研能力。教师不可奢望仅由职前师范教育就可获得这些特征，而需在长期的教学实践中不断探究，掌握科学研究的本领。

7.7.2 反思性教学的特点

1. 反思性教学以解决教学问题为基本点。

反思性教学不是简单地回顾教学情况的教学，而是教学主体发现教学中存在的问题（不足），根据解决问题的方案组织教学内容，通过解决问题，进一步提高教学质量的教学。反思型教师在反思性教学的过程之后，他们不仅想知道自己教学的结果，而且要对结果及有关原因等进行反思，因此总是喜欢问"为什么"，这种追问的习惯，往往促使反思型教师增强问题意识和"解题"能力，所以它是一种千方百计追求"更好地"完成教学任务的教学。

2. 反思性教学以"两个学会"为目标。

学会教学其含义与学会学习有类似之处，即要求教师把教学过程作为"学习教学"的过程，不仅学习教学的技术，还要学习教学伦理与道德知识。由于反思性教学以两个学会为目的，因此，它既要求教师教学生"学会学习"，全面发展学生，又要求教师"学会教学"，自身获得进一步发展，直至成为学者型教师。

3. 反思性教学以增强教师的"道德感"为突破口。

道德感的重要方面之一是责任感，是教师自觉反思教学行为的前提，也就是说，道德感欠缺的教师，除非因教学上的失误和迫于外界压力，否则不会自觉反思自己的教学行为。在反思性教学理论看来，要提高教学质量，增强教师的道德感似乎比进一步提高教师的教学技能与能力更为重要，因此，反思性教学既注意教师教学的技术问题，又把教学伦理与道德问题摆上重要日程。

7.7.3 反思性教学过程的五个环节

1. 反观实践，发现问题。反思始于教师对课堂教学中师生活动的观察或教学后对教学过程以及自身或他人教学经验、理念的回忆和反观自照。教师通过反观自身教育教学实践中的特定问题，通过对教育实践的实际感受和经验，并从学校环境、课程、学生、教师本身等方面收集有关的资料，意识和发现到自己在教学中的问题，确定所要关注的内容。教师收集资料的方法包括自述与回忆、他人的参与性观察、角色扮演、轶事记录、各种检查表、问卷、访谈等，也可以借助于录音、录像档案资料等等。

2. 自我审视，分析问题。教师分析所收集到的资料，特别是关于自己教育教学活动的信息，以批判的眼光进行自我审视与分析，包括自己的教育思想、教育行为以及自己的教育信念、价值观、态度、情感和教育策略与方法等，以形成对问题的表征，明确问题的根源所在。

3. 产生观念，评价判断。教师自我审视与分析，在头脑中产生种种关于教育事件或问题的解释、看法以及可能的解决方案，并且通过和教育教学事实、已有的教育理论的比较和分析，可能产生一种或多种观念，即对于教学活动（事件）有多种看法和解决方案，教师就要对这多种观念进行评价和做出判断，分析其产生的原因。

4. 概括经验，建立假设。在明确问题，并通过分析、观察认识了问题的成因之后，教师开始在已有的知识结构中（或通过请教专家、同事，或通过阅读专业书籍、网上搜索文献资料等途径）搜寻与当前问题相似或相关的信息，重新审视自己教育实践中所依据的思想观念，将这种观念概括、总结，成为自己的经验，并积极寻找新观念和新策略来解决所面临的问题，以建立提出解决问题的某种假设性方案。

5. 返回实践，验证假设。教师将重新概括的经验或提出的假设性方案付诸实践，通过实践检验上阶段所形成的假设和教育方案对解决问题的有效性。在检验过程中，教师会遇到新的具体经验，或重复实践验证假设，或修改假设，或发现新的问题、形成新的假设，当这种行动过程再次被观察和分析时，就开始了新一轮的反思循环。

7. 7. 4　反思性教学的具体方法

1．系统的教育理论学习。要促进教师反思意识的觉醒和反思能力的增强，系统的教育理论学习是必要的，也是必需的。教师在教学实践中对教育教学观念的理解和把握，需要教育教学外在价值标准的内化才能实现。教师在实践中的困惑和迷茫恰恰反映出教师教育理论的欠缺，只有当教师把在实践中反映出来的问题上升到理论层面加以剖析，才能探寻到问题的根源，使教师的实践在理论的引导下得到反思，自身水平得到提升和拓展。

2．撰写教学反思日记。教学反思日记不仅记录教师日常教学生活事件，也是教师与自己进行对话，对教学进行反思的过程。撰写教学反思日记可使教师将特定的成长经验进行纪录，并使其能够深入而系统地反思个人所特有的教育信念和假设，并加以修正。撰写教学反思日记可以采用自由格式，也可以采用固定格式。自由格式的教学反思日记不拘形式，可自由书写有关教学的各种事情，如当天的教学经历、就某一教学问题进行分析、用某些观点来评价教材内容等，亦即任何与教学有关的事件、观点、争论都可以写入反思日记中。固定格式的教学反思日记则为教师规定了书写的方向。

3．撰写教育案例。案例作为一个包含有疑难问题的实际情境的描述，是一个教育实践过程中的故事，是为了突出一个主题而截取的教学行为片段，在这些片段中蕴涵了一定的教育理论，读来发人深省。通过撰写教育教学案例，可以加强自己对教育教学经验的反思。在撰写教育案例时，案例的选择很重要。教育案例的选择应遵循真实性、典型性、价值性等原则。所谓真实性，是指案例是发生在真实的教育教学中的真实的"故事"；所谓典型性，是指作为研究样本的案例，必须是典型的、具有代表性的；所谓价值性，是指案例应具有研究探讨的价值。用于反思的教育教学案例的素材来源可以是自己在大量的教学实践中积累的案例；还可以是同事的教育教学实践，教师可以观察同事的工作，从中搜集案例；此外，案例还可以来源于学生，教师可以通过与学生谈心，从学生的口中搜集案例。

4．对他人和自己进行观察。教师可以通过对他人和自己的观察帮助自己发现问题，进行反思。一方面，教师可以通过对优秀教师及其他同事的课堂进行观察，与自己的实践工作进行比较，从而发现自身存在的问题，获得经验，提高反思效果；另一方面，教师可以通过对自己的教学活动进行观察，借助于一定的设备，如录像、录音等，真实地记录下自己的教学活动；亦可以通过观察学生的态度与反应间接地获得与教学活动相关的信息。在这一过程中，教师实际上扮演了双重角色，即教师既是演员，又是观众。因此，教师在观察时，应尽量保持公正性与客观性，不要带着先入为主的态度进入到观察活动中。

5．与他人进行交流对话。有研究者调查发现，80%以上的教师认为自己教学思想和方法得益于同事间的交流。教师在与他人进行对话时，可以使自己的思维更加清晰，通过交谈对象的反馈又会激起深入地思考。通过交流，教师可以从其他教师和学生的眼中来看自己的教师形象，反观自己的意识与行为，加深对自我的认识并了解自己和他人的不同观念。对许多教师来说，让同事倾听自己的故事，分享自己真实的生活经验，同事反馈回来的意见和建议能促使自己沉思和反省，甚至有醍醐灌顶、大彻大悟之感。

6．行动研究。行动研究是社会情境或教育情境的参与者，为提高对所从事的社会或教育实践的理性认识，为加深对实践活动及其依赖的背景的理解，所进行的反思研究。行动研究本质上是深入地参与实践，批判性地反思实践，建设性地改进实践的过程。行动研究的基本模式是：计划—实施行动—观察—反思（包括"分析"、"解释"和"评价"等），这充分地体现了行动研究如何促使反思与行为相互促进的关系。按照行动研究的模式，教师对自己教育实践生活中出现的问题进行反思，提出解决问题的方法，并在教育实践中加以运用；并在运用之后进行观察，再次反思。如果计划存在缺陷或未能达到理想的效果，教师可以修正自己的计划再一次应用到实践中去。在这一过程中，教师通过实践—反思—行动的方式，使反思与行为实现了有效的互动。

7．建立教学档案。教学档案是记录教师个人教学成果以及发展历程的具有结构性的文件，教师建立档案袋的过程是教师对已有的经验进行整理和系统化的过程，是对自己成长经验的积累过程，也是教师自我评价的过程。建立教学档案的目的在于促成教师的反思。通过制作教学档案，教师能够对教育教学工作的各个方面进行分析并给予有意义的说明，在分析与说明的过程中，教师得以重新思考目前行事的合理性，并重构自己的行事逻辑与思考方式。

7.8 关于以学定教

7.8.1 以学定教的含义

1. 以学定教的概念。

以学定教就是依据学情确定教学的起点、方法和策略。这里的学情包括学生的知识、能力基础，学生的年段认知水准，学生课前的预习程度，学生对新知的情绪状态等学习主体的基本情况。而"定教"，就是确定教学的起点不过低或过高，在恰当的起点上选择最优的教学方法，运用高超的教学艺术，让每一位学生达到最优化的发展。

2. 以学定教的意义。

以学定教和以案定教、以教定教的本质区别在于目中有人，尊重学生，以人为本，以生为本，真正体现教学是为了学生主体的发展。而以案定教，教师心中只有教案，教学是为教案服务，而不顾及学生的基础、情感和生命发展。以教定教呢？那教师心中只有自己，忙着灌输知识，忙着传授方法，全然不考虑学生喜欢不喜欢，能不能被接受。

3. 以学定教的内涵。

①一切从学生的学习实际出发，一切以学生认知的积累和能力的提升为根本；②生成教学不是以学生的认知水平确定起点和难点，以学生的认知需求确定教学内容，以学生的认知规律确定教学策略；③教是为了学，教是服务于学，教是为了不教；既要想办法让学生"肯学、愿学"，更要有措施让学生"学会、会学"。

7.8.2 把握以学定教要求

1. 以学定教的主体要求。

教师教学计划的制订、内容的取舍、方法的选择，要基于学生这一主体，着眼于学生的发展，让学生感受到积极主动获取知识的快乐，更有创造力不断被激发的惊喜，有自身潜力不断被发掘而感受到的成功与自信的舒畅体验。在学生、知识、方法、教师、环境等课堂要素中，学生永远居于核心地位。

2. 以学定教的理念要求。

（1）以学生为本。新课程理念下的课堂教学不仅是一个特殊的认知过程，而是师生双方情感共融、分享体验、共同创造的完整的生活过程。构建互动的师生关系、教学关系，是教学的首要任务。

以学定教要求我们应着重关注课堂上学生三维目标的实现情况，即是否获得了知识与技能，是否经历了过程、掌握了方法，情感、态度、价值观的发展怎样。以生为本的核心是将学生看作可被点燃的火炬，是知识和方法的自我构建者，是情感、态度和价值观的自我塑造者。在以学定教标准的统领下，任何教学活动都应围绕学生的已有经验和未来发展去开展，按学生的成长规律去设计，在学生的"最近发展区"着力，这样才能激起学生积极求知的热情，使之主动参与，使学习过程成为学生身心和人格健全发展的过程。

（2）重视自主学习、探究学习。自主学习是学生在教师引导下，自己确定学习目标、选择学习方法、监控学习过程、评价学习结果的一种能动的、创造性的学习方式。学生的自主学习程度如何，具体要看一节课中学生学习的自由度、能动度和时间度怎样。自由度是看学生的学习目标、方法、进度及对结果的评价是否由自己决定；能动度是看学生的学习是否积极主动；时间度是看学生是否有思考与自学的时间。从本质上说，探究学习是一种发现学习，具有深刻的问题性、广泛的参与性、丰富的实践性和开放性。坚持以学定教、以学论教，教师就会在教学过程中，以问题为载体，创设一种科学研究的情境，通过学生探索、分析、处理信息、独立地发现问题，获得知识技能，形成情感、态度、价值观的探究活动。在学习过程中，学生动态的问题越多越好，说明教师善于启发；教师回答不上来的问题越多越好，说明学生的探究有深度。当然，一节课不可能完全体现学习的自主性、探究性，但哪怕有一点体现以学定教、以学论教，就是一节学生得实惠，既叫好，更叫座的课。

3. 以学定教的操作要求。

一是看学生是否做到：联系阅读，主动回答，自主讨论，自评互判。在以学定教策略统领下，联系阅读是指教师引导学生从相关书面材料中提取信息、获得意义来影响其非智力因素的活动。

二是看老师是否做到：引人入胜，创设情境，保证时空，互动倾听，结尾无穷。老师要从学生学情出发，从激发兴趣入手，让学生对某一课题处于最佳学习状态或境界的教学行为。以学定教原则特别要求教师要保证学生亲身体验、自主探究的时间和空间。教师要实践陶行知先生的"六大解放"，给学生一定的时间去体悟，给他们一个空间去创造，给他们一个舞台去表演，让他们动脑筋与思考，用眼睛去观察，用耳朵去聆听，用自己的嘴去描述，用自己的手去操作，使课堂成为学生生命成长的乐园。

教师作为新课程实施中的探索者，作为以学定教的策划者，要在课堂上允许学生充分表达自己的见解与困惑。教师应该相信"没有尝试过错误的学习是不完整的学习"，要用欣赏的眼光去观察，用宽容的心态去理解，要鼓励学生创新；要允许学生出错，要学会延迟判断，让学生学会自己在错误中改正，在跌倒处爬起。教师在引导学生对教学内容进行总结、升华的同时，激发学生对相关内容或问题产生继续学习的欲望，并使学生在课后主动收集信息、解决问题的一种教学行为。

7.8.3　课堂反思提高以学定教的效度

课堂反思是构建"以学定教"策略的保证。著名教育学家波斯纳曾提出一个教师成长的模式，即"经验+反思=成长"，并指出没有反思的经验是狭隘的经验。作为教师要保证"以学定教"策略的构建成功，还要在课前、课中和课后认真反思，以达到进一步完善。

1. 课前反思，做好充分准备。在课前反思中，教师不仅仅要写"教案"还要写"学案"，即为每一个层次的学生学习准备各自行之有效的方案。准备了"因材施教"方案，才能让所有学生有事可做，才能让所有学生发挥出潜能，获取不同层次的成功。在课前反思中，教师不仅仅要准备数据，还要搜集身边的教与学的资源，以让学生从身边熟悉的事物发现新的意义，得到新的启示。

2. 课中反思，及时调整教学行为。课中反思意味着教师面对课堂出现的新情况、新问题或有些没有考虑到的情境随机作出判断，并及时调整教与学的行为。课堂中一些学生由于生理、心理上或家庭生活的原因，可能表现不尽如人意，或作出令人惊讶的表现，这些原先准备的"教案"、"学案"可能都不能适应这些学生的学习，需要临时做出更改和调整。当教学中出现有些措施不能奏效的时候，要及时更改教学措施。

3．课后反思，发现新的教学契机。教师总结课堂得失的渠道来自两个方面：其一是来自于教师自身，教师要及时总结自己本节课的精彩点在何处，有没有新意和让学生看好的"卖点"，以及这节课最大的失败是什么，出乎意料的是什么，为什么自己事先没有想到，等等；其二是来自学生的反应。教师要经常性地向学生发放课堂的问卷，让学生填写本节课最赞成的是什么，最不赞成的是什么，期望教师作出哪些调整，等等。教师在总结自己体会与学生的建议基础上找出二者的结合点，除去教师"一厢情愿"的设想或措施，然后在师生共同点基础上创新，发现新的教学契机，为下一次教学行为打下良好的基础。

以学定教既是新课改课堂教学评价的标准，也是践行"以人为本"、"以学生为主体"理念的好策略，更是提升教学质量和效益的好途径。

7.8.4 以学定教，自主合作的课堂教学策略的操作要义

当前的课堂教学应充分发挥学生的主体地位，让每一个学生都能充分地"动"起来，自主去探索新知，发现问题，互助合作解决问题。在此基础上，教师对学生在自主、互助学习中尚未解决的问题，作适时、必要的引导、点拨等，并辅以高质量的达标题做最后巩固，以实现课堂教学时间的高效运用，提高课堂教学的质量和效益。鉴于此，总结出了"以学定教，自主合作"高效课堂教学策略。其基本环节为：明确定向，指导学法——自主研学，巡视指导——合作交流，点拨深化——拓展应用，高效达标。

1．明确定向，指导学法。

学习重点的设计要明确、具体、可操作性强，要做到：①要兼顾"知识与能力、过程与方法、情感态度价值观"三个维度。②重点的确定既要从本节课的角度看，更要从单元，从整册书的角度看。敢于舍弃过大或无关紧要的东西，一节课突出解决1～3个重点。③在认真研究学情的基础上进行设计，符合学生的认知实际。④重点的确立可以由教师提出，师生共同认定；可以由学生提出，大家讨论认定。并且采取多媒体展示、板书、学生齐读等不同的形式将重点清楚的呈现出来，使师生从上课的开始就必须取向一致。

要注意创设情境，激发学生的积极性，使学生乐学好学。一般有三种方式：

一是灵活的课前组织教学，让同学们集体唱一支歌，老师或学生讲一个名人故事等等。二是精巧的导入，如设计一个好的导语，将学生分散的思维聚拢起来，能给学生以启迪，催人奋进；展示精彩的视频、图片、音频，激发学生学习兴趣，开拓学生思维；复习导入，前顾后连，为课堂教学打下基础；演示一个实验，引发学生后续学习热情等。三是直入正题，开门见山，简洁明快。无论哪一种方式，都要与本节课的课堂教学内容紧密联系，起到激趣、启迪、集思的功效，并且节奏明快，简洁自然，时间不超过4分钟。

2. 自主研学，巡视指导。

围绕学习目标开展自主研学，带着问题自省自悟。自研分两步：

第一步是课前预习。教师根据课时学习重点，制定预习提纲。内容包括理清课时基本内容，掌握基础知识；尝试应用基本知识解决1～3个问题；发现、提出自研过程中难以解决的问题。将自研内容整理到预习提纲上或预习本上，为下一步上课时研习做准备。经过充分的准备，学生在课堂上的学习有的放矢，重点突出，预见性强，精力集中，节奏加快。课前自研为高效课堂打下了良好的基础。

第二步是课上自研。这个环节很重要，要把自研的过程变成发现问题、提出问题、思考问题、初步解决问题的过程。老师在巡视指导中要特别注意关注每一个学生的自学状况，确保每一个学生都紧张、高效地实施自学，对自研集中精力、反应快、效率高的同学要及时表扬，好的自研方法要及时推广；对教师发现的学生自学中的问题包括坐姿、反应、自学准备、方法、效率等等都要及时用各种方法去引导纠正。自研的要求有四个：㈠研究的内容必须根据教学的重点确定，为学生自学指引明确的方向，具体但不琐碎，避免出现放羊式的自由散乱的学习，避免习题式的就题论题，给学生足够的思维空间，同时要提高自学的效率。㈡方式以自主学习为主，教师适时引导，不准学生讨论，学生可以自己查阅有关资料。㈢自研时，教师要根据学生的不同层次，制定不同的自学目标，提出适合不同学生的要求，以保护学生自学的积极性，提高自学的节奏。㈣自研的成果必须以书面的形式呈现出来，表达要简洁、清晰、流畅。

自学后，检测学生自学的效果，可采用教师提问、听写、学生相互提问、做检测题等形式。采用习题来检测时，主要采用选择题的形式，练习题必须精心设计。A.抽测的对象，主要针对中下游学生，上黑板做题或抽问回答，同时允许尖子生在掌握本课内容的前提下，超前自学。B.检测的内容必须紧紧围绕自学的目标出题，切忌离题万里，注意跨度不要太大，难度不要太高，主要是掌握知识和运用好自学方法，解决问题就行。

3．研讨交流，点拨深化。

在课堂自研的基础上，仍然有许多难以自己解决的问题，或者有老师、学生提出更为深入的问题。问题的解决要注意生生合作和师生合作有机结合。首先是小组合作学习，即鼓励同学们在小组内高效合作学习，充分发挥"生生"互助的作用，互相探讨发现的问题，在小组内统一认识，加深对知识的理解。关于小组合作学习要注意五点：①各班要统一建设好稳定的学习小组，小组成员要合理搭配，上中下游各类学生均匀分布在各个小组。②各小组选择一名责任心强，好学，成绩较好的学生任小组长，负责组织小组学习活动，提高合作学习的效率。③实行小组学习积分制，对表现好的小组进行表扬，评选优秀小组；对表现不积极的小组，实行小组长问责制。④鼓励学习较差的学生积极回答问题，小组成员分成ABCD四类学生，D类学生拥有优先权，提问优先，回答优先。加分实行倒序加分法ABCD四类学生分别加1、2、3、4分。⑤每节课的积分公布在黑板左上角，并作为期中、期末评优的主要依据。对于组内仍不理解的题目做好记录。教师边巡视边指导，发现共性的问题，及时在课堂上精讲、点拨。

合作学习成果展示的形式可灵活多样，根据具体内容采取口头展示、文本展示、操作展示等形式，通过展示实现个体学习资源向公众学习资源的转型。要善于利用学习资源转型效应激发学生的主动投入，提高学习效益。同时允许尖子生在掌握本课内容的前提下，超前自学。

要充分利用展示资源，通过激励性评价，满足学生的成功体验；通过示范、点拨、分析、讲解等手段，促成展示过程中问题的化解。不要满足于展示资源的定性，要追求展示资源的升华和学生潜能的开发。教师要明确：A.教什么，教的内容必须是学生存在的问题，凡是学生会了的问题坚决不再教，教师教的一定是学生在学的环节存在的问题，这里要注意一个原则，让学生回答问题后，评判的权利还给学生，教的过程学生始终处于主体地位，学生要明确判断有无错误，有错误错在那里，为什么错，无错误有没有更好的方法，一直到学生找完问题、更正完问题，找完方法，学好了思维和解题的方法为止，教师不轻易把问题和方法主动讲出来，都

第七章　高效课堂的教学方式

247

是学生在主动地思考，这样能够充分调动每个学生学习的积极性，学生找问题、找方法的过程，就是运用的过程；B.怎么教，只要有学生会，就要让会的学生教，如果实在没有学生会，教师再教。会的学生可能教的不完善，方法不一定是最优的，教师可以加以补充归纳，学生帮助解决的问题，同学记忆是最深的，这个环节既是培尖，又是补差；C.明确教的要求，要特别注意不能就题论题，必须做到教一题会一群，必须教出方法，教出规律，错一题会一类，要让学生能举一反三。

成果展示的过程是师生、生生共同突破重点、解决疑难、深入探讨的过程，是启迪学生思维、培养合作精神、创新意识的重要环节。教师必须做到"三要三不要"：要保护学生的学习热情，鼓励学生大胆创新，不拘泥于本本、老师的思维；不要轻易否定，打击学生的学习积极性。要明确答案，不能当堂解决的也要明白的告知学生；不要当"好好老师"，问题模棱两可，不可出现"横看成岭侧成峰，老师学生模糊中"的现象。要加强生生、师生的实质性的交流、深入研究问题，提高效益；不要浮于表面，搞形式主义。

4. 拓展应用，高效达标。

拓展作为教材学习的补充和延伸，对教材进行拓展能促进学生更好的理解教材，促进和加深对教材的理解。我们可以根据教学内容的类型、教学的需要和学生对知识的掌握情况，有意识把握好时机策略，适时、适当拓展，将知识和技能应用于实践以解决实际问题。拓展时注意三点：①在对课堂所学知识理解掌握的基础上，尽量多的呈现相关的信息资源、认识、思维，引导学生在利用这些拓展的材料时，进行对比、整合、应用。这有助于学生较为准确而深入地理解教材，运用教材解决实际问题。②拓展内容以课内材料为主，课外材料为辅。课内课外互相补充，互相渗透，互相借鉴，让不同角度的几个信息在结合教学中形成合力，锻炼学生阅读多种信息，处理多种信息的能力。③教师对所要拓展的内容要冷静思考，不可盲目，要处理好拓展的角度和落点的问题，掌握好拓展的基本方法。

拓展结束后，进入总结检测环节。本环节是整节课的反思、回顾、检验总结阶段。可让学生结合本节课的学习目标，反思自己课堂学习中的表现，生成的知识、能力，自己学习中存在的缺憾，对出现的题目进行整理等。采取不同形式总结学习收获，将所学内容纳入知识体系。下发达标检测题，尽量要求学生当堂完成。在学生完成后，公布答案，学生改错。达标题的设计一定要有较强的针对性，难易适中，能体现出学生对本节课堂所学的掌握情况。题目设计有层次、有梯度，能检验出不同水平学生对知识的掌握情况，便于进一步指导。达标检测内容要紧扣学习目标，要和学生的学习实际相结合，要限时操作，课内完成，并及时反馈。

课堂教学策略在实施中有两条线贯穿教学始终，一条是明线，一条是暗线，明线就是学生为主体的学的活动，每一个环节都是学生在学和练；暗线就是每一步都有教师在指导、引导。把这两条线结合好，课堂教学就能取得高效益。

第八章
高效课堂的教学技能

所谓教学技能，即是教师依据教学理论，运用专业知识和教学经验等，使学生掌握学科基础知识、基本技能，并受到思想教育等所采用的一系列教学行为方式。良好的教学技能是生成高效课堂的重要条件或保障。

8.1 教学目标的制定技能

教学目标在教学活动中处于核心位置，它决定着教学行为，不仅是教学的出发点而且是教学的归属，同时还是教学评价的依据，它既有定向功能又有调控功能。教学目标这个环节有问题，必将导致教学活动的偏差或失误。

8.1.1 制定教学目标的依据

1．课程标准。课程标准规定了学科教学的目的、任务、内容及基本要求，它是编写教材、进行教学、评价教学质量的依据，当然，也是制定教学目标的依据。一方面，我们编制的所有目标不应当超标，另一方面，全部目标的合成，也不能低于标准的总体要求。

2．教学内容。不同教材有不同的特点，不同的教学内容也有不同的教学要求。要吃透教材，把握编者意图，顺着编者思路去设计教学目标，要根据教学内容的实际情况去考虑目标的侧重点。

3．学生实际。学生是学习的主体，脱离学生实际的教学目标没有任何实用价值。对学生年龄特点和实际学习能力必须予以充分考虑，在重视保护学生学习积极性的同时，还要适当照顾"两头"，即对学得较快与学得较慢的学生因材施教。

4．社会需要。课程标准和教材都是静态的，社会发展却是动态的，可以说教材内容对时代进步来说，总是滞后的。在制定教学目标时应当考虑到这一点，适当地根据社会需要，充实必要的内容。

8．1．2　制定教学目标的原则

1．整体性原则。要从学科的整体要求出发，一切具体目标都不能与总目标相悖。要力求三个维度有机结合，力求与课程标准所规定的目的要求保持一致。

2．可行性原则。目标要适度、恰当，符合学生实际。普通性目标全体学生都能达到，发展性目标优生能"吃饱"。

3．可操作性原则。目标要简明、具体、易操作、易检测。课时教学目标主干要鲜明，数量不能过多，否则难以落实。

4．阶段性原则。明确学生认知能力发展的阶段性，在不同的阶段有不同的侧重。如初一主要培养良好的学习习惯和学习兴趣，重视衔接，打好基础；初二以培养思维能力和学习态度为核心，发展学生思维的广阔性与创造性；初三着重培养学生综合分析与应用能力，提高个性素养，促进整体优化等。

5．科学性原则。对不同层次、不同类别的知识，用不同的行为动词作出具体而恰当的描述，严格把握分类的准确性、描述的严密性。

8．1．3　确定教学目标的内容

实现教学最优化的首要任务就是制定恰当的教学目标或教学任务。这里的教学目标，也就是课时教学目标，指的是单位教学时间内预期达到的教学效果。教学目标是师生从事一切教学活动的指针，是选择教学内容和教学方法的依据，也是衡量教学成败的标准。

教学目标应包括的内容：

（1）使学生掌握系统的文化科学知识和基本技能；

（2）培养学生良好的世界观和道德、审美、劳动等观念及相应的行为方式；

（3）使学生的身心得到健康发展。

只有教学目标明确了，才便于把握、操作、落实和检查，就能够避免教学环节游离于教学目标及课堂效率低下的弊病。

8．1．4　教学目标中合理渗透三维目标

教学目标是依据课程目标设计的，课程目标应贯穿和体现于教学目标之中，因此教学目标的内容范围与课程目标应该是一致的，具体可分为三个维度：知识与技能、过程与方法、情感态度与价值观。

1．知识和技能目标，是对学生学习结果的描述，即学生通过学习所要达到的结果，又叫结果性目标。这种目标一般有三个层次的要求：学懂、学会、能应用。

2．过程与方法目标，是学生在教师的指导下，如何获取知识和技能的程序和具体做法，是过程中的目标，又叫程序性目标。这种目标强调三个过程：做中学、学中做、反思。

3．情感态度和价值观目标，是学生对过程或结果的体验后的倾向和感受，是对学习过程和结果的主观经验，又叫体验性目标。他的层次有认同、体会、内化三个层次。

知识与技能目标是过程与方法目标、情感态度与价值观目标的基础；过程与方法目标是实现知识与技能目标的载体，情感态度与价值观目标对其他目标有重要的促进和优化作用。

一个知识点，除了实现相同的知识目标外，不同的教学设计可以实现不同的过程和情感目标。以知识为线索展开教学，并不排斥对过程与方法、情感态度与价值观的重视。过程与方法、情感态度与价值观需要以知识为载体。尽管教学展开的线索是知识，但过程、情感目标融在知识之中。同一段教学中，三个维度的内容要可以有机地交织在一起，只不过根据教学内容的不同三个维度的目标会有所侧重。

目标的进一步具体化，是引导、实施和评价教学的依据，是教学活动的出发点和归宿。课程改革强调"知识与技能、过程与方法、情感态度与价值观"的培养目标，细化到课堂教学中就要求教学目标的制定要做到多元化、适应性、针对性、开放性。

8．2　高效课堂的备课技能

1．备教材。

教材是教师进行教学活动的重要依据，是学生获取知识的主要来源，是顺利完成教学任务的基本条件。备教材要掌握六个环节。一是掌握课程标准。只有理解课

程标准的实质，才能与时俱进、居高临下的钻研教材、确定目标、探索创新、指导教学。二是掌握教材内容。教师只有研究教材体系，明确教学任务，弄清教材的基本结构、指导思想、知识技能、编写意图、内涵外延和深度广度，才能最终明确教学目的与要求。三是掌握重点难点。教材内同类知识中分量较大，处于重要或主要地位的内容就是教学重点；而学生在学习过程中难以理解消化、不易掌握或操作困难的内容、技巧就被确定为教学难点。教学重点和教学难点，既有联系又有区别。教学重点在知识结构中起纽带作用，是教学内容的知识核心。

2．备学情。

了解学生的年龄特点、学习基础、学习兴趣和学习态度等情况，既了解一般情况，又了解个别差异。

一是了解班级基本状况。包括班级特征、学生构成、智能结构、学习情况、兴趣爱好、对本学科的学习态度及代表性意见等。只有对班级了如指掌，才能通览全局，科学施教。

二是了解学生个性特征。教师应对每位学生的姓名、年龄、视力、听力、身体状况、特长爱好、师生关系、居住地址、家教环境等个体自然状况详细了解，作为备课依据，以便区别对待，分类指导。

三是了解学生学习基础。一是班级整体基础；二是个人学习基础，还要了解班级中优生差生的所占比例。在讲授新课前，特别要了解学生对原有知识的预习准备是否充足；新课讲授中可能出现的困难和障碍以及学生对新知识的兴趣是否浓厚等。

四是了解学生对教学方法的反应。教学工作是教学内容和具体方法的双重体现。教师采取何种方法实施教学直接影响学生的学习积极性和课堂教学效果。因此，教师必须经常深入班级，了解学生对教学的意见，及时反馈信息，调整教学方法。

五是了解学生个性品质。学生的个性品质包括学生的观察、记忆能力，思维、想象能力，解决问题能力，实验操作能力，信息接收、处理能力，现代化教学技术掌握运用能力等。还包括学生的气质、性格、动机、兴趣、自信、自律等非智力因素。"人心不同，各如其面"。学生的个性差异是很大的。教师要通过各种途径和方法了解学生的气质类型、兴趣爱好、性格特征、智力差异，为发展个性、因材施教提供依据。

六是了解学生动态变化。教师既要从静态角度了解学生，更要从动态角度熟悉学生。即及时了解学生在各方面的变化和进步。如学习进退、作业完成的变化，组织纪律、兴趣爱好的变化，受到表扬、批评和同学之间纷争、矛盾后的变化等。特别要了解关爱差生的情绪变化。差生是学生中的弱势群体，自卑、缺乏动力。对差生的微妙进步教师应及时给予肯定鼓励，并强化引导，使之体验成功的愉悦和增强前进的动力。

3. 备课程资源。

教学资源的恰当利用，配套资料的交错渗透，生活经验。社会实践的观察积累融会贯通，会丰富教学内容，活跃课堂气氛，激发学生学习兴趣，促进学生的求知欲望。备课中利用课程资源应掌握四项原则：一是博览精选，厚积薄发。教师应是一个学识渊博，多才多艺，爱好广泛的复合型人才。他既应精通本学科的业务知识，还要掌握或略知教育学、心理学、天文、地理、文史、哲学、艺术及现代科技等各方面的知识。这样才能使教师在选用资料和举例时信手拈来灵活运用。二是消化吸收，贵在创新。对教辅资料既不能机械照搬，更不能喧宾夺主，而应将其作为开拓思路的工具，依据教材内容灵活选择，科学渗透。重在消化吸收，贵在用活创新。三是对引入教学资料中的观点，事例必须严格考证，使之科学、实用、可信。在内容上紧扣教材，贴近学生，贴近生活。避免错误，避免空洞。四是引入教学资料的内容应该与时俱进，符合时代潮流和教改方向。对开发学生智力、提高学生能力、促进学生发展有积极作用。避免陈腐、消极、过时、无用的内容重复再现。

4. 备教法。

教学方法是为了有目的的教学，是采用符合教学规律的活动，也是完成一定的教学任务的手段。

"教学有法而无定法。"体现了教学方法的层次多样性和形式灵活性。教师备教法既要熟练掌握讲授法、谈话法、讨论法、实验法等单一的传统教学方法，更要根据学科特点，实施自主参与、自主探究、小组合作、分层发展的学习策略。要转变教学理念，更新模式，改革教法，探索和采用利于学生开拓创新、个性发展的教学手段。如尝试教学法、情景教学法、快乐教学法、诱导教学法、感悟教学法、探索教学法等。既要学习优秀教师和教育科研工作者创造的最新教法和模式，也要借鉴国外发达国家的先进教学方法。还要掌握、利用现代化教学手段。无论哪种教学方法都要贯穿于课堂教学的每一环节，做到注重过程教学，发展学生潜能。

5. 备学法。

教师教学不仅要让学生"学会"，更重要的是要让学生"会学"、"爱学"、"乐学"。在学习中发展，在创新中学习。教师要以培养学生的良好学习方法为重点，引导学生养成良好的学习习惯，激发学生的求知欲，帮助学生树立学习信心。因此，教师在备课中还要备学生的学法，即备学法指导。

学法指导应遵循以下原则：一是自主性原则——重在引导点悟，杜绝强制灌输。二是灵活性原则——依据学生个性特征、学习状况，有的放矢灵活指导，切忌千人一面，死搬硬套。三是差异性原则——注重个性差异，区分对象，分类指导。四是发展性原则——突出学生发展，注重探索求知、提高能力，防止机械呆板，只顾目前，忽略过程。五是操作性原则——操作方法具体明确，不繁琐抽象。六是巩固性原则——立足反复强化，长期训练，不搞一蹴而就的短期行为。

学法指导应体现层次多元化，形式灵活化，手段现代化，态度亲情化。学法指导的技巧通常有这样几种：一是渗透指导，就是在课堂上见缝插针，随时渗透。二是讲授指导，开设学法指导课，直接向学生传授学法要领。三是交流指导，教师组织学生总结、交流学习经验，相互沟通，取长补短。四是点悟指导，学生在学习中遇到迷茫或疑惑时，教师给以恰当的诱导、点拨。五是示范指导，是指教师在必要时亲自示范，让学生效仿。

6. 备教具。

现实中存在和使用的教学工具经历着三次变革。即黑板、粉笔、挂图、模型等传统教学工具；录音机、幻灯机、放映机等电化教学工具；电脑、网络技术和多媒体等现代化教学工具。教师要本着从实际出发，因地制宜的原则在备课中挖掘和发挥不同教学工具在教学中的协作互补作用，促进信息技术与学科课程的优化整合，逐步实现教学内容的呈现方式、学生的学习方式、教师的教学方式和师生互动方式的变革。为教学改革和学生发展提供丰富多彩的教学空间。

7. 备教学组织形式。

教学组织是指如何组织学生进行课堂教学。很多课程既具有很强的理论性，又具有很强的实践性，它要求学生不仅要很好地掌握理论知识，而且还要把所学习到的知识应用到实践中去，并在实践中不断发现问题、分析问题、解决问题。在组织教学形式时，要根据本节课的特点和学校硬件设施情况分配教师教学时间和学生练习时间，把教师教学和让学生进行分组自主讨论学习、学生巩固练习相结合。

8. 备教学评价。

课堂教学过程中，必须对教师教学和学生学习质量进行评价。通过评价，了解教和学两方面的信息，发现问题及时调整教学方法或学习方法，不断提高教学质量。对于基本概念、基本技能、创新能力、综合运用能力要进行测评。我们在备课时，要确定教学结束后以哪一项作为评价的重心，从而布置学生书面或者实践练习。

9. 备教学反思。

实际的课堂教学很难完完全全地按备课计划去进行，因此写心得的形式可总结课堂教学实践中的宝贵经验教训，作为下次备课的借鉴。这也是提高教师备课水平的一个重要方面。

8.3 课程资源的开发与利用技能

8.3.1 教育信息化的应用技能

为了提高我国中小学教师教育技术能力水平，促进教师专业能力发展，2004年教育部颁布了《中小学教师教育技术能力标准》，这是我国中小学教师的第一个专业能力标准。它的颁布与实施是我国教师教育领域一件里程碑性的大事，将对我国教师教育的改革与发展产生深远影响。因此，现代教师从事现代的基础教育必须具有教育信息化应用技能。

1. 教师专业化发展的必要条件。

应用现代教育技术，促进各级各类教育的改革与发展，尤其是促进基础教育的改革与发展，已经成为当今世界各国教育改革的主要趋势和国际教育界的基本共识。国际教育界之所以会有这样的共识，是因为现代教育技术的本质是利用技术手段，特别是信息技术手段，优化教育教学过程，从而达到提高教育教学效果、效益与效率的目标。

效果的体现是各学科教学质量的改进；效益的体现是用较少的资金投入获取更大的产出，培养出更多的优秀人才；效率的体现是用较少的时间来达到教学内容和课程标准的要求。

现代教育技术所追求的这三个方面的目标，是各级教育部门和中小学校十分关注的目标。而确保这些目标的实现，正是现代教育技术的优势所在。要让现代教育技术的上述优势得以发挥，需要靠教师去实施。这样，就对教师教育提出了更高的要求——在教师的专业技能中，提高应用教育技术的能力已变得越来越重要。《中小学教师教育技术能力标准》的制定，就是要从制度上保证广大教师具有合格的应用教育技术的专业技能。

2. 基础教育课程改革的迫切需求。

基础教育新课程改革的核心是要培养学生的创新精神，让青少年生动、活泼、主动地发展，这就要求教师改变在课堂上的教学方式与行为模式。而应用教育技术正是改变教师的教学方式与行为模式的最重要手段。此外，信息技术与各学科教学的整合还是新课改成功的必要条件，而有关信息技术与课程整合的理论、方法（即如何在各学科教学中进行有效的整合）则是现代教育技术研究的基本内容。所以，通过落实《中小学教师教育技术能力标准》要求，引导教师尽快提高应用教育技术的能力是基础教育课程改革的迫切需求。

8.3.2 学生是首要的课程资源

在信息化、网络化、多元化的今天，教师个体对学生群体的知识优势已逐渐丧失。面对"弟子未必不如师"的现实，教师除了要有紧迫感，不断学习充实自己之外，还应虚心向学生学习，并适时地把讲台留给那些学有所长或在某一方面有研究、思考的学生，这既是对他们努力的肯定，也是对其他学生极好的示范，引导学生学会相互学习、相互欣赏。同时教师对学生认知和心理状态的把握，也仍然是一切教育教学成功的基础。因此学生不仅是我们教育的对象，也是我们教育活动的合作伙伴，是不可忽视的课程资源。

随着我国城镇化进程的加快，农村资金、技术、劳动力实现了跨地域的流动，同时学生"择校"已成为我国教育发展中的客观现实，这一学情的变化打破了城市公办学校原有的生源结构，呈现出城市学生与农民工子女学生杂处的局面，使得不同成长地域的学生同处同一课堂。由于不同的成长背景，使得学生分别带有鲜明的现代城市文化和传统乡村文化风情、就学地文化与出生成长地文化的烙印。这些文化相互接触时，既有可能带来学校文化、班级文化、课堂文化的丰富多彩，也有可能造成不同范围、层面的文化差异，甚至因学生的知识基础参差不齐，也会给教师的教学带来更大的难度。

但是从课程资源的角度看，学生构成的变化使得学生间的差异更为多样，对同一内容不同观点、看法的讨论、争辩、相互批评，不同风情、民俗的相互交流，可以促进学生之间的相互尊重、认同和接纳，改造、升华学生的知识和经验。这正好是可资利用的课程资源。对学生作为课程资源的认识程度、利用水平，不仅取决于教师的学识，更取决于教师的观念变化。

8. 3. 3　课程资源的分类

课程资源有各种各样的分类方式，从动态的角度，即从开发利用的角度可以把课程资源分为原生性课程资源、延生性课程资源、再生性课程资源和创生性课程资源。

创生性课程资源是由人的创造性思维和创造性劳动而产生的资源。具体有两种形式，一是原来没有而被创造出来的资源；二是资源重组而产生的新型结构的资源。创生性资源是课程资源中潜力最大的资源。教师的课程资源创生能力对创生性资源的开发起着关键性的作用。所谓课程资源创生能力是人的创造力在课程资源开发过程中的具体表现，是指教师在课程开发活动或实施活动中，把自己储存的信息、或通过实践获得的信息及偶然间产生的灵感，经过一定的组织加工，使其成为与当前教学密切相关的新的课程资源的能力。

课程资源创生能力与课程资源活动是密切相关的，一方面，课程资源创生能力是在课程资源信息活动过程中，产生和表现出来的，没有课程资源信息活动，课程资源创生能力就失去其存在的基础，另一方面，课程资源信息活动，需要人的课程资源创生能力去深化和发展。只有通过人创造性工作，才可能使课程资源更加丰富，更好地满足课程或课程开发的需要，满足教师教学、学生学习需要。

从本质上说，课程资源创生也是一种解决课程活动中出现的问题的过程，是课程活动的主体，根据问题的需要创造出新的有利于深化课程活动的要素的过程。因此，可以将它看作解决课程活动中问题的高级思维活动。

8. 5. 4　课程资源信息能力

从信息的角度看，首先是课程资源信息意识，它是课程资源创生的前提和基础，没有课程资源信息意识，就无法谈及课程资源创生。一般说，课程资源意识越强、越敏锐，课程资源创生的可能性越大；其次是课程资源信息收集和整理能力，课程资源信息收集和整理是课程资源创生的重要保证。课程资源的创生需要材料的支持，没有材料，创生成为无本之木，材料的丰富给创生提供了广阔的空间。

从教师的知识方面看，教师的支持性知识对课程资源创生能力的培养具有重要作用，无论本体性知识多么渊博，经验性知识多么丰富，如果没有先进的课程观、教学观做支撑，课程资源的创生依然会陷入以知识单向传授为主的狭窄地带。只有建立在以人为本的理念下，用建构主义的课程观、教学观和学生观为依托，教师才可能从人的发展的角度审视课程活动，而产生创生愿望，增强创生意识。

从创生的方法方面看，课程资源的创生是以信息的创造性加工为主体，通过创造者的横向思维活动来完成。课程资源的创生不是为了寻求某一最佳答案，而是寻求更多的解决问题的方法或情境，以适合不同人的需要。因此看问题的角度、思维的方式对教师课程资源信息创生能力的培养，具有较大的影响。发散思维与横向思维能力的强弱决定了课程资源创生能力的强弱。

8.4　课堂教学的观察与诊断技能

8.4.1　关于课堂观察

课堂教学对教师的教学工作来说是一项重要的任务，课堂是教学的主阵地。对于我们熟悉的课堂怎样去观察、分析它是否有效呢？

善于听课是为了造就出自己的好课。现在教学工作中存在一种现象，有一些教师不愿走进别人的课堂，认为听课、评课是一件很痛苦的事情，其实，听课是向别人学习教学经验，而评课则是别人在向你传授教学经验，同事之间能够相互提供现场的经验，就是课堂的观察。如果我们的老师还是深陷在课堂教学的寂寞中，那么就缺少了丰富自己教学经验的好时机了。课堂教学向学生传授知识是一种幸福，教师在课堂教学中得到教学的现场体验，或在教学活动中被他人所接受和认同，也是一种幸福。因此，我们教师应在课堂观察中，多学习别人的课堂教学经验，拓展自己的教学思维，反观自己课堂教学的不足。

8.4.2 关于课堂诊断

教师成长必须关注与研究课堂教学，开展"课堂诊断"是教师迅速成长的重要途径和有效方法。

1．课堂诊断的内涵。

课堂诊断是指通过对课堂教学全程的看（师生在教学全过程中的活动、表现、情感、态度）、听（师生在教学活动中交流发言和由此反映出的思维状况）、问（了解教师的执教意图与学生的内心感受）等手段，总结与提炼教学中的经验与特色，发现与研究教学中存在的问题与不足，并及时提出相关改进措施与意见，它是一种教育科研范式和方法。

课堂诊断是一种贯穿和融注于课堂教学过程、直指课堂教学面貌和行为改进的最为常见的和重要的一种教育科研范式和方法，它与教师的专业成长和生命发展有着非常密切的关系。

2．课堂诊断的价值。

一是"课堂诊断"有助于教师对他人或自己课堂教学问题与不足的发现和把握。"课堂诊断"中的核心是"诊断"，"诊断"主要偏重于对问题、"病症"的辨析与判断。教师在日常的课堂教学中，不可避免地会存在着这样或那样的问题和不足，这些问题和不足是教师在专业素养上的一种不良反应，必须制约和影响着教师专业素养的进一步提升。因此。消除和克服这些存在的问题和不足，也就成了促进教师专业成长、提高课堂教学效率与质量的必然选择。许多优秀教师，或者在课堂教学等方面相对较为成熟的教师，正是在不断地发现他人和克服自身在课堂教学中存在的这样或那样的问题和不足中，一步一步走向成熟，走向优秀的。

二是"课堂诊断"有助于教师对他人或自己成功教学经验与特色的发掘和积累。教师成长的过程，也是对他人或自己成功教学经验及特色不断发掘、汲取和积累的过程，是一个由成功走向成功的过程。"课堂诊断"也正好具有这方面的作用和功能。因为"课堂诊断"不仅仅限于他人或自己课堂教学问题的发现、把握和纠正，它同样关注对他人或对自己课堂教学中某一方面或某些方面优点、特色的总结和提炼。这对教师课堂教学行为的改善，对教师课堂教学信心的增强，对教师课堂教学优势的发挥，进而对教师个体或群体的成长与发展，必然会起到积极的推动和促进作用。

三是"课堂诊断"有助于教师专业素养和教学智慧的提炼和升华。对于教师的成长和发展，前苏联著名教育家苏霍姆林斯基曾有过十分重要的论述，他指出："只有善于分析自己的工作的教师，才能成为得力的、有经验的教师。在自己的工作中分析各种教育现象，正是向着教育智慧攀登的第一个阶梯。"在教师中倡导与开展"课堂诊断"，正是引导教师更好地去关注和分析"各种教育现象"，学会去深入"思考事实的本质，思考事实之间的因果联系"，因而它必须成为教师成长与发展中的"第一个阶梯"。

8.4.3 如何抓好课堂观察、诊断与跟踪

1. 目前教师听评课中存在的问题。

教师不会听课，不会评课。听课时，只把眼光盯着教师，不注意观察学生的学习状态，由于有一定教学经验的老师一般都能将问题讲清楚，所以，评课时就不知道评什么，觉得没什么好说的。听而不评、评无可评的现象非常普遍。就算是教研员听课能指出一些问题，但也是评完就走，光开药方不拿药，不管疗效，所以，听评课基本无效。

2. 课堂观察、诊断与跟踪的意义。

一部分老师在新课程理念的推动下，也尝试过改革课堂教学的形式，但是由于自身的学科专业素养（即对学科思想、观点、方法的理解）和教学专业素养（即对"学生如何学习才更有效"这一问题的理解）不够，再加上学生在初中小学阶段被老师灌习惯了，学习能力非常差，转型困难。而教师几年或十几年如一日地讲解，也讲习惯了，突然之间不让讲了，教师心中没底，严重缺乏指导学生如何去学习的能力，所以在采用新的教学形式时难免会出现变形。教师在由"我怎么讲"向"我怎么让学生自己去弄"转变的过程中，常会出现如下"形似而神非"问题：设计的任务不恰当，不会指导和管理学生的学习行为，导致自学被异化为自流，以为学生看书就是在有效自学，探究被异化为放羊，合作被异化为扯谈，以为学生围坐在一起说话就是有效讨论；由于教学行为产生了变形，而导致教学效果甚至比原来更差，但是授课教师却不明白这个道理，认为新课程理念只是说起来好听，而认为还是原来的教学方法好。所以，专家或同伴对其课堂教学的观察与诊断就十分必要。

必须通过课堂教学观察、诊断与跟踪来不断修正被异化变形的教学行为，取得

好的教学效果，迫使已经开始尝试新的课堂教学形式的教师不走回头路，坚定他们的信心。要知道，世界上第一辆汽车刚诞生时跑得比马车慢多了，但是由于造车人不断地学习，不断地在实践中改进汽车的几万个零件，才有了今天的汽车。老师们讲的能力已经很强了，就像马车，但是如何调控学生的课堂教学行为，如何使学生的学习行为更有效，这方面，老师们缺乏经验，就像第一辆汽车那样，但是我们决不能走回头路。

3．课堂观察、诊断与跟踪的基本流程及操作策略。

课堂教学评价的对象不是教师本身，而是课堂教学。具体地说，是教师与学生在课堂上的活动及效果。在评价课堂教学时，重点是看学生是否学会学习，是否掌握了学习技巧。

•观察课堂的策略。大学科以备课组为单位，小学科以教研组为单位来做，要求全员参与，有所侧重，任务驱动。观察前，教研组长（或备课组长）要指导每个参与课堂观察的老师如何观察，使每位老师的观察有所侧重，并明确告知在观察后要根据观察到的行为表现，进行诊断，提出改进意见。每次观察确定几个观察重点，做好行为描述的记录和量化的记录。有条件的情况下，鼓励同步录像。

•诊断课堂的策略。全员参与，由行为表现看教育教学理念（行为→理念），是我怎么讲清楚还是我怎么引导学生自己去弄清楚。判断学生的学习行为是否有效，判断教师对学生学习行为的管理和指导是否到位。提出建议，如何减少学生的无效和低效的行为，使学生的学习行为更加有效。

•跟踪再反思。被观察者根据他人的意见，合理取舍，重新设计课堂，换班再上。小组成员进行二次跟踪，二次诊断。然后，确定是否需要做第三次观察与诊断。

4．如何指导教研组将集体备课做出实效。

（1）制定《教师集体备课指南》，指导教师如何开展集体备课，包括集体备课的流程、集体备课的注意事项等。

（2）安排专用集体备课室，准备好相应的仪器设备等，并营造一定的文化氛围。例如，将《教师集体备课指南》张贴在集体备课教室，可张贴的内容还有：备课的指导思想——不是我怎么讲清楚，而是我怎么引导学生自己去弄清楚；上课的指导思想——教师的职责不是用过多的时间来表现自己的富有，而是为学生腾出尽可能多的思考与创造的时间与空间；反思的指导思想——还有哪些我可以不讲。

（3）保证每周有研讨所需要的时间。

5. 如何将课堂观察诊断与跟踪做出实效。

（1）制定《一堂好课的标准》和《课堂教学观察量表》（见附件1）。由教科室牵头，拿出草案，组织教研组长、专家委员会成员讨论。通过《一堂好课的标准》做价值判断和方向引领；通过《课堂教学观察量表》指导老师怎么做课堂观察。由重点观察教师转为重点观察学生。附件1并不是一个可以照搬照用的成品，而是一个供讨论的初胚，需要根据各校的实际情况，根据各学科的实际情况，根据不同课型来进行修订。期望各校能在此基础上，设计出更科学、更合理的《好课标准》和《课堂教学观察量表》来。

（2）各校教科室要做好课堂观察、诊断与跟踪的案例示范。通过案例示范，指导教研组长如何做课堂观察诊断与跟踪。各校要建立《教研工作例会制度》，校长要定期听取各教研组做课堂观察、诊断与跟踪的情况，指导教研组解决工作中遇到的实际问题，总结推广好的经验。不会做课堂观察、诊断与跟踪的教研组长不是合格的教研组长。不会指导教研组长做课堂观察、诊断与跟踪的教科室主任不是合格的教科室主任。一些学校教科室为做课题研究而做课题研究，这种局面必须扭转，教科室既要扎实做好课题研究，更要把如何提高教师群体的业务水平作为最大的课题来做。哪所学校能建立起以课堂观察诊断与跟踪为基础的校本研修机制，哪所学校就能在竞争中脱颖而出。

（3）开展系列专题讲座。指导教师如何管理与指导学生的课堂学习行为，如何减少学生无效、低效的学习行为。

•讲座内容：怎样指导学生加强学习的计划性；怎样指导学生提高观察能力；怎样指导学生提高阅读能力；怎样指导学生提高记忆能力；怎样指导学生发展思维能力；怎样指导学生提高表达能力；怎样指导学生对待学习中的挫折；怎么设计教学任务；怎么提问；怎么组织讨论；怎么组织表达与质疑等。

•讲座形式：从身边的案例出发，分析存在的问题，提出解决办法，采用参与式研讨的形式，小专题层层递进，层层深入。每次讲座后，要布置相应的任务，让老师们实践。

（4）开展学法指导。指导学生如何提高自身的学习能力，养成好的学习习惯。

建立学生《课堂教学行为准则》，张贴在教室里。其重点不是纪律要求，而是如何自学、如何讨论、如何表达、如何质疑，强调民主、平等、宽松的氛围等。

在起始年级开设学习指导课。教材的主要内容如下：怎样加强学习的计划性；怎样提高观察能力；怎样提高阅读能力；怎样提高记忆能力；怎样发展思维能力；怎样提高表达能力；怎样对待学习中的挫折；怎样科学用脑。

8.4.4　课堂诊断的操作

作为教育科研的一种范式和方法，"课堂诊断"主要有两种形式：一是现场诊断，即诊断者在现场上课或听课之后，通过说课、评课等方式对课堂教学做出诊断与分析；二是文本诊断，通过回忆和叙述自己或他人的教学案例（包含有教师和学生的典型行为、思想、情感在内的一段情景、一个故事），对课堂教学作出诊断与分析。无论采用哪种形式进行"诊断"，都必须始终把握"课堂诊断"的操作要求。

（1）要有教育理论素养。"课堂诊断"首先是建立在诊断者已有的教育理论素养基础之上的。只有以先进的科学理论作指导，"课堂诊断"才能站在一个比较高的起点，提高其诊断的科学性和实效性。诊断者的理论素养有多高，其诊断的水准和品质就有多高；诊断者的理论功底有多深，其对优点、特色或问题的发现、把握就有多深。因此，为了提高"课堂诊断"的科学性和实效性，作为诊断者的教师，一定要重视理论学习，重视理论素养的提升，因为它是有效进行"课堂诊断"的前提和基础。

（2）以现实情境为场域。"课堂诊断"一定是进入现场或来自现场的。只有以现实情境为场域，其诊断才可能是客观的、真实的，从而也才是具有真实意义的，这同校本教育科研的本质属性和基本要求是完全一致的。学校的教育科研，从本质上讲是来源于实际、面向实际和改造实际的；换句话说，也就是来源现场、面向现场和为了改造现场。坚守校本教育科研的这一本质属性和基本要求，我们在开展"课堂诊断"中，就一定要真正地进入现场，而且这种进入不只是一般的"身入"，而是要切实的做到"心入"，也即要以教育研究的科学态度和要求认真的进入。唯有如此，现实的情境才能真正成为我们诊断和研究的对象，成为我们自身成长和发展的平台。

（3）以细节把握为切入。"课堂诊断"的切入点在哪里？在于课堂中的每一个细节。"课堂诊断"从某种意义上说，就是对课堂教学中的细节的关注和留意。只有关注和留意课堂教学过程中的细节——从教师对某一教学环节的处理，到教师某一教学语言的运用；从课堂教学中某一次的师生互动，到教师某一教学方法或手段的使用；从教师的某一表情或情绪的变化，到由此在学生中所引起的细微的变化等——"课堂诊断"才是真正进入了深处，也才能真正收到实效。教学中的那些特点或成功之处，那些不足或问题所在，往往就存在或隐匿于某些细节之中，因此，我们抓住了细节，也就抓住了提升"课堂诊断"实效的关键和核心。

（4）以多向思维为引领。在进行"课堂诊断"中，引领教师思维的应该是什么？应该是多向、开放、发散的思维状态和走势，其中尤其要重视求异和批判性思维。也就是说，教师在进行"课堂诊断"时，要注意从多角度、多侧面去观察和思考问题；对同一现象或同一方面的问题，也要善于从不同的角度、不同的层面去观察和思考，要善于多问几个"是什么"或"为什么"，多问几个"怎么样"或"还可怎么样"。尤其要注意克服思维定势或思维从众的现象，要善于从平凡中看出奇崛，从看似没有问题中发现和找出问题。要将"课堂诊断"的过程，切实作为教师历练自己的教学思维和提升自己教学判断和教学分析能力的过程。

（5）以智慧增长为目的。"课堂诊断"绝不能停留在对他人或自己教学的经验或特色及教学中存在的问题和不足的发现与把握上。"课堂诊断"中的"诊断"还只是手段，通过"诊断"促进教师教学智慧的增长和提升才是真正的目的。由"诊断"达成教学智慧的增长和提升，有一个经验的上升和转化的过程，有一个对事实本质的认识不断向着理性智慧跃进的过程。这就需要教师在进行"课堂诊断"时，在发现了某些经验或特色，抑或发现了某些问题和不足后，一定要作进一步的理性分析和思考，将其原有的经验或特色，抑或问题和不足，再深一层的进行提炼和把握，上升到智性的层面予以观照和洞悉。唯此，自身教学智慧的增长和提升才能伴随其中。

8.5 课堂调控技能

在新课程改革体系下，课堂教学仍然是实施课改的平台，科学合理的课堂调控能高效地传递教学信息、整合知识体系、提高学生综合素质，达到教学目的，所以课堂调控的成功与否，决定着教学能否顺利进行，当然也就更加直接地影响教学任务的完成和教学效果的取得。善于进行课堂调控的教师不但可以有效地落实教学计划，达到教学目标，提高教学效益，而且还能大大地增强学生进一步学习的兴趣和愿望。在这样的教学过程中，可以形成良性循环，课堂教学对师生双方产生强大的吸引力，教学过程有条不紊，教学任务高效完成，不仅学生的知识得到了增长，智力得到了启迪和开发，道德、情感得到了升华，而且教师本人也从中树立了威信，获得了尊重，课堂气氛融洽。因此，课堂调控技能是教师应具备的一项十分重要的本领，教师必须掌握和不断提高这项教学艺术。

8.5.1 课堂调控与失控的含义

1. 课堂教学调控，不只是对突发事件或是意外事件的调控，课堂教学是在精心设计下生成的，要求教师能够对整个事件教学的实施有效的调控。教师应充分发挥自己的教育机智，以学生的学习情绪、学习态度和学习效果的反馈信息为依据，合理判断，及时调控教学内容，改变教学方法使课堂出现张弛有度，意趣盎然的教学格局，整个教学流程呈现出预订、有序、最佳的调控态势。

2. 课程教学失控，是指课堂教学中由于教师主观因素的影响，使教学机制不能正常运行，导致课堂教学没能达到预期的目标。体现在以下几个方面：（1）量的失控。（2）度的失控。（即教学速度和训练强度）（3）法的失控。（4）情的失控。（5）知的失控。

3. 避免课堂失控的方法：为了避免情的失控，教师在教学中，应有意识地发挥学生非智力因素的潜在功能，捕捉学生哪怕是一闪即逝的闪光点或某种良好的学习习惯，并给予及时的鼓励，最大限度地激发学生的求知欲望。

为了避免量的失控，教师在备课时，要根据本课内容认真钻研大纲，抓住重点、难点，紧扣教学目标要求，在合理设计教学结构和选择最佳教法的同时，要考虑到教学内容的数量密度适中，巩固练习题组设计有层次、有梯度，但不出偏题、怪题、过深或过浅的题。

为了避免度的失控，导入新课要快，讲授新课稍慢，在巩固练习的训练阶段，其训练的强度既能达到符合学生认知规律所能承受的程度，又不至于过分超重。

为了避免法的失控，教师在教学中一旦遇到违纪现象，要及时简短地正面教育或者冷处理——课后解决。

为了避免知的失控，全面掌握教学教材知识的纵横结构，形成知识网络，真正理解每节课内容的内涵和外延，做到横有广度、纵有深度、成竹在胸，教学中运用自如、不乱分寸，能驾驭教学。

4．课堂调控的类型：

（1）教法调控。

（2）兴趣调控。

（3）语言调控。教师的教学语言应当准确科学，符合逻辑，遵循语法，通俗流畅，学生才能乐于接受，易于理解，印象深刻；教师的教学语言应当简明扼要，内容具体，生动形象，富有感情，才能集中学生注意力，激发学生学习兴趣，调动学生学习的积极性。教师的语言还要语音清晰，音量适度，语速适中，有节奏感，音乐性浓，才能增强语言的吸引力和感染力，提高课堂教学效果。

（4）情绪调控。首先，教师在课堂上始终应该情绪饱满，精神抖擞，目光有神，满怀激情。其次，教师在讲解不同的教材内容时，应该表现出不同的神情。

（5）反馈调控。教师还要善于及时捕捉学生的听课情绪、神态等间接的反馈信息，透过学生的眼神、情态去识别他们那丰富的表情语汇，透视出他们那灵活跳跃的思想火花，从中推测和判断他们对教师输出的知识信息，是否理解、满意、有兴趣、有疑问，从而迅速调整教学措施，并将教学继续引向深入。

（6）机智调控。具备一定的教学机智，做到临"危"不乱，处变不惊，快速作出反应，当机立断，及时采取适当的处理措施，化被动为主动，有效地调控课堂教学。

8．5．2　课堂调控技巧

没有有效的课堂管理，就不会有成功的课堂教学，讲究改进课堂管理的技巧对教学尤为重要。新课改要求我们教师创新课堂管理行为，构建"民主、开放与科学"的学科教学体系，建立起鼓励，支持学生提出新观念、新思想、新方法和张扬个性机遇、氛围的展示平台，使学生在"自主、合作、探究"中充满渴求知识的激情，使之思维活跃、勇于探索，适应未来挑战的需要。因此，教师必须对传统教学中的管理行为进行全面创新，以构建多元的、全新的课堂管理新概念。

课堂教学环节是否有序进行，都取决于教师的教学设计与学生的认知水平、兴趣等。课堂节奏的好坏与快慢直接影响到学生的学习兴趣，以至影响到教学效果及课堂调控。在这方面，教师要创设自主学习的教学节奏以使学生能自觉地调整自己的情绪，激发自己的学习热情，自我调动思维的积极因素。因此，调控好课堂，就能有效地控制好课堂纪律。

8.5.3 课堂调控要把握的要素

1. 应体现学生的主体地位。

学生是学习的主体，课堂是教学的调控，并不是以教师的权威来强行抑制学生的思考方向，而是需要借力打力，充分利用学生学习的积极性，调节学生的思考方向。调控的方法和手段要符合学生的心理特征。

2. 对学生的质疑及时鼓励。

学生的质疑、尤其是思考后产生的疑问，对学生的学习和思维发展都是非常有益的，同时在鼓励学生质疑时，也需要做好课堂的调控。

3. 调动学生合作学习。

课堂上学生的疑问可以在交流和沟通中解决，并不是每一个问题都需要教师解答，善于调控的教师，会把学生的许多问题在他们内部消化，只有学生合作解决不了的问题，教师才会给予指导，既提高了课堂效率，节省了教学时间，又可以促进学生的合作学习。

4. 形成开放的课堂教学体系。

课堂教学应该是一个开放的过程，而开放的过程就会出现应接不暇的意外，这就需要教师的调控，那种由于怕把握不好局面而把课堂控制得过死的课堂是落后的，学生讨厌的，从这个角度看，课堂调控能力，是课堂开放的一个重要前提。

教师充分放手，让学生尝试自主、合作、探究的学习方式，解放了学生的思维。这是学生获得知识的重要手段，学生在欢乐轻松的气氛中不知不觉地学习，提高。

5. 营造轻松愉快、民主平等的课堂气氛。

轻松愉快、民主平等的课堂是符合现代教育理念的，所以，教师要营造一个民主、和谐、平等、生动活泼、愉快宽松的教学氛围，促进学生的身心全面发展。为使课堂达到这样的气氛，教师必须做好调控。教师变成了给学生带来乐趣的伙伴，演示的实验或所给出的指导都很有趣，学生愿意听老师的指挥，愿意听教师的意见，他们会很认真的研究教师提出的问题，在快乐中被老师引到了对问题的研究上来。

6. 要创设自主学习的课堂节奏，但须注意节奏控制是否得当，是否可以在情绪上无声地影响到参与学习的每个人。

7. 课堂教学要科学合理。

尽管新课程的编写是非常符合当前学生的特点而展开的，但教师的课堂教学却是不一样的。因此，每节课都应遵循"民主、开放、科学"去实施，教师的教学组织才能科学合理，符合教学规律，才能有效地让学生自主、合作、交流，并专注如一地投入到课堂学习中，课堂调控也同步完成了。

8. 重视课堂小结，激励学生反馈。

一份好的演说稿要"虎头、凤腹、豹尾"，一堂课亦然。课堂中行之有效，生动有力的小结，可以为这堂课锦上添花，起到余音绕梁的功效。所以，在课堂教学中，教师要以精练的语言，抓住重点，重新勾勒刚学过的内容以加深学生的记忆，牢牢抓住学生的注意力，顺利完成这一堂课，良好的班风，学风就会自然形成。

课堂教学的高质量必然导致课堂管理的高效率。因为优质的教学具有强大的凝聚力和亲和力。

8. 5. 4 课堂完不成教学任务的成因分析

在传统课堂教学中强调教学的计划性，每个学期，每个星期以至于每天要讲授的内容都安排的清清楚楚。我们常常因为一位教师在下课铃响的那一刻刚好讲完最后一句话而拍案叫绝，不拖堂、不空堂成为教师的一项基本功。教师上课有教案，每个环节用时多少都需要精打细算，由于教师主宰着课堂，控制着教学的节奏，所以按课时计划完成教学任务并不是一件难事。

在自主学习的课堂上，教学的节奏不再取决于教师的"教"，而是决定于学生的"学"。学生"学"的情况教师很难预测的很精准，课堂会生成什么样的问题教师也难以预料，所以完不成教学任务也在所难免。

课堂完不成教学任务有时是因学生生成的问题多所致，这有利于教学；有时是由于教师预设不充分或效率问题所致，这会影响教学的效果，究其原因有以下几个方面。

1. 学案设计不合理。题量偏大，题型偏难，缺少分层设计和分层要求。教师要求每个学生都要完成学案设计的所有题目，结果造成学优生"跑不快"，学困生"撵不上"；学优生做了很多"无用功"，学困生却囫囵吞枣，"消化不良"。让学困生掌握他们能力不及的问题，既浪费时间又难以有所收获。

2．教师认识有误区。个别教师以为自主学习就是把学习的权利交给学生，只要把设计好的学案发给学生就"水到渠成"了。由于教师缺乏必要的指导、监督、管理和评价，导致学生放任自流，完不成预定的学习任务。

3．自主学习不充分。一是课余时间没有教师的监督，学生不爱思考，应付了事，造成课前自学不充分；二是教师缺乏必要的指导，学生不会学，导致课堂自学时间长。由于自主学习效果差，进而又造成展示拖沓冗长，教师重复点拨讲解过多，教学时间不够用。

4．合作学习效率低。教师对小组建设缺乏指导，使得合作学习方式不明确，合作内容不具体，学生只把核对答案作为合作的主要目的，既缺少探究，又没有帮扶，一些学生对完答案以后就无所事事。由于应该在合作环节解决的问题没有得到很好的落实，所以导致展示环节的时间过长，难以完成预设的教学任务。

5．展示内容多。展示的内容多有时是因为自主学习不充分，合作学习效率低造成的，有时则是由于教师任务分配不合理造成的。有些教师将学案内容全部分配到各组，像流水线作业一样逐题展示，不仅让学生感到索然无味、疲惫不堪，而且造成时间的浪费，常常是下课铃响了，学生仍然没有展示完毕。

6．展示不到位。由于学生展示准备不充分，造成语言表达不流畅，对问题的分析和讲解缺少逻辑性，展示人员的衔接不紧凑，导致时间不够用。

7．对学生缺乏信任。在学生展示过程中，教师对于学生已经掌握的问题或已经讲清楚的问题，依然不放心，重复讲解一遍，造成时间的浪费。

8．学生能力没有形成。课改初期，课堂完不成教学任务也是一种正常现象，有时是由于学生的能力欠缺造成的。突然改变了一种学习方式，学生需要一段时间的适应过程，需要学会如何读书，如何交流与合作，如何讲解与分析问题，随着学生能力的不断提高，课堂的效率也会逐渐提升。

8.6 高效课堂的组织技能

8.6.1 高效课堂教学的核心要素

1.增强教学目标设计的合理性。

要提高教学的有效性，首先要设计合理的课堂教学目标。合理的教学目标体现在：①以学生的知识和能力基础为起点，适合学生的水平，是学生经过努力可以达到的（处于学生的最近发展区），俗称"跳起来能摘到果子"。目标定得过高或过低都不适宜：过高，会使学生失去学习的信心；过低，难以对学生的智力和思维假定构成挑战，学生会了无兴趣。②是具体、可测的。教学目标的行为主体应是学生而不是教师，行为是外显的、可观察的，能通过学生的操作、表达、演示等具体的活动展示他们对教学内容的理解和掌握，并由此反映教师的教学效果。③多维目标兼顾。不仅关注学生是否学会知识，还关注学生是否会学、乐学及情感态度与价值观的变化。教师应仔细研究学科课程标准和学情，将宏观、抽象的课程标准结合学生的实际，合理地分解、细化，具体到每一节课，方能有效落实课程标准，体现教学目标的合理性。

2.准确把握教材内容。

要提高教学的有效性，离不开教师对教材内容的准确把握。一旦教师对教材的解读偏离了方向，课堂教学的有效性就大打折扣。

（1）教师先要读懂教材。

（2）教师要能够批判性地使用教材。

中小学所用教材均经过国家有关部门的审定，总体上看，质量是较高的，教师应尊重教材。但由于受各种因素的影响，仍有一些内容是落后于时代的，或经不起推敲的。教师在使用教材时，应该有自己的批判性和创造性。

3.创设能吸引学生的教学情境。

教学情境的创设就是力图以直观的方式再现书本知识所表征的实际事物或者实际事物的相关背景，构筑一种真实而复杂的问题情境，并把所有的学习任务放置于这样的情境中，为学生的学习搭设必要的阶梯。能够吸引学生的、有价值的教学情境应该具备生活性、形象性、学科性、问题性、情感性。

4．让教学贴近学生的学情。

教师的教是为学生的学服务的，以学论教应是教师必须具有的意识。要提高教学的有效性，教学就应贴近学生的知识、情感、思维。

（1）让教学贴近学生的情感。

要提高教学的有效性，就应"以人为本"、"以学为主"，从学生的学情、学生的感情、学生的兴趣入手，而不是一厢情愿地"闭门造车"，"以本为本"、"以教参为本"、"以自己为本"。德国教育家第斯多惠说得好："教学的艺术不在于传授的本领，而在于激励、唤醒、鼓舞。"

（2）让教学贴近学生的知识和能力基础。

许多教师的教学忽视对学生知识和能力基础的研究，起点定位过高，学生难以给予积极的回应，教与学都颇为吃力。而优秀教师的教学都特别注重对学生知识和能力基础的研究。

（3）让教学贴近学生的思维状态。

（4）教学过程中别让学生的思想缺席。

①不要只满足于学生的正确答案

②注重所讲内容的落实

要提高教学的有效性，学生的有效参与不可或缺。有效参与不只是行动上的呼应，更重要的是思维的同步、情感的共鸣。当学生能全员参与、全程参与、主动参与、真实参与时，教学的有效性才有保证。当全体学生的兴趣被充分激发、学习积极性被充分调动，身心从始到终都能全程地投入到学习活动中时，动口、动脑、动手，方能真切地感受知识的获得、体验能力的发展变化。

关注学生的"学"，而非教师的"教"，这才是有效教学的生命。教了不该教的，丢了该教的，都违背了有效教学的宗旨。有效的，必是学生需要的，想要的。

5．努力赢得学生的情感认同。

"亲其师，信其道；疾其师，隐其学。"要提高教学的有效性，就要赢得学生的情感认同。当学生喜欢、热爱、敬仰教师，渴望与教师敞开心扉对话时，就会对教师所讲的内容产生心理上、情感上的认同。情感认同离不开教师的学识才华、人格魅力、与学生和谐的关系。课堂教学要实现和谐有效的师生对话，需要讲的人声情并茂；听的人心情愉悦；讲、听双方关系和谐。这三者缺一不可。

（1）以自身的学识和独到的见解赢得学生的情感认同。

（2）以教师的人格魅力赢得学生的情感认同。

（3）以和谐的师生关系增强学生的情感认同。

6．注重课堂动态生成。

（1）给学生表达自己想法的机会。

（2）机智应变有效生成。

7．开展有效的师生对话。

"对话、平等对话、多重对话"已经成为新课程课堂教学的时尚用语，它蕴涵新的教学理念，反映新的价值追求，提倡新的教学策略。这里要探讨的"对话"并不是高深理论，而是作为教学技能的较为明确的教学行为——互为陈述、互为补充、互为启发、互为质疑、互为辩论，具有很强的操作性。通过对话，能够使新课程教学建立在清晰、可辨的实践基础之上，使教学模式、教学行为具有针对性，从而提高教学的有效性。

8．反思自己教学实践中出现过的某次无效和低效的行为和原因。

处理不好教学内容：由于比较重视小组讨论、合作探究、积极动手和师生互动，感觉每节课的时间总是紧，内容总是处理不完。有时在没有必要讨论的问题上反复验证，停留过久，没有针对教学内容，选用不同的教学方式，出现这一问题的主要原因我想是自己在教学设计中没有处理好教学内容、教学方式与课时之间的关系。

淡化了学习主体：有时为了扩大参与面，多给学生活动的空间，就将过去的"满堂灌"变成了"满堂问"、"满堂动"，问题不论难易都让学生逐个回答，全部动手，一一讨论，致使简单易得的知识重复率高，教学重点不突出。学生不会学，不懂学，乃至于学不好，学习效益差。

教学目标不明确：课堂教学的有效性不是定位在学生的全面发展上，缺少对学生思维深度，思维力度的培养，一味追求课堂教学的表面形式，包装式的课堂教学评课活动蔓延；而且忽视对学生终身发展所必需的智力因素和非智力因素培养的思维，导致学生不会思维、不会创新。

8.6.2 学校创建高效课堂需突破的核心问题

1. 如何转变教师观念。

课改不仅仅是一种教学形式的改变，这是关系到"培养什么人"和"怎样培养人"的一件大事，事关学生的未来，我们必须从转变教师观念入手，坚定不移地把课堂教学改革向前推进。

（1）教学改革的必然趋势："以教为本"走向"以学为本"。

目前的教学改革的现状：存在着"面"和"质"的问题。

"面"是指课堂教学改革取得成功的学校数量上还不普遍，需要扎实推进；

"质"是指课堂教学改革的深度还不够，需要进一步提升质量和丰富内涵。

（2）影响教学改革的核心问题：

教师理念建构不同步、教师观念转型不到位、教学方式陈旧，影响了课堂教学改革的进程和速度。

教师教育观念转型是一个"隐形"工程。课堂教学所面对的最大"瓶颈"，就是教师观念的深度转型问题。

（3）实现转型的三个行之有效的策略：

①"先吃后尝"策略——对认识程度高、有课改意愿的教师，采用"先吃后尝"的转型策略。

"吃"是指"行动"，"尝"是指"提高认识、观念转型"。让这部分教师在行动中体验，在体验中感悟，在感悟中提升认识。

②"边吃边尝"策略——对认识程度一般、课改信心不够坚定的教师，可采用"边吃边尝"的转型策略。

学校让这部分教师进行尝试性的改进，组织他们定期总结与反思，定期组织课改交流会和观念转型座谈会，给这部分教师提供展示的机会，使他们坚定信念，明确方向，提升认识，不断加大行动力度。

③"先尝后吃"策略——对观念保守的教师，组织他们到课改成功学校去观摩和学习，让他们谈体会，让他们从感性认识逐步上升为理性认识；组织他们与课改成功体验的教师开展深度交流，提升认识；组织他们参加高端培训，以专家的先进理念引领观念的转变；校长必须用信念和智慧来集中转变这些教师的观念。

（4）明确"心"转路径，实现深度转型。

教育改革与发展的战略主题是"坚持以人为本、推进素质教育"。

课堂教学改革趋势将是"教"的课堂逐步走向"学"的课堂；教师观念深度转型将是从"形"转向"心"；在学习观上，应当让学生由单纯被动学知识走向学会学习；在教师观上，教师要由"蜡烛"变为"打火机"；从师生观上看，师生应由"对手"走向"伙伴"；从教学观上看，教学要由灌输知识走向点燃智慧。

2．如何改革备课。

备课——为使课堂教学过程更加完美及科学实施课堂教学任务的教学准备。备课是上课的基础，上课是备课设计的真实再现。在教学过程中备课是一个至关重要的核心环节，有着不可替代的重要作用。

（1）知识传递型教学的备课——教师围绕教材内容，以知识为主线，将知识系统地讲授给学生，使学生理解和掌握，即教师从知识角度来"搭台"，为上课时自己的"唱戏"作准备。

这种备课导致了以教本为主的课堂，单一化的"教师搭台"，既无法面向全体学生实现教学目标，也限制了教师的专业化成长。

（2）知识建构型教学的备课——随着教本课堂逐步向学本课堂转型，备课成为师生为实现高质量课堂学习而进行的全方位准备，它是一个动态的过程，包括课前备、课中备和课后备。

从教师角度讲，备课是无止境的过程，涉及教师的生活、学习、教学等活动，以及教师对人生反思、生活感受和知识增长等理性和非理性的思考和认识。

从课堂内涵变化来看，课堂教学由过去的"教师向学生传递知识"转向"师生通过合作探究来建构知识"，这种转型要求备课必须有教师和学生这两个备课主体的共同参与，即备课过程是"师生搭台"的过程，是师生准备"唱戏"的过程。

（3）"师生搭台"式的结构化备课，才能促进课堂教学方式的转型，才能满足学生发展的需要，才能促进教师专业成长，从而为"学生搭台学生唱"的最高境界奠定基础。

在知识建构教学视野下，师生备课过程就是师生学习、成长的过程，不能狭隘地认为备课是教师的工作，上课才是学生学习的过程。在备课过程中，教师和学生应从不同角度和视角进行结构化准备。

第一，要明确角色意识，教师和学生都是备课的主体。

教师不再是传统意义上的权威者、传授者，转而变成促进学生学习的方案设计者、问题预设者、活动组织者、合作探究者、评价激励者、氛围营造者、成长促进者等角色；

学生不再是传统意义上的等待者、接受者，而是知识先行探索者、问题发现者、方案设计者、活动组织者、合作探究者、成功体验者等。

第二，要树立问题意识。在结构化备课过程中，师生都要关注三维目标，要通过文本研究发现问题，教师要根据文本知识来预设问题，同时要重视学生发现的共性问题和个性问题，要对问题提出、问题讨论、问题解决、问题评价等进行全面设计。

第三，要树立对话意识。备课是教师提前与学生、与文本、与情境、与问题进行"无声"对话的过程，备课也是一种十分具有教育意义的对话活动的设计。

（4）根据不同课堂范型特征，确定备课方式和工具。

备课的方式和工具不是统一的和模式化的，是随着学生学段的认知能力和不同课堂范型而不断变化。

小学低年级学生年龄小，认知能力较低，知识储备较少，教师备课依然以"教师搭台"为主，教师备课局势教案；当学生具有一定认知能力、知识储备和合作能力时，教师备课就应开始关注学生的问题和需要，教室备课使用工具除了教案还可增加导学案；当学生具备自主合作与探究学习的能力时，备课方式将走向"师生搭台"式备课、教师和学生共同备课，合作备课所采用的工具是"问题式学习工具单"和学习设计方案。

（5）以"五要素"式备课行动，创建教师备课文件夹。

实施有效的结构化备课行动，要根据学生学情、学段和能力特征来选择备课内容，主要从学生、课程、情境、自己和设计等五个方面进行备课。

备学生——从全体、基础、问题、能力、情绪等方面研究学生的发展需要；

备课程——从目标、内容、问题、意义、教具等方面开发有效课程资源；

备情境——从创设问题、思维、活动、媒体、环境等情境来搭建有效学习平台；

备自己——从导学策略、风格、弱点、期望、形象等角度来提升教学效益；

备设计——从过程、方法、时间、方案、拓展等方面来优化教学过程。

在此基础上，创建个性化的教师文件夹。

（6）结构化备课是满足学生发展需要、促进师生成长的动态性备课过程。

结构化备课最关注的是实效性，关键要看学生是否"愿意学"、"主动学"、"都会学"、"学得好"。只有设计出促进学生发展、教师成长的学习方案，才能最有实效地备课。

要做好结构化备课，还需要广大教师超越自己，大胆创新，改变长期以来的"习惯做法"，尊重学生的认知规律，从学生的学习活动、情感发展等需求出发，研究教材，有效利用课程资源，搭建有效教学平台。教师应把备课当作促进自己专业发展的重要途径和手段。

备课既是一门科学，又是一门艺术。缺乏创造的艺术，必然没有生命力，只有不断创新，才能达到更高的、富有个性化、创造性的名师境界。

3．如何建构问题导学。

"为什么我们的学校总是培养不出杰出人才？"这个著名的"钱学森之问"，其实涉及中国教育的一道高难命题。所谓杰出型人才必须具备创新意识和创新能力。创新的前提是培养思维意识和思维能力。要培养思维意识和思维能力，其前提则是培养问题意识和发现、分析、解决问题的能力。

这种问题能力从哪里培养？无疑首先要从课堂中培养，中小学课堂只有走向以问题为中心的学习型课堂，才能培养学生的问题能力。将"以问题为中心的学习"课堂视为"问题导学型"课堂。

（1）知识传递式课堂教学特征：教师单纯讲授知识，学生根据教师要求进行记录、记忆或者做题，然后接受考试。这种课堂教学的最大弊端是忽视了学生的情感发展、闲置了学生的多元思维，从而浪费了学生的智力资源，扼制了学生潜能的开发，使学生的学习活动变成了简单的机械劳动。

有一项统计，自恢复高考制度以来，全国各省市诞生了3600多位高考状元，到目前为止，没有一位状元被发现已成长为卓越型杰出人才。其实，不是这些状元没有能力，从某种意义上说是知识传递式课堂教学没有给予他们创新思维的"种子"。

（2）"问题导学"课堂的特点。

"问题导学"课堂是以"问题"发现、生成和解决为主线的小组合作学习，其"问题解决"的主要途径是以各种有效活动为学习平台，学生在自主建构、合作探究、展示对话过程中，学会了思考、分析、比较、总结、归纳、综合、判断和评价。

（3）"问题导学"课堂的建构。

①认识以"教"为本走向以"学"为本的四个境界。

教学的本质应是让学生学会学习，最终学会终身学习和持续发展。从教学内涵上看，课堂教学应从"教"的课堂逐步走向"学"的课堂，这是一个从低级向高级、从不成熟逐步走向成熟的动态发展过程。

具体可划分为四个境界：即教师知识讲授课堂——教师导学课堂——问题导学课堂——自我导学课堂。

这是学生身心发展规律和认知能力发展程度的进化过程。每一境界既有密切的内在联系，又有着本质差异，其教学理念和思路及方法都有很大差异。

"教师导学"课堂是指在教师指导下组织学生自主、合作与探究学习的课堂境界；"问题导学"课堂则是学生在以问题为主线的自主学习、发现生成问题基础上与教师合作探究的学习境界。

有什么样的课堂，就会培养什么样的人才。课堂就像人的素质胚胎，有什么样的内涵特征和文化取向，就会培养什么样素质的人才。

②走向以问题为中心的课堂。

中小学阶段是学生创新思维品质养成的奠基阶段、黄金阶段。他们不一定能有什么惊人的发明和创造，但是，学生创新思维能力在中小学阶段一旦养成，将在未来的社会实践中发挥巨大能量。

"问题导学"课堂，能激发学生学习兴趣、丰富学生情感、挖掘学生潜能、促进学生思维发展，所以"问题导学"课堂不仅能培养学生的创新思维品质，还能培养学生的创新思维能力。例：株洲已启动五所创新人才培养改革试点学校；长沙一中、师大附中创建现代实验学校。遗憾的是目前许多高中和大学课堂仍停滞在封闭的"教师讲授课堂"阶段，没有着力培养学生"勇于探索的创新精神和善于解决问题的实践能力"，有的甚至以培养清华北大高分学生作为创新思维人才的目标而错位。

③把握"问题导学"课堂的意义。

"问题导学"课堂在于使学生获得问题发现、问题生成、问题解决的能力，培养他们的创新思维意识、合作能力、交往能力、实践能力和创造能力，使他们学会终身学习。

④教师面临的核心任务，就是挑战自我，超越现实，创建"问题导学"型课堂，追求"自我导学"的课堂理想。"问题导学"是当代课堂教学深度改革不能回避的新路径，也是引人注目的新方向。目前创建"问题导学"课堂教学困难依然很大，教师角色、教师行为、师生关系、备课思维等方面的深度转型非常困难，很多教师难以走出自我，对知识讲授型课堂和教师导学型课堂有深厚的情结。

（4）"问题导学"课堂，教师观必须实现四个角色转变。

一是由过去照本宣科的传授者转变为匠心独具的设计者；

二是由知识的单一讲授者，转变为课堂学习激情睿智的指挥者；

三是由自我陶醉的讲授者，转变为课堂学习有条不紊的组织者；

四是由应试教育的钻营者，转变为学生素养的培养者。

（5）"问题导学"课堂，学生观必须实现四个角色转变：

一是由过去少数"尖子生"独占学科高地，转变为全班学生按自己个性特长人人参与；

二是由过去少数同学之间发言与讨论，转变为现在的每一名学生积极发言、人人思考；

三是由过去少数学生的学会进步，转变为全体学生的人人发展；

四是由过去少数学生的鹤立鸡群，转变为全体学生的人人成功。

4．如何让学生先学。

对于课堂教学，学生先学就是预先学习，即预习。

预习是学习能力培养的奠基工程。预习具有超前性、独立性、异步性的特点。通过课前或课上的结构化预习，学生不再是一张白纸而任由教师描画。

（1）预习的独立性与超前性有助于学生发现与思考问题，从而促进他们自主合作学习的能力，也促进课堂教学方式的转变。

先学后教决不只是教与学顺序关系的改革，它涉及教学思想、教学过程和教学方式等教学的诸多方面，它引发了课堂教学的革命性变化和实质性进步，学习成了课堂的中心，学生成了课堂的主角，课堂成为了基于学生的学习、展示性学习、交流性学习的真正的学堂。

（2）预习有助于高起点的教学。预习是对于文本内容事先进行自主探究性学习，也是感知文本、理解知识、自我建构的过程。

在知识传递型课堂教学中，学生课前作好充分预习，对基本知识和技能都理解了，教师在课堂教学中对教学重难点进行重点讲解和指导，就能够圆满地完成教学任务。

在知识建构型课堂中，如果学生课前作好充分预习，对基本知识和技能都理解了，把未解决的问题列出来，教师在课堂教学中针对学生疑难与自己预设的问题，组织学生开展自主、合作探究学习，师生合作顺利实现教学目标。

（3）预习能够缩小学生差异。在课堂教学中始终存在一个难以解决的问题，那就是"差生"和差异问题。导致"差生"的原因很多，其中一个重要原因就是没有作好预习，"差生"一多，全班学生的差异自然就拉大了。

教师要在预习过程中关注和指导"差生"，一定要认识到"差生"转化的黄金期在预习阶段。如果"差生"转化了，全班的学业成绩差异便自然缩小了，这样才能体现教育公平和公正。

（4）预习能够培养良好的思维习惯。

不重视预习，学生不习惯课前预习，喜欢上课听教师讲授知识，很多学生逐渐养成了课前等待、上课接受的被动学习习惯。当学生走向成人后，他们中很多人都没有凡事打出"提前量"的好习惯，也就没有养成良好的结构化思维习惯，许多人做事都是习惯于"拖拖拉拉"。

这种被动思维的习惯，也影响到教师的工作效率和日常生活质量。教师备课简单化，缺乏科学性；教师关注学生过于表面化，不开展深入研究；教师上课过于机械化，缺乏智慧性；教师科研过于形式化，缺乏深刻性和专业性等。

（5）预习能够培养终身学习能力。

①教育的本质是实现自我教育，教学的本质是让学生学会学习。

预习本身就是自主学习，预习过程就是学会自主学习、追求自我教育的过程。

对一个人成长而言，离开学校之后，根据自身发展需要进行再学习，几乎都可以称之为预习，不会再有专业人员对他给予指导了。培养预习能力就是培养学生的终身学习能力。

②先学中教师的作用。《学会生存》指出："教学过程的变化是：学习过程现

在正趋向于代替教学过程。"在这样的课堂上，教师的教最准确的定位：促进学，即提示学、指导学、组织学、提高学、欣赏学。

在这个过程中，教师的主导作用不断转化为学生的独立学习能力，随着学生独立学习能力由小到大、由弱到强的增长，教师的作用也就发生了与之相反的变化，将最终实现"教为了不教"。

学生先学由赖于教师的指导和培养，转化为自主学习，培养自己独立的学习能力，这是先学后教的关键。

③逐步形成终身受用的能力。教学论告诉我们，当学生已经能够自己阅读教材和自己思考的时候，就要先让他们自己去阅读和思考，然后针对学生的阅读和思考中提出、发现和存在的问题进行教学，这样学生的独立性和独立学习能力就会很快发展起来；

独立性和独立学习能力是提高学生学习质量和课堂教学质量的根本法宝。依赖性、被动性的学习，不仅是教学质量低下的原因，也是学生学习负担过重的根源。

5．如何运用学习小组。

（1）学习小组改变课堂"基因"。学习小组已经成为课堂中普遍的组织形式。那么，对于小组，到底该如何运用？

小组合作学习是当代国际教育改革背景下的一种新潮流和新思维，正在被越来越多的国家和地区所接受。

（2）小组合作学习的课堂呈现了以下特征：

①师生之间、生生之间、小组之间能建立起双向或者多元的对话关系，通过多元对话来解决问题，实现学习目标；②在物质环境、精神关系上呈现开放、民主、合作的人文关系，能营造出自主、温馨的学习氛围；③能促进师生关系的和谐与合作，教师与学生之间是学习共同体中的"平等"关系；④在学习方式上以平等、互助的团队学习为基础，开展自主合作探究学习。小组合作学习课堂教学所追求的是真实、高效的合作学习，促进师生共同成长。

（3）小组合作学习在课堂教学改革中的意义。它绝非只是教室里桌椅摆放形式的改变，而是对舞台式教学组织形式的超越；它不仅能推动教学方式的转型，更是在改变人才的培养模式；它不仅是课堂教学文化的变革，更是改变课堂教学的内涵性"基因"。

（4）小组合作学习在课堂教学改革中的效果。主要体现以下几点：

①建立精神家园。建立合作学习机制，搭建合作学习平台，相互帮助，相互成长，创建民主、自主、和谐的合作学习氛围；促进学生之间相互信赖、相互支持与相互启迪；经历过小组合作学习的学生，更容易养成尊重他人、会交往合作和开朗的性格。

②丰富学生情感。在小组合作学习中，学生在组内自由交流、大胆对话，不仅可以解决学习上的困惑和问题，也可以把自己情绪的变化、交往的困难以及师生之间难以沟通的事情与其他同学交流。情绪得到释放，想法得到交流，道理得以明了；增进了同学的友谊，促进了学生的情感发展。

③提高学业成就。学生有了合作精神，班级变得团结，学生都喜欢集体，就自然而然喜欢学习。在组内自然要形成相互信赖、相互帮助、相互评价、相互促进的学习风气。学生之间差异会逐步缩小，学业成绩就会大面积提高。

④培养社交能力。小组合作学习使整个班级教学、班级管理、班级文化发生重大变化。为了实现班级的学习目标，各组间都要自觉、主动交往和合作，培养了学生的社会交往能力；小组合作学习方式让学生学会了合作交往，为学生成人后的社会化能力奠定了社会和心理基础。

（5）小组合作学习需解决的问题。

①教师观念落后和角色调整不到位；②小组合作学习机制创建策略缺乏科学性；③保障技术、导学策略与小组合作学习不匹配；④小组合作学习实现持续发展机制不完善。这些问题将影响小组合作学习的实效性，也严重影响了小组合作学习的持续发展和高质量实施。

6. 让展示对话彰显生命活力。

展示对话给课堂带来别样惊喜。展示对话课堂中师生角色发生了翻天覆地的变化。在这样的课堂中学生成了主角，他们不再是被动的听讲者，而是要发挥主观能动性，以各种方式将自己的学习成果展示，这样的活动极大地促进了学生的智力因素和非智力因素的开发。

（1）展示对话学习，焕发生命活力。

展示体现了生命的两种本性：一是作为个体的自我需要成长、发展，二是作为群体中的另一个自我需要交流、欣赏或被欣赏、评价或被评价。

张卓玉讲："展示内容的丰富性决定了它的生命力，它是人本主义教育的一个核心词汇。人本主义坚持，展示是人性的基本需求，是人的基本权利，是生命成长的基本形式，也是学习的有效途径。对展示的认识水平和实施状况反映着教育理论和教育实践的文明程度。"将展示引进课堂，把课堂引向社会，旨在培养学生社会化的交往能力、沟通能力和合作能力。

在以"学"为中心的课堂教学活动中，展示对话学习方法是一种树立自信心、锻炼逻辑思维能力、培养表达能力和分析问题、解决问题能力、促进情感发展的社会化学习方法。

（2）展示对话学习的意义。

尊重学生人性，呵护生命价值。科学的学习过程应该是吸收与释放、获取与展示有机统一的过程。

在课堂中，将展示对话的权力还给了学生，让他们通过展示对话来讨论问题、解决问题，实现学习目标。学生们想表达、展现、交流、被评价、证实自我的本能需求得到了满足，那种好奇、探究、怀疑、充实自我的天性得到验证。

马斯洛心理需求理论：实现自我价值是个体需求的最高境界，只要是学生都会有这种需要，都想在小组、班级群体中寻找自信基础上的自我表现，追求自我价值。

深刻理解知识，实现融会贯通。学生为了实现展示对话，便积极思考，积极动脑，知识基本理解后才能说出来，自己阐述的过程既是理解加深的过程，也是思维进一步梳理加工的过程，还是记忆巩固的过程。

案例：美国缅因州教师培训学院有一项研究成果，俗称"学习金字塔"理论。相关专家对7项学习方法进行样本化研究，测量出采用不同学习方法进行学习24小时后的知识保持率。其中的第一项"讲授"法学习，24小时候后知识保持率仅仅是5%，最后一项是"向他人讲授／对所学知识立即运用"，24小时后学生知识保持率达到90%。这个数据说明，如果在课堂教学中采用展示对话方式并立即进行应用训练，学生24小时后的学习巩固率可达90%。而用"讲授法"，学生24小时后的学习巩固率则是5%。

提高学习能力，促学习方式转型。通过展示对话学习，学生能够树立自信心、体验成功感觉，分享成功快乐。

为了寻找这种感觉，学生需要事先进行预习，在合作探究中积极参与，以便充分作好展示准备。在这种展示欲望的驱使下，学生学习进入良性循环，开始重视课前预习和课后拓展复习。

这种方法能有效促进教学方式的转型，让学生由被动学习走向积极主动学习，同时也能有效推动教师角色和行为转型。展示对话学习，能够在单位时间内使全班同学困惑的问题得到迅速解决，使全班同学在最短时间内都能够领会知识要点，这是展示对话学习的一大特殊功能。

因为同伴的展讲和交流，对学生而言更易于接受和理解。当学生在课堂学习中，把所困惑的问题都弄清楚时，心中自然产生一种成功的喜悦感和成就感，其学习兴趣在潜移默化中得以激发，从而促使他们更加喜欢学习，学习情感得到提升。

培养交往能力，促进个性绽放。展示对话学习，促使接受式的静态学习向师生对话式的动态学习转型，使学习过程社会化，打破了过去"课堂学知识、社会练能力"的传统框架。在这个社会化学习的系统中，学生像成人一样展讲和对话，自由表达，言者无过，发展个性，思维绽放。

通过展示对话学习，学生学会对话、学会尊重、学会交往，实现人人个性绽放，他们的思考能力也因此得到提升，思维能力得到发展，社会化能力得到明显提高。不论是课堂内与教师、同学交往，还是课堂外与社区成员、家庭亲属的交往，其方式和水平都会明显提高。

在推进基础教育课程改革实践中，展示对话学习正在以极强的生命力走向中小学课堂。走向展示对话学习无疑是一种挑战。因为以往的课堂教学中教师是话语的控制者，转向展示对话学习，教师就必须智慧地"闭上自己的嘴、启开学生的嘴"。

7. 以课型创新促教学转型。

课型创新是衡量一所学校能否进行深度课改的主要标志，是跳出单一化的授课模式、走向多元课型、实现教学方式转型的必要手段。课型改革也将带动教师思维方式和授课方式的转变。在推进基础教育课程改革实践中，进行课型创新有着重要的现实意义。

（1）课型是指上课的具体形式或类型。

按分类的不同标准，便有不同的课型分类。按教学方法划分课型可分为讲授课、实验课、观察课、练习课、复习课和综合课等。

（2）单一讲授课型的缺陷与弊端。

在实际教学中，由于受传统教学观念的影响，尤其是"五环节"教学模式的影响，很多校长或教师都简单地认为上课就是上新授课，就是"五环节"模式，最佳的教学方法就是讲授法。

在这种单一化的"新授课"教学体制下，教师成了权威的"教书匠"，学生成了单纯接受知识的"容器"。教师越教，学生越不愿学习，少数"高分"学生有时是以"牺牲"大多数学生的代价培养出来的。从某种意义上说，这些高分学生也是教师"蜡烛"的有限光芒照射下成长起来的"不完整学生"。

这些"不完整学生"情感被忽视、潜能被忽视、智力被忽视、思维被忽视，他们有的在情感上不喜欢学习，也不具备终身学习能力和创新能力。

在单一课型与人才培养之间形成了恶性循环，单一化课型导致单一化教学模式，单一化教学模式导致单一化教学方法，单一化教学方法导致单一化学习方式，单一化学习方式导致单一化学习能力。

（3）国家教育改革和发展纲要"战略主题"。

"战略主题"明确提出"重点是面向全体学生、促进学生全面发展，着力提高学生服务国家人民的社会责任感、勇于探索的创新精神和善于解决问题的实践能力。"这样的目标如何实现，这样的学生怎样培养？大胆地走出单一化的授课方式、走向多元化的新课型就成为课改的关键。

目前，从全国范围来看，许多学校都在积极探索新课型，根据学生发展的需要努力创新课型，并取得了一定成果，有效地促进了学生的发展和教师的成长，由单一课型走向适合学生发展的多元课型。

（4）课型创新有助于教师思维的转变。由单一课型转向多元课型之后，必须促进教学思维由"先教后学"向"先学后导"转变，教学观念由"师讲生听"向师生"合作探究"转变，教师角色由"灌输者"向"合作者、引导者、促进者"转变。

（5）课型创新有助于学校教学模式向课堂文化转型。由单一课型走向多元课型后，原来那些封闭、古板的教学体系被打破。在新的教育理念指导下，课堂教学要突出师生学习的行动要素，不同课型要体现出不同的学习行动要素。只有这样才能将课堂建设为汇聚先进教学理念、体现课型特征、融合多元学习方法的平台，并呈现出一种先进的课堂文化。

（6）课型创新有助于建构智慧型教学方法。

在单一的授课体制下，教师最擅长的一般是讲授法、提问法和启发式教学法。

由单一课型走向多元课型后，教师必须创新教学方法，根据课型特征，采用自主探究法、小组讨论法、合作探究法、展示对话法、思维训练法、问题生成法等新型学习法。

随着学生学习能力的不断提高，教师要积极思考，在教学方法上要适应学生学习成长的需要，并不断调整教学策略，逐步研究智慧型教学方法，走向智慧型课堂教学。

（7）课型创新有助于培养学生综合化的学习能力。

由单一课型走向多元课型后，为培养学生综合化的学习能力搭建了能力增长的宽阔平台。

案例：山西省问题导学模式。以问题学习为中心的创新课型，在创建问题导学型课堂学习模式中，建构了体现问题学习特征的多元课型体系，譬如"问题发现评价课"、"问题解决展示课"、"问题拓展评价课"等课型，有效地培养了学生发现问题、解决问题的能力，同时又培养了自主建构、展示对话、合作探究等学习能力。如杜郎口中学的预习课、展示课和反馈课等创新课型，有效地促进了学生能力的提高。

（8）课型创新有助于促进学生的全面发展。单一课型走向多元课型，为促进学生的全面发展搭建了平台。

案例：株洲市景宏学校、株洲市第七中学、株洲市十八中在以"建构问题导学"为特征的课型体系中，将每周的主题班会创新为"情感发展体验课"，实现了激发学生学习情感、点燃愿景、感悟人生、修正行为、培养习惯的德育目的，使学生的道德水平日益提升、新学习习惯逐渐养成。

8. 有效寻找规律，推进学校课改。

目前一些学校成功的教学改革正逐渐显示出自己的特色，能否从这些不同层面的实践探索中找到一些共同之处——那些隐藏于经验之中的规律。课改度过了"认识期"，将进入"行动期"。从改革的规律看，课堂教学改革如果不行动就永远不可能成功。

（1）专家引领，"临床式"研究，全方位推动课改。

学校课堂教学已经形成固定的意识形态、教学范式和行为习惯，这种基于自我认识基础上的平衡、饱和状态，很难自己改变。

学校应选择"专家引领、'临床式'指导，全方位推动课改"。学校可以选定学校认同的课改专家，从建构理念、创建模式、制定规范、转变方式、研制策略、开发标准等方面进行指导。尤其是在课堂教学改革实践中，专家"手把手"给予"临床"指导，是容易见到成效的改革途径。

这一方式最大的特点是周期短、成效快、品质高。

（2）模式引领，"操作式"研究，以规范推动课改。

教师已经养成传递式讲授教学方式，学生已经养成被动式机械学习方式，他们都形成了比较稳定的思维定式，只通过培训和说教是难以改变的。

选择"模式引领、'操作式'研究、以规范推动课改"则是有效的途径。学校根据课改理念，结合学校教学实际，构建符合本校特点的课堂学习模式，并系统制定操作指南，通过培训、研讨、座谈、沙龙等各种活动进行指导，以规范转变师生行为，以取得很好的成效。

（3）实验引领，"点面式"研究，以经验推进课改。

我国有许多较大规模的学校，在课堂教学改革实践中，深感"船大难调头"。面对这种情况，理性选择"实验引领、'点面式'研究，以经验推动课改"这一途径比较现实，根据教师素质状况和课改认识程度选拔实验教师和实验班级，集中精力，抓好实验班，取得成功经验，然后再在其他班级推广。

（4）示范引领，"合作式"研究，以行动推动课改。

与课改取得成效的学校结对子，建立能引导本校课改的合作关系。在移植成功经验的基础上，邀请各学科教师来学校蹲点进行"手把手"指导，帮助学科教师备课，帮助学科教师上课，帮助学科教师研课。以先行课改教师的实际行动来带动学校教师成长，以先行教师现身说法来促进教师观念的转变，以先行教师的实际行动来带动教师教学行为转型。同时还可以通过校际之间的"同课异构"、"异课同构"等活动来推动课改。

（5）培训引领，"自觉式"研究，以认识推动课改。

这是众多学校都采用的一种比较普遍的途径。每当假期或根据需要培训教师，力图通过培训教师来转变教师观念，转变教师行为，转变教学方式。广大教师通过专家培训、校本培训可以提升认识水平，进而自觉地开展课堂教学改革研究。

在这一过程中，一部分有敬业精神、有课改热情、有专业情感的教师，就会自觉、主动地行动起来，并很快取得一定的效果。但是，也可能出现许多不和谐的声音和行为，影响课改进程。

（6）自学引领，"自悟式"研究，以良心推动课改。

由于校长之间的认识差异，有的学校课改力度大一些，有的小一些，这是客观状态。力度小的学校往往采用"自学引领、'自悟式'研究、以良心推动课改"这一途径。校长积极给教师购买新课程改革方面的书籍和资料，对教师学习提出相关要求，动员教师自主学习，然后要求这些教师参与课改。在这种情况下，不同年龄、不同性别、不同职别、不同经济背景的教师的自觉性会显示出差异。结果是有的学、有的不学；有的改、有的不改。有职业热心、负责任的教师学一学、改一改，也有一些教师不动不改。学校课改几乎是靠良心推动。

（7）当前课堂教学改革呈现六大发展趋势。

课改第一个十年已经结束，我们又踏入了第二个十年，广大一线教师应该跳出"认识期"，坚定地走向"行动期"，共同走向深度课改。

表面看来差异很大的课堂教学改革，也显示出一些共通之处。它们集中表现在对学生的尊重、对学习规律的再认识、对课堂教学方式的改进。

①让学生参与课堂——现实中，往往是课堂教学设计越复杂，老师对教学内容处理越精妙，学生参与课堂的机会就越少，参与的程度就越低。

要让学生参与课堂，就得让教师让出课堂。虽然要教师让出课堂，但教师仍然是课堂的组织者。所以学生参与课堂最大的阻力，并不在于学生是否愿意参与，而是教师如何从课堂主导者转换为课堂组织者。这不仅涉及教师教学能力的提高，而且涉及教学能力的转换，前者只要努力就可以实现，后者需要重新学习才能实现。

在教师课堂主导能力越强的地方，教师更愿意也更有实力来捍卫现状；在教师课堂主导能力越弱的地方，在学生不参与课堂或者在课堂上不学习的情况下，教师更期望改变这种教师主导课堂的现状，于是反倒成了实现这种转换的突破口。

在老牌名校里，由于教师有较强的主导能力，可以用权威要求学生听课，也可以用魅力吸引学生听课，再加上学生也有更高的学习能力和学习主动性，所以他们的课堂病态并不明显。可真到了传统意义上的薄弱学校，教师主导能力弱一点，学生忍受能力也弱一点，当课堂中总是有三分之一的同学在睡觉时，如何吸引学生真正参与课堂，就成为教学改革的头等大事了。

②让学习主导课堂——课堂教学本来应该由教育目的和教学目标决定，但最终却采纳了谁强就由谁主导的原则，自然就形成了教师主导、教学主导、教学目标主导课堂的现状，学生、学习和学习目标反倒成了工具。当学生只是被动地向教师学习时，只存在听得懂还是听不懂的问题，学生自己是难以形成困惑的。事实上，没有学生的学，教师的教也就无从谈起，只有学生学习了，才会在学习过程中产生困惑，只有学生有了学习的困惑，教师的教学才有针对性。

先学后教，才会让教有针对性；以学定教，才会让教有有效性。

在教学改革走在前沿的课堂里，存在一个相同的原则，那就是教师的教学时间是可以想方设法压缩的，与之相应，学生学习的时间却是要给予保障的。让学生在教师教学之前，主动地学习当天的教学内容，也成为课堂教学的一大亮点。

③把学生组织起来——如果在课堂上限制教师的授课时间，是不是对教师教学价值的限制或者浪费呢？将教师与单个的学生相比，相信教师肯定是占优势的；但如果将教师与学生群体相比，要说教师一定比学生群体的知识要丰富，那还真要打一个问号。

因此，教师并不是把课堂还给学生就行了，还需要有效地把学生组织起来，充分利用同学之间的学习资源，来营造互帮互学、共同受益的学习组织和学习氛围。

在义务教育全面执行，学生就近入学政策之后，班级学生间的水平差异拉大了，传统课堂以分层授课为主的模式遇到了强大挑战。学生间的水平差异究竟是课堂教学顺利实施的障碍，还是提高课堂教学效率的资源，或者说如何实现从前者向后者的转换，是这一轮教学改革不得不解决的课题。要在课堂教学中把学生水平差异视为教学资源，就得采用"让学生教学生，让学生帮学生"的方式，让学生"在课堂学习中学会团结、在课堂团结中学会学习"。

④把学习过程完善起来——对学生来讲，把学习视为听课，或者把学习视为练习，这不仅仅是狭隘地理解了学习，完全可以说是错误地理解了学习。

对于今天的学生，有几位会在做家庭作业前把教师今天讲的知识看一遍？又有几位会把家庭作业做完后再把教师明天要讲的知识看一遍呢？把教师今天讲的知识看一遍，叫复习；把教师明天要讲的知识看一遍，叫预习。

遗憾的是，原本非常正常的，也是非常应该的复习和预习环节，在今天却变得异常珍贵。预习之所以重要，不仅仅是为后面的学习提供知识基础，还在于预习是学生主动学习的起步，只有有了这个起步，学生才会对整个学习过程负责任，因为只有当学生自己启动了学习过程，他才能够意识到学习是属于自己的，而不是在帮教师的忙。

⑤增加课堂的吸引力——如果学生在课堂上睡着了，我们的第一感觉，就是这个学生太不像话，既对不起自己的学习，又没有尊重教师的劳动成果。可是，当我们静下心来想想，学生为什么会在课堂上睡着了呢？长期以来，人们都在指责学生没有课堂自制力。在新一轮课堂教学改革中，有不少的学校尝试通过提高教师的课堂吸引力来解决这个问题。在课堂上讲授教学内容时，一定要用多种表现形式来呈现教学内容，尤其是要将抽象的教学内容与学生具体的现实生活联系起来。在课堂教学中使用多种教学手段，尤其是要借用现代教学技术，实现信息技术与学科课程的有机整合，从而让学生能够更轻松地理解学科课程，也可让课堂教学因为融入信息技术而变得更富有现代气息。

⑥拓展课堂教学宽度——要让学生考得好，就得让学生学得多；知识是学生学会的而不是教师教会的；学生的成功并不是单一学科的成功，而是所有学科共同的成功。

今天的课堂教学已经不再是哪一个学科教师的课堂，需要学科教师走出自己的课堂，去配合与自己搭班的其他学科教师的课堂教学。当自己所教学科太好时，往往是孤军深入；当自己所教学科太差时，往往会伤筋动骨，两者都不是好事。要让学生全面发展，要让学生不偏科，这样的要求并不只是对学生的，也是针对培养学生的教师的，要达到这样的目标，就意味着学科教师之间要团结协作，要互帮互助。

教学有法，但教无定法。在多种多样的课堂教学模式的背后，对课堂教学规律的遵循，对课堂教学发展趋势的把握，也是不可缺少的。

8.7 教学反思的技能

教学反思是"课堂诊断"的一种特殊形式，它是执教者站在诊断者的角度，对自己的课堂教学（包括师生的双边活动、教学的动态过程、自己的教学理念与教学行为等）所进行的自我反省或诊断。

反思是教师以自己的职业活动为思考对象，对自己在职业活动中所做出的行为以及由此所产生的结果进行审视和分析的过程。教学反思被认为是教师专业发展和自我成长的核心因素。

当前的教学过程中存在不少问题，如时下不少教师片面地理解合作学习，追求所谓小组学习的形式，做无用功的甚多。把合作讨论当作学生活动的唯一形式，一堂课下来，表面上热热闹闹，实际上收效甚微。有的教师不管在公开课上还是平时教学动辄就安排四人小组讨论，不管内容有无讨论的必要。有些甚至一节课讨论到底。也有的教师让学生合作学习，但没有给学生足够的时间，看到一两个小组有结果就匆匆收场，完成一次合作。究其原因，是教师没能真正理解合作学习的含义，未处理好合作学习与独立思考的关系。再如，探究性学习是指学生在教师的指导下通过自主的尝试、体验、实践，主动发现问题、解决问题，升华认识，学会学习。课堂上探究性学习主要体现在探究性阅读上——学生在教师的引导下对文本的深层含义进行开放性的、多元化的探究阅读活动。语文的探究学习不同于科学探究，但在操作上也要讲究科学性，随意探究只会浪费时间。但实际教学中教师往往只重视发散思维，不注重整合和优化，开放无度，天马行空。还有的语文课堂上特别重视对语文人文精神的挖掘，但对字词句等基础知识教学，几乎没有提及，有的教师甚至认为搞这些教学就显得落后、过时，平时教学不重视了，上公开课更是不教这些不能"出彩"的"添头"。课堂教学热热闹闹，教学形式变化多样，可就是听不到琅琅读书声，看不到对语言文字的揣摩品味，欣赏不到对优美精彩文段的必要的独到分析见解，没有了必要的训练，缺少了必要的积累，短短的课文学生读起来结结巴巴。试想，如果一个学生连一些极常用的字词也不会读，不会写，一写作文就是错别字、病句连篇，那么即使他文学感悟力很强，也是难以表达出来的。如果我们的语文课堂长期如此，少了听说读写基础知识的掌握和基本技能的训练，那么可想而知其他的一切活动也都将成为空中楼阁。

新课程非常强调教师的教学反思，按教学的进程，教学反思分为教学前、教学中、教学后三个阶段。在实际教学中，通过在三个不同阶段对教材的理解、教学目标的制定、教学方法的设计等多方面进行不断的思考和更新，在理论和实践经验方面都会有很大提高。

8.7.1 教学反思的过程

1. 教学前反思。

在教学前进行反思，能使教学成为一种自觉的实践。在以往的教学经验中，教师大多关注教学后的反思，忽视或不做教学前的反思。其实教师在教学前对自己的教案及设计思路进行反思，不仅是教师对自己教学设计的再次查缺补漏、吸收和内化的过程，更是教师关注学生，体现教学"以学生为本"这一理念的过程。

上课前，要认真地对教学思路、教学方法的设计、教学手段的应用及学生的年龄特点、在课上可能有的反应做了充分的反思。

经过课前的反思与调整，教学内容及方法更适合学生，更符合学生的认知规律和心理特点，从而使学生真正成为学习的主体。

2. 教学中反思。

在教学中进行反思，即及时、自动地在行动过程中反思，这种反思能使教学高质高效地进行。课堂教学实践中，教师要时刻关注学生的学习过程，关注所使用的方法和手段以及达到的效果，捕捉教学中的灵感，及时调整设计思路和方法，使课堂教学效果达到最佳。

根据课堂上的具体情况，适时地调整、创新教学内容和方法，使学生能够结合实际高频率地运用知识，掌握解决问题的能力，这样能更好地提高教学质量和教学效果。

3. 教学后反思。

教学后的反思——有批判地在行动结束后进行反思，这种反思能使教学经验理论化。在课堂教学实践后及时反思，不仅能使教师直观、具体地总结教学中的长处，发现问题，找出原因及解决问题的办法，再次研究教材和学生、优化教学方法和手段，丰富自己的教学经验；而且是将实践经验系统化、理论化的过程，有利于提高教学水平，使教师认识能上升到一个新的理论高度。

在教学过程中要善于处理好教学中知识传授与能力培养的关系，巧妙地创设能引导学生主动参与的活动及情境，让学生在实践中学习，才能不断地激发学生的学习积极性与主动性，既培养学生的学习兴趣，又培养学生思维能力、想象力和创新精神，使每个学生的身心都能得到充分的发展。

8.7.2 教学反思的方法

1. 写成功之处。

将教学过程中达到预先设计的教学目的、引起教学效应的做法；课堂教学中临时应变得当的措施，层次清楚、条理分明的板书，某些教学思想方法的渗透与应用的过程，教育学、心理学中一些基本原理使用的感触，教学方法上的改革与创新等等，详细得当地记录下来，供以后教学时参考使用，并可在此基础上不断地改进、完善、推陈出新。

2. 写不足之处。

即使是成功的课堂教学也难免有疏漏失误之处，对它们进行系统的回顾、梳理，并对其作深刻的反思、探究和剖析，有利于以后教学水平的提升。

3. 写教学机智。

课堂教学中，随着教学内容的展开，师生的思维发展及情感交流的融洽，往往会因为一些偶发事件而产生瞬间灵感，这些"智慧的火花"常常是不由自主、突然而至，若不及时利用课后反思去捕捉，便会因时过境迁而烟消云散，令人遗憾不已。

4. 写学生创新。

在课堂教学过程中，学生是学习的主体，学生总会有"创新的火花"在闪烁，教师应当充分肯定学生在课堂上提出的一些独特的见解，这样不仅使学生的好方法、好思路得以推广，而且对学生也是一种赞赏和激励。同时，这些难能可贵的见解也是对课堂教学的补充与完善，可以拓宽教师的教学思路，提高教学水平。因此，将其记录下来，可以补充今后教学的丰富材料养分。

5. 写"再教设计"。

一节课下来，静心沉思，摸索出了哪些教学规律；教法上有哪些创新；知识点上有什么发现；组织教学方面有何新招；解题的诸多误区有无突破；启迪是否得当；训练是否到位等等。及时记下这些得失，并进行必要的归类与取舍，考虑一下再教这部分内容时应该如何做，写出"再教设计"，这样可以做到扬长避短、精益求精，把自己的教学水平提高到一个新的境界和高度。

6. 教师间的交流讨论。

教师在时间和条件允许的情况下，还应该加强与同事间的交流对话，因为反思活动不仅仅是一种个体行为，它更需要群体的支持。和同事进行对话，不仅可以使自己的思维更加清晰，而且来自交谈对象的反馈往往也会激起自己更深入的思考，激发自己更多的创意和思路。教师个人可以中心发言人的形式，将自己对某一问题的思考与解决过程展现给小组的其他成员，在充分交流、相互诘问的基础上，反观自己的意识与行为，从而进一步加深对自己的了解，并了解和借鉴其他人的不同观点。

8.8　导学案的编制技能

尽管教育理论界对导学案有不同的看法，但我还是认为课堂教学方式改革的有效载体是导学案。随着课堂教学改革的逐步推进，怎样编写出高效、实用的导学案，这是一线教师最为困惑的问题，也是影响课堂教学改革能否顺利推行、学生自主学习能力培养能否达成的关键环节。

8.8.1　导学案产生的背景

导学案是教育教学发展进步的产物，有诸多的背景因素，概括起来主要有：

1．时代背景：现阶段，科学发展观指导下的建设社会主义和谐社会的思想核心是坚持以人为本，在学校坚持以人为本就是坚持以学生为本，以学生的发展为本。因此，教学上落实以学生为本就必须尊重学生的主体地位，让学生主动参与、自主发展。

2．社会背景：当今社会是竞争的时代，形成竞争的关键因素是创新，而学生创新能力的培养绝不是靠教师满堂灌、学生被动接受知识所能完成的，因此，学生的学习过程应该是主动思维和积极探讨的过程。

3．素质教育背景：素质教育的要求是面向全体，全面发展。培养少数尖子不行，只重知识不重能力与学法不行，所以我们要让每一个学生都能参与进来，在平等参与的过程中培养学生的综合素质。

4．新课改的背景：传统教育培养目标是单一的，新课改后的教育培养目标是"三维"的，这就需要教学过程必须把知识问题化，能力过程化，情感态度价值观潜移化。解决上述问题必须进行课堂教学改革，找到适合我们实际的教学模式，"导学案"不失为一剂良方。

8.8.2 实施导学案的意义

通过"学案导学"这一策略，能够解决"以学生为中心"的主体参与、自主学习为主体地位的问题，变"被动学习"为主动学习。实现两个前置：即学习前置和问题前置。使学生能够在学案的引导之下，通过课前自学、课堂提高、课后链接等环节的调控，降低学习难度。而教师则借助"学案导学"这一策略，能够将教材有机整合，精心设计，合理调控课堂教学中"教"与"学"，从而极大的提高课堂教学效率。学生通过自主、合作、探究、交流、展示、反馈等学习活动，使学生真正成为学习的主人。

8.8.3 导学案的基本内涵

1．导学案的定义。导学案是经教师集体研究、个人备课、再集体研讨制定的，以新课程标准为指导、以素质教育要求为目标编写的，用于指导学生自主学习、主动参与、合作探讨、优化发展的学习方案。它是以学生为本，以"三维目标"的达成为出发点和落脚点，是学生学会学习、学会创新、自主发展的路线图。

2．导学案的目的。导学案是学生自主学习的方案，也是教师指导学生学习的方案。是教师在准备上课教案的同时，根据本节课教学知识的特点、教学目标和课程标准，依据学生的认知水平、知识经验，为学生进行主动的知识建构而编制的学习方案，是教师集体备课的结晶。它将知识问题化，能力过程化，情感、态度价值观的培养潜移化。在充分尊重学生主体地位的前提下，积极发挥教师的主导作用，通过科学有效的训练，达到课堂教学效益的最大化。

3．导学案的作用。导学案的作用是提出学习要求、划定学习范围、指导学习方法、启发学生思考、帮助学生理解等等。"导"指指导、引导；"学"指学生、学习；"案"指方案、设计。

导学案遵循学生的学习规律，按照学生的学习全过程设计，将学生的学习重心前移，充分体现课前、课中，课后的发展和联系。

导学案的作用能使教师由学生学习的指导者变为学生学习的促进者、引导者，从而在根本上改变了学生的学习方式。

4．导学案的特点。导学案主要依据五大环节：课前预习导学——课堂学习研讨——课内训练巩固——当堂检测评估——课后拓展延伸。在先学后教的基础上实现教与学的最佳结合。

"导学案"的着眼点和侧重点在于如何充分调动学生的学习主动性，如何引导学生获取知识，习得能力。实质是教师用来帮助学生掌握教学内容、沟通学与教的桥梁，也是培养学生自主学习和建构知识能力的一种重要媒介。一份好的导学案能体现四个特点：

（1）问题探究是学案的关键，它能起到"以问拓思，因问造势"的功效，并能帮助学生如何从理论阐述中掌握问题的关键。

（2）知识整理是学案的重点，学案的初步目标就是让学生学会独立地将课本上的知识进行分析综合、整理归纳，形成一个完整的科学体系。

（3）阅读思考是学案的特色，可根据课文内容进行阅读思考，也可为开阔学生视野，激发兴趣，设计一系列可读性强、有教育意义的文章，包括与所教内容密切相关的发展史、著名专家的科研业绩、现代科学的热门话题等。

（4）巩固练习是学案的着力点，在探索整理的基础上，让学生独立进行一些针对性强的巩固练习，对探索性的题目进行分析解剖、讨论探索，不仅能通过解题巩固知识，掌握方法和培养技能，而且能优化学生的认知结构，培养创新能力。

8. 8. 4　导学案的编制

1. 编写导学案的指导思想。

导学案源于教材而高于教材，应是学习教材的有效辅助材料。它的编写必须符合新课改的指导思想，在形式、内容和问题的设计中集中体现"自主、合作、探究"的课堂教学模式。课外时间，导学案能引导学生自主高效的学习、练习、研究，是课外学习的"良师益友"；课上时间，导学案能进一步引导学生合作、讨论、展示，是教师了解学情、透析疑点的"重要依据"。只有站在"新课改、新理念"的角度编写导学案，才能真正实现学习方式和教育方式的根本性改变，真正实现"高效课堂"的目标。

2. 导学案的编制要求。

一是吃透教材是基础。教材是学生学习的媒介，导学案的编制必须深入研究教材，紧紧围绕三维目标的要求，提炼知识脉络，把握重点，研究新旧知识的内在联系和拓展提升点，找准关键，研究学法，探寻规律，深挖情感因素。

二是要对教材进行"二度创作与开发"。对导学案的设计要从教材的编排原则和知识系统出发，把握好对教材的"翻译"、"开发"和"二度创作"。把教材中深奥的、不易理解的、抽象的知识，"翻译"成能读懂的、易接受的、通俗的、具体的知识，帮助学生更易更有效地进行学习。

三是紧扣目标抓落实。导学案的编写要围绕单元教学要求和课后练习，每课设置有适宜的学习目标。整个导学案要以学习目标为中心，紧扣学习目标的落实来设置学习问题和学习过程。

四是逐级生成讲实效。一节课的好坏，不是学生停留在对课本知识的复制和学会上，更重要的是看课堂上学生的思维碰撞，对问题的质疑，文本的批判，动态的生成。导学案所涉及的课堂内容，要分层探究，有序引导，体现知识的逐步生成过程，要由低到高，由易到难，由简到繁，螺旋状上升。

3. 导学案的编写原则。

编写导学案的学习内容时应注意的五个原则。

（1）课时化原则。在每个学科新教材中，一些章节的内容用一课时是不能完成的，因此需要教师根据实际的上课安排，分课时编写导学案，使学生的每一节课都有明确的学习目标，能有计划的完成学习任务，最大限度地提高课堂教学效益。

（2）问题化原则。问题化原则是将知识点转变为探索性的问题点、能力点，通过对知识点的设疑、质疑、解释，从而激发学生主动思考，逐步培养学生的探究精神以及对教材的分析、归纳、演绎的能力。导学案的编写要遵循以问题为线索的原则。通过精心设计问题，使学生意识到：要解决教师设计的问题不看书不行，看书不看详细也不行，光看书不思考不行，思考不深不透也不行。让学生真正从教师设计的问题中找到解决问题的方法，学会看书，学会自学。

（3）参与化原则。通过对导学案的使用创造人人参与的机会，激励人人参与的热情，提高人人参与的能力，增强人人参与的意识，让学生在参与中学习。这就是所谓的参与性原则。相信学生，敢于放手发动学生，只要教师敢于给学生创设自主互助学习的机会，其学习潜能将会得到更有效的挖掘。

（4）方法化原则。导学案中应体现教师必要的指导和要求。教师指导既有学习内容的指导与要求，又有学习方法的指导。如在学生自主学习时，教师要明确、具体地告诉学生看教材哪一页的哪一部分，用多长时间，达到什么要求，自学完成后教师将采取什么形式进行检查等。

（5）层次化原则。在编写导学案时将难易不一、杂乱无序的学习内容处理成有序的、阶梯性的、符合各层次学生认知规律的学习方案。认真研究导学案的层次性。学案要有梯度，能引导学生由浅入深、层层深入地认识教材、理解教材。能引领学生的思维活动不断深入。还应满足不同层次学生的需求，要使优秀生从导学案的设计中感到挑战，一般学生受到激励，学习困难的学生也能尝到成功的喜悦。要让每个学生都学有所得，最大限度地调动学生的学习积极性，提高学生学习的自信心。

8.8.5 导学案的编写体系组成

1. 学习目标。

学习目标是建立知识结构框架上，学案中要体现出明确、具体的学习目标。即知识与能力目标、过程与方法目标、情感态度与价值观目标。学习目标设置的具体要求：

（1）数量以2~3个为宜，不能太多；

（2）内容一般包括知识与技能、过程与方法、情感态度价值观三个维度；

（3）可在目标中将学生自学时会涉及的重、难点以及易错、易混、易漏等内容做出标注，以便引起学生高度重视；

（4）学习目标的表述要精当、通俗，要让学生明确学习的具体任务且具有可检测性，能达成。

（5）一般用第一人称进行表述。

学习目标的设定要做到"四个吃透"：吃透教材与课标的关系；吃透本课在本学科知识体系中的位置；吃透本节课的价值点；吃透学情（知识的停靠点、能力增长点、思维爆发点，更要有学段的系统考虑）。

2. 学习重点和难点。

学习重点和难点包括两个方面：一方面是知识的重点难点，另一方面是学习方法或教学方法的重点难点。所以，就需要我们在备课时把重点的突出方式和难点的突破方法给学生，在这个问题上老师没有必要遮遮掩掩，学习重点、难点要表述到位，不要泛泛而谈。

3. 学法指导。

学法指导是什么，学法指导是教给学生解决问题的办法和手段，它不是"取向"，是朝着某个方向行动的"做法"。学法指导是学生自主学习过程中对某个内容学习时会出现什么问题，用什么方法方式解决这个问题时可以走最短的路、最有效，学法指导是最典型最纯粹的东西，其实质就是告诉学生在自主学习时需要注意的方法或使用说明，也可以说是对学生的一种温馨提示。

4．知识准备。

即课前小测或复习巩固，有的老师命名为：前置测评、诊断检测等。该环节的作用：扫清学习新知识的障碍，为新知学习做好铺垫。视课的情况而灵活设置。

5．导学过程。

导学过程是导学案的中心环节，是导学案的核心，要体现导学、导思、导练的功能。

导学过程通常分为二个内容：

（1）自主学习，预习导学。环节上的要求有：本课背景、预习任务、预习方法。内容上的要求有：一是要求学生要总览教材；二是重要的概念和信息；三是问题化的训练和自测。无论是课上还是课下完成要保证两点：一是要让学生形成诚实化的意识，让学生自主，不是抄写辅助资料；二是给学生预习的套路。这个过程教师要进入到学习小组中，要以最短的时间摸清学生预习情况，了解哪些问题是共性问题。

（2）合作探究，问题解决。这部分内容是学生在掌握了自主预习部分基本知识的基础上对知识内容的进一步深化和拓展，也可以是学生在学习本课中必须强化的知识点和学习方法，也可以是让学生提出在学习过程中的难点、疑点及困惑。重在教师的点拨和引导，从而巩固新知，突出重点。

6．达标检测。

课堂同步练习可以穿插在合作探究、问题解决中或预习导学的过程中，也可以根据实际情况作为单独的一个环节来进行独立检测。如果是课后的作业，只要标注好出自练习册的页码和题号，在导学案上留出空白。单独进行达标检测的编排与使用的具体要求是；

（1）题型要多样，量要适中，不能太多，以5分钟左右的题量为宜；

（2）要紧扣考点，具有针对性和典型性；

（3）难度适中，既面向全体，又关注差异。可设置选做题部分，促进优生的成长。

（4）要规定完成时间，要求独立完成，培养学生独立思考的习惯和能力。

（5）注重及时反馈矫正。

达标检测过程要注意两点：①在编写导学案时，每一个学点后面尽量跟上对应的练习，为拓展学生的思路、使学有余力的学生能有最大程度的收获；②课堂教学中，反馈矫正是提高课堂教学效益的一个重要手段和途径，反馈矫正的基本要求是"适时反馈，及时矫正；真实反馈，准确矫正"。因此，每一个知识点后面对应的练习要扣住本堂课的重点、难点、易错、易混、易漏点、中考热点，以巩固本堂课学习的基本知识、基本技能。反馈矫正的内容不仅仅是书面练习、检测，也可以是提问、展示、练习等多种形式。

7. 归纳总结。

归纳总结，即知识结构整理归纳。按知识点之间的内在联系归纳出知识点的线索。具体知识点要尽可能留出空白由学生来填，同时还要引导学生对学习方法进行归纳，对自己的行为结果进行解析和解读，在回顾所学的基础上，要有深层次的东西。

8. 布置作业。

作业包括两部分：一是巩固当堂所学内容的课外作业，通常选自学生手边现有的练习册；二是下发下节课的预习导学作业。

9. 课后反思。

学完一节课要促使学生能够进行反思。要安排好一定的反思的内容。开始阶段的反思，可由教师出示反思内容。同时教师也要进行教后反思。

以上这些环节不一定都是显性呈现在导学案中。其中1、2、3、5、7、8通常是显性的，其他有可能是隐性的或根据课型环节而定。也有可能一些环节在导学案上看不到，是贯穿在展示预习和合作探究过程之中。

8.9 学生实验与实践创新指导技能

如何培养学生的实践创新能力已成为实验教学过程中需大力研究和探讨的问题。学生实验一般是在学完一章或一个单元教材之后进行的，它的目的在于巩固和加深理解已学过的教材，把知识运用于实际，培养学科实验基本技能，运用实验方法解决一些实际问题。培养学生实验技能与实践创新能力是真正落实素质教育，培养创新人才的有效途径。

8.9.1　学生实验技能的培养指导

1．培养学生良好的实验习惯。

在实验教学中注意使学生养成良好的实验习惯，是培养学生科学态度的重要措施。良好的实验习惯包括：正确使用仪器、规范的实验操作、认真观察并记录实验现象、如实完成实验报告、遵守实验室规则、注意节约药品和实验安全等。在教学中注意从科学态度、规范操作上给学生进行示范，对学生遵守实验室规则提出严格要求，对如何观察、记录、实验现象、填写实验报告则加以具体指导。每次学生分组实验结束，要让学生清洗实验仪器、整理药品，保持桌面整洁，养成良好的实验习惯。

2．指导学生科学的学习方法。

科学的学习方法的训练和培养是实验教学的重要目标。科学的学习方法能使学生对所学的知识和技能不仅知道"是什么"，能够提出"为什么"，继续追问"还有什么"，进而解决"做什么"和探索"怎么做"，激发学生的观察能力、分析能力提高。

3．提高学生的实验能力。

就实验教学而言，主要是培养和发展学生的观察能力、动手实验能力、对实验问题的思维分析能力。强化课堂演示实验、落实学生分组实验、开发家庭小实验，都是培养学生观察能力，提高实验能力的重要途径。培养学生对实验的良好观察习惯和科学的观察方法是提高学生实验能力的前提。要求学生对观察到的各种现象进行逻辑分析，综合判断，得出结论，交流与表达，达到观察的目的。

4．指导学生设计实验方案。

指导学生进行实验设计和实验记录是提高学生实验能力的重要手段。在学生较熟练地掌握了实验基本操作的基础上，结合有关实验习题，指导学生设计实验方案，包括实验目的、选用的仪器和药品、实验所涉及的学科知识原理和操作步骤等。设计实验的过程，也是对既定实验有关的基础知识和实验技能的提高过程。当学生亲手完成自己的设计实验并获得预期的结果时，不仅加深了对有关知识的理解，提高了有关实验的操作技能，也增强了进一步做好实验的信心和勇气。

5. 指导书写实验报告。

实验记录是把在实验中搜集到的各种感性材料如实地用文字、学科用语、数学计算、表格等形式记载下来的一种书面材料。完成实验报告的过程是学生从感性认识上升为理性认识的过程。因此，培养学生做好实验记录、写好实验报告是养成科学习惯，增进学生科学素养不可忽视的环节。

8.9.2 注重培养学生的实践创新能力

如何培养学生的实践创新能力已成为实验教学过程中大力研究和探讨的问题。实验教学重在培养学生实验操作技能，以及发现、分析和解决问题能力，目前的实验教学仅局限于辅助教学形式，对学生的综合能力、创造能力和研究能力等方面的训练不够。

1. 设计性实验对培养实践能力和创新能力的作用。

从实验的性质来看，可分为演示性、验证性、操作性实验和综合性、设计性、创新性实验两大层次。前者是对知识的理解和掌握；后者的综合性实验是介于两层次之间的，设计性实验才是培养实践能力和研究能力的，而创新性实验则体现了实验效果的最高境界。

何为设计性实验？其主要特征是老师只给出实验的对象、目标、要求、技术指标、完成期限和验收方式，至于实验的实现方案、技术路线、元器件的选择、具体制作和调试方法、指标测试等则全部由学生自主完成。比如，各类电子大赛就是设计性实验的一种具体体现，因为大赛规则中包含了基本要求和自主发挥的要求。自主发挥实际上融合了创新性实验的内涵。所以说，设计性实验对学生实践能力和创新能力的培养有着不可替代的作用。归纳起来有如下特点和效果：

（1）由于设计性实验的全过程是由学生独立自主完成的，实验的主动权在学生方，不可能存在等待、依赖思想，能充分发挥学生的主观能动性和积极性，这是培养学生实践能力和创新精神的前提基础。

（2）设计性实验的要求不是通常验证性、演示性实验的简单综合，而是更多地贴近工程实际、综合运用所学知识进行项目的设计和实现，含有创新因素，因此对学生既有挑战性又有压力，能激发学生的兴趣，这是培养学生实践能力和创新精神的动力源泉。

（3）学生通过设计性实验中的任务分析、方案制定、电路构思、硬件设计、软件编写、分步试验、制作实施、系统调试、指标测试、性能改进和报告撰写等全过程的实践和攻关，既能把所学的理论知识加以综合运用，又能把研究视野扩展到相关的知识领域，接触一些先进的元器件并加以运用。动手实践的能力得到实实在在的训练，发现问题和处理问题的能力会有实质性的提高，创新素质在这种潜移默化的过程中得以形成和提升。

（4）由于设计性实验的实施必须独立经历从第一步到最后一步的全过程，每个人的方案和实施方式各异，从学生的整体来看，充分发挥了各人的原创能力、设计能力和实施能力，由此也萌发出来不少对工程和社会有实际贡献的创作思路。设计性实验的要求和技术指标也有利于促进学生之间在实施过程中的技术交流和问题的探讨、相互启发和取长补短，这种团队合作解决问题的氛围和条件是实验指导老师的能力所无法提供和满足得了的。

2. 以学生为中心，开展开放性实验教学。

开放性实验教学侧重于培养学生的实践能力、创新意识和创新能力，激发学生的创新热情和兴趣，给学有余力的学生一个自主发展和实践锻炼的空间。

组织学生参加开放性实验，在教学过程中真正实现以学生为中心；教师不仅指导学生，而且也从学生中获得了新的思想和动力，真正体现了教学相长。学生根据自己的学习时间和精力自主选择实验项目，预约实验时间，训练自己实验操作的动手能力和创新能力。实验室尽最大努力为学生提供实验条件和经费，指导老师和学生一起解决实验过程中所遇到的问题。要求学生认真观察实验现象，及时记录处理实验数据，不断扩展知识面。

针对一些自选实验课题型，可以鼓励学生多做市场调查，结合市场需求，将自己的课题按产品要求设计，写出实验课题论文，以便于进行市场推广。从而使开放性实验不仅仅局限于实验，而是将其转变为产品设计开发，这样可以大大开拓学生思路，提高实践能力。

8.10 综合实践活动课程指导与诊断技能

8.10.1 深刻认识综合实践活动课的重要性

1. 综合实践活动课程的特点。

综合实践活动课程是在教师的指导下，学生自主进行的综合性学习活动，是基于学生的经验，密切联系学生自身和社会实际，体现对知识综合应用的实践性课程。从课程理论出发，综合性学习强调不同学科和内容的联系与综合。从具体方法层面出发，它强调学生自身学习经验的整合，可以说是把学生片断的学习经验联系起来，形成个性化的学习方式。

2. 综合实践活动课程的实质。

综合实践活动课程的实质是综合性学习。综合性学习指的是不过分强调学科的界限，为了完成某一活动主题，以学生的兴趣和爱好以及学校和地区的实际情况为基础，通过学生主体性的、创造性的体验解决问题，从而获得学习效果的一种学习活动。

3. 综合性学习的主要目标。

综合性学习的主要目标是培养学生的综合性能力，这种能力是选择、运用和调控各种能力的基础。学生今后所面对的社会不是一个以学校的学科划分的社会，学生所遇到的问题也不是简单的、孤立的某些学科的问题，而是一系列综合性的整体性的问题，他们需要的应该是综合能力。

4. 综合能力的核心。

综合能力的核心是人的生存发展能力，它主要包括：主体性的探究和创造的态度；自己发现问题、独立思考、主体性的判断以及有效地解决问题的素质；与他人共同生存发展的能力。未来社会要求社会成员应该具备较强的应变性和创新性，而应变性和创新性是由多种能力所支持和保证的，这多种能力的组合最终将体现在综合性的问题解决之中，也就是要形成生存发展能力。所以通过综合实践活动培养学生的生存发展能力就显得十分重要，这是综合实践活动课程的主要目标。

8.10.2 综合实践活动课程指导的基本要求

综合实践活动课程的学习内容包括信息收集方法、调查方法、总结方法、报告方法和发表讨论方法以及思考问题的方法。综合实践活动的学习方式包括研究性学习、基于问题的学习、任务驱动学习、合科学习、课题学习、项目学习、探究合作学习等多种形式。

学生进行综合实践活动，综合实践活动的整个过程就好像我们教师在做课题，从活动准备阶段、实施阶段、总结交流阶段一系列的过程就是围绕某一个主题进行比较全面的通过亲身体验认识的过程，所以，我们在指导学生进行综合实践活动的过程，教师就要心中有全局观念，活动到了什么程度，还需要设计什么活动，教师要有眼光，这样才能够让活动完整的、有深度的完成。

1. 要求教师对综合实践活动课程有准确的定位。

（1）对活动性质有准确定位。综合实践活动是基于学生的直接经验、密切联系学生自身生活和社会生活、体现对知识的综合运用的实践性课程。在新的基础教育课程体系中，综合实践活动具有自己独特的功能和价值。实践性、开放性、自主性、生成性是综合实践活动的本质。它是自主的，以学生为主体；它是开放的，时间开放，空间开放，它是生成的，从准备阶段计划的制订到展示交流阶段成果的生成，不断地在变化，在调整。它必须要学生亲身实践，这是它最根本的问题。

（2）对培养学生能力有准确的定位。在综合实践活动中，综合实践活动的核心是学生能力的培养。如何在综合实践活动的过程中潜移默化的培养学生的能力，如问题意识、规划和设计能力、总结和交流的能力、调查和访问的能力、实验和观察的能力、信息收集与处理能力、逻辑思维能力等我们要有准确的定位。所以我们一定要把握能力的培养是在具体活动中的培养，使经验得以提升，使情感得以升华，能力得以培养。

2. 准确把握综合实践活动内容领域特点。

综合实践活动最基本的内容领域包括研究型学习、社区服务与社会实践、劳动与技术教育、信息技术教育等方面。目前，信息技术教育以教材为依托由微机老师带领学生学习，重点要把握的是研究型学习、社区服务与社会实践、劳动与技术教育三大领域进行的综合实践活动的不同要求。

3. 把握综合实践活动的三个阶段活动及特点。

在综合实践活动中，完整的主题活动是三个阶段构成：准备阶段，实施阶段、总结展示阶段。阶段不同，教师指导的任务就不同。

在准备阶段，教师要指导学生完成"学生综合实践活动计划"，对主题活动的完成要有计划，在这一阶段主要培养学生的规划能力；在实施阶段，要对主题进行分解形成子主题，按照子主题的任务，进行通过各种方法，进行各种活动，在活动中进行中期交流，形成突破主题，在这一阶段，通过学生的亲历亲为，获得直接经验；在总结展示阶段，学生要对资料作品进行整理分类，形成自己的观点。无论在哪一个阶段，教师要注意在实践和探究的过程中，注意把握阶段特点，保存原始材料，留下学生成长发展的轨迹，便于他们对实践进行反思，完善以后的行动。

8.10.3 综合实践活动课程的指导教师的专业素养

综合实践活动的领域是比较宽泛的，学生在综合性学习、劳动与技术教育、社区服务与社会社会实践领域开展综合实践活动中，一定会通过多种方式获得知识，通过实际操作让知识转化成技能。在设计实践主题活动中，教师一定要关注这些专业问题，帮助学生找到解决专业知识技能的途径。

同时综合实践活动课程的指导教师的专业素养必须具备一定的专业知识、专业能力、专业态度、专业资历和经验

一位美国学者认为，担任综合性学习课程的教师必须是"全能型"的专业化教师，"全能型"的专业化教师必须具备的四种能力：一是具有永恒价值的基本能力；了解人和社会的能力；清晰的思考能力；获取情报的能力；有效的语言文字交流能力；了解人和环境的能力；个人生存能力。二是具有发展价值的扩展能力；确认和发现信息源的能力；信息选择摘要和简化的能力；对信息的分析和分类的能力；处理和保存信息及应用新技术的能力。三是具有高价值的创造能力；善于认识科学技术可能带来的社会后果的能力；善于提出尚未解决和多种答案的能力；善于在已有信息基础上进行假设的能力；善于把相反或近乎没有联系的观念综合成新思想、新观念的能力；善于运用口头、笔头形式有效地交流探讨结果的能力；善于组织学生的能力。四是具有职业特点的临床实践能力，这种能力是一个教育理论家和实践家应该具备的。

1. 专业知识。

美国学者舒尔曼认为教师专业知识包括：原理规则性知识，即教育学、心理学、教学法方面的专业理论知识；专业的案例知识，即像医生、律师、工程师那样

掌握大量的实践案例；策略性知识，即在具体的教育教学情境中灵活运用原理规则的知识。作为专业教师，具备相当水平的当代科学和人文基本知识，是教师维护正常教学和不断自我学习的基本前提。如进行信息技术教育、进行综合实践活动教学的知识。

2．专业技能。

（1）专业技巧。教学技巧的功能在于引导学生的学习活动，控制课堂气氛和学生的注意力，使教学活动顺利进行。包括：导入、强化、提问、沟通、表达、个别辅导、教学媒体的运用等。

（2）专业能力。包括一般能力和特殊能力。教师在智力上应达到一般水平，是维持教师正常工作的基本保障。教师的特殊能力包括：教学设计、教学实施（选择和运用教学方法、因材施教、组织课堂教学、教学技巧的运用等）、教学评价、课程开发、综合课程教学、教研科研、反思。

①教学设计的能力。

综合实践活动课程虽然有《综合实践活动指导纲要》、学生学习的教科书、教师教学参考书等课程资源，但如果进行综合实践活动教学，不把上述内容根据学生的情况按照一定的关系进行设计，是不能进行有效的教学的。另外，综合实践活动一般是以课题为基础展开的，而关于自然和社会的课题又都具有多样性和复杂性，没有统一的学习内容和标准，因此，综合实践活动各方面扩展空间十分广阔，信息量很大，不可控制的因素繁多，教师的自由度和选择度也高于普通的分科教学，所以要求教师必须对教学内容、教学活动、教学策略等教学要素进行有效的教学设计，如果在教学中不能对教学内容、教学媒体以及教学环境进行合理的处理和设计。这种学习活动应该与社会生活密切相连，应该与社会人员共同协作。因此，向社会汇报学习成果，寻求与社会各界人士的合作是十分重要的。这样，学生可以实际感受到自己与社会的联系，获得综合实践活动的成就感，能够真正掌握学习成果。

②教学预测的能力。

学生只依靠兴趣和爱好学习，往往不能够最终完成学习任务，或者只是将学习结束于肤浅的水平，那么，如何才能使学生获得较深层次的学习结果呢？在综合实践活动中所选择的问题应该是比较深刻的，在确定题目时应该对学习发展阶段性有所预测，这样就需要教师全面掌握有关这个问题的知识与背景资料。这些知识除了应该包括各个相关领域的内容性知识，还包括如何收集信息、从怎样的子问题开始等方法性知识。一般而言，综合实践活动课周期比较长，常常是教师一边制订教学计划，学生一边学习，能够做到十分准确的预测是比较困难的。这与设计能力相关，可以在频繁的设计、实施、评价的过程中进行预测。

③应用信息的能力。

信息技术与综合实践活动课程有着十分密切的关系，信息技术教育是综合实践活动指定领域的四大内容之一。所以作为综合实践活动的教师必须掌握应用信息技术的能力。应用信息的能力一般包括从何处收集信息，判断什么信息重要，信息间的关系，怎样整理加工信息等内容。如果需要深入地研究某一个问题，应用信息的能力是一个基本的条件。这不仅是对学生的要求，同样是对教师的要求。为了不使综合实践活动的结果只停留在表层的体验上，教师对学生应用信息能力的培养是十分必要的。在学习过程中所体验到的内容，通过信息的应用，可以变换为知识，这种变换的能力也是一种应用信息的能力。应用信息的能力也可称为现代信息社会的读写能力，这种能力一般包括四个要素：第一，对信息的判断、选择、处理的能力以及对新的信息的创造和传递的能力；第二，对信息化社会的特性及其对人类影响的理解；第三，对信息重要性的认识以及对信息的责任感；第四，对信息科学的基础和信息手段的特征的理解及相关操作的能力。

④整合教学内容与方法的能力。

内容性知识和方法性知识是不同的，只掌握了方法并不能有效地解决问题，应当把内容和方法有机地结合起来。深入了解内容是学习的基本要求，因此不能忽视对内容的学习。对言语交流策略的研究表明，假如言语知识丰富，即使交流策略贫乏，也能比较顺利地交流信息；相反，即使言语知识贫乏，如果具有有效的交流策略，同样能够实现信息意义的交流。由此可见，内容与使用内容的策略知识都是十分重要的。培养学生把内容和方法有机结合起来的能力就是综合实践活动课程对教师的新要求，教师应该教给学生内容和方法两方面的知识，而在传统的课堂教学中，往往是把对内容的理解作为重点。

⑤指导研究性学习的能力。

综合实践活动的指定领域四大内容之最重要的核心内容就是研究性学习。在进行综合实践活动课程教学时，一般是围绕某一主题进行，教师在进行主题活动设计时，无论是设计理念、策略、程序、模式都应该是按照研究性学习的程序进行设计，在解决某一主题的过程中学习研究性学习，至于信息技术教育、社区服务和社会实践、劳动与技术教育以及非指定领域的内容，还有其他学科的知识和能力，都应该是解决某一主题的过程中所运用的手段、工具、条件、环境等。所以，作为综合实践活动课程的教师，必须掌握研究性学习的理论和方法，同时还要掌握指导学生进行研究性学习的理论和方法。比如，创设情境、发现问题、选择问题、确定课题、提出假说、制订规划、制订计划、制定方案、调查研究、实验观察、访问、资料收集、资料整理、撰写实验报告、撰写论文、制作产品、评价评估、拓展延伸等。

⑥组织合作教学的能力。

综合实践活动的学习一般采用合作学习的方式，这是现代社会发展的实际对学生的要求、课程改革实验的目标之一，也是综合实践活动课程中解决问题的有效方法之一。教师一方面要指导学生学会合作，运用合作方法与同学、教师、校长以及其他有关人员进行合作学习，另一方面还要进行教师之间、教师与领导、教师与教研人员以及其他有关人员之间的合作，甚至是跨时空的合作。作为综合实践活动课程的教师如果自己都不会合作，那么，就根本无法指导学生和其他人员的合作。

人类的问题一般包括两大方面：生活问题和社会问题。美国教育协会曾在1944年作过一项重要的研究，把生活问题分为六个主要范畴，即公民责任和能力、经济理解力、家庭关系、智力活动、鉴赏美、语言能力。社会问题是指源于社会生活困扰人们的关键性且有争论的问题，包括贫困、饥荒、人口控制、能源保护、环境保护、通货膨胀、种族问题、战争和平、妇女地位、失业等等。如此广泛的人类问题，就要求教师在进行教学指导时，对问题、方法、学习资源进行必要的准备，由于主题内容具有复杂性，有的教师因为知识和经验的原因不能进行有效的教学，那么教师之间必要的合作就显得十分重要了。另外，综合实践活动有时解决的是一个较大的课题，教师必须与其他人进行合作解决。

⑦促进自主学习的能力。

学校教育一般分为两个方面，即"统一化教育"和"差异化教育"。"统一化教育"是指培养学生在以后社会生活中所必需的知识和能力，如读、写、算、计算机、外语等方面的知识和能力的教育。"差异化教育"是指尽量使每个学生施展自己的特长的教育，可以产生不同学习结果的教育。具体可分为两种课程，一种是国家以课程标准对所有学校规定的共同课程；另一种是每个学校自己独创的课程，综合实践活动课程就属于这种课程。这种课程在一定意义上讲就是为了促进学生的自主学习、个性化学习。因此，综合实践活动课程的教师必须按照多元智能的理论、建构主义的理论和因材施教的原则，通过各种教学方法，培养学生的自主学习能力。

怎样才能促进学生自主学习呢？在建构主义教学论背景下，产生了一系列的新的教学模式，这些教学模式就能有效促进学生自主学习。建构主义教学模式可以概括为：在整个教学过程中以学生为中心，教师起组织者、指导者、帮助者和促进者的作用，利用情景、协作、会话等学习环境要素，充分发展学习者的主动性、积极性和首创精神，最终达到使学习者有效地实现当前所学习知识的意义建构的目的。

⑧组织综合实践活动课程评价的能力。

综合实践活动课程的评价，不能简单地参照以学习知识为主要目的学科的学习评价方法。对综合实践活动课程进行评价，应该全面地、综合地考虑和检查诸如如何设定课题、在何处产生了新的想法、如何得出结论、建立了什么假说、体会到了什么、习得了什么以及这个课题以后如何继续进行等问题，因此要求教师具有综合评价的能力。

综合实践活动课程的评价方法，应该对学习活动的过程、方法、报告书、作品等结果进行评价。一般应采用定性与定量相结合的方法。教师还要指导学生进行自评、互评。

8. 10. 4 综合实践活动课开展的诊断

在基础教育课程改革行动中，综合实践活动课程以必修课的形式被纳入到新的学校课程体系，《基础教育课程改革纲要》（试行）明确规定："从小学至高中设置综合实践活动并作为必修课程，其内容主要包括：信息技术教育、研究性学习、社区服务与社会实践以及劳动与技术教育。综合实践活动强调学生通过实践，增强探究和创新意识，学习科学研究的方法，发展综合运用知识的能力。"

综合实践活动课的设置无疑是我国基础教育课程体系的结构性突破和重大改革，是我国新课改的一个重点也是一个突出亮点，参与新课程的教师以高度热情投入实验研究，取得了显著的成效，加快推进了教育发展的进程。但是在实践探索过程中，还存在种种偏差。为了更好完善综合实践活动课的开展，促进学生有品质的

成长，有必要结合各地实际进行诊断。主要解决以下问题

1．重生成轻统筹规划。《综合实践活动指导纲要》中提出："综合实践活动要集中体现学校的特色，学校应对综合实践活动进行统筹规划。建议每一所学校根据本校和本校所在社区的特色推出三类相互衔接的计划，即'学校综合实践活动计划''年级综合实践活动计划'以及'班级综合实践活动计划'。"

2．重分散轻融合。《综合实践活动指导纲要》指出："研究性学习、社区服务与社会实践、劳动与技术教育、信息技术教育四大指定领域以融合的方式设计与实施是综合实践活动的基本要求。各学校要根据地方和学校的课程资源，以综合主题或综合项目的形式将四者融合在一起实施，使四大领域的内容彼此渗透，达到理想的整合状态。"很多学校对这一点缺乏足够的重视，以至于综合实践活动的开展存在大量的"分化"现象：学校日课表上没有综合实践活动课，只有劳技、研究性学习、信息技术课、社会实践课，把"四大领域"当成四门"具体课程"；把"信息技术教育、劳动技术教育"作为学科课程来实施，把"研究性学习、社区服务与社会实践"作为活动或课外活动来实施，人为地割裂了这四块内容，而不去设计一个良好的情境刺激学生综合运用自己的所学，锻炼综合能力，使综合实践活动的意义得不到最佳体现，这显然使综合实践活动课难以发挥应有的课程魅力。

3．重活动性轻综合性。"综合实践活动必须立足于人的个性整体性，立足于每一个学生的健全发展。"对任何主题的探究都必须体现个人、社会、自然的内在整合，体现科学、艺术、道德的内在整合。

"综合实践活动课程在促进知识的综合化上具有学科课程不能比拟的优势。"综合实践活动课有别于分科课程的重要特征之一就是它的综合性，促进学科综合性学习是综合实践活动课的重要目标，设计活动时应当努力体现各学科的综合，以促进学生综合能力的发展。遗憾的是很多学校却忽略了这一点。例如，有的学校在综合实践活动课中分小组活动：烹饪组，学自行车组，美工组等。这样活动内容和学习方式较为单一，学生的综合能力情感得不到充分发展。笔者认为这和设置综合实践活动的本来目的南辕北辙。

4．重技能趣味轻情感价值。《基础改革课程纲要》指出要"改变课程过于注重知识传授的倾向，强调形成积极主动的学习态度，使获得基础知识与基本技能的过程同时成为学会学习和形成正确价值观的过程"。发展学生积极向上的情感态度

价值观自然也是综合实践活动课的重要任务，目前综合实践活动方案设计普遍较为忽视如何发展学生情感价值观与提升道德品质，有的干脆等同于技能培训课（例如有的学校在综合实践课学烹饪、学雕刻等等不一而足），没有精神的唤醒，没有人文底蕴的拓展。设计得当的综合实践课应当对学生人格成长具有深远意义，否则，就丧失了本课程独一无二的优越性。

5. 重主体轻主导。小学生尤其是三年级的小学生，由于年龄经验的局限，认识能力、选择能力是有限的，不成熟的，他们的兴趣未必健康，选择未必正确。遗憾的是目前有很多老师片面理解儿童的主体性，而忘记了自己作为教育主导地位的作用，不以一个教育者的高度从有益终身发展的角度去引导，盲目无原则地尊重儿童的自主性，生怕被扣上不尊重学生的帽子，导致课堂放任自流，教育效益极低。

6. 重信息的搜集轻信息能力培养。一个知识经济的时代、一个经济全球化的时代，处于时代发展和科技进步的大背景下，毋庸置疑，信息能力已成为现代社会公民必备的一项重要能力。《国家基础教育课程改革纲要》明确指出综合实践活动内容包括信息技术教育，要求"在课程的实施过程中，加强信息技术教育，培养学生利用信息技术的意识和能力。"很多老师在课程实施中只知道经常要求学生搜集信息，但是对信息该如何筛选、处理、利用却不指导或缺乏有效指导，导致学生信息能力得不到理想的发展。

7. 重问题的研究与结果轻问题的发现。爱因斯坦说过："提出一个问题比解决一个问题更重要。"任何科学成果起始于发现问题。培养学生从小有一双敏锐的眼睛，善于发现身边的问题，具有十分重要的长远意义。综合实践活动课也应当着力培养学生的问题意识，应该花更多的时间去培养学生发现身边的小问题，带领他们去研究，在过程中指导方法，体验解决问题的过程，培养科学素质，而不是非要取得什么大的成果。他们得出的结果可能是极细小的，观点可能是极幼稚的，但是这是成长必须经历的过程，在经历中他们无形中获得了最宝贵的素质，潜力是无限的。

8. 重过程轻评价。新课标提出要重视过程与体验，但并不是要取消评价，否定结果评价。目前普遍的现象是从一个极端走向另一个极端。

第九章
高效课堂教学的实践研究

"模式"在西方学术界通常理解为经验与理论之间的一种知识系统。一般是指介于经验与理论之间,把两者沟通起来的一种具有可操作性的典型体系和简约化的知识范型。高效的课堂教学模式是观念、方法的载体,是操作路径,是有效推进课改的生产力。

9.1 构建课堂教学模式的意义和价值

9.1.1 教学模式的意义

《国家中长期教育改革和发展规划纲要》把培养创新型人才、着力培养青少年的社会责任感、创新精神和实践能力放在突出的位置上。培养创新型人才是提高教育质量、推进素质教育的重大战略和政策的主要目的。因此,探索培养学生创新能力的课堂教学模式势在必行。

培养学生创新能力的课堂教学模式应该营造创新氛围,强化对学生创新意识、创新精神和创新能力的培养,要求教师营造创造性思维活跃、畅所欲言的环境氛围,让课堂成为学生充分发挥独创精神的空间。美国哈佛大学在本科生和研究生教学中所实施的研讨会课堂教学模式对我们探索培养学生创新能力教学模式具有重要的借鉴意义。

教学模式是一种具体化、操作化了的教学思想或理论,它把某种教学理论或活动方式中最核心的部分用简化的形式反映出来,为人们提供了一个比抽象的理论具体得多的教学行为框架,具体地规定了教师的教学行为,使教师在课堂教学中有章

313

可循，便于教师理解、把握和运用。每一种教学模式都是由特定的比较稳固的操作程序和方法的策略体系所构成的，它是直接为解决特定的教学任务和目标服务的，具有很强的操作性。

9.1.2 教学模式的价值

每一种教学模式相对于特定教学目标的达成来讲，是有效果的、甚至是最优化的，这就是教学模式存在的价值所在。

哈佛大学的研讨会课堂教学模式使学生们在思维、人格、智慧三个层面均得到了发展。在思维层面，学生们摆脱了思维标准化与知识非活力化的束缚，大力开发了学生个人的想象力和直觉思维；在人格层面，学生们敢于并善于质疑、批判和超越教师和书本知识；在智慧层面，学生们培养了自己求真务实、灵活多变的精神。这种课堂教学模式既培养了学生思维的主动性、深刻性、准确性、批判性和敏捷性，也培养了学生的形象思维、辩证思维、逆向思维、求异思维和发散思维等能力。

哈佛大学的研讨会课堂教学模式给了我们这样的启示：为了培养创新型人才，教师必须更新教学思想和教育观念，始终把培养学生的探索精神、综合能力、创新意识和创新能力作为课堂教学的主旨，尊重学生，建立民主、平等的师生关系，开展创造性教学活动，营造民主、宽松的学术研讨氛围，使学生们在良好的学术氛围中，互相学习，大胆交流，共同提高，同时激发学生独立思考的能力，对学生的评价要以促进和激励学生创新能力的发展为主导，一贯尊重并鼓励学生的创新意识和创新精神，积极探索并实施培养学生创新意识、创新精神和创新能力的课堂教学模式。

教学模式强调以联系的、整体的眼光来看待教学过程中的各种要素，具有较高的理论价值和实践意义。

1.理论价值。教学模式主要采用综合性的思维方式研究教学活动。每一种具体的教学模式都试图把教学活动中的各种要素通过一定的教学目标有机地联系起来，从而构建一种完整的理论体系和结构，这就为教学理论解决纷繁复杂的教学现象和发挥教学理论对教学实践的指导作用奠定了理论的基础，有助于解决理论与实践脱节的问题，为丰富教学理论提供源泉。

2.实践意义。教学理论的目的和归宿在于指导教学实践，从而使教学实践建立在科学的基础之上，以提高课堂教学的质量和效率。教学模式在教育理论和实践之间架起桥梁，发挥中介作用，对实践起着极其重要的指导作用。有利于教师提高教学水平，提高教学质量，可使教学活动多样化，更利于切合不同教学内容、对象和环境的需要。它既具有理论的概括性，又具有操作性。

9．2 教学模式的结构与功能

9．2．1 教学模式的结构

教学模式中各个因素之间有规律的联系就是教学模式的结构，一般包括五个因素。

1．理论依据。教学模式是一定的教学理论或教学思想的反映，是一定理论指导下的教学行为规范。不同的教育观往往提出不同的教学模式。

2．教学目标。任何教学模式都指向和完成一定的教学目标，在教学模式的结构中教学目标处于核心地位，并对构成教学模式的其他因素起着制约作用，它决定着教学模式的操作程序和师生在教学活动中的组合关系，也是教学评价的标准和尺度。正是由于教学模式与教学目标的这种极强的内在统一性，决定了不同教学模式的个性。不同教学模式是为完成一定的教学目标服务的。

3．操作程序。每一种教学模式都有其特定的逻辑步骤和操作程序，它规定了在教学活动中师生先做什么、后做什么，各步骤应当完成的任务。

4．实现条件。是指能使教学模式发挥效力的各种条件因素，如教师、学生、教学内容、教学手段、教学环境、教学时间等等。

5．教学评价。教学评价是指各种教学模式所特有的完成教学任务，达到教学目标的评价方法和标准等。由于不同教学模式所要完成的教学任务和达到的教学目的不同，使用的程序和条件不同，当然其评价的方法和标准也有所不同。

9．2．2．教学模式的特点

1．指向性。由于任何一种教学模式都围绕着一定的教学目标设计的，而且每种教学模式的有效运用也是需要一定的条件，因此不存在对任何教学过程都适用的普适性的模式，也谈不上哪一种教学模式是最好的。评价最好教学模式的标准是在一定的情况下达到特定目标的最有效的教学模式。教学过程中在选择教学模式时必须注意不同教学模式的特点和性能，注意教学模式的指向性。

2．操作性。教学模式是一种具体化、操作化的教学思想或理论，它把某种教学理论或活动方式中最核心的部分用简化的形式反映出来，为人们提供了一个比抽象的理论具体得多的教学行为框架，具体地规定了教师的教学行为，使得教师在课堂上有章可循，便于教师理解、把握和运用。

3．完整性。教学模式是教学现实和教学理论构想的统一，所以它有一套完整的结构和一系列的运行要求，体现着理论上的自圆其说和过程上的有始有终。

4．稳定性。教学模式是大量教学时间活动的理论概括，在一定程度上揭示了教学活动带有的普遍性规律。一般情况下，教学模式并不涉及具体的学科内容，所提供的程序对教学起着普遍的参考作用，具有一定的稳定性。但是教学模式是依据一定的理论或教学思想提出来的，而一定的教学理论和教学思想又是一定社会的产物，因此教学模式总是与一定历史时期社会政治、经济、科学、文化、教育的水平相联系，受到教育方针和教育目的制约。因此这种稳定性又是相对的。

5．灵活性。作为并非针对特定的教学内容教学，体现某种理论或思想，又要在具体的教学过程中进行操作的教学模式，在运用的过程中必须考虑到学科的特点、教学的内容、现有的教学条件和师生的具体情况，进行细微的方法上的调整，以体现对学科特点的主动适应。

9．2．3 教学模式的功能

1．教学模式的中介作用。

教学模式的中介作用是指教学模式能为各科教学提供一定理论依据的模式化的教学法体系，使教师摆脱只凭经验和感觉，在实践中从头摸索进行教学的状况，搭起了一座理论与实践之间的桥梁。

教学模式的这种中介作用，是和它既来源于实践，又是某种理论的简化形式的特点分不开的。

一方面，教学模式来源于实践，是对一定的具体教学活动方式进行优选、概括、加工的结果，是为某一类教学及其所涉及的各种因素和它们之间的关系提供一种相对稳定的操作框架，这种框架有着内在的逻辑关系的理论依据，已经具备了理论层面的意义。

另一方面，教学模式又是某种理论的简化表现方式，它可以通过简明扼要的象征性的符号、图式和关系的解释，来反映它所依据的教学理论的基本特征，使人们在头脑中形成一个比抽象理论具体得多的教学程序性的实施程序。便于人们对某一教学理论的理解，也是抽象理论得以发挥其实践功能的中间环节，是教学理论得以具体指导教学，并在实践中运用的中介。

2. 教学模式的方法论意义。

教学模式的研究是教学研究方法论上的一种革新。长期以来人们在教学研究上习惯于采取单一刻板的思维方式，比较重视用分析的方法对教学的各个部分进行研究，而忽视各部分之间的联系或关系；或习惯于停留在对各部分关系的抽象的辨证理解上，而缺乏作为教学活动的特色和可操作性。教学模式的研究指导人们从整体上去综合地探讨教学过程中各因素之间的互相作用和其多样化的表现形态，以动态的观点去把握教学过程的本质和规律，同时对加强教学设计、研究教学过程的优化组合也有一定的促进作用。

9.3　课改中构建教学模式的迫切性和发展性的认识

9.3.1　课改中构建教学模式的迫切性认识

1. 教学是一门科学和艺术，是个性和风格的彰显，没有固定的模式可言。

在课堂教学中当教师的教育理念没有达到课程标准育人与教学要求，教学方法陈旧，不符合学生成长要求时，需要模式来规范、带动、引导你的教学行为，达到课程标准的教学要求。

在教学实践中很多教师的成长基本上是先从无形到有形，达到要求后实现自己个性化，到无形无模的阶段。实际上通过这个模式的导引你心中已经构建了一个模式：自主、合作、探究的操作流程。

2. 成功推进课改的学校和教师都经历了建构探索模式和适应模式的过程。

这个阶段很多学校和教师是有困惑的，特别是很多所谓的名校名师自以为就是新课改标准实施的化身。但是我们必须注意到这种学校很危险，校长必须要有清醒的认识，必须关注学生的未来发展，不要被功利教育丧失了教育的良知，背离新课程的初衷和要求，过去不代表现在，过去满堂灌有效果（有分数），但现在不是这样，现在是看未来要有能力、有素质；名校名师依赖招生优势，教了好的生源班取得好成绩就以为教学水平高，为课改推动制造借口，形成阻力。

为什么课改推进呈现"农村包围城市"、"弱校带动强校"，就是因为没有城市所谓名校的优越、自负的心态，敢于正视现实实施课改。

因此，每一所学校要结合校情、学情探索自己的教学管理模式、学科教学模式。这一点上是没有固定模式可言的。这个模式构建的核心就是通过自主、合作、探究性学习方式，实现育人的三维目标，即知识与技能、过程与方法、情感态度价值观的素质形成。

3．对于学校推进课改工作一定要重视模式的构建，模式是观念、方法的载体，是操作路径，是有效推进课改的生产力。

构建模式的过程是教师真正理解新课程标准的过程，是再学习、再提升的过程，是内化成自己教学行为的过程。否则很难进入课改的境界，只能游离于课改之外吃喝，体会不到实践探索育人过程经历痛苦之后的快乐。

没有模式的引导和规范操作，课改不可能会有实质的变化，反而会折腾老师，也是走不远的。因为它没有真正用新课程理念来指导。

9.3.2 课改中构建教学模式的发展性认识

1．从单一教学模式向多样化教学模式发展。

20世纪是以赫尔巴特提出"四段论"教学模式为背景，经过其学生的实践和发展逐渐成为"传统教学模式"的主导。20世纪50年代以后杜威提出了实用主义教学模式，教学模式在"传统"与"反传统"之间来回摆动。50年代以后新的教学思想层出不穷，新的科学技术革命使教学产生了很大的变化，教学模式出现了"百花齐放、百家争鸣"的繁荣局面。据乔伊斯和韦尔1980年的统计，现在教学模式有23种之多，其中我国提出的教学模式就有10多种。

2．由归纳型向演绎型教学模式发展。

归纳型教学模式重视从经验中总结、归纳，它的起点是经验，形成思维的过程是归纳。演绎型教学模式指的是从一种科学理论假设出发，推演出一种教学模式，然后用严密的实验来验证其效用。它的起点是理论假设，形成思维的过程是演绎。归纳型教学模式来自于教学实践的总结，有些不确定性，有些地方还不能自圆其说。而演绎型教学模式有一定的理论基础，能够自圆其说，有自己完备的体系。

3．由以“教”为主向重“学”为主的教学模式发展。

传统教学模式都是从教师如何去教这个角度来进行阐述，忽视了学生如何学这个问题。杜威的“反传统”教学模式，使人们认识到学生应当是学习的主体，由此开始了以“学”为主的教学模式的研究。现代教学模式的发展趋势是重视教学活动中学生的主体性，重视学生对教学的参与，根据教学的需要合理设计“教”与“学”的活动。

4．教学模式的日益现代化。

在当今世界性课程改革影响下越来越重视教学模式的研究，越来越重视引进现代科学技术的新理论、新成果。有些教学模式已经借鉴电脑、网络等先进的教育技术成果，不断改善教学条件，同时更加充分利用可提供的教学条件设计教学模式。

9．4 如何建构高效课堂模式

在课堂教学改革过程中，建构或推行新的课堂模式成了自觉或不自觉的行为，到底要不要模式，如何建构与推行模式，则有不同的声音。

1．要从依靠模式到超越模式。

在观课研课的实践中，有一些教师经常用“教无定法、贵在得法”这句话来给自己找依据，其实这是一句教学境界达到一定高度后，才能使用的话。

一些教师没有跳出单一化的“新授课”课型，在这种课上，教师没有学会智慧导学，学生也没有学会自主、合作与探究学习，此时，引用类似“教无定法”之类的话就不太适用。

达到“教无定法”的教学境界，必须经历五步：

第一，依靠模式，实现教学方式转型，将“教”的课堂转向“学”的课堂；

第二，依靠模式，实现角色转型，指导学生学会自主合作与探究学习，教师要与学生同步，学会智慧导学；

第三，依靠模式，规范教与学的行为，提高教学质量和课堂教学品位，促进教师专业发展；

第四，超越模式，达到“教无定法、贵在得法”的境界；

第五，不再依赖模式，达到“教是为了不教”的境界。

2．关于课堂教学要不要模式的问题。

模式的问题应根据学生学习能力和教师自身的专业素质、教学水平来选择和确定。在课堂教学改革实践中，开始阶段须依靠模式，随着学生学习能力和教师专业能力的不断提升，则应逐步超越模式，走向文化自觉。从课堂教学改革与发展角度来讲，从依靠模式到超越模式是提升课堂教学品位的有效路径，也是促进教师专业成长的有效途径。

3．学校如何实现由"依靠模式"到"超越模式"的成功转型。

基于理念建构模式。在建构模式时要突出五个要素：一是明确学校教学理念，基于多年实践和认识，学校应理清教学理念；二是创新课型，建立多元课型体系；三是确定教师和学生在不同课型中的行动要素，或确定师生统一的学习要素，要具体到细节；四是明确师生采用的教与学工具名称与数量；五是构建学生成长目标，明确通过本模式的实施，将培养什么样学生。

基于规范研发操作指南。学校课改领导小组和专家小组要对学校建构的基本模式进行全面而科学地诠释，并研发制定"教师导学行动操作指南"、"学生学习行动操作指南"和"学校课改行动操作指南"，具体明确在本模式系统中，教师要做什么，学生要做什么，学校教务、德育、科研等部门分别要做什么，各部门应承担什么样的新职责和任务，目的是规范教师和学生的操作行为。

基于转型分科研训模式。在建构模式、研发规范基础上，学校要组织学科教师进行分科培训，并对相关基本模式和各种操作规范进行专题研讨和深度培训，重点研讨在学科教学中如何运用模式，如何用教师操作规范来改变教师习惯性的传统教学行为；如何用学生操作规范来改变学生以往被动学习方式和学习习惯。

通过这种比较性分析和研究，就能够很快辨别出实施模式前后的行为变化，明确今后在该模式系统中的操作思路和行动方向。到这个阶段时，教师可以按该模式要求来备课和上课，开始进入实验研究阶段。

基于个性创建学科变式。教师经过一段时间的实验和操作后，对模式有了一定的认识和体会，在此基础上，由教研组或备课组开展专题研究，建构基于学校基本模式基础上的、符合学科特色的学科课堂教学模式，亦称学科变式。在这一阶段中，教师要边实践边思考，边研究边提炼，逐步突出本学科的教学特色和个性。

基于实践优化课堂模式。教师采用学科变式实施教学，在课堂教学实践中，应重点指导学生自主合作与探究学习的能力，关注单位时间的学习效率；同时对自己的教学行为应不断进行反思和总结，不断提高智慧导学艺术和水平，推动由"教师搭台师生唱"走向"师生搭台师生唱"，由"师生搭台师生唱"走向"师生搭台学生唱"，再由"师生搭台学生唱"走向"学生搭台学生唱"。

基于发展超越模式范型。在学校模式和学科变式引领下，课堂教学境界将逐步提升，学生自主合作与探究学习能力也会达到一定水平。学生的学科学习基本上无需教师的无间断指导，而达到了"可有可无"的境界。此时，学生的课堂学习行为已经超越了学校模式框架体系。达到这个境界后，教师和学生在课堂教学中就无需用固定模式来规范学习行为，从而达到一种行为自觉。

9.5 高效课堂教学的实践研究

9.5.1 山东杜郎口中学的"10+35"模式

杜郎口中学因"改"而名扬天下，成为当下中国教育最火爆的风景。其实，杜郎口的经验也没有多么神秘，就是一句话，"让学生动起来、让课堂活起来、让效果好起来"，而核心是一个"动"字，围绕"动"千方百计地彰显学生学习的"主权"。杜郎口课改的精髓体现在最大限度地把课堂还给学生上，主张能让学生学会的课才是好课，一切以学生的"学"来评价教师的"教"，课堂必须体现出"生命的狂欢"。

杜郎口模式到底有多大的可操作性，它是不是真正具有普适性？《中国教师报》试水课改的"田野研究"，在杜郎口中学挂牌成立了第一个"《中国教师报》全国教师培训基地"，为学习和研究杜郎口课改经验的学校和单位提供针对性服务。以鲜明的"行动研究"特色，秉承"问题即课题"的务实态度，追求课堂理想和理想课堂的建设，全情致力于课堂教育改革"途径与方法"的研究与推广。

"10+35"模式：

杜郎口"10+35"模式，即教师用10分钟分配学习任务和予以点拨引导，学生用35分钟"自学+合作+探究"。

杜郎口模式，呈现出三个特点，即立体式、大容量、快节奏。杜郎口课堂在结构上有三大模块，即预习、展示、反馈。

杜郎口的课堂展示模块突出六个环节，即预习交流、明确目标、分组合作、展示提升、穿插巩固、达标测评。

今天的杜郎口已经成为了中国课改的代名词，一所乡村学校所创造的教育神话，再一次告诉我们：改，才有出路。

9.5.2 山东昌乐二中的"271"模式

远在课改之前，昌乐二中就是闻名遐迩的高考名校了！被外界称为"山东省领跑高中"。

昌乐二中这样已经"功成名就"的名校竟然也课改？

重新出发的昌乐二中从研究学生、重视自学开始，从新课改自主、合作、探究的理念里找到出路。

如今，送孩子进二中上学，早已成为许多家长的一个梦想。在二中，几乎所有人都不屑于谈论升学率。如果你一定要打破砂锅问到底，那他们会说：高考只是教育的副产品，"高考其实就是考人品，考的是学生的学习能力。"

"271"模式：

"271"模式，即课堂45分钟按照2：7：1的比例，划分为"10+30+5"，要求教师的讲课时间不大于20%，学生自主学习占到70%，剩余的10%用于每堂课的成果测评。

271还体现在学生的组成划分上：即20%是优秀生，70%是中等生，10%是后进生。271体现在学习内容上：即20%的知识是不用讲学生就能自学会的，70%是通过讨论才能学会的，10%是通过同学之间在课堂上展示，互相回答问题，加上老师的强调、点拨，并通过反复训练才能会的。

每一间教室里都有三个"小组"，一个是行政组，一个是科研组，一个是学习小组，称为学习动车组。

此模式强调"两案并举"，两案即导学案和训练案。导学案要实施"分层要求"——分层学习、分层目标、分层达标、分层训练。

昔日的高考名校，今日的课改名校。在昌乐二中有一句赵校长的名言：高考就是考人品，高考只是教育的副产品。他们依靠课改找到了升学的秘诀。

9.5.3 山东兖州一中的"循环大课堂"模式

杜郎口经验适合高中吗？高中课改如何选择切入口？课改如何应对和满足升学的挑战与要求？

山东兖州一中在"师法"杜郎口经验的基础上，根据高中教学的特点，渐变形成了"循环大课堂"模式。通过改变课堂结构，一改传统的课后辅导、写作业练习这样的旧制，后段变前段，前置变成了预习，课后变成了课前，"把练习变成预习"，从而创造性地解决了课下低效的难题。

"循环大课堂"注重学生课堂上的学习状态，让学生带着"？"号进课堂，通过独学（自学）、对学（对子间的合作）、群学（小组间合作探究），形成"！"号，然后再通过展示交流把新生成的"？"号最终变成"。"号。

兖州一中的突出亮点是围绕着课堂改革构建"课改文化"，尤其是注重发挥学生的"自主"和"主体"作用。他们不仅把学习权交给了学生，甚至连学校的管理权也交给了学生。

"循环大课堂"：

"循环大课堂"把课分为两截，"35+10"，即"展示+预习"。其中的"三步六段"是课堂的组织形式，前35分钟的课堂展示内容是上节课的后10分钟加课下自主预习的成果，而预习的内容正是下节课将要展示的内容。

导学案是"循环大课堂"的核心要素，一般要具有以下要素：学习目标、学习任务、重点难点、学法指导。做到"四化"：知识问题化，问题层次化，层次梯次化，梯次渐进化。

导学案一般要在难度、内容和形式上设计分为ABCD四个级别：A级为"识记类内容"，要求学生在课前时间必须解决；B级为"理解级"，要求学生能把新知识与原有知识和生活挂钩，形成融会贯通的衔接；C级为"应用类"，学以致用，能解决例题和习题；D级为"拓展级"，要求学生能把知识、经验和社会以及最新科研成果挂钩。

从改变学生学习状态入手，走出了一条光明的通途。伴随课改生成的"学生自治"管理文化，重新解读了教育的目标是"使人成为人"。

第九章 高效课堂教学的实践研究

323

9.5.4 江苏灌南新知学校的"自学•交流"模式

新知是中国名校共同体组建之后的第一所"实验校"。

校长徐翔认为，仅仅像杜郎口不行。他又发明了"新理论"，他说新知的学习不光要临帖，还要"入帖"直至"破帖"。

所谓"破帖"，当然是破茧成蝶的生成。

于是，"特色自主学习模式"在新知诞生了。在这套模式里，自主是核心，而托起自主的是学生的自学和交流。然而随着"特色自主学习模式"的实施，"主体"被唤醒了的学生在学习中发挥出极大的能动作用，这也无形中将教师置于一个尴尬的境地：在新的教学模式中，有个别教师的步子总比学生慢半拍，有意无意地成为学生进一步发展的"障碍"，甚至失去了自己的角色，他们渐渐成为"边缘人"。当然，也有另一种情况，个别教师渐渐跟不上学生学习的节奏，他们的知识半径笼罩不了学生的求知范围。怎么办？徐翔说，那就干脆一改到底，再"偏激"一次，完全把学习的权利和课堂时空还给学生——不准教师进课堂。

徐翔说，不管是什么教育，只要开始尝试着去遵循本质和规律，那就一定会在路上"遭遇"杜郎口的。

"自学•交流"学习模式：

从提前一天将"学案"发放给学生，新知学校即开始了引导学生自学的过程。把原属于学生的思维权利通过"自学"还给学生，让学生有通过"交流"表达自我的权利。

新知对学生的自学有三个层次的要求。一是完成学案上老师预设的问题，了解学习文本需要掌握的知识、考查的技能等；二是要对学案中涉及的问题进行质疑，提出自己的问题，对未涉及到的问题要进行补充，丰富完善；三是敢于否定书本中既成的事实和结论，并发表自己的见解和结论。

作为最早提出"临帖"概念的学校，已然成为连云港市的一所名校。独有的"自学•交流"模式把课堂完全交给学生，培养了学生学习的兴趣和能力，最大可能地保证了学生的思维成果。

9.5.5 河北围场天卉中学的"大单元教学"模式

与新知的徐翔校长一样，天卉中学的胡志民校长也是一个主张"学习即临帖"

的校长。因为"临帖"的"不走样"，天卉中学的课改很快就显现出了成效，其在中考中，不仅一举在全县夺魁，而且有四门主要功课成绩竟然名列全承德市第一。

如今，天卉中学每天都有来自全国各地的老师参观学习，其"临帖"杜郎口而"破帖"形成的"大单元教学"模式，因其更具课程的变革意义，愈发引起教育界的广泛关注，被誉为"当代最先进的课改理念"。

学生这样评价："这种新的课堂，让我感觉学习不再是一件苦差事了。过去怕上课，现在我怕下课。在这种课堂里，不但学到了知识，又锻炼了胆识和表达能力，现在只要放假一天，我就立刻想回学校。"

"天卉文化"最突出的是他们独创的"高效课堂班级文化巡展"。每到周五下午，他们借助各种文艺手段，说学逗唱演，比的正是谁的班级文化更出彩。

"大单元教学"：

"大单元教学"模式具有三大特色：大整合、大迁移、大贯通。其具体表现形式是"三型、六步、一论坛"。

在"大单元教学"模式中，核心是"展示教育"。"预习展示课"环节，先期让学生达到掌握70%～80%的目标，并在小组内部由组长带领，要求每个成员对自己的学习成果进行"展示"；"提升展示课"是对小组合作学习成果进行展示，通过教师的追问、质疑，进一步明确学习目标，拓展联系更多的相关内容，让学生能够"举一反三"，达到"提升"的目的；"巩固展示课"则是追求知识的"再生成"，教师要善于利用某些奇思妙想，让有"创见"的学生展示自己的独到思维见解，通过学生"兵练兵"、"兵教兵"、"兵强兵"的过程，达到对知识的再认识和巩固的"目的"。

"大单元教学"模式立足于"破"，对传统教学中的"教材编排"、"课时安排"、"学期计划"、"学年任务"等进行重新组合，实现了对教材的整体感知与把握。

9.5.6 辽宁沈阳立人学校的整体教学系统和"124"模式

教育绝不可单纯以成绩论英雄，但立人学校在升学成绩上的"不讲理"却在沈阳市成为"美谈"。这所学校的中考成绩竟然要超出县里平均分273分之多。

立人学校的高升学率来自于一直研究如何让学生学得轻松、学得愉快、学得高效。

立人首先立的是"人"。立人敢于实现"零作业",是因为他们早就自信课上发挥了每一分钟的效能,用不着再"堤内损失堤外补"。

立人的课堂完成了"六个变身",变教师"讲"为学生"做",让学生在"做"中思考,主动探究;变教"书"为教"学",变灌输知识为指导学习方法;变集中精力批改作业为集中精力备课;教师走下讲台参与,学生走上讲台展示;教师下海精选习题,学生上岸探究创新。

中国教育学会初中专业委员会的李锦韬理事长说,立人的课堂处理好了三个度,一是活与实;二是动与静;三是收与放。

整体教学系统和"124"模式:

整体教学系统包括"整体整合、两案呼应、两型四步"三大板块。

"整体教学"是"三加工"、"三导"循环式的教学过程。

一是教师加工知识导图,编制导学案,以图导案;二是教师加工导学案,实施教学,以案导学;三是学生加工学案,理解、应用、归纳总结,形成学习导图,以学导图。

"整体整合"包括整合教材、整体呈现、整体组合、整体包干、整体验收五个方面。

"124"模式,"1"即整合后一节课的教学内容;"2"即自学课和验收课两种课型;"4"即四大教学操作环节:目标明确、指导自学、合作探究、训练验收。

从整合教材、整体呈现、整体组合,到整体包干、整体验收,立人学校的整体教学体系,使师生在教与学的过程中享受课堂,从而使课堂走向重生。

9.5.7 江西武宁宁达中学的"自主式开放型课堂"

类似于"杜郎口旋风",宁达中学的崛起被媒体称之为"宁达现象"。

宁达到底有什么样的经验?宁达的经验是不是"二手货"?是杜郎口的"翻版",还是对杜郎口经验"继承与生成"的持续性发展?

宁达的经验其实就是"把学习的权利还给学生"。

张项理校长说过的"名言"是:教育必须完成进化,既然要课改,就绝不做拖着尾巴的"类人猿"。

他七下杜郎口，和大多数中国名校共同体的校长达成共识：要提高办学质量，就必须在"高效课堂"上做足文章，唯有"课堂"优质，才能真正把学生从应试教育的模式里"解救"出来。

他们提出"把问题学生当成生病的孩子"这样的育人理念，他们想方设法激活每一个孩子，让每一个孩子努力成为学习的主人。

现在只要随意走进宁达中学的任何一间教室，都如同走进了人声鼎沸的"学习超市"。这里几乎就是杜郎口中学的"孪生"课堂。

"自主式开放型课堂"：

宁达中学"自主式开放型"课堂在操作上主要包含了四个模块：自学、交流、反馈、巩固拓展。

课堂划分为三个模块：预习、展示、测评。课堂三模块大致按照时间划分为：15（分钟）+25（分钟）+5（分钟）。

以学习小组为基本合作单位，每间教室分为9个小组。每个小组依据好、较好、一般三个层次组合，每组6到8人，设立小组长和副组长两名。

预习课围绕的学习目标叫"课堂指南"，"课堂指南"主要由五部分构成：一是学习目标；二是重点、难点；三是学习过程；四是当堂测评；五是拓展提升。

这所学校曾被认为是"捡破烂儿的学校"，但今天宁达中学已经成为全国课改名校，也成为当地学生向往的学校。"自主与开放"是其核心价值，真正让每一个孩子成为学习的主人。

9.5.8 河南郑州第102中学的"网络环境下的自主课堂"

今年两会期间，香港《文汇报》曾以《郑州102中学课改事件调查》为题大篇幅报道了102中学的课堂改革，引起了相关领导的高度关注。

班额过大如何实施课改？崔振喜校长说，找到一种东西取代黑板。这种东西就叫交互式电子白板。

他们巧借地处省会、硬件条好的优势，把杜郎口模式的"预习展示、调节达标、教学探索"通过电子白板技术呈现出来，从而生成了郑州市第102中学具有自主特色的"交互白板环境下的高效课堂"。

崔校长介绍说，这种交互式电子白板，充分发挥了计算机、投影、音响、实物展台和校园网络等多媒体设备的功能，推进了新课程理念下新的课堂模式，师生的交互合作成为一种常态和现实。人机互动、师生互动、远程互动成为现实。

"网络环境下的自主课堂"：

"网络环境下的自主课堂"模式由"预习、展示、调节、达标"四个环节组成。

学生们把预习好的导学案及课堂展示的内容课前上传，板书、展示、表演、提升，上课时不用忙着记笔记和在黑板上临时书写，挤出的大量时间可以用于师生之间、同学之间的交流互动。借助白板的快捷、方便，展示过程可以十分紧凑、高效，而且交互式电子白板还有储存、记忆功能，自由调用，学生巩固和反馈也变得十分方便快捷。

每个班级的电子白板还依托网络充分联通，"班班通"，每一节课后，包括老师的课件，学生的解答过程、修改过程，教师的讲解圈注等都可以储存下来，自动上传至校园网络，供全体师生调阅、反馈、总结、互动。

网络环境下的课堂主要依托交互式电子白板，推进新课程理念下新的课堂模式，使师生的交互合作成为一种常态和现实，人机互动、师生互动、远程互动成为现实。

102中学很好地回答了一个问题，硬件条件好的省会学校应该如何学习杜郎口。他们把高效课堂的先进理念与现代技术嫁接生成了自己的模式和课程，实现了新技术与新文化的高度融合。

9.5.9 安徽铜陵铜都双语学校的"五环大课堂"

校长盛国有给改革确立了16个字：立足校本，自主构建，经营课堂，内涵发展。而在具体的行动研究中，他们以转变教师的教学方式和学生的学习方式为突破口，构建并完善了一系列应对新课程背景、符合现代有效教学理念的校本科研体系，"三模五环六度"高效课堂模式因此诞生。

原创性、前瞻性、本土化的教学模式一经问世，旋即引发了巨大的效应。有人说，他们是安徽大地上的又一处"小岗"。如今的铜都双语学校，已经因其课改而成为全国名校，每天前来参观学习的人络绎不绝，人们评价说，铜都双语学校的课改，破解了民办学校"教师流动性大"的难题，变"留人才"为"造人才"，使学校具有了师资自主再生能力；突破了民办学校"生源基础差"的瓶颈，变"选学生"为"育英才"，使学校具有了"促进每一位学生成功"的核心教育能力。

"五环大课堂"：

建构"三模五环六度"课堂运行机制，其中"自学指导"、"互动策略"、"展示方案"三大课堂核心元素的设计，将自主、合作、探究的课改理念化为高效课堂的实际生产力；自研课、展示课、训练课、培辅课、反思课等五种课型架构成"五环大课堂"。

"三模五环六度"模式在操作上，"结构"和"方法"是两大原点。

"三模"是指"定向导学、互动展示、当堂反馈"三大导学模块；"五环"是指导学流程中要经历"自研自探——合作探究——展示提升——质疑评价——总结归纳"五大环节；"六度"是要求教师导学设计及课堂操作过程中要重视学习目标的准确度、自学指导的明晰度、合作学习的有效度、展示提升的精彩度、拓展延伸的合适度、当堂反馈的有效度。

铜都双语学校被誉为安徽课改的"小岗村"，破解了民办学校教师流动性的瓶颈，课堂开放而富有活力，成为当地课改典范。

第十章
教育家型校长、教师成长路径

在基础教育向素质教育纵深推进的当下，国家教育发展提倡并推行教育家型校长办学，这突显了教育的重要性和教育的专业性，体现了要让教育事业成为最受尊重的事业。提倡教育家型办学的根本意义，是要让学校回归教育本质，按教育规律办学。

10.1 教育家型校长办学的基本内涵

1.教育家型校长办学的现实意义。

提倡教育家型校长办学就是要克服、改变现实中存在非教育家办学、不按教育规律办学的现象，是改善教育环境、凝聚教育力量、理顺教育关系的一项战略举措。

2.教育家型校长办学的特点。

教育家型校长办学特点突出在五个层面：一是用思想办学；二是用文化办学；三是用人格办学；四是用规律办学；五是用生命的智慧和艺术的美丽办学。

3.教育家型校长办学的特色。

（1）教育家型校长是先进教育理论的成功探索者。所谓教育家型校长，顾名思义就是在校长中具有教育家水平和特征的教育领导者和管理者。教育家型校长要勤于思考、善于思考，勤于学习、善于学习，努力实践，博采众长，融会贯通，为己所用，应该成为教育理论的创新者和教育改革的实践者。

教育思想和教育理论是校长治校的灵魂，是一所学校办学方向和水平的集中体现。一个教育家型的校长应在办学的过程中，努力代表先进文化的前进方向，对古今中外的教育思想和教育理论进行深入的学习和研究，吸收一切合理的成分，兼容并蓄，结合学校的办学传统和未来发展，积极进行探索和实践，形成自己系统的教育思想，成为先进教育理论的成功探索者。

（2）教育家型校长是学校教育工作的杰出领导者。校长工作是一种实践性、综合性都比较强的领导工作。校长主要应集中精力做好三个方面的工作。第一，应做好学校的宏观规划，包括学校的长远、近期奋斗目标，学校的办学指导思想，教育目标等。第二，应善于优化配置学校内部的教育资源，包括师资、生源、管理、硬件等。第三，应努力为学校的发展创造最好的外部环境，争取政府、社会等各方面的支持和帮助，处理好各方面的关系。作为一个教育家型的校长，应在以上三个方面体现出自己的卓越能力和高超水平。

今天的教育家型校长要具备哲学家的智慧，政治家的眼光，理论家的功底，管理家的能力，企业家的素质，活动家的能量，是学校教育工作的杰出领导者。

（3）教育家型校长是桃李满天下的著名校长。学校的根本任务和中心工作是育人，育人效果如何是衡量学校办学成功与否的关键。学校的办学质量既体现为学校短期的行为，更表现为长期的成果。那就是，学校培养的学生能否真正成为各行各业的优秀人才。一所学校能够做到人才辈出，这所学校也就能成为一所名校，这所学校的校长也就会成为名校长，名校与名校长相互促进、相得益彰，成为一道亮丽的风景线。因此，桃李满天下应成为教育家型校长的重要特征。

4. 教育家型校长的基本标准。

教育家型校长，首先应该是教育实践的带头人，是卓越的、学者型的教育实践家；其次教育家型校长应是教育思想家和教育实践家的整合体。

教育家不应是政府或某个机构评出来的，教育家是人民公认的，应该是人民的教育家。教育家有几个层次，懂教育的专家、教育理论家、教育实践家、教育传播家。

5. 教育家型校长的成长路径。

一是教育家的成长需要适宜的环境和土壤，需要改革现存的一些体制、机制，改变以升学率为办学目标和评价标准的扭曲现象和僵硬的管理体制，改革学校行政级别制等；要尊重创造、包容差异、支持开拓的多元文化氛围，创设宽松的环境，鼓励学校办出特色，展现教师个性。鼓励校长在教育理论的探索和研究上解放思想，实事求是，理论联系实际创造性地解决教育中的新问题，进行理论创新。要鼓励校长大胆推进教育改革，允许教育试验的失误甚至失败。

二是要注重培养教育家型的校长，教育工作者要胸怀理想，自我奋蹄。校长要树立目标，成为教育家。要顺应历史潮流，在学校改革中勇立潮头，敢于接受新思想，使用新技术新设备，敢于思考教育前瞻性的问题，不断提高自身教育教学水平，在与时俱进的历史潮流中不断完善自我，提高自我，自己要有成为教育专家的理想和实践，要为这个理想积累理论经验和实践经验。进入21世纪以来，教育改革走上了更高的一个阶段，这对校长的素质也提出了更高的要求。一个校长要保持清醒的头脑和谨慎的态度，在激烈的竞争中不断创新，在科学技术和教育水平不断进步的情况下，始终保持学习的姿态，只有学习型的校长才能成为教育家型的校长。

三是教育家型校长成功的决定因素在于自身。热爱教育事业，献身教育事业，是对一个教育家型校长的基本要求。做一个教育家的目标和梦想，是迈向成功的不竭动力。积极投身实践，在实践中创造业绩、总结理论，是迈向成功的坚实基础。全面提高自身素质，在才华、修养、人格上不断完善自己，塑造教育家的形象，这是一个校长迈向成功的阶梯。

四是要师范大学应担当起培养教育家的重任。在尚未建立一套相对科学严密的评估体系和检测手段的时候，还是让教育家自然生成好。

10．2　教育家型教师的基本特征

1．教育家型教师的基本特征。

教育家型教师的基本特征体现在：有正确的教育思想、教育理想，以此为基础形成贯彻国家教育方针、实施素质教育的指导思想；同时，又具有高尚的师德、师风和教育教学能力来保证施教的质量。

2．教育家型教师工作特色。

教育家型的教师不仅师德、师风令人赞服，他们的教育教学工作也是出色的，概括其特点可称之为"强力教学"。这种强力是一种综合教学力，它主要包括"磁力"、"渗透力"和"推动力"。"磁力"是由重视教学中的趣味性、启发性而产生的对学生的吸引力。"渗透力"是指使学生听课能听得入耳、入脑、动心，能激活学生的旧知识去消化新知识，形成新的知识结构。"推动力"，即启发学生多重思维，推动学生去探索、去创新。

教育家型教师"强力教学"的源泉主要来自专业的知识功底，热爱科学、热爱教学、热爱学生和鲜明的因材施教的指导思想。他们的学科知识功底，决不仅仅是"吃透教材"，也不是"给学生一碗水，自己要有一桶水"的知识量优势，而是用"自己的知识"，即内化为自己的知识结构的学科知识，使自己对所教的内容达到居高临下的境地。

3. 教育家型教师的成长路径。

（1）优化教师队伍是培养教育家型教师的基础工程。要吸纳立志从教，有教育理想的人进入教师队伍。选择教师的指导思想首要一点是树立一个观念，即教师是专业人才，对其素质有较高的要求，特别是对教育家型教师的要求是高标准的。为此，需要创建教师人才市场，使学校对教师有较大的选择余地，较多的选择机会。在当今知识经济时代，科教兴国战略的实施，教育优先发展地位的落实，给我们提供了一个优化教师队伍的好机会。我们要抓住这一时机，创建教师人才市场。教师流动、择校，对校长也是个激励。

（2）师范院校录取学生的标准和对学生的培养过程，应把目标定位在教育家型教师。对学生的培养要按照教育家型教师的标准定要求，实施全面教育。这些基本素质包括，有教育理想追求，有乐于奉献的品质，有热爱学生的情感，有善于表达的语言能力，有宽厚的知识基础和视野，个性要坚强，既有较好的智力因素，又有较好的非智力因素等等。

（3）学校对培养教育家型教师起关键作用。实践说明，教师的教育思想、教育理想、对学生的情感、对教育工作的情感，大多是在教育实践中，获得教育实感以后逐步明确起来、加强起来的。因此，学校育人环境的建设，还应该注意到"双向出人才"，即培养学生成才的同时，还要促进教师成才。在环境建设中，师生关系的建设，校长与教师关系的建设，教师之间关系的建设，都要着眼于互相激励，同频共振。不要把教师队伍建设单纯着眼于业务水平的提高，要特别重视师魂的塑造。民主建校很重要，学校要重视学生参与教育教学，参与学校管理，更要重视教师参与学校决策，参与管理，形成帅生之间、干部与教师之间双方管理局面，这非常有利于教育家型教师的成长。

10.3 传承教育家思想的精要

教育家型人才的成长，不仅要有从事教育教学的知识与能力基础，更重要的是教育思想、教育理念、教育文化的自觉形成并内涵为实践的行为观念。因此不断学习和借鉴教育家的思想精华是自我成长的重要基础。

10.3.1 孔子的理想教师要求

孔子是我国古代最杰出的和影响最大的思想家、政治家和教育家，他毕生从事教育事业，建树了丰功伟绩，许多对后世产生巨大影响的重要教育思想和经验，大多可以追溯到孔子。他的贡献有：创立私学，实行"有教无类"的教育方针，扩大教育对象的范围，促进文化学术的下移；提出教育在社会发展中的重要作用，强调要重视教育；提倡"学而优则仕"，为封建官僚的政治体制准备了条件；重视古代文化的继承和整理，进行了教材建设，奠定了后世儒家经籍教育体系的基础；总结了教育实践经验，对教育教学方法有新的创造，他的启发式教学方法、因材施教原则等都揭示了许多教育教学规律。倡导尊师爱生，提出了作为一个理想教师的要求。孔子的教育思想为中国古代教育奠定了理论基础，是中华民族珍贵的教育遗产，产生了重要的历史影响。具体体现在以下几个方面：

1. 关于教育对象：提倡"有教无类"。

春秋以前是王官之学，有资格接受教育的是王公贵族的胄子。作为平民是没有资格入学接受教育的。孔子创办私学后，在招生对象上进行了相应的革命，实行"有教无类"，本意是说，实施教育，不分等级、种类。

孔子"有教无类"的招生原则，打破了贵族垄断、学在官府的格局，开创了平民讲学之风。

2. 教育对人的发展的作用。

孔子从教育与人的发展的关系上论述了教育的作用，他承认人的成长，教育起着决定作用。《论语》中说："性相近也，习相远也。"人的本性是很接近的，后来之所以有较大的差别，是教育和学习的结果。

这一观点正确在于，第一，人的先天素质并无差别，不论贫贱，人生来应该是平等的。这是中国古代最早的天赋平等的人性论。也为他的"有教无类"提供了依据。第二，他也意识到人的个性差异，这种个性差别主要是由于人们的环境习染各不相同之故，是后天作用于先天的结果，不全是先天命定的，教育是一种特殊的环境影响，力量更大，这就大大肯定了教育的必要性与可能性。

3．教育内容。

孔子继承了西周以来"六艺"教育的传统，吸收选择了有用学科，又根据现实需要发展了"六艺"教育，创设了新学科，充实了教育的内容。

在孔子的教育内容体系中，包含两大部分，即道德教育和知识教育，而以前者为重心。《论语·述而》云："子以四教：文、行、忠、信。"而"行、忠、信"都是道德教育的要求，他还说："弟子入则孝，出则弟，谨而信，泛爱众而亲仁，行有余力，则以学文。"首先要求做一个品行符合道德标准的社会成员，其次才是文化知识的学习，所以在孔子的教育内容中，道德教育占首位，文化知识的学习必须为德育服务。

孔子所谓的道德教育内容丰富，其道德条目已初步形成体系。不同的条目有其不同的地位，对整个道德修养起不同的作用。仁是核心，礼是标准，孝悌是根本，忠信是实施仁的原则、方法等等。不同道德条目之间有着不同的结构方式，例如礼表仁里，这是内外结构，孝与悌，忠与信，又是纵横结构。总之，这些处于不同地位、具有不同作用，结构方式各异的道德内容，组成了一个比较完整的伦理道德教育的体系。这使我国伦理道德教育成为一种独立的。社会活动的重要标志。在孔子的基础上，孟子又归纳为三套系统："仁、义、礼、智"，"孝、悌、忠、信"，"父子有亲，君臣有义，夫妇有别，长幼有序，朋友有信。"以后又有"三纲"、"五常"、"四维八德"（礼义廉耻、忠孝仁爱信义和平）等体系产生。这些体系的形成，说明我国古代道德教育随着社会不断发展而成熟，其导源都在孔子。

4．教学原则：启发诱导。

孔子教育思想中包含着不少深刻的教学方法理论或丰富的教学经验总结。

孔子主张："不愤不启，不悱不发。举一隅不以三隅反，则不复也。"（《述而》）启发一词即从此来。朱子释为"愤者，心求通而未得之意。悱者，口欲言而未能之貌。启，谓开其意，发，谓达其辞。"意即：在教学中必须让学生认真思考，心求通但未得，然后可以启发他；经过思考有所领会，但未能以适当的言辞表达，此时可以开导他。要求学生开动脑筋，做到"举一反三"。然后调动学生积极性，是教学成败的关键，启发式教学的核心是激发学生主动性、创造性。孔子认为，要调动学生积极性，必须了解学生的认识规律，掌握学生的心理状态。

将孔子的启发式原则与西方苏格拉底的"产婆术"作比较，共同点：反对对学生施以灌输式教育，要求教师引导学生主动学习。不同之处：苏格拉底的"产婆术"是由教师设问，提出新问题，让学生运用已知的知识来解决问题，再通过教师的层层反问，来启发学生，暴露学生原有知识的不足。这一方法是以教师的教为核心，始于教师的设问，终于教师的结论。而孔子的启发式原则是以学生的学为基础，既以学为依据，又以学为归宿。让学生于无疑处有疑，从而达到启发思维的效果。这也是中国传统教育"以学代教"的重要特点。

10.3.2 陶行知的教育改革实践

1. 生活即教育——本体论。

生活含有教育的意义，教育的根本意义是生活的变化，生活本身就是一种特殊的教育；生活教育自有人类生活即已产生，且随着人类生活的变化而变化；生活是教育的中心，教育必须与生活相联系，通过生活来进行；由于生活多种多样，有好坏、进步落后之分，故教育也有好坏、进步落后之别，只有过上好的、前进的生活，才能接受好的、进步的教育。

生活即教育思想依据：一是中国教育现状，长期以来脱离生活实际。二是杜威的"教育即生活"理论。杜威认为："教育是生活的过程，而非将来生活的准备。"主张将社会上的生活引入学校，从而获得经验与能力。陶行知主张生活即教育，但并非等同，强调两者间的一致性与相关性。

2. 社会即学校——领域论。

生活即教育，整个社会都是生活的场所，故社会即教育之场所。

他认为依据在于：其一，传统学校与社会隔了一道高墙，而改良者主张半开门，将社会上的东西，选一部分并加以缩小，再搬进学校，使学校"社会化"。总归仍是鸟笼，而非鸟世界。生活教育者则主张把墙拆除，以青天为顶，以大地为底，人人都是先生，人人都是学生。其二，从人民大众的处境来看，传统的学校教育将大部分人民排除在学校之外，无法普及教育，倘若将马路、弄堂、乡村、工厂、店铺、监狱均视作学校，当作教育自己的场所，就能使所有人都接受到教育了。其三，杜威"学校即社会"论。

3. 教学做合——教学论。

教学做是生活之三方面，也是教育的三方面，是生活法，也是教育法。其涵义是：教的方法根据学的方法，学的方法根据做的方法。事怎样做，便怎样学，怎样学便怎样教。教与学均以做为中心。在做上教的便是先生，在做上学的便是学生。

做的涵义：在劳力上劳心。单纯的劳力，是蛮干，不是做；单纯的劳心，是空想，也不是做。他与杜威"做中学"有一定关系，均以做为中心。但也有区别，教学做三位一体，强调其内在的联系，尤其是强调"劳力上劳心"，培养运用"活知识"、有行动能力、创造力的人才，更有积极意义。

陶行知的生活教育理论是一种新的进步的教育理论，批判旧教育，强调教育与生活的一致性，重新解释社会与学校的关系，主张变革教育内容与教学方法，具有重要的理论价值与实践意义。

4. 普及（生活）教育思想。

（1）三大要义：传统理解即义务教育与补习教育。以识字扫盲为基本任务。陶的理解：其一，整个民族现代化，不仅是指学龄儿童及失学成人之普遍入学。其二，整个生活现代化，不仅指普遍识字或文盲之普遍消除。其三，整个寿命（一生）现代化，而不仅是有限几年的义务教育。要活到老、做到老、学到老。这是一个宏大的理想教育，大约生活不灭，永无普及教育之日。

（2）组织形式：工（做工）学（科学）团（团体）。"工以养生，学以明生，团以保生。"是一个"小工场，一个小学校，一个小社会"。实行军事、生产、科学、识字、运用民权、节制生育六大训练。

（3）教育方法：推行小先生制。认为"穷国普及教育最重要的钥匙是小先生"。发动小学生来充当教师。优点：有利于女子教育的普及；能使中华民族返老还童，使成人得到一种少年精神；不花钱便能接受教育；有利于学校与社会的沟通，白天学习，晚上教人。

5. 论民主教育。

1945年，陶行知发表《实施民主教育的提纲》。他认为：所谓民主教育，①应该是民有、民治、民享的教育，以反对国民党的党化教育。民主的教育必须达到各尽所能、各学所需、各教所知。②应该是"文化为公"、"教育为公"，不分民族、性别、老少、阶级都应该教育机会均等，但不妨因材施教。③应该是使学生自动的民主的教育方法，要多种多样，要生活与教育联系起来。④应该是民主的学制，从单轨出发，多轨同归，换轨便利。

陶提出，要实现民主教育，教师首先要自我教育，肃清二千年专制制度和十多年法西斯训政所遗留在教师身上的余毒。树立真正的民主作风。①向老百姓学习，学习人民的语言、人民的感情、人民的美德。②向小孩子学习。

6. 创造教育思想。

陶行知以开发儿童创造力为核心内容。但他并不是从心理素质及其形成因素方面去分析，更多地是论述创造能力的社会方向、内容、动力方面的问题。

所谓创造力，即"征服自然、改造社会的本领"。从社会政治方面看，即为争取民族大众的生存和解放而斗争所需的能力，以及为使中国从农业文明过渡到工业文明，建设新中国所需的能力。

从教育方面说，包括：一是培养学生自动、自学、自得的"治学"能力；二是培养学生观察、分析、综合、推理、判断的思维能力或认知能力；三是培养学生手脑并用、能言能行、掌握各种工具的技能和处事的能力。

陶行知创造能力的思想特点：一是治学与治事能力并重。二是发挥创造力与引导创造的方向、动力相结合。即与社会政治理想的结合。

做法：一是实施"手脑并用"的教育，实践是创造之源，"中国之通病是教用脑的人不用手，不教用手的人用脑，所以一无所能。"故教育要与生产力相结合。二是创造的环境与环境的创造。学校的生活应是一个有创造气氛的教育环境，要通过师生的活动创造这种环境。只有学校与自然社会环境"血脉相通"，才能真正培养学生的生活力创造力。三是要解放儿童的创造力。发出"敲碎儿童的地狱，创造儿童的乐园"的呼声，提倡解放儿童创造力，要以"赤子之心"去了解儿童，认识和发现儿童的创造力。他提出了"六个解放"。即首先解放小孩子的头脑，将迷信、成见、曲解、幻想等裹头布一块块撕下，思想解放出来，才能独立思考。其次，解放小孩子的眼睛。旧教育使儿童"戴上封建的有色眼镜"，应让儿童的眼睛得到解放，使之能看清事实，不受教条蒙蔽。再次，解放小孩子的双手，让孩子有动手的机会。第四，解放小孩子的嘴。传统教育反对孩子"多嘴"，阻碍了孩子的创造力发展，应该使之得到"言论的自由，特别是问的自由"。第五，解放孩子的空间，他说："从前的学校完全是一只鸟笼，改良的学校是放大的鸟笼"。要让孩子接触大自然的花草、树木、青山、绿水、日月、星辰，接触社会中的三教九流，与万物为友，向三百六十行学习。才能得到丰富的资料，发挥内在的创造力。第六，解放小孩子的时间，反对过分的考试制度占据孩子的全部时间，会使其失去创造欲望。

10.3.3 布鲁纳（美）的结构主义教学理论

结构主义教学理论产生的主要背景是1957年苏联卫星上天，美国的教育改革受到影响。其理论要点有四个方面：

1. 掌握学科的基本结构，是教学过程的中心。

懂得基本原理，可以使学科更容易理解。"基本"指获得广泛新知的基础；"结构"指基本概念、原理及相互联系。

学习有两种迁移：特殊迁移与原理和态度的迁移。用简化的方式储存在记忆中，可使记忆具有"再生性"特征。

2. 提倡早期学习。

任何学科都可以用某种理智的方法，有效地教给处于任何发展阶段的任何学生。

以困难为理由，把重要的教学往后推迟，往往浪费了学生的宝贵时间。

3. 教学原理方面的四个原则。

（1）动机原则——满足社会需求愿望的外来动机作用短暂，而内在动机能起长效作用。学习的好奇心、胜任感、互助欲是学习的三种基本内在动机。在实施方面要做好三点：

激活工作：设计"具有最适合的不确定性"的学习课题。模棱两可的情况最可能引起学生的好奇心。

维持工作：探索活动被激发出来，就要维持，这取决于对教学过程的控制。要使学生相信，成功的可能性要超过失败，要培养学习的自信心和独立做出决定与行动的能力。

方向性工作：把注意力引向完成学习项目的主要方面。

（2）结构原则——将知识组织起来的最理想方式是建立知识结构。知识结构的再现形式有三种：表演式：一组动作；肖像式：简化的图解、知识树、系统图；象征性：符号。它们分别体现出结构的再现性、经济性与有效性。

（3）程序原则——学生学习知识所遇到的材料的序列，就是教学的序列。处理好教材的内在联系和学生智慧发展二者关系，以确定最有效的序列。

决定学习序列的因素：学习速度（要考虑认知的紧张度）、抵制遗忘的作用、旧知识迁移到新情况的可能性、知识再现的形式、有利于经济和有效地掌握知识。

（4）反馈强化原则——没有反馈就没有教学。基本要求为：

时间及时：过早则增加记忆负担，过晚则无指导作用；具有不在思维定势和焦虑状态的条件：先退出状态，方可进行矫正，否则矫正性信息无效；处理方式：矫正不超出学习者的能力范围。

4. 发现学习。其教学模式为。

（1）带着问题观察具体事实；

（2）建立假设；

（3）形成抽象概念：组织讨论和求证，以形成结论，提炼一般性原理或规律；

（4）把原理应用到新的情景中去：运用于实际，接受检验和评价的过程，也是运用知识，提高分析和解决问题能力的过程。

10.3.4　霍华德·加德纳（美）的多元智能理论

多元智能理论是由美国哈佛大学教育研究院的心理发展学家霍华德·加德纳（Howard Gardner）在1983年提出。加德纳从研究脑部受创伤的病人发觉到他们在学习能力上的差异，从而提出本理论。传统上，学校一直只强调学生在逻辑—数学和语文（主要是读和写）两方面的发展。但这并不是人类智能的全部。不同的人会有不同的智能组合。

霍华德·加德纳的多元智能理论提出的背景是基于20世纪80年代以来，美国普通教育改革的两大主题：追求平等教育和追求优质教育，当时多元文化教育成为美国改进现有教育的主要方向。传统的智力测量从19世纪80年代始，经过了漫长的演变过程，到20世纪80至90年代，已呈多元化的趋势。多元智能理论主要有两个方面：

1. 智力的结构。

（1）语言智能——语言智力：听说读写的能力，用语言流畅地表达思想和与人交流。如演说家、作家。

（2）音乐智能——节奏智力：感受、辨别、记忆、改变和表达音乐的能力。如音乐家。

（3）数理逻辑智能——数理智力：运算和推理的能力。如科学家。

（4）空间视觉智能——空间智力：对结构、色彩的敏感和通过平面图形及立体造型表现出来的能力。如画家。

（5）肢体运动智能——动觉能力：运用肢体和躯干的能力。如运动员。

（6）内省智能——自省能力：认识、洞察和反省自身的能力。如哲学家。

（7）交际智能——交流智力：与人相处和交往的能力。如教师、律师、管理者与社会活动家。

（8）自然探索智能——能认识植物、动物和其他自然环境（如云和石头）的能力。自然智能强的人，在打猎、耕作、生物科学上的表现较为突出。自然探索智能应当进一步归结为探索智能。包括对于社会的探索和对于自然的探索两个方面。

（9）存在智能——人们表现出的对生命、死亡和终极现实提出问题，并思考这些问题的倾向性。

2．智力的本质。

（1）智力是情境化的。只有考虑到一个人所处的环境，才能真正理解他的智力。

（2）智力是多维的。不仅每一个个体都有多种智力潜力，而且每一个个体智力发展也是多样的。

（3）智力是发展的。任何年龄段、任何层次的人，都可以通过学习，使智力得到发展。

10.3.5 冯·格拉斯菲尔德（美）的建构主义教学理论

冯·格拉斯菲尔德（美）的建构主义教学理论于20世纪80年代提出。最早源于（瑞士）皮亚杰"同化"与"顺应"理论。

1．建构主义的基本观点。

（1）认识是由主体主动建构的，而不是从外界被动地吸收的。

（2）主体在认识过程中，不是去发现独立于他们头脑之外的知识世界，而是通过先前个人的经验世界，重新组合，且建构一个新的认知结构，认识具有建构性。同化：个体把外界刺激所提供的信息整合到自己原有认知结构内的过程。顺应：外部环境发生变化，无法同化时，引起的认知结构发生重组和改造的过程。

2．理论要点。

（1）建构主义学习观。

①学习是学习者主动地建构知识的过程。

②学习者以自己的方式建构对事物的理解。

③学习应该是一个交流和合作的互动过程。

（2）建构主义的教学方法。

①支架式教学：这种教学应当为学习者建构对知识的理解提供一种概念的框架，而这种框架中的概念是学习者进一步学习所需要的。支架式教学环节：搭建支架：按照"最近发展区"的要求，建立概念支架。进入情境：引入问题情境，提供获得的工具。进行探索：启发引导、分析探索、适当提示、沿框架发展。合作学习：小组协商、讨论。达到全面正确地理解，完成对所学知识的意义建构。效果评价：自主学习能力、对小组合作的贡献、是否完成任务。

②情境性教学：它要求，内容要选择真实的问题情境，不能对其做过于简单化的处理；教学过程与现实的问题解决过程相类似，所需要的工具往往隐含于情境之中；不需要独立于教学过程的测验，具体问题解决过程本身就反映了学习的效果。教学环节：创设情境、确定问题、自主学习、合作学习、效果评价。

③随机进入教学

3．建构主义学习理论。

建构主义学习理论认为，学习是学习者主动的建构活动，而非对知识的被动接受，教师应成为学生学习活动的促进者，在肯定学生主体地位的前提下，教师应在教学活动中发挥主导作用，指导学生自发完成自我建构。同时教师应该在教学过程中不断反思、修正，从而达到自身修养的不断提高。

自20世纪90年代起，建构主义学习理论悄然兴起。建构主义关心学习环境的设计，批评传统教学使学习去情境化的做法，提倡情境学习。情境学习是在所学知识的真实的与应用的环境中，通过目标定向活动而进行的学习。建构主义认为，知识不是通过教师传授得到的，而是学生在一定的社会文化背景下（一定的情境），借助教师和同学的帮助，利用必要的学习资源，通过意义建构的方式获得的。学习是在一定情境下即社会背景下借助其他人通过人际间的协作活动而实现的意义建构过程，而且学习环境中的情境必须有利于学习者对所学内容的建构。斯皮罗等人倡导的认知灵活性理论（建构主义中的一支）主张为了发展学习者的认知灵活性，形成对知识的多角度理解，应把知识学习与具体情境联系起来。通过多次进入重新安排的情境，使学习者形成背景性经验，从而掌握知识的复杂性及相关性，在情境中形成知识意义的多方面建构。在建构主义的支架式教学、抛锚式教学、随机进入教学三种教学模式中我们发现，创设情境都成为不可或缺的一环。教学设计通常不是从分析教学目标开始，而是从如何创设有利于学生意义建构的情境开始的。教师可创设适应不同学习特征的情境，让学习者增强知识的建构能力。在建构主义学习情境下，把情境创设看作是教学设计的最重要内容之一，情境的创设必须有利于学习者对所学内容的意义建构。建构主义是新课程改革的重要理论基础。随着现代教育理论和教育技术的发展，建构主义观点对"教"和"学"产生的影响越来越大。

10.4 在实践中善于研究国外教学模式

教学模式是教学理论的具体化，是教学实践的概括化的形式和系统，具有多样性和可操作性，因此教师对教学模式的选择和运用是有一定的要求，教学模式必须要与教学目标相契合，要考虑实际的教学条件针对不同的教学内容来选择教学模式，为了助推基础教育课堂教学改革，这里简要介绍国外经典的教学模式，以便参考、借鉴、研究。

10.4.1 探究式教学模式

探究式教学以问题解决为中心的，注重学生的独立活动，着眼于学生的思维能力的培养。

1. 理论基础。依据皮亚杰和布鲁纳的建构主义的理论，注重学生的前认知，注重体验式教学，培养学生的探究和思维能力。

2. 基本程序。教学的基本程序是：问题—假设—推理—验证—总结提高。

首先创设一定的问题情境提出问题，然后组织学生对问题进行猜想和做假设性的解释，再设计实验进行验证，最后总结规律。

3. 教学原则。建立一个民主宽容的教学环境，充分发挥学生的思维能力，教师要掌握学生的认知特点并实施一定的教学策略。

4. 辅助系统。需要一定的供学生探究学习的设备和相关资料。

5. 教学效果。优点：能够培养学生创新能力和思维能力，能够培养学生的民主与合作的精神，能够培养学生自主学习的能力。缺点：一般只能在小班进行，需要较好的教学支持系统，教学需要的时间比较长。

6. 实施建议。在探究性教学中教师一定要尊重学生的主体性，创设一个宽容民主平等的教学环境，教师要对那些打破常规的学生予以一定的鼓励，不要轻易地对学生说对或错，教师要以引导为主切不可轻易告知学生探究的结果。

10.4.2 合作学习模式

它是一种通过小组形式组织学生进行学习的一种策略。小组取得的成绩与个体的表现是紧密联系的。约翰逊认为合作式学习必须具备五大要素：①个体积极的相互依靠，②个体有直接的交流，③个体必须都掌握给小组的材料，④个体具备协作技巧，⑤群体策略。合作式学习有利于发展学生个体思维能力和动作技能，增强学生之间的沟通能力和包容能力，还能培养学生的团队精神，提高学生的学业成绩。

课堂里的合作有四点不足之处：首先，如果学得慢的学生需要学得快的学生的帮助，那么对于学得快的学生来说，在一定程度上就得放慢学习进度，影响自身发展。其次，能力强的学生有可能支配能力差或沉默寡言的学生，使后者更加退缩，前者反而更加不动脑筋。第三，合作容易忽视个别差异，影响对合作感到不自然的学生的学习进步。最后，小组的成就过多依靠个体的成就，一旦有个体因为能力不足或不感兴趣，则会导致合作失败。

10.4.3 发现式学习模式

发现式学习是培养学生探索知识、发现知识为主要目标的一种教学模式。这种模式最根本的地方在于让学生像科学家一样来体验知识产生的过程。布鲁纳认为发现式教学法有四个优点：

1. 提高学生对知识的保持。

2. 教学中提供了便于学生解决问题的信息，可增加学生的智慧潜能。

3. 通过发现可以激励学生的内在动机，引发其对知识的兴趣。

4. 学生获得了解决问题的技能。

根据许多心理学家对这种教学模式的研究，它更适合于低年级的教学，而且在课堂上运用太费时间，又难以掌握。

10.4.4 自主学习模式

20世纪70年代美国教育心理学家巴特勒提出教学的7要素，并提出"七段"教学论，在国际上影响很大。

1.理论基础。

它的主要理论依据是信息加工理论。

2.教学程序。

基本教学程序是：设置情境—激发动机—组织教学—应用新知—检测评价—巩固练习—拓展与迁移。

他的教学七步骤中的情境是指学习的内外部的各种情况，内部情况是学生的认知特点，外部情况是指学习环境，它的组成要素有：个别差异、元认知、环境因子。动机是学习新知识的各种诱因，它的主要构成要素有：情绪感受、注意、区分、意向。组织是将新知识与旧知识相互关联起来，它的主要构成要素有：相互联系、联想、构思、建立模型。应用是对新知识的初步尝试，它的构成要素有：参与、尝试、体验、结果。评价是对新知识初步尝试使用之后的评定，它的组成要素有：告知、比较、赋予价值、选择。重复是练习与巩固的过程，它的主要组成要素有：强化、练习、形成习惯、常规、记忆、遗忘。拓展是把新知识迁移到其他情境中去，它的构成要素有：延伸、迁移、转换、系统、综合。

3.教学原则。

巴特勒从信息加工理论出发，非常注重元认知的调节，利用学习策略对学习任务进行加工，最后生成学习结果。教师在利用这种模式的时候，要时常提醒学生进行反思自己的学习行为。要考虑各种步骤的组成要素，根据不同情况有所侧重。

4.辅助系统。

一般的课堂环境，掌握学习策略的教师。

5.教学效果。

这是一个比较普适性的教学模式，根据不同教学内容它可以转化为不同的教学法，只要教师灵活驾御就能达到他想要的教学效果。

6．实施建议。

教师应该是一位研究型的教师，具有一定的教育学和心理学的知识，掌握元认知策略，就可以灵活运用这种教学模式。

10．4．5　范例教学模式

范例教学模式比较适合原理、规律性的知识，是中学思想政治课教学最基础的内容之一。他是美国教育心理学家M.瓦根舍因提出来的。

1．理论基础。

遵循人的认知规律：从个别到一般，从具体到抽象的过程。在教学中一般从一些范例分析入手感知原理与规律，并逐步提炼进行归纳总结，再进行迁移整合。

2．基本程序。

范例教学的基本过程是：阐明"个"案→范例性阐明"类"案→范例性地掌握规律原理→掌握规律原理的方法论意义→规律原理运用训练。

"范例教学"主张选取蕴含本质因素、根本因素、基础因素的典型案例，通过对范例的研究，使学生从个别到一般、从具体到抽象、从认识到实践理解、掌握带有普遍性的规律、原理的模式。所谓范例性地阐明"个"案，指用典型事实和现象为例说明事物的本质特征；所谓范例性阐明"类"案，是指用许多在本质上与"个"案一致的事实和现象来阐明事物的本质特征；范例性掌握规律原理是指从大量的"类"案中总结出规律和原理，在总结归纳的过程中，要注意对规律或原理的表述要准确，对规律原理的名称要清楚；掌握规律原理的目的和意义在于运用，因而教师要让学生掌握规律、原理的方法论意义；为了了解学生对规律和原理的掌握程度，从而获得反馈信息，规律原理的运用训练是教学必不可少的环节。

3．教育原则。

要遵循这个基本顺序：从个别入手，归纳成类，再从类入手，提炼本质特征，最后上升到规律与原理。

4．辅助系统。

选取不同的带有典型性的范例。

5．教学效果。

有助于培养学生的分析能力，有助于学生理解规律和原理。

6. 实施建议。

比较适合社会科学中的一些原理和规律教学，范例一定有一定的代表性，最好能激发学生的兴趣。

总之，教学模式是从教学的整体出发，根据教学的规律原则而归纳提炼出的包括教学形式和方法在内的具有典型性、稳定性、易学性的教学样式。简洁地说就是在一定教学理论指导下，以简化形式表示的关于教学活动的基本程序或框架。

教学模式包含着一定的教学思想以及在此教学思想指导下的课程设计、教学原则、师生活动结构、方式、手段等。在一种教育模式中可以集中多种教学方法。任何模式都不是僵死的教条，而是既稳定又发展变化的程序框架。

10.5 创建名师工作室的实践研究

10.5.1 创建名师工作室现实背景

1. 国家发展教育的战略决策。

《中国教育改革和发展纲要》中指出："振兴民族的希望在教育，振兴教育的希望在教师。建设一只具有良好政治素质、结构合理、相对稳定的教师队伍，是教育改革和发展的根本大计。"

在《国家中长期教育改革和发展规划纲要（2010—2020年）》中指出为保障教育事业科学发展、实现教育改革发展的战略目标，提出的6项保障任务之一就是加强教师队伍建设即健全教师管理制度，改善教师地位待遇，提高教师业务水平，努力建设一支师德高尚、业务精湛、结构合理、充满活力的高素质专业化教师队伍。

"优先发展教育，建设人力资源强国"及国家经济建设迫切需要加大加快教育改革的进程和力度。教育兴衰、教育公平、教育的均衡发展很大程度上系于教师。

2. 省、市教育改革发展要求。

2009年8月，教育部与湖南省政府签订《共建长株潭城市群教育综合改革国家实验区协议》，其目标是探索建立落实教育优先发展战略的长效机制，探索区域教育一体化发展的体制机制，引领教育强省建设，为全国统筹教育发展提供示范和借鉴。

2011年1月，教育部宣布在湖南、山东、重庆三省市进行基础教育综合改革试点，教育管理机制体制改革列入重点内容之一。

2011年4月，湖南省教育科学研究院为落实教育部与湖南省政府签订的《共建长株潭城市群教育综合改革国家实验区协议》及推动《国家中长期教育改革和发展规划纲要（2010—2020年）》的实施，进行了《长株潭城市群教育综合改革研究》为全省重大课题的立项研究，于2011年7月通过立项评审，确立了长株潭城市群教育综合改革的八项内容，其中教师队伍建设是共建内容之一。

2011年3月湖南省教育厅发布了《湖南省促进义务教育均衡发展实施方案》。2011年7月湖南省实施基础教育综合改革试点项目专家评审，株洲市七个县市区的申报改革项目已获得评审通过，在全省基础教育中占有重要地位，其中株洲市高中多样化发展改革项目成为全省首个市级试点单位。教师队伍建设是教育管理创新和均衡发展的重要内容之一。

2011年株洲市实施城区基础教育三年攻坚计划以及振兴株洲教育五年行动计划，均把创新教师队伍建设作为推进教育发展的重要内容。

10.5.2 名师工作室的发展与时代意义

1. 名师工作室的发展。在国外，鲜有研究者明确地提出"名师"的概念，但他们对优秀教师或专家型教师（等同于我们所说的名师）的研究和培养由来已久。1986年美国的卡内基委员会、霍姆斯小组相继发表《国家为培养21世纪的教师做准备》、《明天的教师》两个重要报告，对于教师专业化和优秀教师各种特殊能力形成时间的分布等作了论述。美国著名心理学家斯腾伯格也曾提出专家型的三个基本特征。国外教师技能提升主要依托职前培养和在职培训。瑞典在职培训确立了教师指导官制度。瑞典在全国设立了2500多名指导官员，分别负责巡视各学校的教学工作，指导中小学教师的在职进修和提高。教师指导官与"名师工作室"的领衔导师有部分类似之处，但其职权更大，官方色彩更浓。此外，国外还有新教师研修制度，培训后的考核制度，教师进修与获学位、增加工资相结合的制度。教师培养机构主要由官方的教师进修学院、师范院校、教学法教研室、教育和科学部，各地的地方教育当局，各级各类高等院校，中小学和教师中心承担。由于中西方制度和国情的差异，国外在教师培养方面的研究可以在一定程度上拓宽本课题的研究视野。

在国内，近年来江苏、福建、山东、安徽、河北等教育行政部门先后出台《名师工作室发展建设与管理的办法（试行）》等，对名师工作室的基本性质、建设目标、工作重点、组织建构、基本职责、保障机制等做了相应规定，对本课题的研究具有学术上的参考价值。

2．名师工作室承载当前教育历史使命的时代意义。

名师工作室，是在政府教育主管部门指导下，集教学、科研、培训等职能于一体的教师合作共同体。名师工作室以名师为引领，以学科为纽带，以先进的教育思想为指导，旨在搭建促进中青年教师专业成长以及名师自我提升的发展平台，打造一支学校教育领域中有成就、有影响的高层次教师团队。

名师工作室是在推进教育公平的背景下出现的。在影响教育公平的诸多因素中，教师是最为核心的，区域、学校间教育发展的最大差距是师资水平。如何缩小师资水平差距，同时避免大规模的教师流动所引发的负面效应，成为当前推进教育公平和教育均衡发展的最大挑战。组建名师工作室，通过名校的名师们带领农村地区、薄弱学校的教师提高教育教学业务能力水平，从而有效推进教育均衡发展成为一项新举措。

名师工作室的出现也是促进教师专业化发展的需要。通过名师工作室的名师传帮带制度建设，名师可以在专业层面上更多地发挥传道、授业、解惑的作用，可以在与同行们的交流中获得更多的启示。

新课程改革要求改革教师培养路径，丰富教师培养形式。2001年教育部颁布了《基础教育课程改革纲要》，在新课程改革的背景下，要求教师转变旧的课程观、人才观、教学观、评价观等，教师的角色在新课程背景下被赋予新的内涵。名师工作室具有的集团优势、资源优势、前瞻优势和社会美誉度在人才培养方面、在探索教师培养的长效机制方面是可以大有作为的。

正是多方面的时代需求，才使名师工作室呈现出承载当前教育历史使命的时代意义，成为当前和今后一段时期内教师培训工作的有效方式和创新机制。

10．5．3　名师工作室建设的目标定位

名师工作室是当代教育发展的产物。随着教育改革的深入，"名师工作室"业已成为促进教师专业发展，培养优秀教师的重要形式。实践证明，在新的形势下利用知名教师示范作用引领优秀教师队伍发展，对于改善教师成长环境，建立教师成

长的长效机制具有十分积极的意义。

1. 名师工作室的社会效应。教育活动是群体智慧活动，教育发展依赖于教师整体水平与劳动的群体效应。通过有效途径，将精英教师由"个体"、"散户"整合为力量更为强大的"核反应堆"，通过"核反应堆"激发更多的中青年优秀教师更迅速地成长，进而壮大"核反应堆"，发挥更大的作用，以激励更多的教师向优秀发展，从而更大面积地提高教师队伍素质，进而提高教育教学质量。

2. 搭建平台，充分发挥名师的引领作用。一是搭建经验交流平台。通过名师带徒、名校挂职、薄校托管、课题研究、培训指导等形式，扩大名师在全市的影响力，推广名师培养经验搭建平台；营造名师相互学习、交流、研究、合作的良好环境，推动建立名师与青年骨干教师的交流与互动，拓宽名师施展才华的空间。二是搭建展示平台。以教育教学为中心，开展学术研究，引领学科和学校建设，以研讨会、报告会、名校长论坛、公开教学、巡回讲学、现场指导等形式，邀请名师登上校园讲坛宣讲自己的教学理念等途径，充分展示名师风采，推动优秀师资力量脱颖而出。

3. 发挥作用，打造骨干教师成长的摇篮。一是发挥师德引领作用。通过名师师德的"薪火相传"，帮助成员提升学识水平和师德修养，增强教师的职业认同感和荣誉感。二是发挥专业指导作用。做好骨干教师的培训和指导工作，通过集体备课、双向听课、说课评课、案例分析、课例开发、课题研究和巡回讲学等形式，引导学员专业提升。三是发挥科研促教作用。根据全市教育教学情况开展课题研究，鼓励工作室成员撰写优秀研究报告、专业论文和著作，为全市教学改革提供科研服务。四是发挥教学示范和辐射作用。通过组织学员上示范课、专题讲座、教学研讨等形式，促进全市中小学教师专业成长。五是发挥资源优势。利用自身资源优势，积极为学校和全市教育教学改革献言献策，组织开展托管农村薄弱学校工程，提高农村学校管理水平。

4. 名师工作室的建设与管理。工作室由挂牌名师和学科骨干教师共同组成，集教学、教科研、培训于一体，以传授先进教学理念、经验和成果为目标，指导教育教学改革，开展中小学教师和校长高端继续教育为主要任务。工作室地点设在各名师所在学校，包括"名校长"、"名学科教师"和"名班主任"、"名教研员"四种类别，由市、县、区教育局和所在学校共同管理。

加强名师工作室的建设与管理，有利于促进导师积累工作室工作的理性经验与操作经验，使之更好地发挥指导作用，并使自身有新的发展。有利于促进徒弟更快、更顺利地发展、提高，除在学习、教育、教学、科研等方面有明显进步外，使之在教育、教学、科研等的规划与管理方面有所收获，为其在专业发展之外奠定一定的管理发展基础。有利于使名师工作室的各项活动更加规范、科学，效益更高，最充分地发挥示范、引领、辐射和激励作用。有利于为市、区教育局更好地建立与运作各级名师工作室提供一定的机制建设与实施的理性与实际参考，并期望填补当前国内基础教育领域在此方面的不足或空白，产生一定的社会效应。

10.6 教育家型校长（教师）应有为生命行善的教育情怀

10.6.1 教育要为孩子的一生行善

链接——

我们应行教育之善

每年的六月，高考、学考结束了，教师、学校、家长、考生一样的心情，在期待着理想的结果。因为我们所有期待的人都为此付出了辛勤的汗水和艰苦的努力。在这等待的时刻，作为教育工作者，我们能否平静自己的心境来反思，反思我们的课程改革的初衷、反思课程设置的功能、反思我们的管理行为、反思我们的课堂效果、反思我们的学生学习状态……

小学6年，初中3年，高中3年，我们多少孩子和多少家庭，还有朝夕相处的老师们都是在赶考，都是在择校中度过，难道教育除了分数、除了升学就没有更美好的追求和快乐吗？高考分数的高低，学校文凭的差异就是人生成功永恒的标志吗？教育总是负重而艰难地前行，现实却让我们沉思，教育能否成为青少年成长并向往的乐园，让教育耕耘者享受那份职业的理想与从容……

让我们的教育回归本源吧，让每一个鲜活的生命成长享受到梦想放飞的校园生活，享受憧憬知识与点燃智慧的激情课堂；让我们的教育走出功利的重负，回归生活、回归自然、回归人性的光辉吧，我们要为他们的未来发展奠基，为他们的生命成长负责,分数和升学率不是教育本身的终端产品,而是附属产品。我们也期待社会和政府为教育保驾护航,让我们的教育在国家新课程的航道上行驶。

无论高考、学考、中考成绩怎样,我们面对现实发展,我们的学校能否静下心来反思我们的课堂适合新课程的要求吗?课堂教学效益高吗?学生学习自主、探究、合作了吗?育人为本了吗?从我们对一些学校课堂教学视导看来,我们仍然感到忧虑,不少课堂里教师还在霸占着讲台,学生还是那样漠然,没有情趣、没有活力、没有师生互动与交流。课程改革能否成功,最大的困难是我们的校长和教师自己,因为课堂模式的变革是课程改革的突破口,课程功能、评价、目标已经变革,而我们很多学校的课堂教学方法、教学观念、课堂模式却依然陈旧。课堂教学效益提高,课堂必须转型已是刻不容缓,因为教育事关国家大计,事关学生未来发展素质,事关教育自身健康发展,事关教师职业幸福。

六月的时光,考试的季节。让我们期待为教育忙碌的人们歇息会儿吧,沉思片刻吧,我们能否在今后的课堂里用思想启迪思想,用智慧点燃智慧,用意志砥砺意志,用激情传递激情,用生命呵护生命,让师生放飞快乐、放飞理想。那是至善,那是真爱,为了孩子们的一生,我们应行教育之善。(2011.6.株洲教育网)

10.6.2 创建适合每个学生成长的教育是职业理想的追求

链接——

株洲市普通高中教育内涵发展高位提质纪实

2013年,是株洲教育发展实现内涵升级、高位提质的一年,是株洲教育人为每个学生的生命成长付出艰辛努力的一年,是创建适合每个学生成长的教育迈上新的台阶的一年。

2012年是株洲市实施教育强市的第五年,是株洲市建设教育强市行动计划的第三年,是株洲城区基础教育三年攻坚的最后一年,是全省唯一地市承担"普通高中多样化发展改革试点"项目的第二年。区域整体推进课堂教学改革、区域整体推进学校特色发展、区域整体推进教育信息化建设、区域整体推进校本教研已成为株洲教育内涵发展、高位提质的有效途径。

2012年全市课堂效益建设年取得重要进展，为教育质量全面提升、高位发展打下了坚实基础。2013年区域整体推进课堂教学改革，打造高效课堂已成为我市中小学的主旋律，区域性、整体性、目标性、主体性、个性化、创新型成为当前我市课改的主要特点，并走在了全省前列。株洲市已成为2013年教育部素质教育评价全国五个试点地区之一。

尤其株洲普通高中教学质量实现了高位发展，走在了全省先进行列。在全省2013年的高考中，株洲教育喜获丰收，呈现七大亮点。

亮点之一：面向全体学生培养，让每位学生个性发展的教育追求成为现实。全市15464人参加高考，总上线15271人，总上线率98.75%，再居全省前列。

亮点之二：学生自主、合作、探究的学习能力显著提高。

亮点之三：校本学科团队建设、校本教研水平、课堂教学效果进一步增强。全市文科人平总分、理科人平总分稳居全省第三。

亮点之四：普通高中多样化发展路径进一步彰显特色化、个性化，"一个学生一条发展路径"成为现实。各普通高中为学生成长负责，开设音、体、美、科技、编导主持等选修特色课程，全方位培养学生，学校特色发展、学生个性成长、学生全面发展得到充分展示。

亮点之五：区域均衡发展，稳步推进，整体提质呈高位态势。

亮点之六：普通高中特色办学质量凸显，多元评价促进品牌格局形成。全市省示范高中、市示范高中、民办高中等普通高中实施质量监控与评价工作积极有效推进，多元导向、分类评价、目标管理促进学校走向优质发展。

亮点之七：创新型人才培养创新教育发展新机制，学生综合能力显著提高，自主招生彰显实力。创新型人才培养改革试点在我市一批省示范高中积极推进，转变育人理念，转变教学方式，创新学习模式，取得显著成效。

春华秋实，天道酬勤。株洲教育在各级领导的亲切关怀下，在各部门的全力支持下，全市教育人奋发有为，敢于拼搏，以建设教育强市为目标，以"十大项目"为抓手，信守教育理想，深入推进课程改革，关注每个生命成长，为每个学生提供了公平的最合适的教育。

推进高效课堂建设，为每一个学生成长服务；促进学校特色优质发展，着力培养创新型人才素养，是我们的努力方向和坚定目标。促进基础教育内涵发展，保持教学质量高位水平，核心和关键是持续建设有效课堂、高效课堂，这是保障素质教育目标真正实现的主阵地，为此我们必须坚守六个基本要点：一是突出为学生未来发展打好基础、积储成长力量；二是突出区域整体推进；三是实施区域目标管理；四是突出学校育人主体性；五是构建学科个性化育人模式；六是创新人才培养模式，提升育人品位。只有这样才能保障区域和学校有不断发展的持续动力。

潮平岸阔帆正劲 乘势开拓谱新篇。

高考是一个高中教育阶段结束后的选择，高考是考生学科知识与技能素养的检验平台，其实人生的成功不仅需要扎实的文化知识基础，更需要自身的综合素养、个性品质、坚毅与智慧。高考是选拔培养人才的重要方式，将来能否成为真正贡献社会的人才，我们必须站在比升学率更高的层面上俯瞰人生，不论高考成功与否，高考不是终点而是起点、高考不是目标而是选择，每一条成功的路都在脚下，每一个奋斗的目标都在前方。

高考让每位家长给予期望和梦想，高考也让我们的老师与学校努力培养与艰辛付出，高考也让我们的每一个莘莘学子充满激情岁月、挥洒青春、历练成长。愿株洲的每一个教育人享受到教育职业那份幸福、那份从容，愿建设幸福株洲的百姓能分享到品质教育的快乐与惬意，愿在株洲成长的每一位学生放飞人生梦想、焕发生命活力、积储创造的力量！（2013.6株洲教育网）

主要参考文献

1. 朱永新. 新教育风暴. 北京出版社，2008.

2. 韦力. 中国著名校长办学思想录. 江苏教育出版社，2010.

3. 张颖. 教育家型校长的培养之路. 福建日报，2011. 6.

4. 王强. 课堂在转型. 新思考网，2013.

5. 钟启泉. 课堂要真正转型. 百度网，2007.

6. 邓文珍. 课堂教学的转型. 好研网，2010.

7. 刘庆昌. 对话教学初论. 教育研究，2001（11）.

8. 熊川武. 反思性教学. 华东师范大学出版社，1999.

9. 陈竹萍. 反思性教学. 百度网，2011. 10.

10. 赵伟锋. 教学目标的制定. 百度网，2005.

11. 彭亮华. 如何引导学生进行探究性学习. 中国教师报，2010. 7.

13. 张岩. 课堂探究性教学的指导策略. 道客巴巴网，2013.

14. 谢华. 如何引导学生进行探究性学习. 百度网，2012. 5.

15. 百度百科. 学习指导技能. 百度网，2013.

16. 陈竹萍. 自主学习. 新浪网，2011. 10.

17. 陈竹萍. 重构课堂. 新浪网，2011. 10.

18. 周卫华. 王阳明的教育思想. 百度网，2011. 9.

19. 任秀珍. 完不成课堂教学任务的成因分析. 百度网，2008.

20. 朱战斗. 高效课堂的调控技巧. 新浪网，2011. 6.

21. 蔡宝来. 近年来教学改革基本理论研究的反思与前瞻. 人教社网站，2012. 6.

22. 郭思乐. 教育走向生本. 华南师范大学出版社，2010.

23．刘克平、姬英涛．未来教育发展趋势．东北师范大学出版社，2012．

24．韩立福．韩立福：有效教学法．首都师范大学出版社，2012．

25．韩爱学．韩爱学：八环节教学法．首都师范大学出版社，2012．

26．林格．教育是没有用的．北京大学出版社，2009．

27．张玉彬．理想课堂的构建与实施．西南师范大学出版社，2010．

28．王迅．区域性基础教育品质与实践研究．湖南教育出版社，2012．

29．沈艳．课堂教学的改革与创新．漓江出版社，2011．

30．蔡慧、琴饶玲、叶存洪．有效课堂教学策略．重庆大学出版社，2009．

31．陈桂生．教育实话．华东师范大学出版社，2003．

32．钟启泉、崔允、潮张华．《基础教育课程改革纲要（试行）》解读．华东师范大学出版，2003．

33．王迅．走向理想的教育．西安地图出版社，2008．

34．靳玉乐．对话教学．四川教育出版社，2006．

35．吴松年．新课程有效教学疑难问题操作性解读．教育科学出版社，2008．

36．刘福喜．教师新视野．湖南师范大学出版社，2008．

37．张文质．生命化教育的责任与梦想．华东师范大学出版，2006．

38．教育部．普通高中课程标准．人民教育出版社，2001．

39．岳龙、丁钢．生活质量是提高基础教育质量的基本出发点．探索与争鸣．2003（8）

40．钟启泉．课堂转型：静悄悄的革命．上海教育科研，2009（3）．

41．顾泠沅、官芹芳．以学定教的课堂转型．上海教育，2001（7）．

42．周文叶．研究课堂观察追问有效教学．当代教育科学，2008（4）．

43．许华琼．有效教学的评价标准及实施策略．教学与管理，2010（8）．

44．马智君．有效教学研究．当代教育论坛，2009（5）．

45．张治．课程执行力的核心是创造．上海教育，2009（10）．

46．秦德林、张伟．诊断课堂：教师成长的"第一阶梯"．上海教育科研，2008（12）．

47．余慧娟．十年课改的深思与隐忧．人民教育，2012（2）．

48．周国平．教育的七条箴言．中国教育报，2007．9．25．

49．程聚新．推行近十年不足三成教师对"新课改"成效满意．人民日报，2011．10．24．

50．俞敏洪．中国教育质量的本质．新东方网博客，2010．5．

51．刘方．让生命教育中蕴涵着真诚的"对话"．搜狐博客，2007．

52．阮祥忠．江苏洋思中学成功课改经验考察报告．十堰信息网，2007．

53．郭湘平．无效教学表现有哪些．新浪网，2008．

54．李云．无效教学的表现．新浪网，2010．

55．段蓝琪．浅谈有效教学课堂下无效行为．山东省教育网，2010．

56．王迅．让教育润泽生命．株洲教育网，2010．

57．侯文礼．教师是最重要的课程资源．百度网，2008．

58．肖珍．如何编写导学案．新浪网，2012

59．百科．教育现代化．百度网，2012．

60．王树声．学习方式与课堂教学改革．江阴教育网，2004．

61．韩立福．基础教育阶段现代学校课堂教学评价制度初探．教育科学研究，2006（11）年．

62．孔企平．论学习方式的转变．全球教育展望，2001．8．

63．王华编．积极探索课堂教学模式大力发展学生创造思维．学科网，2010．

64．李今根．现代教育理念与实践．好研网，2009．

65．涂怀京．教育家型校长的能、位、为、爱．平平网，2011．

66．王和本．指导学生科学的学习方法，培养学生良好的实验技能．百度网，2012．12．

67．熊文君．综合实践活动课程区域性整体推进策略．基础教育课程，2008（10）．

68．陈世丹、张卫平．探索培养创新能力的课堂教学模式．光明网，2009

69．何克抗．关于中小学教师教育技术能力标准．北京师范大学现代教育技术研究所，2005．

70．冯学民．理想的高中教育．圣才网，2011．

71．山西教育科学院：问题导学模式．中小学管理，2012．5．

编后记

2012年，湖南省义务教育新课程改革实施十年，实施普通高中新课程改革五年，许多教育工作者伴随着课程改革的发展，关注着区域素质教育如何有效深入、思考着课堂改革如何有效突破、探索着均衡教育如何整体推进等教育热点、重点、难点问题的破解。

2009年8月教育部与湖南省签订了"共建长株潭城市群教育综合改革国家试验区"协议，湖南省教育科学规划了"十二五"课题《长株潭城市群教育综合改革》研究；2011年湖南省启动了《湖南省基础教育综合改革项目试点》，我们承担了教育教学改革试点项目实施工作。我们把基础教育中发展问题、素质教育实施路径问题、教育创新实践研究问题纳入了实践课题研究和探索改革试点对象，这是教育发展关注内涵与品质的时代，也是关注学生生命与教师职业幸福感的时代，我们如何主动参与？我们如何让教育走向理想、走向优质？本人在参与基础教育区域发展的实践研究中深深感受到中小学课堂教学改革、学校内涵品质提升、教师校本培训指导、教育创新发展的现实性与迫切性。

本书设置十个篇章，从教育品质的内涵、教育机制的创新、生命教育与理想、聚焦课堂实现课堂转型、学习与教学方式变革、教育家型校长、教师的成长等方面进行了教育观察和审视，现在将本书结集付梓，希望能实现对教育理想的梦想期待。

本书的主旨就是推进区域基础教育整体、优质发展。试图通过教育教学改革创新及课堂教学改革，深化教育品质发展，探索素质教育在课堂主阵地中的方法与途径，从教育区域性的宏观管理到课堂教学的微观管理，给教师们和校长们以思考和启迪。本书既可以成为各县市区中小学教师参加继续教育和开展校本培训的实用教材，又可作为学校课改实践操作指导手册。

本书凝聚着一批教育实践者对教育的理想和生命的激情，洋溢着他们对教育的真诚和对学生成长的至爱；凝聚着一批深度关注教育、支持教育的学者、专家、媒体记者的教育情怀。在编辑过程中书中除有自我思考、体悟、心得、工作报告外，也有本课题成员的研究文章，同时为了加强观点与理念的引导另外还引用了诸多优秀教育家的观点以及大量一线教师的教研课题、教学案例，以及一些学校和教师的有关案例或文章，在本书主要参考文献中列出，借此机会，一并表示深深感谢和敬意！

由于时间仓促，本人水平有限，不足不妥之处在所难免，敬请专家和读者不吝斧正。竭诚本书能成为"四名工程"即名校、名师、名生、名校长及高效课堂建设、教育创新实践探索的校本教材，为改善学校发展品质，提升办学水平起到有效的指导和帮助作用。

主　编

2013年5月